U0574134

Hugo
Münsterberg

现代西方
价值哲学经典

The Classic Works
of Modern Western
Value Philosophy

北京师范大学价值与文化研究中心　组编

冯　平　总主编

闵斯特伯格 卷

刘　冰　主编

北京师范大学出版集团
BEIJING NORMAL UNIVERSITY PUBLISHING GROUP
北京师范大学出版社

致 谢

　　2018 年北京师范大学价值与文化中心正式立项组织《现代西方价值哲学经典》(第一辑)的编辑和出版。《现代西方价值哲学经典》(第一辑)共八本。《尼采卷》由孙周兴主编,《布伦塔诺与迈农卷》由郝亿春主编,《舍勒卷》由倪梁康和张任之主编,《哈特曼卷》由邓安庆、杨俊英主编,《闵斯特伯格卷》由刘冰主编,《杜威卷》由冯平主编,《史蒂文森卷》由姚新中、张燕主编,《刘易斯卷》由江传月主编。

　　在本套丛书出版之际,特别感谢北京师范大学杨耕教授,感谢北京师范大学价值与文化中心,感谢中心主任吴向东教授,感谢中心的工作人员陈乐、张永芝,感谢北京师范大学出版社饶涛副总编辑和本套丛书的策划编辑祁传华编审,感谢孙周兴、倪梁康、张任之、邓安庆、姚新中、郝亿春、刘冰、江传月、杨俊英和张燕的鼎力相助。

　　诞生于 19 世纪中叶的现代西方价值哲学,是西方现代化运动之子。它直面现代人的困境,直面生活的巨大不确定性和信念的极度虚无主义,为我们提供了宝贵的思想资源。相信本套丛书一定能为中国的价值哲学研究做出贡献。

《现代西方价值哲学经典》(第一辑)总主编　冯平

2022 年 11 月 6 日于复旦大学 杜威研究中心

目录

价值论研究

美学研究

心理学研究

导言[①]

（一）闵斯特伯格其人

　　雨果·闵斯特伯格（Hugo Munsterberg，1863—1916，又译为雨果·芒斯特伯格），美籍德裔哲学家、心理学家，父亲为犹太木材商人，母亲为艺术家，先后求学于瑞士日内瓦大学、德国莱比锡大学和海德堡大学，师从冯特、文德尔班，获得心理学哲学博士以及医学博士学位。自1887年起，在弗赖堡大学任教，1888年出版的研究报告《意志的活动》，被美国哈佛大学机能主义大师威廉·詹姆斯（William James）视为杰作，1891年因教学研究成绩卓著升任弗赖堡大学副校长，1892年当选杰出教授。1897年到哈佛大学接替詹姆斯之职，成为机能学派的继承人。1897—1916年，闵斯特伯格是美国最负盛名的心理学家之一。1898年当选美国心理学会主席，1903年被《美国

---

① 导言已发表，见刘冰：《价值即意志的目的——闵斯特伯格价值论研究》，载《当代中国价值观研究》，2017年第5期。内容有修改。

科学家》期刊评选为仅次于詹姆斯的名人，1908 年当选美国哲学学会主席。但第一次世界大战期间因主张美德亲善被怀疑为间谍而遭到抨击，陷入孤立困境；1916 年因突发心脏病在讲台上去世，逝世时美国心理学界没有一篇悼念他的文章。关于闵斯特伯格有这样一件逸事，在哈佛大学爱默生哲学楼的楼梯间有幅肖像画，画上有威廉·詹姆斯、乔塞亚·罗伊斯（Josiah Royce，又译为乔西亚·罗伊斯），乔治·赫伯特·帕尔默（George Herbert Palmer）以及一把空椅子，据说这把椅子应该属于闵斯特伯格，但因第一次世界大战爆发后他的亲德立场，这张座椅故意被空缺。不过，故事还有另外一个版本，来自肖像画的作者威尼弗里德·里贝尔（Winifred Rieber）。在对这四人作画时，里贝尔发现闵斯特伯格对如何被画非常有主见，他有自己的一套审美观点，两人的审美观无法统一协调，所以该画家不得不将其形象遗漏。关于此事何者为真，尚无定论。但这从一个侧面反映出闵斯特伯格在哈佛哲学系的地位，以及当时同事对他工作的高度肯定。

（二）闵斯特伯格其思

闵斯特伯格的主要代表作有《心理学与生活》（1899）、《艺术教育原理》（1905）、《永恒的生命》（1905）、《科学与唯心主义》（1906）、《永恒的价值》（英文版，1909）、《电影——一次心理学研究》（1916）等。作为弗赖堡学派的传承者，其《永恒的价值》（英文版）和乌尔班的《评价：性质及其法则》都是在 1909 年出版的。这两本书，成为英语世界狭义的价值哲学研究的一个开端。闵斯特伯格还被誉为工业心理学之父，他的《电影——一次心理学研究》为电影心理学奠基，《艺术教育原理》一书广为传阅。

本书主要从三个角度选译了他的研究成果：价值理论、美学理论以及心理学理论。首先，价值理论由他的演讲稿《科学与唯心主义》、著作《永恒的价值》的选译篇及论文《永恒价值的对手》（1909）组成。《科学与唯心主义》是 1905 年哈佛大学和耶鲁大学的冬季学术交流活动上闵斯特伯格代表哈佛大学所做的闭幕演讲，当时的评论者说这篇演讲建立在意志论和绝对价值体系的基础上，因篇幅所限只阐明了主要观点和结论，可谓《永恒的价值》一书的预告。《永恒的价值》有德文、英文两个版本，在英文版出版之前还有一个德文版

（1907年出版），其德文版发行之后得到德国社会的强烈反响，闵斯特伯格说他始料未及，因而又发行了英文版，与德国社会运动密切相关的东西被删减，他自己认为英文版不算译作而基本上应看作全新的作品。《永恒价值的对手》，顾名思义，是闵斯特伯格对《永恒的价值》一书出版后遭到的反对意见的回应，在这篇论文中他重申了自己的立论根基。

其次，美学理论选译的文字来自他的著作《艺术教育原理》《电影——一次心理学研究》及演讲稿《美的问题》（1909）。《艺术教育原理》曾收录在丰子恺的译著《艺术教育》里，其中丰子恺把isolation翻译成绝缘（绝缘说，也即孤立说），这是丰子恺同情说的主要理论来源。闵斯特伯格的"审美孤立说"因立场鲜明而在美学史上占据一席之地，他也被英美学界奉为认知主义艺术哲学的奠基者。闵斯特伯格认为，在科学与审美的对比中，美的孤立特点显现无遗。知识能够为人们的行动提供指南，通过了解过去、把握现在而预测未来。美的孤立自足无益于行动，因为它不会激发我们个体的意志，从而不会产生与过去、现在或未来的关联，却可以让我们反观内省，去探寻世界的内在意义。闵斯特伯格认为通过审美的孤立静观，人完全沉浸于自然或人为的审美对象中，可以摆脱现实生活中的欲望或情感的枷锁。法国著名电影理论家让·米特里（Jean Mitry）曾这样评论闵斯特伯格，"他在1916年对电影的了解，已经等于我们今天所可能知道的一切"。《电影——一次心理学研究》正是奠定他在电影心理学研究方面地位的作品。电影作为当时的新兴艺术，不少人尚对其持怀疑和轻视态度。但闵斯特伯格对这一艺术形式大为推崇，"电影是强烈影响时代社会力量的因素之一。有迹象表明，这种流行度和影响力在与日俱增"，"电影对社会最重要的任务是审美教育"，"让电影艺术成为我们时代的原创表达，并通过它塑造大众的审美本能"，这些论点至今适用。它是一部从心理学角度研究电影的著作，当然我们也可以把它放在心理学理论部分，但选译的章节侧重于艺术相关的论述，并且考虑到电影这一特殊艺术形式，所以仍把它归在美学理论中。《美的问题》为1908年12月30日闵斯特伯格在约翰斯·霍普金斯大学举行的第十八届美国哲学学会年会上所做的主席致辞，于1909年发表于《哲学评论》。

最后是心理学研究。闵斯特伯格在应用心理学方面的著作《基础与应用心理学》《心理学与生活》都已有中译本。译文节选自他的《心理学与生活》，这本书由心理学论文组成，分别探讨了心理学与历史、生理学、神秘主义、艺术及教育的关系，正如闵斯特伯格自己在序言中所说，虽然每篇论文写于不同时期、针对不同受众，但可以把它们看作一个整体，因为它们都有一个共同的目标和信念，即要把心理学和现实生活区分开，心理学并非对实在的描述，毋宁说它服务于我们生活目的的构造，无涉价值与义务。《永恒的生命》应该不算严格意义上的心理学著作，文风更像心理随笔。闵斯特伯格以第一人称娓娓道来，探讨人死之后是否有灵魂、来世和永生。在闵斯特伯格看来，物理心理学视角下的人作为因果链条中的一环，生死难逃时间的限制，若在这种情况下企求科学范围外的来世或彼岸去谈生命的永恒，就是自相矛盾的。只有将人看作意志的主体，因意志不受时空所限，人才有了永恒的可能。"把我们的生命看作时间的创造者，而非时间中的偶然存在！"这种意义上的生命超越于时间之外，所以也独立于生死。

本书虽然从价值论、美学理论、心理学理论三个方面展开，但实际上都未脱离闵斯特伯格的哲学价值论。他自己曾立场鲜明地指出，"哲学，就是关于根本的预设，是关于一切所知所行的终极价值和目的的研究，是唯一本身不始于预设的一种探究；哲学不预先接受任何信念和理论，它本身必须是任何可能的知识和义务的基础"。哲学是其他一切学科的根基。"它是所有工作最后诉诸的法庭。在这一最高法庭上，艺术教学和审美教育应该被审视。"他对艺术、电影的看法正是在这种哲学观下的解读，艺术的本质是孤立，电影作为艺术形式的一种，其核心不是模仿而是进行孤立，这一方面是对康德审美无利害学说的继承和发展，另一方面也是他构建真善美的永恒价值世界里不可或缺的一部分。心理学在闵斯特伯格的那个时代取得了长足进步，但他在不同的著作中反复强调要避免心理主义和科学主义的倾向，而且他非常明确地提出，其研究旨在综合哲学与科学，探究它们是如何彼此相容而非相互冲突的，而事实上这也是他在《永恒的价值》一书中的系统性尝试。所以理解闵斯特伯格的永恒价值论是把握他整体思想的一把钥匙。

闵斯特伯格试图构建的永恒的价值世界的理想来自他对所处时代的忧思，他所描绘的时代处境可概述出来：此时此刻，出现在我们面前的是一个万丈深渊，前是绝路无处逢生，那深渊是虚无主义、怀疑主义、相对主义，跳下去则骸骨无存；后有追兵无路可退，追兵是实证主义、自然主义，不与之抗争，那么生存的意义将片甲不留，我们要反击，要与追兵决一死战，反击之后更要为自己建安身立命之所——永恒的价值世界，这不仅仅是精神暂时的避难所，更是灵魂的最终归属地，这项构建不是一朝一夕之功，更不能单凭一人一己之力，而是需要每个时代每一个体共同参与。在闵斯特伯格的眼中，to be or not to be，这不仅仅是莎士比亚笔下哈姆雷特的选择，更是我们每个当代人不得不做出的选择：非此即彼，要么就只是一场虚无的梦境，要么就拥有一个恒常的世界。如果我们决意拥有一个世界，那么这就是让自我意志成为一个不以个人好恶、个人情感为转移的超个人意志，而这个永恒的价值世界就建立在超个人意志的基础上。超个人意志之所以可能，是因为意志的满足依赖于同一性，即意志目标和意志实现的同一，这种形式的同一能够脱离具体的对象而存在，因此不带有个人情感欲望的色彩。具体来说，通过这种同一性，我们当下的体验不断在这种同一性的连接中持存、和谐、实现以及完整，世界也由此展开。意志的同一持存展现为真，意志的同一和谐展现为美，意志的同一实现展示为善，最后意志的完整则体现在真善美的和谐统一，最终价值世界在这种同一、统一中构建起来。

闵斯特伯格思想的几个关键词，首先是意志（狭义的纯粹意义上），这是价值世界得以建立的根本。意志是一种努力、一种运动，是意欲一个价值世界的根本行为。

其次是自我。闵斯特伯格所承认的价值虽然都是绝对价值，但这种价值仍是相对于人格的价值，价值因自我而存在。生活世界被闵斯特伯格一分为三：外在世界（事物）、人的世界（人）以及内心世界。这种划分是自我设定的，自我意识到了自身，然后与"我"相应的"你"随之出现，最后意识到与我不同之物。对应关系如下：内心世界对应自我（self），人的世界对应共我（co-self），外在世界对应非我（not-self）。反之，若自我被取消，就上升到超自我的高度，与超自我对应的是超意志。如上所述，这种超自我的意志行为是产生价值世界的根本行为，是一种根本的努力。

再次是同一性。价值存在于一种关系中，即同一性的关系，指意志目标和意志实现之同一，同一性是所有价值形式和价值内容的基础。这种同一性关系具体可以表现为持存、和谐、实现以及完整，并且需要注意的是，同一并不是静态的不变，而是在动态发展中以新的形式成为新努力、新行为的起点。

最后是行动，世界就是行动，意志之行动。世界的意义表现为，世界就是一种行动，行动具有如下几个方面的特点。

a. 行动就是达成所愿。

b. 行动就是同一。

c. 行动就是实现，实现意味着意志的提升。

d. 行动意味着实现和完成。世界是意志的无限提升，是一个完整的行动。

e. 总体的行动包括联系、统一和成就。

f. 行动意味着自由。由此，永恒的价值世界就是在超自我意志的同一性行动之展开中构建的。

泰勒（A. E. Taylor）在《永恒的价值》德文版的评论中提到，不管闵斯特伯格最终是否解决了问题，他以正确的方式提出的具有时代意义的问题无疑会影响深远。确实如此，尽管闵斯特伯格的理论体系存在着缺陷和弊端，但是他的书引起了摩尔（G. E. Moore）、乌尔班（Urban）、杜威（John Dewey）等当代英语世界著名哲学家的关注，价值问题作为哲学中的一个重要课题被纳入英美哲学家的视野，并且在论点的交锋中进一步深化发展，闵斯特伯格对此可谓功不可没。下文着重梳理他的价值论思想，当然要用数页文字表达他通过一本书所展现的永恒世界图景，不尽之处还请读者批评指正。

1. 闵斯特伯格对价值概念的解释

价值作为价值哲学的核心概念，最初从经济学借用过来，并逐渐具有自己独特的含义。在德国以康德为代表的古典批判哲学看来，价值始终只意味着绝对价值。但为了便于讨论，闵斯特伯格在更宽泛的意义上使用"价值"一词，使其包含相对价值和绝对价值。永恒价值与绝对价值在其文本中可以视为同义，区别仅在于侧重点不同。那么，能够达成共识的绝对价值在哪里可以寻求到？闵斯特伯格的回答是，首先，在自然科学构造的世界里找不到绝对价值。因为那个世界和自由意志无关，其中的一切都被嵌在因果链条之上，没有意志的立足之地。此观点旨在反对当时的自然主义与科学主义。其次，从个人需求出发也找不到绝对价值。虽然在当下的生活里，人都是意志的主体，但价值不等于个体意志的目标。这一立场意在对抗个人主义与相对主义。不过，这并不意味着绝对价值非要在一个不依赖于经验意识的永恒存在中去寻求。如果回到康德之前的哲学，要么与笛卡尔（René Descartes）等人为伍，要么与培根等人站在同一条战线上，最终都会殊途同归，不管是通过理性还是通过感觉经验，最终都是要找到一个独立于人类之外的世界。在康德的哲学中，那样一个世界的迷梦被彻底打破，因为人能认识的只有经验世界，即由人的知觉条件所决定的世界。康德之前的哲学问题是事物如何构成以及人如何认识事物，康德之后的哲学问题则是人如何构造事物进而认识事物。按照康德的哲学，虽然绝对价值独立于任何个体，但仍是每个个体可能的认知对象，是每个人的意识经验可以企及的思考目标。绝对价值存在于这样一个世界，"这个世界的总体以成为一种可能的经验对象为条件。倘若存在某种信念，它超越了经验世界并去寻求一种超越的经验，即使在这样的地方，这个最终的实在必定依然依赖于意识条件"。也就是说，寻求价值，不是要到一个脱离经验世界的彼岸，这个彼岸世界即便存在，人类也无法理解，因为它已经超出了人可能经验以及认识的范围。任何被确认的绝对价值，必须首先属于可能的知觉对象，"绝对价值具有不可例外的有效性，因为它对每个可能的主体都同样有效，这些主体与我们分有这个世界，他们的思考和奋斗与我们这个世界息息相关"。只有去除了上述容易产生的误解，我们才能进一步探究绝对价值的真正含义。

（1）价值与应当

承认一种价值意味着什么呢？意味着承认这种价值对自身行为的约束。因为我们承认真理的价值，所以不信口开河地随意肯定一个判断；因为承认义务的价值，所以不随心所欲，不为所欲为。总之，意志受到价值的约束。但为什么会受价值的约束呢？通常的回答有两种：一种回答是因为必然性，另一种回答是因为义务。所谓必然性是指自然因果律意义上的联系。意志服从价值观念和意识逃避痛苦，都不过是物理心理机制运作的一种过程，如此解释意志受到的约束在自然领域当然有其合理性，却不是闵斯特伯格探寻的目标。而且，这种联系并没有绝对必然的意义，因为它可以通过后天的行为加以改变。除此之外，最根本的一点是，心理上的因果联系本身就是一种真理价值，用它来解释价值的约束力，已经预先承认并接受了真理的价值，如此一来就是在循环论证。如果意志不受心理必然性的制约，比如，做坏事之人头脑中未必没有道德观念但仍然犯下恶行，这说明价值观念不一定能规范其行动，其中的必然联系并不存在。这里只有两种可能性，非此即彼，必然性的原因被排除之后，人之所以如此行为的原因就只能是受到义务的制约。

那么何谓义务？简言之，义务就是一种"应当"。但这种应当不该解释为生物学或者社会学意义上趋利避害的社会心理装置。闵斯特伯格寻求的是一种更纯粹的应当，是可以从德国哲学传统那里寻求根基的绝对的应当，"这种'应当'不属于实存的对象，而是作为其最深层的意义属于主体的意志，而经验恰恰通过意志成为可能。于是，对真理的思考就意味着让肯定的意志服从于义务"。休谟提出，从"是"推不出"应当"的难题，就是怀疑从事实判断能够推出价值判断。在此，这个难题在某种程度上被消解，消解的方式为：把"是"也当作一种"应当"。因为对事物存在判断，这从根本上说是意志的判断。事物实存，是意志在肯定；事物非实存，是意志在否定。但这里做出判断的意志，并非随心所欲的个人意愿，它不得不服从一种应当的法则。如此一来，原先在知识和道德之间的分界线似乎不再那么泾渭分明，因为它们都属于一种应当。崇尚真理，只是忠于应当肯定真理而否定谬误；推行道德，只是忠于应当宣扬善良而抑制邪恶；更进一步，审美从根本上也是一种应当，欣赏美，只是忠于应当彰显美丽回避丑陋。总之，无论遵循真理、道德，还是推崇审美乃至宗教，我们都服从于"应当"，应当做出真理判断，应当按照道德行事，应当遵从审美意识。"所有价值都建立在与意志的联系的基础上，并且高于每个可能的个体意志。逻辑价值、伦理价值、审美价值和宗教价值都建立在同一个根本原则的基础上，它们并不指向一个超越的实存，而指向意志的最终决定。"也就是说，所有价值都建立在意志之应当的基础上，而这一应当，又来自意志的自律，来自意志自身的决心。

闵斯特伯格也指出，这种用"应当"转换价值含义的做法也存在着局限性。其一，人们把所有价值都归为一种应当，而每种价值都有自身的意义，无论是寻求真理、坚持正义、创造美，抑或是探求宗教上的永恒，都有其正当性，可是现实仍是一盘各种价值构成的散沙，没有什么能把这些同为价值的东西联系起来。其二，"由义务的观念所表达的东西在本质上是某种消极的东西"。因为存在着"应当"，这就意味着存在选择的情境。"能够谈及义务的只有在那些除了一个理智的欲求外还有相互争斗的天生爱好冲动的地方。这种情况适合于任何受感性的规定和制约的理性存在者。"和康德一样，闵斯特伯格也认为义务之应当只存在于下列情况，有许多选择向我们招手，一些诱之以利，另一些则是义务之应然。这些选择都具有可行性，如果没有其他意愿（哪怕是不该有的意愿）的可能性，如果没有选择权，那么也就无所谓应当，无所谓义务。因而义务上的应当可以用来说明价值的终极意义吗，在做判断时，人们难道不都是渴求真理而非错误吗？即便人们被错误所诱惑，也只是在人们误以为其是真理时才可能。从根本上说，"我之所以希望得到真理，是因为它能带来的是真正的我的意志的完全满足；然而这种价值是无条件的，因为我的意志最终不是与自己或其他个体相关，而是与某种绝对的、超个人的东西相关"。"美是我们的意志所渴望的圆满，如果我们从根本上把握了它，那么绝不可能期盼它是别的样子。""道德价值事实上也是我们始终期盼的一种价值，它从不被任何一种非意愿所渴望。"由此可见，真、善、美都是我们内心真正之渴望，不存在与之相竞争的对非真、非善、非美的意愿；而没有选择，就没有义务。综上所述，真善美的价值从根本上说都不是义务，因为它们都是意志的对象，意志不会选择真善美的对立面，而一旦意志排除了不同的欲求间的选择，那么"应当"就毫无意义了。价值是一种应当，但不能仅仅停留在应当的层面上把握它，其在最终意义上并不代表应当，它更深的含义在闵斯特伯格看来是意志的目的。

（2）作为意志目的的价值

如闵斯特伯格所说，价值更深的含义是意志的目的；进一步而言，行为中唯一有价值的是自我一致，是所行与意欲的一致；行为不需要外在义务的约束力，而需要发自内心的意志的真正自觉。践行自己的真正意志就意味着价值的实现。不过，这一意志并不具有个体性，而是超个人的、普遍的、必然的意志。作为新康德主义的继承者，闵斯特伯格的意志概念与康德的意志概念一脉相承，包含着康德意志中的纯粹意味。同时，它继承了叔本华将意志作为世界本源的思想，但舍弃了生存意志的盲目冲动以及由其带来的烦恼无聊；并且囊括了尼采权力意志中的积极进取因素——自我完善和超越。和康德一样，闵斯特伯格也把意志自律作为最高原则，并且把这一最高原则从道德领域扩展到真理、审美、宗教以及哲学领域。闵斯特伯格对意志概念的使用非常多样，这亦是杜威对他的批评原因之一。闵斯特伯格对意志并没有很明确的定义，因为意志作为世界最终的根据，无法再用其他概念来界定，而只能予以描述；他关于意志概念的描述，主要有以下几条：①意志不是存在物，而是一种活动；②意志是朝着目标努力的过程；③意志通过自身行为要达到的唯一目标必须是它自身的意愿。

闵斯特伯格认为在意志的基础上解读绝对价值，就是在说明意志是怎样摆脱个人的好恶，成为超个人的需求，通过真、善、美和宗教得到自我实现的。那么关键的问题便是，纯粹意志为何能带来满足，其动力来自哪里？①与好恶无关的某物为什么会使我们感到满足？②为何意志会需要和我们的好恶无关的某物，即为什么会有纯粹意志？闵斯特伯格从其心理学的研究背景得出结论：不是在先的感觉（sensation）产生了反应，而是机体有了反应才产生感受（feeling）。首先是机体或者整体个性对外界的刺激接受或者排斥，之后（当然"之后"这个时间段可能非常短暂）才有喜欢或者厌恶的感受。需要指出的一点是，与刺激相融的痛痒只是生理意义上的感觉，不是感受。本能上的趋乐避苦更多的是一种生理意义上的感觉，感受可以无关具体的对象内容，而单指情感上的倾向和态度。所以究其本质来讲，意志活动不是趋乐避苦，而是所欲之达成，意志能从这种实现中得到满足。快乐是一种外在表现，附带效果。至关重要的是，所欲和达成的一致需要那种刺激的延续。举例来说，我喜欢吃橙子，却只能吃到杧果，尽管杧果好吃，我仍不会觉得满足。这种满足感由一种心理预期构成。不过，也许一开始达成的目标并不十分明确，但在努力的过程中目标会慢慢地显现出来，就如方程式中的未知数 X，有一个求解的方向，答案会在最后呈现。一个在理想上正直而理性的人之所欲从来就是真、善、美，所欲和达成不可能有矛盾。在任何情况下，选择价值的意志都独立于个体的个性，即它是一种不为个人好恶所动的纯粹意志。简言之，选择价值就意味着进行抉择的意志是纯粹的。不过更深层次的问题是，"怎么会有不受自身利益即快乐和痛苦引导的意志活动？如果我们称这种不受快乐痛苦支配的意志为纯粹的意志，我们必须问：是否从根本上存在着纯粹的意志行为？"当然，在现实中我们可能很难寻觅到纯粹的意志，在一种纯粹价值中或许也含有不纯粹的个人快乐，比如，一个人在欣赏美时可能感受到愉悦，在拥有道德时得到幸福。抛开这些复杂的因素，闵斯特伯格意在追问，是否能够拥有真善美这些纯粹的价值。

先前探讨得出的结论是意志活动只是所欲之达成，快乐只是附带效果，因而个体可以得到与快乐无关的满足，即意志的实现，那么实现意志的含义是什么？所谓意志的实现，即坚持的想法成为现实，或者俗语所说的美梦成真。从梦想到现实的转变，在本质上说起点和终点的东西是保持一致的。不过既然起点和终点一致，为什么还要转变，实现梦想又有什么意义呢？闵斯特伯格指出，实现是为了寻求一种新的形式，提供一种新的可能性，成为新的起点。"转变中的同一性使我们满足，而凡是保证这种同一性的就有价值。"同一性可以使我们满足，那么对于这瞬息万变、变动不居的世界，我们能够找到同一性吗？而且，我们为什么要去寻找同一性？设想每个人都可能会做的梦，其中的景象有时是只可意会不可言传的东西；

如果每时每刻的生活，都像梦境一样醒后无痕，如夜幕中的烟花般绽放片刻而后消失不留任何踪迹，那么人们拥有的除了梦境般的碎片之外别无他物，只能成为空想虚无。闵斯特伯格给出的选项是，人们要么拥有一个世界，要么就是毫无意义的混沌之梦，非此即彼。如果只能二选其一，那么拥有一个世界应该是大多数人的选择。可是这样一个世界在哪里呢，已存于现实中有待于去发现，还是在一个遥不可及的彼岸世界？闵斯特伯格回答说两者皆非，这个世界需要被构造——基于现实生活而又高于现实生活的理想构造。现实生活是构造这个世界的素材。谁要质疑这个待构造世界的现实性，那么他已经被我们排除在讨论之外，因为我们没有共同语言。只有相信这个世界实存的人才在考虑范围之内，这是进一步讨论的前提。人们要想拥有一个世界，只需问那些相信存在这样一个永恒价值世界的人。"如果生命不想短暂，就必须超越其自身，如果没有生命内容的永驻就不可能超越其短暂的体验，生命就没有意义。当生命的一次新跳动随着新形势和新需要而来临，我们就有必要去体验新生活，并在其中寻找更多相同的内容，这是将我们从短暂的浮光掠影的生命特质中解放出来的一个基本要求。因为拥有一个世界就意味着在新的体验中获得了与旧体验一致的内容，我们认识到，这个世界恰恰赋予了我们认可每一次意志满足的条件，这就是说，它是有价值的。"如果从根本上说它是一个世界，那么它就必须绝对有价值，也就是它必须满足纯粹的意志，因为它只有通过它的自我肯定，即重现它的同一性，才能形成一个世界，而这种同一性意味着实现，意味着满足，意味着价值。

2. 闵斯特伯格描绘的永恒价值世界

（1）永恒价值世界之构成

按照闵斯特伯格的论述，价值可以解释为一种应当，但在更深层的含义上，价值是意志目的的实现，实现又意味着同一性的满足。在这种意义上，闵斯特伯格的永恒价值世界是通过寻求经验中的同一性而被构造出来的。其中，每次新的体验都比刚刚过去的具有更丰富的内涵，这个世界通过所有体验中的共同性不断展示自身。比如说，一个人从幼年到长大成人，体貌特征发生了显著变化，而心智也在逐渐成熟，他的人生经历一直在丰富，并在其成长中不断实现着新的可能性，但无论怎么转变，张三不会变成李四，而是这个张三在丰富和发展中展现着自身。当然，这个世界是多维的，是自然的世界、历史的世界以及法则的世界，这个世界拥有真、善、美的价值，每个人因为自身的特殊性以及有限性，不可能对这个世界的各个方面都感兴趣或者说寻求对它的最终理解，但一个永恒的价值世界本身是完整的。这也就是《永恒的价值》一书所要构建的价值世界的体系。

之前已经论述过，生活由一个个瞬间构成，倘若组成生活的所有刹那转瞬即逝，如风过无痕般不留任何印迹，那么生命就是虚无。就像《浮士德》中魔鬼的诅咒一般："谈到既往，不过是蠢话一句！过去的已经过去，消失在虚无里，一切又从零开始……"当然，人们不想要这种虚无，不希望拥有的一切只是虚幻；如果想从这种虚妄的生活中跳脱出来，人们就必须寻求体验中的同一性，即在每次的新体验中发现与旧体验相同一、相一致的内容。"我们寻求体验中相同的东西，那是确保我们获得世界的一种根本行为。这个世界意味着我们赋予了现在的体验比刚刚过去的体验更加丰富的内涵，也就意味着世界是借助所有新体验中的共同性来不断地展示其自身的。"这也是说，如果体验要将自我展现为一个独立的世界，就要以一种新而又新的体验来自我实现，要始终保持着自己的共同性。为此体验必需确认"保守、一致、实现和完整价值"这四个方面的关系，其具体含义如下。第一，保守价值，即每一部分必须在变化中保持其同一性。例如，从婴儿长大成人，身体的每一部分都在发生变化，可每一部分在变化中都保持着自身的同一，手依然是手。第二，一致价值，即各个不同的部分在它们自身中显现其同一性，因而表明它们彼此互相一致，并且没有一部分是完全独立的。对于一个正常人而言，其五脏六腑、七经八脉都不是孤立存在的，它们相互依赖——协同合作，并且有一致的目的——机体的正常运行，就是它们之间的同一性。第三，实现价值，即那个在体验中改变自身的东西，通过表明这一变化属于它自身的意义，并且仅仅是它自身的实现，从而在变化中显示出某种同一性。举例来说，由一粒种子长成一个西瓜，西瓜就是种子自身的实现，而种瓜不会得豆则是同一性的体现。以上三方面分别称为保守价值、一致价值、实现价值，换成通常的叫法即逻辑价值、审美价值以及伦理价值。不过闵斯特伯格赋予这三种价值更广泛的含义。如果这个世界要有意义的话，那么，这三方面的价值将彼此之间完全一致，一个必须在另一个中实现自身。于是我们获得价值的第四个方面，即完整价值——形而上学价值。以真善美为例，闵斯特伯格认为，倘若它们相互冲突，就不会拥有一个有价值的世界总体，所以它们最终要相互和谐，彼此可以实现。若用宗教来统一真善美的话，那么宗教价值即神圣价值就是第四个方面——完整价值。在此价值分类的基础上，一方面，我们按惯例可以把世界总体分为外在世界、人的世界以及内心世界三个部分。而每个人的体验都可相应地依此分为三个方面，分别涉及人与自然、人与人以及人与自身的关系。逻辑价值、审美价值、伦理价值以及形而上学价值都能分别以这三个部分为内容再做细致的划分。另一方面，闵斯特伯格认为，四种价值又都能分为朴素生活所设定的价值和文明的努力所设定的价值。前者是我们在当下生活中直接感受到的，后者则要通过我们有意识的努力创造。以审美价值为例，大自然山明水秀的美就是对生活的朴素评价，而当我们用绘画、文学或者音乐手段来表现这种自然美从而使其上升为一种艺术的时候，这种美就是文明的努力所设定的价值；其他价值同理。

这样我们就构建了一个 $4 \times 3 \times 2$ 的价值体系。"所有的二十四种价值不过是满足我们意志的一个价值的支脉，而这个意志就是我们的体验，是属于一个自我独立、自我肯定的世界。"如果有人不相信会有这样一个世界的存在，或者说不认为有构建这个世界的可能，那么闵斯特伯格的回应是："对不起，请不要继续下去！"因为没有共同语言。在此所讨论的哲学的世界总体不是哲学家要揭开其面纱的已存物，它是闵斯特伯格力求达到的理解的目标。真、善、美的价值也不像捉迷藏的孩童那样藏在某处等待被发现，人们获得它们的途径唯有创造。因而，那些不追求它的人无从了解，而那些正在探寻的人已经预设了其正当性。所以这里的问题，毋宁说这一真善美相统一的价值世界是如何被创造出来的。

（2）永恒价值世界之根基——从自我到超我的上升

闵斯特伯格认为，永恒价值世界最终寻求的是各种价值的统一，而这种统一是通过纳入超验来完成的。那么何谓超验？超验本身虽然不可经验，但却包含着所有经验的丰富性。超验的不可经验性并不意味着不可知，而是实在的经验。前已论述，闵斯特伯格寻求的是一种永恒的绝对价值，这种永恒的绝对性超越每个特殊的个体，这种超越个体性是针对价值的有效性而言的。一种价值的约束力对所有可能的个体都成立，不过价值并不因此完全取消与个体的关系，价值总是相对于人格的价值而言的。价值之所以称为价值，是因为它为每个可思考的个体所承认，即价值并没有完全排除与个体的联系。但是超验不同，它要取消与个体人格的联系，它不仅要排除与个体态度、乐和苦的关系，而且要取消个体自身，从"自我"（self）上升到"超我"（over-self）。一旦取消了特殊自我的立场，那么三个世界的分野也立刻消失。因为时空关系，三个世界的区分都是建立在自我的特殊立场上的。经验总是相对于我而言的，"我的经验是我的个人之自我的生活内容，任何可以被看作可经验的事物从根本上必定属于自我"。没有自我，也就没有与自我相应的经验，亦如佛学教人放下我执，放下自我，同时与自我相关的不快烦恼也一并消失。正是在这种意义上，超验具有不可经验性。怎样才能达到"超我"？"一旦我们的经验中与个人条件相关的因素都被排除，就达到了这个超我。"

闵斯特伯格借鉴了费希特关于自我与非我的相关论述，不过他的界定更为明确，而且闵斯特伯格的非我不同于费希特的非我，费希特所指的"非我"包含他者和物，而闵斯特伯格的"非我"单指物，他者被闵斯特伯格称为"共我"。最终产生一切绝对意志，闵斯特伯格明确地称之为超我（over-self）。那么超我和自我有什么关系？闵斯特伯格进一步解释说，超我和自我是无法区分比较的，因为超我在自我之中，超我是自我消除个体性的产物，被看作没有个体性的自我关系（self-hood）。如前所述，这是通过清除经验中与个人条件相关的因素得到的。同时，一旦超我在自身中设定了有限的个人的自我，它未分化的内容必定立刻分为自我、共同自我（co-self）和非我（not-self），即内心世界、人的世界和外在世界。用审美体验可以比拟闵斯特伯格所说的取消自我后的超验状态，比如说，审美体验中的浑然忘我，阅读一本引人入胜的小说，被惊心动魄的情节或者其中人物的命运所牵引，全然忘记现实世界，忘记现实自我，整颗心沉浸于那个虚构的世界中，这可谓是个体自我被取消的状态，但若是情节中的某段触动了自我的记忆，与自我相关的情节一旦展开，对书中人物命运的关心源于自己未完成期望的另一种实现，那么这又回到自我之状态。

与自我对应的是经验，而与超我对应的是超验。一方面，支持超验的是一种意志，这种意志以同一为目标，并且要结合所有有价值的经验。另一方面，有目的的超我是由信念所设定的，这种信念同样以寻求同一性、结合所有价值为己任。从根本上说，超验和超我是同一种东西，是同一种根本意志，即做出评价的超我和被评价的世界都是同一个根本意志。西方哲学自产生开始就不断在追寻事物的终极原因，和叔本华一样，闵斯特伯格在此把它归为一种根本的意志，即超验的意志。那么世界的质料究竟是什么？答案是"否"，因为一切都是同一种意志，不存在其他不同的要素，也就无物可以与之比较，也无物可以用它来指称。既然无法追问，那么冠之以任何名称都无法区别。这就是后来招致杜威批判的问题之一。这是任何绝对论者都无法回避的一种缺憾，因为其无法言说，无法界定，如同老子那句"道可道，非常道"一样。闵斯特伯格指出，关于绝对，我们唯一所知，就是意志（it is will）。世界的意义在意志的不断提升中得到显现，目的不断丰富，但始终和自身保持同一，它总是意志的实现。

3. 闵斯特伯格永恒价值论的当代意义

（1）个体自我意义的确立

"在我们的实际生活中，处处充斥着一种可怕的强烈感受——我们的仓促、忙碌的生活已使我们失去了目标，尽管我们的效率获得了成倍的增长，但我们生活的意义却濒临危险的境地。一切事情都在溃散……"如同闵斯特伯格在书中对那个时代所言，当今这个动荡不安的世界同样渴慕对生活和现实意义的一种全新的表述方式，这使人们对这个时代重新燃起希望之火。研究闵斯特伯格的价值理论对于当代人追寻超越价值、探求心灵归属具有积极的现实意义。

在闵斯特伯格描绘的永恒价值世界图景中，人的形而上学意义随之有了定位：每个人都是独一无二不可替代的。世界是一个有生命的意志活动，而非一个无生命的偶然过程。每个人自身的行动因此成为一种有责任的、不可替代的参与。当自我通过与整体的关系变为永恒时，作为个体的自我也获得了永恒无限的意义。对无限整体的意志取代了我们渺小的生活目的。其他任何人都不能满足我们的意志，其他任何人都不能替我们承担这种义务。每个人都有自己应当承担之责任，每个人都有生而为人之使命，自己的一言一行一举一动都在构建一个价值世界，所以，忠于一个拥有价值世界的意志，始终如一地发展自我，参与行动，这是自我实现之路，也是创建价值世界之举动。小我是大我的一部分，构成海浪的每朵浪花，是同一场剧目缺一不可的角色，自我只有在整体中才能找到自己永恒的位置。这种解读也拉近了人们之间的距离，因为不管每个个体如何不同，这些个体最终都属于同一个超我，不同的自我是与时空关联后的产物。真正的价值对于全人类都是共同的。"这个要建立价值世界的目标，现在不仅仅是每个希望被认为是一个自我的人的必然意志，还是先于这些自我产生的目标。无论是自我还是体验内容，都是这个目标赋予了的意义。"

（2）人类共同价值世界之理想

价值这一古老而常新的话题，每一时代都会有矢志不渝的哲人为追寻它而皓首穷经。一切哲学都源于对现实人生及生活世界的忧思，时代虽不同，人类的命运却惊人地相似，都有某种共性的社会意识。除去若干带有强烈时代色彩的内容要被淘汰以外，经历时间冲洗而积淀下来的合理成分就会成为另一时代和社会构建新的价值体系的素材。人类当今精神支柱的基石也源于此。

新康德主义理论在文德尔班（Windelband）那里坚持事实世界和价值世界的分野，李凯尔特（Rickert）也将自然和历史分别对待，但是闵斯特伯格更为彻底地将价值的问题放在哲学研究的核心位置，因为他的理想是把整个世界都归入统一的价值体系中。如果我们用一种一以贯之的眼光去看待世界，即看到世界具有绝对价值，那么通常意义上的科学世界，服从因果律的世界只是价值世界的一部分，体现的是逻辑价值。简言之，价值的光芒照射世界万物。因为人对价值的信念与肯定，世间的一切都可以成为价值折射镜下的一部分，都可以纳入价值世界的体系。克服相对、怀疑、虚无生活的最终方法，就是构建一个充盈着价值和意义并且不因空间变动、时光流转而磨灭的价值世界。如果缺失了这种对价值的信念与肯定，每个人在现实中的生活，都将因其短暂、断裂、分散、狭隘而仿若黄粱美梦，无常而空幻。在这个价值世界中的生活是有意义的，世界的目标是存在、进步、和谐和完善。我们建构这个世界唯有通过行动，达成这一目标也唯有通过行动，这是人类对自身存在价值的肯定，也是对现实意义的肯定。

诚然，闵斯特伯格永恒价值论面临着来自经验主义价值论的种种挑战：永恒是否意味着静止与僵化？永恒有没有常新的可能性？永恒通常具有两层意义：一种表示时间进程上的无始无终；另一种则是对时间的否定，进而否定变化。杜威在其评论中谈及对闵斯特伯格将永恒与新颖结合在一起的困惑，以及他对永恒价值的反对，这是在第二种意义上的批评。不过闵斯特伯格的主张是基于永恒的第一种意义，他所向往的永恒并不意味着全然静止不动，并不意味着用完全与世隔离的真空状态保持自己的鲜活。其原则不是绝对的不变，而是在改变中把握不变，在核心不变的基础上改变形式。在改进和发展中，人和世界的意义得以展现和丰富。所以，这种永恒可谓动态中的常新，在常新中保持着基本内核不变，无论人和世界如何变化都不会变成另外一样东西。以经典的哲学思想为例，伟大先哲的思想流传至今，被誉为永恒的经典，具有超越时代和地域的魅力，并且在每个时代的重新解读中又萌发出新的生命力，永恒和新颖能够以这种方式结合在一起。闵斯特伯格所理解的永恒价值世界是要立足于现实世界，自己去努力才能创造出来的。永恒世界由人类构建，并会无限地绵延下去。在他看来，过去、现在、将来存在着千丝万缕的联系。所谓刹那就是永恒，那是因为这一刹那作为时间链条中的一环被无限地延续了下去。当然此处的时间并非物理学均质无差别的时间，而是在生命体验的意义上而言的。如果生命具有同一的意义，那么人类短暂的生命在历史长河之中就有了痕迹，而正是这种同一的联系使得这样一个永恒的价值世界成为可能。

在这种意义上，人类共同的价值体系的建立是可能的，就像哲学上永恒的话题一样，也许人们找不到最终的答案，但所做的种种设想方案都在推动着这个话题。正如胡塞尔（Husserl）在《哲学作为严格的科学》中所说的那样，"我们的生活目标在总体上有两种，一种是为了时代，另一种是为了永恒；一种服务于我们本己的完善以及我们同时代的完善，另一种服务于后人的完善乃至最遥远的后代人的完善。科学是一个标识着绝对的、无时间的价值的标题。每一个这样的价值一旦被发现就会马上从属于所有进一步发展的人类的价值宝库，并且它显然也会立即对教化、智慧、世界观以及世界观哲学这些观念的质料内涵产生规定性的作用"。设想一个永恒的价值体系是世世代代的人共同建立起来的，过去、现在乃至未来的努力都是或者即将成为这样一种永恒构建的一部分，它一旦成为这个体系的一部分，就可以为现在所用，并且永恒地延续下去。只要人类存在一天，这个构建的任务就永远地在开展、进行。这应该是今天仍然阅读闵斯特伯格理论的意义之所在。

价值论研究

科学与唯心主义

　　我很荣幸今天能够在这里表达哈佛这个老朋友对耶鲁大学的诚挚问候。你不会听到今年学术活动的罗列，但我情不自禁地想先介绍一栋极受欢迎的建筑的落成。可能你会认为这是我的职业病，不过我还是必须说，去年冬天哈佛校园最重要也最乐见其成的变化，就是哲学之家——爱默生楼这个珍贵的纪念性建筑的耸立。哈佛的哲学工作曾分散在不同的屋檐下，如今，它终于拥有了统一性和尊严，这个壮观的楼宇已经迅速成为哈佛理性生活的新中心。这个活动的意义是显而易见的。它主要标志着对哲学的兴趣与日俱增，并与其他许多迹象一致，都表明 19 世纪下半叶反哲学的呼声在减弱，人们在学术王国渴望一种能应对世界最深层次问题的哲学。观察的分析最终会被思维的综合所取代。每个学者，无论是物理学家还是生物学家，历史学家还是数学家，语言学家还是神学家，都感到有必要重新批判地审视专业工作中使用的基本概念；而这种基础性研究毕竟是哲学的意义。它长久地被忽略，尽管作为狭窄的专业研究是全面的，但在一段期间内其世界观是肤浅的。

但哈佛这一活动的意义更为深远。哲学问题可能会以不同的方式被解决。无论是唯物主义还是怀疑主义，神秘主义还是现实主义，可能会因其自身的气质倾向去回答这些根本问题。但哈佛明智地把这个建筑称为爱默生楼，已经通过选择拉尔夫·沃尔多·爱默生（Ralph Waldo Emerson）这个名字，表明我们的时代应该由唯心主义精神来指引。爱默生，他的铜像就矗立在我们新的哲学大楼的入口处，他本人并非专门的哲学家，不过没人比他更热忱、更鲜明、更全心全意地相信唯心主义哲学：他坚信人的自由以及理想的绝对价值。

自爱默生写下他不朽的散文后，时代已发生了改变。知识的长足进步已经把我们的世界转换成一个巨大的机械体，其中每个原子都遵循着规律而运动，每个心灵都按必然性工作，没有理想和永恒义务的容身之所。不过在科学大获全胜的时代，古老的问题又重新提上日程。爱默生楼的耸立意味着在科学时代应该继续追问：这个世界是否有自身有价值的东西存在，能否表明唯心主义关于绝对价值的信念正当性？因此，我认为这个与生活相关问题的答案是一条最适宜来自哈佛世界的信息。当然，我们的时代不满足仅诉诸感情。任何爱默生式的热情都不足以征服理性的论证，每个自相矛盾的思想捷径都会把我们带向深渊。通过希望或灵感来断言绝对价值并宣传这些理念，是非常重要的实践任务，但这并非哲学家的任务。哲学家的目的一定是理解这些理念。不过，理解它们最终意味着从一个核心必要的原则中推演出它们，就如同牛顿以来的现代科学从一个公式推演出宇宙中的所有运动一样。这个时刻确实需要努力来探究真正有深度的问题，不管方法如何枯燥、充满技术性和不鼓舞人心，不管这种努力多么不完美，都必须坚持下去。

让我们就像普通人那样，从自然科学的世界开始。所有的科学，物理学、化学、动物学、生物学和人类学，都告诉我们空间中的事物因果地联系在物质系统中。自然主义者希望扮演被动的观察者。他们关于世界描述的核心观念是作为一个公正的观察者，描述和解释宇宙中分子间的相互的因果作用。他们的成功所依赖的主要美德是谦逊，他们完全让自身服从于现有世界的固有事实，开始发现这个世界的规律；同时他们也大胆自信，窥探宇宙的秘密，把世界创造的一切都分解为原子。这个宇宙中是否有东西具有价值？让我们从一开始就保持一致，坦率地回答没有。星辰可能运动，地球也许变热或变冷，人或许有生有死，但从自然科学的立场看，一种原子的组合就其自身而言不可能比其他可能的组合更好。对于化学家来说，毒药与食物相比谈不上好坏；对于植物学家而言，杂草也并不比鲜花更糟；对于天文学家而言，有序的宇宙并不比一团混沌更好。科学家若不只是讨论从简单到复杂、从同种到异类的变化，那么他们就是自相矛盾。如果"发展"之类具有价值理念的术语混入原则上仅仅是中立对象的系统，那就是放弃了被动观察者的立场。在这样的自然王国中，我们无权幻想有机体比任何其他的单个原子更有价值，人的生命比水母更有价值。

如果心理学家把自己和物理学家联系起来，情形也没有丝毫变化。固然，在坚持空间中的原子并不构建科学的整个宇宙方面，他们是正确的。这些科学家也要描述与解释存在的意识、感觉、直觉、感情和冲动。但如果心理学家是自然科学真正的灵魂，那么观念、情感、意志的整个相互作用对于他们来说，就是一个因果联系的世界，他们只是作为观察者来观看和研究。不管内在经验是如何多样丰富，若严格地从心理立场出发，那么一切都如外在经验的原子运动一样是中立的和无价值的。快乐出现又消逝，但旁观的意识主体只是在觉察，并无权说它们比痛苦更好或更有价值，或者愉悦的情感、明智的观念、美德的冲动从心理角度考量比悲伤、邪恶或愚蠢更有价值。因此在物理和心理对象的系统里，没有任何价值的容身之处，甚至关于价值的思想或观念也只是由某种大脑兴奋所产生的中立精神状态。我们一旦用人的生死悲欢点亮、塑造科学家的世界或赋予它们以色彩，就漫不经心地摧毁了纯粹的科学系统，放弃了严格自然主义工作的预设。

自然、物质和精神对价值一无所知。不过很显然，这并不意味着实在中没有价值，因为若认为称之为自然的对象系统是我们生活经验的全部世界，就很荒谬。事实是，在物理学和心理学中，对自然的有意描述和解释正在进行，这本身难道不包含着行为人格的存在吗，而这种人格在自然系统中是不存在的。物理学家和心理学家打交道的对象世界是从被动观察者的角度而存在的。但物理学家和心理学家本身既不是对象也不是被动的，因此完全在自然系统之外。他们采取的态度是肯定真理拒绝错误，因此代表了一种生活经验，这是追加到科学家的无生命的对象上的。因此生活比自然更为丰富。是的，我们可以说科学家意义上的自然在生活中根本找不到，但可以通过一步即一系列的抽象推演从生活中获得。生活中没有一个客体——主体仅仅在被动地意识到它；生活中也没有一个主体，其作用只是事物进程的旁观者。我们在活动中并通过活动了解自身，不是通过发现自身是事物中一员，而是在决定和态度中实践我们能动的人格来自我了解。并且对象是我们活动的目的、目标、工具和手段。我们难道不会补充说，我们的同类即刻被看作是真正能动的主体，而非感知到的心理－物理机械体吗？对我们来说，他们是主体，其意义和目的需要是通过解释而非描述来理解，而这在自然系统中也没有一席之地。为了说明物理学家和心理学家眼中的物质和精神对象，就意味着必须用概念抽象取代当下的生活经验。那就意味着人为地切断自然和精神的内容与真正能动人格的联系，并把它们与不符合任何经验的空洞的、被动的主体联系起来。当然，为了达到逻辑目的，科学家必须采用这种替代方法，即通过原因确定结果。但每个这种行为自身都证明了我们是生活中行动的主体，而非单纯的心理物理机械体。

但即便我们是有态度的主体，生活舞台上自由的演员，那么世界真的为我们赢得了所追求的绝对价值的可能性吗？对我们而言，生活现在是一个主体的系统，他们彼此间因意志而联系，在他们眼中世界的事物都是其意志的手段和目的。这样历史的世界就取代了自然科学的世界，其中个体遵循着自己的欲望和恐惧，彼此赞同和反对，爱慕和憎恨，感到快乐或痛苦，其中的任何满足都只是个体的经验。我们要寻求的是绝对价值，因此独立于个体愉悦，约束着每个想要理解世界的人。要达到这样的高度，历史自身永不可能成为向导。当然，我们或许会在许多不同的个人倾向中做出区分。既有的快乐可能肤浅或强烈，它或许是诉诸于动物本能的快乐，因此对于大众是普遍的；或者是以训练、天赋和教育为前提的快乐，如果我们称这种更复杂的快乐更高级，那就再次自相矛盾。我们也许说，欣赏交响乐和戏剧相较于吃夹心糖果，是更高级的快乐；不过这里是犯了同样的逻辑错误，就如同自然主义者称更复杂的有机体比简单的有机体更高级一样。如果一种快乐优于另一种，那一定存在着决定和合理化这种等级的标准；而问题就在于单纯的历史维度不能给我们提供这样一种绝对的标准。

这种相对主义和怀疑主义是无法逃避的。我们也许会说一种愉悦比另一种持续的时间更长；一种最终交织着痛苦，另一种则会持续；一种给予许多人以快乐，另一种把多种快乐赋予一人；一种甚至能给最可能多数的人带来最可能多的快乐，另一种在其过程中携带着痛苦；不过只要没有绝对的标准，从逻辑上来说，我们毫无权利断言长久的快乐本身比转瞬即逝的快乐更胜一筹；纯粹的快乐胜过混杂的快乐；广泛的快乐优于自私的快乐。任何按个人标准试图给快乐分级和涂色的努力，通常都会再次引出这个问题，究竟什么是我或你所喜欢的最好？如果相信按照最大多数人的最大快乐为标准就能带来绝对的目的，并能决定一种快乐一定比另一种快乐好，那就是在自欺欺人。我们也许以确保所有人的最大快乐来制定行为规则，但为什么应该让这个规则约束我呢？如果只要带来快乐就有价值，那么从感官愉悦的原则出发，我们不知道任何价值间的区别；没人能够向我证明邻居、社区、国家、同胞以及所有后代的快乐比我自己瞬间飞逝的快乐更有价值。我或许会选择前者；而其他人也许拥有不同的兴趣。如果不存在绝对价值，没人可以使得他的选择合法化，任何功利主义的老生常谈也不可能克服每个历史观点的相对性。

当然，我们非常理解从进化的角度，当快乐开始与某些对象、观念、行为相联系时，因此，在严格的个人主义的基础上，某些美、智慧和道德的东西会优先于其他而被选择。但如果进步、法律、和平、真、美、道德和宗教，成为首选仅仅是因为它们能给予你、我或者最可能多的人尽可能强烈的个人快乐，那么我们依然处于一个不存在绝对价值的世界中，其中任何其他评价的断言都具有等价的合理性，只需要它为自身的合法化辩护，就如同别的有吸力的其他兴趣一样。我们所谓的丑陋、不协调、虚假或不道德，同样有权被称为有价值的，如果某地的人们恰巧好奇地以此为乐的话。并且，所有人都了解这并非模糊的假设。我们的社会学家不是积累了很多吸引人的材料向我们表明，在霍屯督人或斐济岛人的道德观念中，我们的邪恶怎样变成美德，我们认为丑陋的东西他们称为美丽，荒谬的东西他们却认为如知识般有价值？在整个文明史上，难道不是总有永恒的社会达尔文主义得意洋洋地以这些事实作为证据向天真的人表明，对人类理想而言没有绝对的标准？伪哲学家不是一而再再而三地通过表明真理昨是而今非，中国音乐不同于贝多芬风格，堪察加的法律不适用于我们的最高法庭，我所不知道的某地经道德教化的孩子会吃掉他们的祖父母，来攻击绝对唯心主义而自鸣得意？

不过，若说所有的满足都只是历史个体的愉悦，这样的论断不是也通过其自身的存在证明了某种远远超越其自身短视性的东西？我们说这个断言是真理，但真理究竟是什么意思？难道它只是意味着令人愉悦的某物？难道不正是通过这种行为，我们承认了真理超越了这样的个体需要，代表了一种通过超越个体的力量来约束个体的绝对价值？即便你不愿承认，至少你的否认就意味着存在不仅仅拥有个体价值的某物。如果你确认没有绝对真理，至少在这一格言中你声称了某种绝对特征，否则你不能前后一致地进行思考。如果你肯定这种支持你信念的反传统学说，若我们不相信你受到表达真理这一绝对义务的约束，它又怎么能让我们信服？如果你承认也许会在论证中撒谎，你就是在自毁论证。

是的，我们能够这样总结：无论在哪里寻求真理，它都意味着自身绝对地属于世界的结构，并排除了它的对立面，而不涉及任何个人偏好。我或许不会得到真理，但我力求追寻的真理并不意味着我或他人喜欢的东西，而绝对排除任何相反价值的东西。如果我通过自己的理解断言，有可能其他思想家、民族、代际同样有权支持它的对立面，我并未表达出所要达到的目的。可能我的表达暂时适合现有情况，但如果我所声称的所有真理都是这种相对和短暂的类型，那么无论如何不可能有真理；至少在声称暂时解决所有谜题的哲学中有这种真理。于是，履行义务的道德律当然仅意味着诉诸我们自己或邻居的喜好，我们的良心只成为窥探我们行动结果的审视工具。不过，任何履行自己义务的人都了解，他不是出于任何人的个人偏好而行动，如果义务的意义无法与世界的独立结构相联结，任何事情都可能发生在奋斗的个体身上，那么生活就不值得过。

我们都清楚当今智者把自己称为经验批判主义者、人文主义者和实用主义者，他们在这个时代用生动的、引人入胜的隽语进行表达。德国"激进的经验批判者""相对主义者""贵族主义"及英美的追随者都在此列。或许他们都因始于正确的方向而受到欢迎。他们的确是从自然科学家的抽象构造的出色解放开始。他们清楚地看到人不是因果科学解释的心理物理机械体。他们感受到现实生活的脉搏，承认主体是历史相互作用中的自由主体。不过他们整个解放是无用的，因为他们半途而废，正像古老的智者止步而非追随苏格拉底和柏拉图一样。他们承认我们是自由的主体，但这一主体对绝对价值的标准一无所知；就像常常在转型时期发生的那样，我们的实用主义者几乎不能意识到他们的优点，反而不断地夸大其不足。他们最终克服了自然科学的这一片面性，即把自身作为哲学强加到世界上；他们认为此事微不足道，却以不与绝对标准和永恒价值发生关联为傲。他们感受到了生活但缺乏理性。他们试图教导我们，却让我们警惕关于真理的信念；他们试图让我们确信，却让我们相信他们没有信念。

　　他们畏惧唯心主义的古怪夸张，源于对超验哲学的全然误解。某一类人幻想，那些相信绝对存在的人的目标是"淡漠的冷静，绝对的超然，完全服从于一个现成的、已完成的实在"。这如同数学家所发现的数学事实的世界一样，它绝对而永恒地约束每个可能的思考者，并作为已有和完成物预先地存在于某处。另一类人想象着，绝对的信念会把经验科学的真理还原成一系列无价值的观念，而它完全是"想象的"，只存在于"推论它的愚蠢的头脑中"。仿佛康德的批判动摇了我们对科学真理的信念一样，在现实中，它开始证明别无其他，没有任何的形而上学知识是可以思考的。实用主义像传染病一样席卷了年轻的学术圈，它首个持续的症状是警句格言式才智的井喷。但正如当今世界所知，这些已经闻名了2000多年的攻击有一个完全安全的治愈方式，即对康德和费希特进行无偏见的研究。

　　现在终于转向我们的根本问题。如果都用现代的语言表达，苏格拉底现在要对智者做出什么回答？我们思考、感觉和意志指涉的世界真的没有任何有绝对价值的东西吗？是否有物永恒地属于实在的特征，而不依赖于偶然个体的偶然观点、偶然喜好？

　　当然，无论何时，只要理想对我来说是有价值的，它们必然能给我的欲望带来满足和实现：我意志的目的一定会被实现。我的意志和欲望总是趋乐避苦，这难道不是一种错误的想法吗？若目标只是趋乐避苦，满足确实是个体的。我的快乐是我的一种状态，因此它的实现依赖于我的特殊需要。我可能更喜欢从看学术书籍而非玩扑克牌获得快乐；更喜欢从艺术作品而非刺激我感官的娱乐中获得快乐，但在所有情况下，我都意识到所谈论的快乐，不论多么优雅机智，不论多么广泛持久，如果我不能发现独立于个人立场的绝对目的，都是徒劳。力求实现目的的意志，并不诉诸于我个人的兴趣，这可能吗？我之所以愿意是因为我进入到了独立世界的意愿和情感中，因为它的目的被实现的话我会感到满足？显然，只有两个条件被满足时，所有这些才是可能的：客观世界一定要有它自己的意志，而它的意志一定要强加在我的身上，并由此成为我自身的欲望。

　　但我们这样是否走在了神秘的道路上？我们真的能够在一个客观世界中发现渴望吗？我无意重现叔本华的形而上学，在宇宙中寻求一个神秘的意志，在星辰中寻感觉，在原子中找爱憎。让我们用冷静的理性而非诗意的想象来考虑问题吧！

　　不管个体人格尝试审视和发现的究竟是什么，难道不总是指向这样一个世界吗，其终极结构由主体经验的可能性预先决定？那是无法被经验的，因为它与经验的本质是对立的，从一开始就被排除在我们获得经验的世界之外。因此，作为整体的世界这一根本理念，构成了所有探究的背景，必须被视为依赖于我们自身，不过它显然不依赖于你我或者任何其他偶然的人格。当然，你或我在特定时刻对它的把握取决于个人的条件，实用主义者在这点是非常正确的。但作为整体的实在，以其固有的力量，不追问我们对它揭示的是多或少，也不再取决于任何拥有特殊姓氏的人，而是取决于分有这个世界的所有人，且设定这个世界对这些人而言是普遍的。在这方面，苏格拉底和康德都完全正确，而当智者和实用主义者忽视它时完全错误。

但显然我们并没有离目标更近。世界的结构最终依赖于我们的意识，对共有世界的所有人都是普遍的，因此依赖于一种永恒普遍的意识，这种意识只能理解经验可能存在的条件。不过这样一个世界可能没有意志也没有自身的需要。如果我们要达到目标，找到绝对的满足，我们就应该首先证明，我们的共同意识无法想象一个没有意志的世界。

简单的说明也许让我们走得更近。我听到一段旋律。我喜欢那段音乐的声音，它让我愉悦，正如我喜欢香甜水果的滋味一样。对那些音符的喜爱就是个人品位，其他人也许更喜欢更有节奏的旋律。当前我个人对这段忧伤小旋律的向往只有个体、个人的意义。它是个人欲望的实现，不过任何听到旋律的人都会意识到，其他某种需要在那里被满足，而这是独立于我当下个人的感受的。当旋律接近尾声时，演奏者在选择最后的音符时不再自由。我们可能之前并未听到过，不过我们依然感觉到最初的音符要寻求的是最终的音符。它们渴望它。没有它，旋律就是不完整的。那些音符本身渴望那样的收尾，不管我是否现在愿意听到音乐，只要它必然希望旋律如此结尾，我就必须顺从，因为这一需要不以我的个人意愿为转移。那些最初的音符有权要求最终的音符。不是我在追随意愿，而是它们在追随意愿；正是这样的旋律，有其自身永恒的权利，永恒地向我们诉说宇宙本身。

现在，让我们直指系统核心，一切正是由它而来。我们所有人都生活在混乱的经验中。不过，即便是经验一词，对于起点而言也过于丰富。它暗示材料已经被处理和排序，代表了一个世界。不过它若被称为感觉，或者甚至是我们感官的印象，情况会更糟，因为我们就此完全在心理或物理构造的轨道上，只有我们已经预设把混乱的材料组织成因果的物理世界，才具有意义。为了解释物理世界的观念，而把它当作是大脑和感官的功能，其实这意味着把知识系统颠倒过来，因为我们只知道神经系统是物理世界的一部分。

所以，我们每个人都是始于一个混乱的多样体，这在逻辑上先于所有可能的物理学或心理学。但通过超个体的人格这一根本行为，我们超越了混沌；通过创造一个共有的世界这个观念，我们成为理性的主体。不过，当把握了这个混沌的元素、部分、团体乃至全部时，我们拥有每一份经验，而不只是转瞬即逝的梦或闪亮的火花，这还意味着什么呢？拥有一个世界意味着占有流逝的经验，它不再仅仅是经验，而只是其自身。不过，除了说明我们的经验就是其本身外，它还意味着什么呢？赋予经验持续的意志，它独立于我们的个体经验而保持自身；其目的是保存它自身的实在性；它努力忠于其本性。我们从经验中构造一个世界仅仅意味着，把混沌的每一部分都看作愿意成为自己的某物。

但成为自己的意志必定会通向不同的需要，因而，每个需要把特殊的价值引入世界中，这被永恒地给予其终极结构中。首先，成为自己意味着每部分经验都被保存，在新而又新的经验中它能反复被找到。这种需要的满足赋予我们的真理以价值。其次，成为自己可能进一步意味着生活的每部分经验都代表着自身、自我完善、独立于任何他物。这个欲望的满足赋予世界以永恒的和谐与美的价值。再次，成为自己也意味着每份经验需要一种尚未达成的圆满，因而力求去获得。这个需要的满足给予世界以进步、法律和道德的价值。最后，成为自己最终意味着没有内在矛盾，自成一体。若各种欲求互相干扰，若知识的秩序、幸福的美丽、道德的义务无法共处，那么我们拥有的世界也不可能真正永恒地得到统一。所以，所有价值统一、世界本身保持绝对的终极需要就应运而生，而这个需要的满足会给我们带来宗教和哲学的价值。

因此，我们所有可能的知识和兴趣指涉的客观世界有四大类绝对价值。我们可能简单地称之为逻辑价值、审美价值、伦理价值和形而上学价值。它们独立于每个人的选择，因此永恒地属于世界的终极本质，因为它们只是同一个需要的四种必要形式，没有它们，实在就只是个体的梦境，而绝不可能成为共有的世界。我们现在必须更明确地解释这四类价值，并由此描绘出理想的完善系统的蓝图。但在步入这个最核心的部分之前，我们要暂时回到第二个问题：为什么这个世界意志的实现能让我们满足？为什么事物的世界达到它们自身的目的，对于我们而言是永恒有价值的？

当然，若允许实证主义用流行等式，即满足等于快乐——这个等式只能用如下事实做支撑，即快乐的欲求在被实现时就会感到满足；那么我们的道路就被阻碍。然而，是实现而非愉悦让我们满足。固然，心理学的误解也是自然的，因为快乐即目的这一观念会立刻唤起我们实现的欲望，就如同痛苦会立刻刺激起抑制的欲望一样。我们甚至可能会把快乐定义为要实现的状态，把痛苦定义为要躲避的经验。不过，无论快乐在哪里被实现，它之所以让我们满足，不是因为它是快乐，而是因为它是朝向实现的内在活动。每种愉悦都是循环往复的，若无持续的实现就不可能感受到愉悦，在任何时候它持续，它就满足了这个需要，与此同时它激发起新的欲求冲动。但愉悦和满足之间的紧密联系，绝不能遮蔽如下心理学的真理，即需要的实现本身足以代表满足的元素。无论何地，自由个体带着某种观念进行自己的活动，观念的实现就能带来满足的意识。这种观念或许是快乐，在那种情况下朝向实现的活动无需更多的冲动。它也可能是任何其他经验，中立的或者无关的，不过，如果在活动中持有它直到其实现，我们就会感到全然的满足。正是在后一种情形中，我们把每一项生活内容提升到作为实在世界的一部分的高度。我们已经看到，除了要求成为自己外，它别无他意，即要求它再次被发现，能再次在新的经验中被实现。无论何时世界保持自身，世界本身就要实现它的目的，同时主体把它看作世界的一部分，一定会通过其实现感到被满足，因为它就是持有观念的实现。自我被满足，不是因为包含着快乐，而是因为通过保持自我的活动，我们成为自我的需要得以实现。要承认我们如梦的生活是一个世界，就意味着我们希望它成为在新经验中实现的东西。不管这种实现是在真理的联系中、艺术的自我实现中、对义务的忠诚中、对宗教的信念中，还是在对形而上学的确信中，达成的个人满足都一定是绝对而永恒的，因为它不是由个体需要决定的，在真正意义上它只是通过对世界的承认而获得。

当然，这并不排除这种永恒价值的实在经验在绝对满足之外添加个人愉悦的因素。社会生活对把个人愉悦和超个人价值联系起来抱有极大的兴趣。真理可能同时对我们的实践有益，因此当掌握有助于生活道路的真理时，我们得到更深层次的个人满足。只是我们一定不要把提供给实践以帮助的意义，错误地当作真理本身的真正价值。任何寻求真理的人，并不了解作为工作手段的真理和因真理自身而被追寻的真理之间的区别。当然，艺术活动会让我们愉悦，带给我们快乐；但这种愉悦同样不构成美的价值。道德行为亦然，我们越享受它的结果，德性的行为越会让我们和同伴快乐，但愉悦的结果并不构成道德的永恒价值。宗教或许能让我们放松，让我们满怀对未来快乐的期许。不过它本身并不能证明宗教的价值。只有当我们尊重真理、美、道德、永恒，而不渴求个人帮助、愉悦和舒适时，我们才能接近纯粹的价值。现在让我们鸟瞰下完整的理念系统。

我们首先看到了任何希望归属于客观世界的要求，从而独立于瞬间的偶然，意味着它能再次在其他经验中被找到。这个需要一定可以在任何我们承认其为独立实在的地方被满足。如果我拥有一个观念，它是我的想象或幻想，因为它只发生在我的思想中；不过一旦我赋予它以其他意义，即它能出现在每个人的经验中，那么它就不仅仅是一种幻想，还是自然的实在物。或者有一个建议有待我采纳或反对，同情或反感，只要我没有确信这个建议及这种感觉独立于我的经验而存在于其他头脑中（通过这种行为，我创造了真正同类的观念），那么它就只是我头脑中的状态。此外，我感觉到意志冲动，只要我不认为它们属于每个可能的人类意志，那么它们就是我的个人幻想。可一旦我赋予它们以持存的意义，一旦我不仅仅是作为个体事件满足它们的需要，那么我就把它们转化成了所谓的责任和义务。所有真理和实在的价值其实可以归为这三类：事、人和义务。它们代表了外部世界关于我们的独立因素，包含我们的社会世界（social world）[1]，以及我们内在的道德世界。

所有这三个世界是通过朴素的、当下的知觉被构建的。但科学的目的是通过人为的创造来补充这些当下被给予的价值，让世界的价值以系统、完善和持久的方式复杂化。我们可以在这四个领域中发现朴素价值和复杂价值的双重性。在实在的逻辑价值领域，它意味着我们不仅仅直接认可事、人和义务，并且创造了因果、历史和逻辑知识的价值。不过，科学的价值只是对持存的需要更完满的实现。让我们思考一下外部的对象世界。现代科学家探究了一千条路径，而学者并不知道也不可能知道他工作的终极目的。但他们仍然默默合作致力于同一个理想，即把世界看作在每个可能经验中都自

---

[1] 这里闵斯特伯格用的是 social world 一词，在《永恒的价值》一书里用的则是 fellow world，两者表述有异，但指涉相同。

我一致的对象系统。所有的自然科学都只有一个目的，即致力于理解宇宙，其中每个原子都是不可被毁灭的，无物出现也无物消失，物质和能量守恒，世界上的所有变化都可以通过既有系统的持存来理解。如果我们希望拥有一个事物的世界，那么它根本的需要——保持自身而不发生变化——就一定要被实现。如果我们通过承认经验本身是一个世界来认可这种需要，这就是说，我们必须感到迈出的每一步，都通向一个绝对理念，通向重建这个同一的世界，而每个科学真理都真正具有独立的价值。

正如自然主义者寻求物质的持存，历史学家创造历史科学联系的系统。在此，科学工作的全部意义在于，承认个人影响是不朽的，没有人的意志会消失，历史的世界就是个体意志关系的世界。最后，超个体意志行为的多样性会在数学和规范科学中联系起来。一个数学判断可以从另一个中推导出来；命题被解释和联系，但就其意义而言，逻辑科学最终和其他科学拥有同样的目的，即让我们的经验得以持存，在这种情况下它不是观念，而是行为和目的。结论的判断实际上和前提的判断含义相同，推论完全被包含其中，因此它们的意义是同一的，并由此发展出逻辑行为。因而，整个知识系统，从对独立事物、人和义务的素朴承认，到力学、历史、数学、逻辑高级的系统，在理想的构造中是完全独立的。人格与历史的偶然条件决定一个人、一个民族或一个时代在多大程度上找到或发现真理；但真理本身是绝对而永恒的，因为它通过从根本上设定世界之为世界而被给予，因此要求每种经验都必然要成为自己，即在任何可能的经验中保持自身。

但我们从一开始就看到成为自己还包括其他需要。它意味着要分离、独立、和隔绝，因此与外界的任何东西无关，无需寻求任何帮助或补充而自我完成，通过自身实现它的所有欲求。无论何时经验以这种完美的实现呈现给我们，世界就具有了审美价值。在这里，我们再次发现，无论在外部世界、社会世界还是内心世界，到处都有它朴素直接的形式。在外部世界，它是自然之美；在社会世界，它是人在和平、友谊与爱中的和谐；在内心世界，它是我们幸福经验的完全和谐。是的，幸福的确属于审美价值之列。唯心主义哲学，充分认识到幸福不是道德价值，甚至在反对低劣的功利主义走得太远，以至于常常完全把幸福排除在绝对价值的系统之外。在绝对价值的王国中，心灵的完满幸福状态自然非常重要，但它实际上与自然美、社会和谐同属于审美理想的范围内。它们都通过完美的自我实现成为一个统一体并赋予我们多样性；除了统一的经验外没有其他需要会从中产生。我们看到美丽的风景。如果它成为知识的对象，那就把我们带到别处。当追问每块岩石、每棵树木、每只鸟在因果系统中的位置，追问它们的起源与归宿时，我们就把它纳入千丝万缕的联系里。但如果风景对我们来说是美的对象，那它就是自足的：在一部分产生的每个需要都会在另一部分中被满足，在这种完全自足中，风景完全与世界的其他部分孤立开来，并保持自身。正是这所有部分的相互回应赋予和谐社会团体以自我一致，并由此而有了友谊、爱与和平这些绝对价值。

正如科学通过人为创造完成了朴素的知识价值一样，艺术也完成了朴素的审美价值。艺术家以形式设想经验，在这种形式中，它们完全依赖自身并保持自身；每部分的需要都由艺术家作品的其他部分来满足，因此作品整体永远地与所有其他经验相分离。外部经验的孤立带给我们美术，社会主体的孤立带给我们文学，内心活动的孤立则由音乐来完成。画框把画上的风景与世界上的其他东西相分离。风景中的道路不会通向画框外。每个线条和曲线都具有自身的能量和欲求，不过一切都要在图画本身中实现，否则就是拙劣的艺术作品。建筑的圆柱所寻求的，屋顶一定要回应。无物是多余的，也没有不会被实现的需要。当小说完结，戏剧落幕时，故事和戏剧中的人物不可能再有未完成的欲求。但无论在世界的任何地方，通过自然美、社会和谐、完美幸福的当下体验，或者诗歌、音乐、美术的艺术创作，一部分世界渴求全然自我满足的需要得以实现，因此我们想拥有一个属于世界终极结构的要求得以满足，并代表了一种绝对价值。

现在我们转向第三个方面。只要经验包含目的，成为自己的需要就意味着实现自我的需要；只要这个需要被满足，就有无关于观察者喜好的满足实现，由此构成了一种真正的价值。当然，可以说是我们把目的投射到事物或社会团体中。是的，一旦如此理解，我们就永远地受到它自身意义的约束；如果橡子长成橡树，如果原始社会演化出不同的生活样态，如果个体精神在忙碌的劳动生活中实现自身，我们从中不再仅仅看到因果活动，而是一种意愿的实现，那么我们才开始谈论进步和发展；我们认为有目的性意义的对象，会对其建立起忠诚。如果橡树的橡子会变成大象，那么它就仅仅是变化、转换，而非发展，因为这种实现并非我们在橡子里所感受到的目的。但无论是在外部世界、社会世界还是在内心世界，我们若不带着有待于被满足的目的，就无法投入混沌的当下经验中；这些目的的实现意味着发展和进步的绝对价值；我们看到，这种价值完全超越了对自然和精神活动单纯的科学陈述。

正如科学与艺术系统地培养当下理解的朴素价值一样，文明展示目的所实现的新价值。于是，作为整体的自然因其目的与我们发生关联，因此我们得到了技术性文明的价值。而任何对固有本性的把握都具有真正的绝对价值。通过每个技术进步，我们工作的材料能够在更高程度上完成它的终极目的，因此每种发明和发现都是通向超个人理想的途径。社会和内心世界也是如此。在社会范围内，目的通过法律被实现，在内心世界则是通过道德被实现。当然，现代智者可以轻易指出，国家的法律和个人的道德规范会随着国土和时代的不同而改变。不过，它们依然都朝向同一个永恒的价值：自我完成，自我实现。任何共同体的成员，除了希望通过行动实现自己真正的需要外，从来没有别的有效律法。所有的政治和立法，所有的法庭、法官和监狱都仅仅服从于同一个目的，即实现共同体的意志。如果它们适得其反，即产生的效果其实并非共同体最深层次的目的，那么我们拥有的只是无律法和不公正；法律的永恒价值则被摧毁。

内心世界也是如此。一个人意欲通过行为要实现的不过是内心深处的超个人目的，除此之外没有其他道德律。只有当我们把自己当作主体，实现最深层次的目的并付诸实践而不管结果，且这是我们始终如一的选择时，我们每个人才是世界绝对有价值的一部分。道德价值不能通过我们的行为被预测，因为行为也可能出于冷漠或者卑鄙的目的，但对于所有的永恒而言，具有道德价值的是我们的行为与深层次目的的对应关系。代表深层次自我的目的缘何产生，这是因果科学和历史学的问题，无论如何都与目的的道德维度无关。如果我们知道自己真正的意愿，如果我们了解深层次自我和它的目的，那就是忠于自我；因此，只有当实现了我们的目的，即履行了我们所理解的义务时，我们才属于真正、绝对的世界，它永远要求我们忠于自我。

因此，正是这些特殊需要的实现，将充满冲突和干扰的混沌经验组织成一个以独立实在持存的世界，这个世界的自我和谐是完美，自我实现是道德。因果秩序可能毁灭道德发展的希望。逻辑真理对于道德努力来说也许意味着邪恶和死亡，履行义务或许毁灭幸福的和谐。如果对世界的认可意味着它要自我统一，那么要把世界理解为一个整体，就需要这些相互干扰的假设彼此和谐，能够完全在实践上被实现和承认。没有感知能向我们表明这一需要会实现，另外，纯粹的梦或想象也不能实现它。对于我们来说，完全能实现它的是我们的信念系统。它们直接的形式是宗教。如果信念超越外部世界，上帝降临；如果信念超越社会世界，我们迎来不朽；如果信念超越内在世界并把它与宗教信念相联系，我们就会相信有天意在指引。在所有这些观念中，事、人、义务的世界发展成一个逻辑、审美和伦理所需要完全统一的系统，其中宇宙的因果事件、道德义务和幸福的渴望都不再冲突。宗教也可以用一百种语言来表达，正如必须和谐的逻辑、审美和道德需要因人因时而异。但信念的价值是永恒而绝对的，我们生活于其中的实在，如果能完全了解它，在需要的总体上将是完美的和谐。

正如科学、艺术和文明系统发展出对世界的直接价值的朴素感知一样，这个最后的领域亦然，哲学完成宗教的功能。哲学也能够调和需要的冲突，但不是通过建立一个宗教信仰的上层建筑，而是通过建立一个下层建筑，整个表象世界建立在这个下层建筑上，由此可以认识到冲突只是表面的，而世界的终极存在并没有真正的冲突。批判哲学家真正地转向外部世界，不是寻求彼岸的上帝，而是追寻世界理念之下的超验意识。他转向人的世界，不是让人在死后复生，而是为了得到超越的理性行为，单凭这个，人的生命就能获得所有实在的价值。最后他转向内心世界，他寻求的不是与绝对彼岸的宗教纽带，而是理解它超验的自我关系，即全部理论和实践实在的绝对条件。他在那里能找到一个自我和谐的意志，其设定世界的绝对行动由此通过自己的意志创造出了相互冲突的需要，即因果联系、和谐的幸福、努力获得的发展和忠于自我的道德。所以，哲学和宗教的形而上学观念殊途同归。

当然，这就完成了绝对价值的循环。任何可能的、自洽的唯心主义都不可能走得更远，除了表明与我们打交道的是一个世界，而不仅仅是梦境或混沌外；我们必须接受这个世界的所有需要，同情地理解它们，从它们的实现中感受到满足，而与个体喜好无关，因此它对每个分有世界的人都具有绝对价值。

若科学家终究还想要最后的发言权，他们可能会这样告诉我们，所有这些关于绝对和永恒的思想不过是心理观念；大脑中的组织在这种社会影响下，在这部分物理宇宙中，通过因果必然性而产生。因此所有唯心主义不过是因果联系的结果，而单凭科学就能够予以说明。只要我们关注的是科学兴趣，我们也许乐意说他完全正确。哲学家和他的思想也确实是宇宙的一部分，所有因果律的作用产生出了他的大脑。不过科学家忘记的只有一点，如果他和我们没有预设唯一的信念，即能区分真假、好坏、实在与非实在的，是具有永恒价值的绝对标准，不然所有因果解释都无意义，陈述不含真理，宇宙是非实在的。没人能强迫他人接受某种信念。我们必须自己决定愿意支持的是何种理想，想要的是世界还是梦境或混乱；不过有一点我们必须理解，如果我们不相信绝对理念的话，科学会分崩离析。

永恒的价值[①]

第一部分　价值的含义

第三章　人　格

1. 个体的意志

在自然的领域即物质自然和心理自然的领域，我们之所以找不到任何价值，是因为这种自然与意志无关。现在我们进入到当下生活体验的王国。这里我们就是意志的主体。我们的决定不再是先前原因而造成的那个结果，而要考虑它与我们的意图和目标的关系。现在我们就拥有了世界之价值的坚实支柱了吗？我们能够从个体意志来理解价值的纯粹有效性吗？这个问题显然没有意义，只要我们简单地把价值与意志的目标等同起来。在那种情形下，我们不可能欲求任何东西，如果这个东西并不因为我们的欲求这样一个简单的事实而被提升到价值的高度。由于某些因素，我们习惯用这些术语。例如，政治经济学家习惯称那

些被需求的事物为价值。倘若哲学家要沿着这条路线，如果他对价值的探究要有意义的话，那么显然每次他都要作一些合理的补充。如果他研究的是价值的特征，那么他就不会去关心黄油和鸡蛋的价值。哲学家在其思想领域甚至可能对这一点持怀疑态度，即将食物看作是有价值的。尽管饥饿的人渴望着这些食物，消费者享用着这些食物，做买卖的杂货商也用其他被欲求的事物的标准来衡量食物。假如哲学家准备在这样一种乏味的意义上来使用"价值"一词，并对经济学家这一观点做出让步，即每个欲求的对象都有价值，那么，他立刻就把价值简单地分为两种类型。他必须从一开始就在相对价值和绝对价值之间划出一个泾渭分明的界限。这两种价值在现实中是否存在还有待检验。如果说仅存在相对价值，这也是可以想象的，也就是说，每个事物只是对这个或那个个体、在这里或那里、在这种或那种条件下才有价值。但即使绝对价值的现实性被否认，这种区分依然必要。在批判哲学的观点看来，价值始终意味着一种绝对的价值。但若在更宽泛的意义上使用"价值"这个词，我们的问题就一目了然了。当下的生活世界中存在相对价值，这对我们而言是理所当然的事情。如果在这个世界中人格是意志的主体，那么，作为意志对象的一切事物都必定具有这样一种有条件的价值。不过，我们真正的问题尚未解决，即在个体欲求的范围内，是否同样存在一些无条件的绝对价值，这些价值存在于它们自身之中，而与这个或那个个体及其意愿无关。不过，对自然而言，相对价值和绝对价值的这种划分就是多余的，因为一个没有意志的世界无论如何也不可能有价值。

如果世界上的所有价值都建立在这一事实的基础上，即个体作为个体欲求和偏好某些特定的东西，那么显然我们只有一种类型的价值即相对价值。谁要是只愿承认绝对价值才是真正价值，那么在这种情形下他就不得不认为这个世界只有伪价值。确实我们永远不可能从个体私己的欲望世界中推出绝对价值。在个体的愉悦或不愉悦与绝对价值之间不存在桥梁。只要我们从个体自私的欲求出发，它们可能数不胜数，那就只能得到相对有效的社会价值和经济价值。一种跟个体愉悦与否无关的价值属于实在世界本身，因此超越了所有个体的欲求，在那里不存在刚才所说的问题。自然并不知道任何无条件的价值，因为自然根本与意志无关；但个人欲求的世界也没有无条件的价值，因为它与意志的任何联系都缺乏普遍必然的无条件特征。谁要是认为世界上的所有价值都能而且最终必定建立于个体对愉悦的欲求之基础上，倘若他否认一切绝对价值，当然比他赞同有条件的价值可以转化为永恒价值这一通常发生的情况，更能保持一致性。

2. 经济价值

事实上，在个人欲求的范围内从不乏追求无条件价值的种种努力。政治经济学中对价值的思索就表明了这一点。所有人都认为事物的价值与个体的需要相关，但这些个体欲求之间的相互联系为建立某种商品系统提供了可能。这些系统中的每个事物都有其明确的位置，它因而不再依赖于某个特殊个体的偶然需求。比如说，我们可以通过需求与供应之间的关系来确定价值。取之不尽的事物尽管有用却不具有经济价值；那些不能满足任何需求的事物当然也没有经济价值；此外，我们还通过事物之间的交换关系来确定价值。但不管我们用的是什么原则，在任何情况下我们的目标就是对具有社会和个体特征的事物做出衡量。单凭那一点我们就可以谈论某种物品的经济价值，而不必询问它们是否仅仅使张三、李四和王五得到满足。客观地说，钻石比鹅卵石更有价值，而这一价值与任何个体的反复无常无关。然而，如果经济学家有时说这种评价涉及主观而非客观条件的话，那么他是在与心理意义相对的物理意义上使用"客观的"这一词的。他只想由此说明，并不是矿石的物理属性使钻石比鹅卵石更有价值，而正是人类虚荣和渴望自我美化的精神需求构成它的价值。不过，如果我们所说的"客观的"主要在于它与主观任意性无关，那么，我们就必须承认鹅卵石客观上具有的价值更少。在货币体系中，这些客观价值可以用最简单的形式来表述，而个体也不得不接受这一事实：他活动的这个世界中有些东西便宜，有些昂贵。

不过应该明确一点，这种经济评价只代表了相对价值。毕竟它们的经济价值同样只取决于其满足个体需求的能力。在一定的社会条件下，在特定的需要和欲求普遍存在的地方，我们就能构建起这样一个经济价值的金字塔，其中少数事物居于顶端，大多数则处于底部。不过，一旦群体的需要发生改变，生产、分配和消费的条件发生改变，整个金字塔就会倒塌。的确，它既没有普遍意义也不具备现实基础，即在市场价值的等级中，这个处于较高位置，那个处于较低位置。自然要是以这样一种方式来调整我们的需要，即每个人都可以从无限的供应中获得满足，那么这些经济价值就会完全消失；但在现实意义上什么都没有改变。因此显而易见，那种通过市场价格而表现出来的客观价值仍然完全属于那个由个体需要决定的相对价值领域。

那些试图以需求特征来决定价值的理论思考，最终并未使我们向前迈进一步。这里已经不再只是交换对象和可买卖物品的问题。所有可能感兴趣的内容、所有印象和思想的质料，都可以从其可欲求性角度加以考虑。假如把这种评价观点作为标准，我们就可以说每种事物就其可欲求性而言，或者换作其他理论术语也就是根据它的令人愉悦性来说，都是有价值的。当然，这样的评价系统从一开始就需要有许多补充条件。例如，并非每种价值都是以一种实际的需求为前提的。要是某个对象尚未被我们所拥有，那么我们必定要有一种需求才行。但尽管事实上这个东西已经不再是一个实际需求之对象，它对我们而言仍然有价值。我们可以轻而易举地进一步细分。比如，这些理论可以将自身划分为那些自身就令人愉悦的价值和那些仅仅作为引发愉悦结果的原因的价值。并且由此我们还可以进一步细分为适意（agreeable）的价值和有用的价值。如今这些学说可以轻易地提升为所谓的"客观价值"，它高于并独立于偶然的需求和随意的愉悦。我们也可以把感受的强度或范围等诸如此类的东西作为标准。举例而言，对持久幸福的渴望比对短暂刺激的需求更强烈。与童谣和街头音乐相比，戏剧和交响乐更能带来深层次的满足；一个朋友的高尚行为比习惯性礼貌更能唤起一种切身的愉悦；比起浅薄的交谈，学术性工作能带来更具内涵的乐趣。

3. 最高价值

这样，我最终或许能找到那个最高价值，或许它就是所有价值中最高的，因此我喜欢它胜于其他所有价值。它也许就是无欲无求之灵魂的恬静，也许就是积极的和谐生活的完满。一旦我承认了这种最高价值，它对其他所有特殊价值而言就必然成了客观的参照点。然而不容否认，即使是这种最高价值，毕竟也只有通过与其他价值的比较才获得其特殊地位。就其自身而言，它与那些以愉悦为源泉的其他价值并无不同。从最短暂的味觉享受到人生的最大满足，这是一条由无数的小台阶接续而成的道路，在这条道路上并不存在一个从个人到超个人的决定性转折点。那个明显确定的参照点只有在一个自身没有绝对地位的系统中才能找到自己的位置。

若以这一领域的扩展为标准，我们不可能得出其他结论。更高的价值这样一种东西，它能将愉悦给与大多数人而非一个人。最可能多的人的最大愉悦显然成为每个评价的独立背景。然而，即使发生奇迹，地球上每个人都得偿所愿，每个心灵都充满喜悦，那么我们是否有理由从原则上承认在这种愉悦与享受盛宴的愉悦之间有所不同？如果我们完全从具体的个体中抽象出来，并将评价指向一个不存在的理想人格，那么关于绝对性的错觉就会更清晰地出现。一旦那些理论谈及一个存在者，这样一个理想的人事实上就被引入到概念世界中，他的感受取决于对事物所有性质和效用的完全了解。当然，现实中的任何人都不会吹嘘已达到这种完满境地，人的每一个实际的评价相应地必定有其错误根源。关于某个事物的影响，我们可能会蒙蔽自己。愉悦并没有像我们所期待的那样出现，或者这种愉悦被伴随的失望所淹没，而这失望也来自同一根源。因此真正的评价应由这样一个理想者做出，他可以准确预知事物能否真正给我们带来愉悦。

但是通过这种方式，我们果真从原则上获得了新的东西吗？这样一个理想存在者不可能有任何意义，他不过是对一个凡夫俗子的欲求进行某种补充和纠正。但就其特征和意义而言，它的活动与普通个体毫无差别。统计数表中体质达到平均水平的人或许能行走于这个地球上，不过他决不可能拥有超越人类的精力。同样的，对一切了若指掌的理想者得出的价值判断，可能比那些偶然的个体得出的价值判断更可靠，但它们依然显示出同样多的个体性特征。这种辅助性的构建没有限制。我们可以从人格的任何特殊方面进行抽象，并相应地建立起任何一种抽象的人的关于善的系统。由此我们可以得到关于愉悦来源的纯粹分类，或者关于某一群体、某个民族或者某一历史时期。不过，显然这一分类，不论属于上位者还是下位者，都仅仅涉及个体存在的欲求。

但是，仍然存在另外一种评价，它有时与个体欲求不相干。前面已经提到，真正的价值其意义存在于欲求的一贯性。仅仅对一种具有持久倾向性的欲求而言，价值才被看作是有价值的。于是，价值的形成与概念的形成有某种程度上的类似。正如概念能够统一我们的种种观念，价值的观念能够统一杂乱的可能欲求。这些都有其合理性。我们甚至会承认重复的欲求能产生一种精神上的倾向，即在某种具体的情景中，即使一个对象不能产生预期的愉悦，它仍作为一种价值出现，金钱对于守财奴的价值也许就是例证。我们对愉悦的欲求可能会在价值中找到其统一的组织，即使欲求消失，它还可能在价值中投射出来。但所有这些方法都没有向我们展现超越个体欲求的价值。不管我们怎样避免，都不能超越这样一个最终结果：

由个体的愉悦和痛苦出发不可能通向真正的价值，这一价值不仅仅意味着令这个人或那个人、许多人或者最多人感到愉悦，不仅仅意味着现在、以前或者经常令人愉悦。从个体的欲求出发，我们永远只能得出有条件的价值。

4. 现代相对主义

一直以来都不乏这样的努力，即用这种个人主义的价值观念来适应大众哲学的需求。的确，现代的相对主义即美国实用主义，就像德国经验批判主义一样，以其各种形式直露地自鸣得意。这些知识论与哲学努力争论之焦点，可以毫不费力地由天真的一元论和实证主义哲学来达成。一旦不同时代不同民族表现出不同的趣味和标准，甚至那些最重要的评价也频繁地改变，那么这些知识就满足了他们浅薄的思想。他们成功地表明，即使在人类评价的最高领域，一切也是变动不居的。在艺术领域，我们经常可以看到在同一时代同一民族中，同样的一些作品有时被崇拜，有时遭到厌恶。同样不可思议的矛盾出现在关于智慧的价值中；这一代奉行的真理到了下一代就可能成为谬误。在通常被誉为超个人的宗教价值中亦有这种惊人的对立，而科学则表明它们的每一部分都带着过去文明的标记。各民族的道德评价也是一团混乱，一个地方的最高价值可能被其他部落谴责为不可饶恕之恶。

社会学家们事实上收集了相当可观的这类素材，以至于我们现在的这些哲学门外汉必定会瞧不起那些不科学的想法，即那些还敢怀疑所有评价的相对性的想法。我们甚至可以这样说：要发现这种对立无需远行到那些太平洋岛屿上去做人类学的考察。我们每个人在自己狭小生活圈内稍稍深入就能发现这种简单的对立。这就给实用主义者、人道主义者以及他们的同道提供了重要机会。他们向我们表明，所有我们称之为真理的东西，实际上只是一种有关我们体验的结构，它不过是为了服务于我们不断变化的目的，由此真理之价值就其自身的意义而言也只能被理解为一种相对价值。最后，这就与大受欢迎的进化论哲学家的观点不谋而合。他们在很久以前就表明，只有那些头脑能发现自身发展的条件以及益于人的生存的观念，因此一切我们称之为真理的东西都不过是演化发展中选择的一种产物。

这些对人种学、社会学、生物学和心理学的贡献，毫无疑问对于评价过程的人类学方面的考察而言极为重要。但这不能决定它们对于哲学终极问题的意义。在生物学研究的范围内，我们当然必须探究：思考过程在进化中如何得以自然地发展？不过，我们也不应该忽略，这种探究的意义和整个价值完全取决于一个更为根本的问题，我们能否把真理的价值赋予这种生物学的观点？因而，真理的价值最终并不依赖于生物学的发展，而我们探究生物学发展的正当性取决于对真理价值的承认。

被生物学家作为研究出发点的物种起源，当然并不是作为一种当下的体验为我们所知。为了便于用因果关系来解释起源问题，我们已经在我们这个真正感知的世界推演出一些假定的猜测，以此获得对这些起源的理解。因此，接受这些猜测就意味着承认那些思想，而且承认他们的研究或根据都是真实的；这也就意味着它们是有价值的。只有当真理的价值有效时，我们才有权把那些构建的起源学说包含在我们对现实的观点中；唯有如此我们才能最终推论出：我们周遭的生命是那些早期源头的最后产物。这样一来，我们关于真理的思考被当作是过去的先辈进化的产物，这种观念不可能从它进化的源头获得其真理的价值。要想理解它的意义必须彻底摆脱现有的逻辑预设。我们的思考创造了这一观念，即生物通过选择和适应而获得发展。之后，思考本身如何被认为是这种发展的一部分，这仍然是一个纯粹的生物学问题。所以，如果哲学是为了研究思想的根本问题，那么对这一问题的任何回答都不属于哲学的范畴。

从原则上来说，这一点对于所有实用主义的相对论都适用。真理的价值被证明为是一种随着变化的经验而调整的相对价值，其整个意义就在于它有适应个体需要的功用。但所有这些都要通过逻辑论证和结论来证明，除非我们事先承认独立存在的真理价值，否则这些论证及证明都没有说服力，甚至毫无意义。一方面，如果这种对真理的纯粹个别价值的论证只具有个别的重要性，它就不可能具有任何一般的意义；因此我们必须从一开始就承认其正当性的可能性。另一方面，如果这一相对的证明要求把自身看作普遍有效，那么至少对这一主张而言，我们得从一开始就承认一种普遍真理的可能性。一旦有一种例外情况发生，它就提供了推翻整个相对主义幻想之宇宙的坚实基点。

不过迄今为止我们尚未证明是否存在绝对价值。我们在这里所做的一切不过是想表明，我们确实是在追求价值，比如对真理的探究，我们根本不可能把这些价值仅仅看作相对价值。我们假定存在无条件的价值，这或许是一种幻想。个体追求某种超越个体的东西并为之而努力，这其中并不存在什么正当性。我们不得不就此打住并确定，所有从个体欲求中推演出的东西与我们真正追求和承认的东西并不一致。我在知识的探究中追求的真理是一种无条件的价值，一旦我预设真理的对立面可能具有同样的真理价值，那么真理作为探究的目的就失去了它的意义。不过，这与个体立场的改变无关。在我的左边的东西可能在其他人的右边；对我而言的过去也许是别人的未来；或许我会在自己的世界图景中加入一些不为以前时代所知的东西；这些在我追求的真理中并不矛盾。总之，问题并不在于我能在多大程度上分享真理。毋宁说，问题仅仅在于我所追求的真理是否可以指涉任何仅具有个体特征的真理。我在真理中真正追求只是这样一些事物吗，即我或我的邻居们以及同时代的很多人都感到满意和有用的事物？对任何真理难道我没有要求其价值与多数人和世俗偏好的感受不相干吗，难道我没有要求我们必须排除与个体的一切联系，使自身服从于真理，而不管它们是否与他们的需求相一致？我们也许会满足于这种暂时的表述，但它们的目的毕竟取决于这一需求，即它们不断地接近一种真理，这种真理的无条件的实在性已经被预设。否认每一种超越于相对真理的真理，就意味着否定了包括怀疑论本身在内的所有思想其自身的预设。

5. 绝对价值

谁要是相信，对这个世界的每一种思考不过是对个体体验的一种个人性的把握和塑造，一旦他开始交流自己的观点，他就必定能意识到自身的错误。倘若我们事先不承认我们在根本的思维方式上达成一致，那么试图说服他人的努力就变得毫无意义。因此，我们每个人都必须首先承认，我们所有思想指涉的这个世界作为思想对象而言对每个人都相同。因此，作为我们思想交流目标的这个世界观必定被预设为是一种具有普遍价值的真理。谁要是否认这一点，他就应该放弃这种努力，即他希望与他人分享的对这个世界的理解。事实上，他所了解的仅仅只是一个他所梦想的世界，关于这个世界并不存在任何对真理的真正思索和追求。

知识的可能性也会进一步得到排斥，因为作为一种反对其他人的怀疑论，同样有权反对这种当前不存在的精神活动本身。我当下的思考是为了使用先前的体验，不过这只有当我将之前的行为与现在的行为所指涉的世界预设为同一个客观世界时，才有意义。这种超越当下情形而达至对我个人体验的统一性，实际上至少意味着一种对实在世界和客观真理这一思想的最初雏形。但是，借助于行为，我承认我过去的行为与我当前的行为相关，这种行为超越了将来的行为，更不用说超越了我当下的现实，我正是由此承认其他主体具有逻辑上的同等性。假如我害怕某种行为，当然也无权鲁莽地采取另一种行为。简言之，如果我要成为一个合乎逻辑的怀疑论者，甚至连我自身的"我"都会消解，所有剩下的不过是稍纵即逝的生命瞬间，诸如此类的东西事实上并不承认存在任何超越个体的真理价值。

同样地，作为逻辑相对主义的自我毁灭是这样一种怀疑论，即否认道德行为具有超越个体的价值。他们否认存在任何具有绝对约束力的义务。于是，每个行为的动机都只具有私人性的个体特征。但任何持这种观点的人，都希望通过这一断言采取明确的行动并达成明确的目的，也就是说，使他的部分听众承认对伦理的否认。不过，那些倾向于相信怀疑论的听众，他们从一开始就不得不怀疑讲演者是否真正表达出了他的真实信念。谁要是不受任何义务约束，就可以撒谎，并由此否认他的真实观点，不管其言词为何，他都可能完全相信存在超越个体的义务。因此，怀疑论者不能期望任何人来相信他的主张，这样一来，他自身努力采取的行为使得他无法实现自己的目标。

在这里同样没必要以这种人为的方式使这些对立尖锐化。问题首先并不在于我们的意志是否阻碍了自身，而是意志的目的究竟是什么。当我们具有道德意志时，我们的道德意识立刻会肯定这一点，即我们不会把那些由个人好恶所决定的价值当作目标。当我们意愿某种道德上的善时，我们确实希望这种善同时能带来愉悦，但我们清楚，它之所以是一种善，并不仅仅因为它能给我们带来愉悦。即使我们承认其他人精神上的愉悦是我们道德行为的目的，道德自身也并不因此而以愉悦为基础。根本的事实在于我们的义务感。我们认为给他人带来愉悦是自身的义务，但这一义务本身不可能成为我们所说的愉悦。我们或许乐意服从于它，但并非因为它可以带来愉悦。否则它就不可能被看作是一种义务。

解释科学的那些讨论也不能改变这一观点。生物学家或许会这样解释，个体所属的这个整体的幸福已经成为个体冲动的心理动机。但我们在当下体验中所感受到的东西并不会因这种解释而改变其含义和意义。这种体验在其自身之中或在其生命现实中都是完满的。它与之前的原因根本无关，而是由自身而得到解释和评价。我们会意愿正当、善和正义，在这种意愿中涉及这样一个目标，即行为本身完全不独立于任何与我们自身幸福相关的意识联系。因此，即使我们换个立场考虑，也就是说，把这种意愿作为与我们个人愉悦具有因果联系的一个过程，这一有目的的意愿其意义丝毫也不会改变。在这种有目的意愿联系中，这种关于这个意愿的超个人的联系依然有效。行为也许涉及这个或那个邻居、一个民族或者所有的个体；但在我们的道德目标中，我们指向一种超越所有纯粹个人利益的义务。这才是我们绝对承认的有效性。一个真正在道德精神层面思考的人会知道，倘若剥夺了这种与纯粹个体欲求无关的联系，那么他的最深层次的渴求就会被歪曲。不论谁说到"义务"，他所指的是一种不建立在个体愉悦基础之上的价值。

这种观点已远远超出了真理和道德的范畴。美同样可以唤醒我们个人的愉悦，人类的进步可能为我们带来个人的享受，甚至宗教的实现也可以唤醒我们那些适意的期盼；然而所有这一切都不能对我们关于艺术、进步和永恒之价值的信念有任何确定意义。无论生物学和心理学如何地解释审美对象所带来的愉悦感，领略过高雅艺术之真谛的人就会明白，存在着一种与某种绝对事物的关系，关于这一绝对事物，所有解释性说明都显得苍白无力。我们对纯粹之美的永恒法则的臣服，必定得从它的意义而非因果关系上去加以领会。没有这么悲惨的生命会认为，文明进步的思想没有给他带来光明和温暖。不过，谁有理由说，个体从这种进步中获益，但历史倒退的话，他就将遭罪？没有人能断言文化的进步增加了个体愉悦的总量，并使他们摆脱了痛苦。我们不会把文化发展的目标与任何个体的个人意志相联系，就已经承认了文化发展的真正价值具备有效性。如果我们的意志不能根据这些理想来引导自身，这些理想独立于特殊个体、哪怕是数以亿记的个体之欲求，那么，我们就会丧失生活的意义，我们所有目标指向的这个世界也将分崩离析。谁要是把超越个体的价值看作是纯粹个体需求的产物，这意味着他将永恒理想当作幻想，他实际上就与智者（Sophist）站在同一立场上。不管现代相对主义者如何地努力，试图说服我们信念并不存在，但这种古老的诡辩依然存在，尽管苏格拉底曾彻底推翻过这种诡辩。

6. 实用主义和唯心主义

这种批判绝对不能被误解为，似乎德国经验批判主义或美国实用主义的这种新运动不具有任何真理的成分，而且对当今时代需要的哲学而言毫无建设性的意义。就像那些古老的智者要跟过去的诸神作斗争一样，苏格拉底在这样一场斗争中完全赞成智者的做法。至今还保留着的这种新唯心主义，当他们想要征服自然主义历史中的伪神时，他们也在以同样的方式与相对主义完全保持一致。他们欢迎志同道合的战士加入到这种与拙劣的自然主义的斗争中，这种自然主义把物理学和心理学构建作为根本事实来接受，并因此将原子或感觉看作最终实在。从这种自然主义转向个体当下生活体验的哲学当然有其合理性。于是这种哲学很容易有这样一种想法，所有物理的和心理的事物、分子及其联合组织的运动，都是对当下体验的重构，并且已远离了生活现实。最后我们再次以活生生的个体性触摸到真实的生命。历史也又一次回归正道，人的意志和目的成为决定性的起点，心理-物理的机械论从形而上学中消失；唯意志论代替了实证主义。

我们不应该再在这些问题上重蹈覆辙，但谁要是不向前迈进一步，就根本不会获得对于一种新的世界观具有决定意义的东西。我们确实有必要返回到生活体验并把它作为起点。不过哲学家必须认识到，从这个起点到自然主义的道路是一条死胡同。如果思想朝着自然主义的方向发展，那么，从当下体验中我们永远不可能得到一个永恒的、根本的实在。但是，如果思考者仅仅只是回到当下的生活体验而且寸步不离，那么情形也不会有任何改善。我们在那里所发现的确实以直接明确的方式被给予，但它毕竟只是生活印象而非现实世界。我们在直观中发现了意志，但在哪儿也找不到一个可以引导意志的目标。我们再次发现的是鲜活的生命而非枯燥的概念，然而，不存在一种能胜过生命瞬间的满足，也不存在一种赋予生命以意义的满足。

要坚持将当下体验作为出发点确实不易。这种直观哲学极易掉回到普通心理学的巢穴。不过，反驳它的肤浅论证不值一提。我们经常听人们这样说，在当下体验中，我们对其他主体一无所知；但有人会说，我们在自身经验中发现他人的询问和回答、建议和反对，正是以同样的直观性，我们发现事物的助益和障碍。另一些人则声称：在当下体验中所感知的仅是物理事物，我们自己给它们穿上思想的外衣，而思想自身并非体验。但这显然又是一种误解。在真实的生活体验中，我们发现思想和事物起初是一个整体，同样都是当下的，只有经过再一次的思索我们才将两者区分开。我们总是撇开这一整体性来阐述事物，并从中推导出作为思想的剩余物，但我们从来不会单独地体验某个事物，随后再覆之以思想。最后还有人提出反对意见，他们认为我们拥有的只是关于心理感知的当下体验，我们对物理事物所做的结论也仅仅来自这些心理感知。不过，持有这种观点的人依然深受自然主义的迷惑，他们天真地把我们整个外在体验都放入到个体意识这一容器中。现实生活中的我们对这种人为的二重性一无所知，并不区分外在的感知事物和内在的知觉观念。我们的观念以及它们的要素即感知，除非被我们看到、听到和触摸到才能被感知，我们只是通过抽象得到了一种新的观点，即让事物的某些方面指涉我们自身，因而把它们的影像投射到我们身上。

这种论证不会影响直观哲学及其相对主义。不过仍要承认这种当下体验的哲学是一种世界观，而它需要的也仅仅只是一个世界。这样一种哲学关涉的是一个由随意的欲求所决定的偶然幻象。在那里，没有意志会服从于一种绝对的、永恒的有价值的意愿，这种意愿对每一个可能的主体而言都是无条件的。因此，道德、美和真这些理念在其根本意义上并无容身之处。自然主义时期尽管存在许多的错误和妄想，但毕竟这一时期没有哲学，因此这一时期似乎是一个更好时期的开端，可以回复到以个体意志作为出发点。倘若就这样立足于纯粹个体的最终意义上，即使将上百万这样的个体考虑在内，也只意味着用虚无主义代替了教条主义。因而，在所有相对主义的哲学中，包括实用主义及其同类在内的五花八门的现代称谓中，我们必须区分两种要素。一方面，为了反对自然主义的伪哲学，我们要回归到以人的意志为核心的当下生活体验。另一方面会出现这样的断言：这种意志只具有个体的特征，因而没有绝对价值。反自然主义的要素与反绝对价值的要素非常紧密地纠缠在一起。而且，这种二重性为反驳提供了一种简易方法。一旦自然主义者攻击这种反自然主义的哲学，都会出其不意地把重点放在反绝对主义的一般争论中。但是，当唯心主义者攻击反唯心主义时，他们不会提出对自然主义的反感。现在，对当下生活体验的回归，是相对主义者完全合理的行为，但他们不能据此认为，他们应该为这样一个新的运动而要求得到奖励。唯心主义者从未停止过这场战斗，并以更有利的证据表明，所有的物理主义和心理主义、原子论和感觉论，简言之，所有的自然主义都是出于某种目的而对经验做出的人为构建。这就是唯心主义真正的生命要素。的确，在浅薄的非哲学时代，甚至连这种哲学的陈词滥调都已经被遗忘，哲学家至少也不会忘记像康德、费希特这样伟大的唯心论者，他们先行于近代自然主义的时期，构建了哲学视野中永恒的部分。在这一方面，至今尚未出现任何新的论断。

与这种经典唯心主义精神相反的是另一种主张，我们用以指向真、道德或其他理念的意志不可能超越个体的欲求，不可能达到任何绝对的东西。我们需要坚决抵制的是这种实用主义的相对论的要素，而非其反自然主义的要素。同时，由于这两个要素几乎不可辨别地混在一起，因此，这种抵制必需更为严谨对待。与这种反真理、反道德的特征相反的对立意见，极易被这种反自然主义的肤浅哲学的许多有力观点所征服并归于沉默。我们必须坚持，这两种因素彼此不相干。我们必须把自然主义抛之脑后，并回复到以当下体验为起点。我们必须认识到，人类的意志是所有关于实在之探究的核心，而且还得承认这一意志受绝对的、必然的永恒价值的制约。

第四章　义　务

1. 绝对价值的合理性

现在我们已获得了双重的领悟。首先，自然的因果系统中不包含绝对价值，因为自然自身从原则上必然被认为与意志无关，所以没有价值。其次，个体的目的系统中也不包含绝对价值，因为与个体人格的关涉通常只会导向相对价值。这就意味着关于这个世界的无条件的一般价值既不可能是因果之自然的内容，也不可能是对历史起源的需求。倘若它们确实存在，那么必定属于一种超越因果律且超越个体的实在之世界。但我们已经认识到其合理性不容置疑。那么只存在着两种可能性：要么我们拥有一个具有超个体的绝对价值的世界，要么根本就不存在这样一个世界，我们所拥有的只是一个毫无价值的偶然之梦，在这般梦境中追求真理和道德没有任何意义。我们认识到，我们甚至无法选择，我们究竟愿意把我们的追求指向一个世界，还是指向一个既无真理又无道德的毫无意义的偶然混沌，因为我们在此的整个任务便是在逻辑上探求真理并且在理智上支持这一真理。无论心理学家、生物学家和历史学家如何向我们解释这些思考和目标，这都不重要。我们完全了解，关于真理的特殊观念可以被解释为我们头脑的产物；个体观念则是我们成长于其中的社会环境影响的结果；理论是历史发展的成果；信仰则由我们时代的传统塑造而成。然而，在追求真理、捍卫真理的奋斗中，我们的意志指涉的不是原因，而是理想。我们所要探索的这种真理具有绝对价值，这就意味着我们不可能探寻其对立面。同样道理，要支持真理也不需追问言说真理的需求是如何发生的。我们相信义务具有绝对价值，在我们的这一信念中包含着这一点，即没有一种纯粹的社会需求可以取代它。我们探索真理，对它的探索与其可能有用的结果无关；我们服从义务，这种服从也不是为了实际的效用。我们已经看到，对绝对价值的任何怀疑最终都会毁灭自身。作为思想它自相矛盾，作为怀疑它否定自身，作为信念它对自身绝望。除了当下的瞬间，可以从它那里通向自我的实在，此外别无他途。所有的努力和奋斗都已失去方向。然而，我们依然坚守于此，我们正在作一种努力，因为我们想要说服他人；这就意味着我们已经做出选择，已经决定坚守这种信念，即存在着一个独立于偶然个体的世界。因此，我们必须预设绝对价值是真实的，对我们而言，它必须具有正当性并且超越于历史个体所创造的相对价值。因此，我们不得不进一步追问，这种无条件的绝对价值其真正的含义和意义是什么？自然科学和历史科学找不到它们。那么究竟在哪里可以找到它们？它们由什么构成？它们如何联结在一起？作为个体的我们如何才能触摸到它们？它们对于我们的个体生活具有怎样的意义，而它们自身的最终目的又是什么？

不过在转向这些根本问题之前，我们至少应该消除一种彻底的误解，它对相对主义的那些奇谈怪想得负相当大责任。我们寻求的价值要在世界的绝对特征中找到自己的基础，而且要保持其绝对的正当性，无论作为历史个体的我们可以在多大程度上把握它们。这一假定一旦遭到误解，就立刻被扭曲成前康德的形而上学，就好像我们断言了一个独立于经验意识的永恒世界的存在。前批判时期的理性主义和经验主义哲学在这个形而上学的预设上看法一致。诸如笛卡尔、斯宾诺莎和莱布尼茨这样的理性主义者，以及从培根到百科全书派的经验主义者，都声称存在着一个非独立于知识心理条件的实在。他们的分歧仅仅在于，通向这一独立世界而获得真理的正确方法究竟是理性思考还是感觉经验。但是，康德的批判哲学干脆消除了关于这一超越实在的观念。经验世界是我们能够认知的唯一世界，所以我们想要在真理中把握的这个实在完全受我们心理经验条件的约束。真实的世界独立于这样一种单独的个体，因此对个体而言便是绝对的；然而，只有当这个世界的形式由我们的意识条件决定时，我们才能对这个世界有所认知。作为知识的可能素材的这个世界，必须首先被设想这样一个世界，它须以可能的意识经验为条件。一种实在，若它的类型和形式被认为与意识无关，就决不可能被理解为一个可能的知识对象。所以，绝对价值必定完全存在于这样一个世界中，这个世界的总体以成为一种可能的经验对象为条件。倘若存在某种信念，它超越了经验世界并去寻求一种超越的经验，即使在这样的地方，这个最终的实在必定依然依赖于意识条件。

2. 对绝对的一种误解

这个具有永恒价值的绝对世界，如果存在，那么它当然不是某种高悬于自身天空之下的东西，并且永远脱离了我们的意识。事实上，我们寻求的价值并不是要从一个经验世界转向一个超越经验的王国。相反，每一个被当作绝对的东西，它必须首先被当作属于可能的知觉质料的范围，它的绝对性也只有在每个主体都能参与的世界中才能体现。这种价值对于我们完全能够把握的唯一世界而言才是绝对的。这种相互的关系达到了这样一种程度，以至于从另一方面来说，我们可以看作主体的仅仅是那些能体验这样一个世界的人。如果有一种精神，它直接指向更高的世界而非那个可能被我们体验的世界，那么对我们而言，与这样一个主体的思想交流就失去了所有的意义，因为没有任何绝对的东西能够从他那个难以理解的特殊世界进入我们的经验世界。绝对价值具有不可例外的有效性，因为它对每个可能的主体都同样有效，这些主体与我们分有这个世界，他们的思考和奋斗与我们这个世界息息相关。在这样的思考和奋斗中，价值依然独立于任何特殊个体的意志，不管这些个体以单独的方式还是以百万联合的方式，都毫无差别。价值超越于个体之上。但是，一旦价值被认为独立于意识条件，它们就变得毫无意义。从康德和费希特的时代开始，这些思想就该成为共识，而每一个新的时代只需随着时代知识的变化重新修正这些真知灼见。不过，应该没必要再为维护唯心主义而反对下面这些攻击，这些攻击事实上只是为了反对那些对唯心主义的拙劣模仿。真正哲学意义上的唯心主义者不会认为，绝对就是一个与主体经验无关的游弋于云端的巨大怪物。只有在这一基础上，我们才再次追问这种真正的绝对价值的含义。

我们发现自己的意志受价值束缚。我们不能随意地肯定一个判断，因为我们受制于真理。我们不能随心所欲地行动，因为我们受制于义务。是什么制约了我们的意志？最常见的两种回答就是，要么是必然性，要么是义务。看来似乎只有这种非此即彼的解决方法，除此之外没有第三种可能。但我们从一开始就很清楚，这种来自自然规律意义上的必然性的约束根本不能解决问题。它将使我们从自由人格的领域倒退到心理过程的领域。这在因果联系的领域中自然理所应当，意志和价值的心理现象也不例外。对意志的服从，作为在价值的心理观念中的一个心理过程，必须用心理和物理的原因来解释。但是这样一种解释，与我们解释痛苦的感觉可能会引起的排斥反应处于同一水平。关于价值的观念对意志具有决定性影响的这一事实，仅仅是暗示心理学的一部分，与之相类似的还有心理学上的注意、抑制和催眠等问题。

3. 行动的必要性

这种心理物理的必然性没有绝对性的特征。就像任何其他遗传或后天习得的反应一样，它可以通过新的训练得以重新塑造，也可以通过新的条件而完全被抑制。此外，我们先前已经看到，关于我们服从于价值的这种心理学解释没有任何哲学意义。它的哲学意义被下面这一事实消解了，即心理事实的这样一种因果联系的这个真理本身就是一种价值。如果我们想要通过心理学规律来解释评价的心理现象，就必定已经预先接受了这种价值。但我们可能补充说，价值和意志之间的联系甚至不是一种因果必然性。比如说，我们头脑中可能具有道德价值的观念，但是我们的行为可能依然不受其影响，而是朝向邪恶和犯罪。那种认为我们必定根据与价值相一致的必然性而行事的观点，并非合乎事实。

从这里我们可以更进一步地回答说，我们的意志并非受制于必然性，而是受制于义务。我们并非被迫依照价值而行动，而是应当依照它而行动。因此价值是一种义务。诚然，任何"应当"都极易被解释为自然科学的术语。生物学对待义务的方式几乎可以被当作自然主义社会学的必要部分。经验告诉我们现实的结果未必总会带来预期的愉悦。因此，我们在头脑中会把评价与那些最常见或最典型的结果联系起来。这给予我们某种特定的行为规则，并在规范中被进一步明确化。个体最终按照自己所理解的利益来采取行动，这种利益与各种规定和规范相一致，即使特殊的情形暗示有逃避规范的需要时也是如此。从这种社会学的观点看，有关义务的意识就像一种抑制最终可能有害的欲求的装置。它促使我们去做那些多数情况下都表现为有益的事，而警告我们避免那些当前似乎具有诱惑力，最终却表现为有害的事。对义务的意识在心理学上就如同嗅觉对于我们的胃口。如果我们对某种物质的化学成分以及它对有机体的生理作用有充分的了解，那么，就没有必要在吃东西的时候将吃的感觉与之前的气味联系起来。但是自然状态代替了这种对味觉的完全认知。我们依赖于一般规则，那些闻起来好的东西合胃口，闻起来不好的东西则不然，尽管有事实表明在某些特殊情况下，闻起来甜美的东西可能是毒药。

显然，这样一个关于义务的观念并不能使我们更接近目标。反倒再次说明了，我们应该做的只是那些出于愉悦的考虑而愿意做的事情。唯一的差别在于对愉悦的期望并不是与当下的印象相联系，而是与一种浓缩在习俗规定中的均衡考虑有关。个人的幸福再次居于中心位置。不服从义务仅仅意味着去玩一场危险的游戏。可能的收获或许是诱人的，但更可能的是输掉整个游戏。那么，应当所针对的价值决不是无条件的。相反地，它不同于那个我们不应该做的对立面，仅仅由于它带来愉悦的可能性更大。

4. 社会规范

社会规范的惯用推演在同一思维圈内进行着。当强者逼迫弱者屈从于他，并要求弱者违背自己的意愿行动时，这位服从者只需看强者个人的喜好行事。他所做的就是强者要求做的，就是他"应当"做的，因为他预料得到：如果他不这么做而导致的惩罚，远比不情愿的行为带来更大的痛苦。在那里，强者的意志作用于弱者身上的效果，就像这样一种情形，为了逃避伤害，这种情形给我们造成一种心神不宁的影响。这种对强力的屈从与那种对永恒规范的承认无关。威胁者和屈从者同样受好恶动机所驱使。

无论发展的形式和心理过程的缩略形式多么纷繁多样，所有社会心理学意义上的社会规范都可以简化为这种基本模式。强力和权威的来源千变万化，强者或多数人将其意志强加于弱者及少数人身上的方式同样千变万化，表达社会大多数人需求的社会习俗、道德、法律和宗教的观念也千变万化。最终，这总是意味着某个团体的成员，从家庭到民族甚至文明人类，创造了许多价值，这些价值是他们自我保存的社会需求的结果，而这种自我保存是每一个体不得不承认的。关于这种真实联系的意识在个体头脑中消失了。这种恐惧的感觉通过心理上的简化，由这种可能的惩罚转换为被禁止的行为本身。如同一个孩子能够迅速将本属于惩罚的不快归结到禁止的行为上，并将快乐扩展到一切事物，这些事物最初只是人为地与奖赏联系在一起。因此，即使最高的社会心理学规范在原则上也与社会卫生学保持在同一水平。医生的卫生处方，即使对整个人类都有益，它们在原则上仍然不同于在哲学意义上不得不被确认为正当义务的一切事物。

不可否认，这种社会学的构建具有合理性。如果我们将评价作为一种社会心理现象来研究的话，那么我们的考察不可能有别的路径。于是，普遍有效的事实就在于，每个评价都是为适应心理—物理社会的发展需要，而这个功利性的目标必定是最根本的。心理学家无法认可任何形而上学的目标。对于社会心理学家而言，对形而上学评价的思考毫无意义，除非这种思考本身被当成达到功利目的的一种手段。他也许会承认它对社会的幸福而言有好处，因为如此一来可以让社会成员生活在这样一个错误的信念中，即存在着一些跟愉悦和福利无关的价值。倘若心理学家发现这种理想主义的信念对社会毫无意义，他就会把这种形而上学简单地归结为社会心理的一种偶然现象，甚至可能是一种病态现象。从他的功利主义观点看，这种信念对社会的意义就如同梦对个体意识的意义一样。

但是，我们同样可以在更纯粹的高度上发现"应当"，在那里所有的相对主义和诡辩主义都被远远抛在后面，而批判哲学已经准备得出它的最终结论。尤其在当代德国哲学中，正发展出这样一种信念，即存在本身的概念是建立在义务概念的基础之上的。现实的实存在判断中被给予我们，对它们的肯定别无他途，最终只能通过这一事实，即我们的思想面对着一种"应当"的法则，这种法则迫使我们的意志做出判断。没有意志的肯定，就没有对实存的肯定判断，没有意志的反对，就没有对实存的否定判断。不过，在判断中肯定某物存在的意志并不听从个体反复无常的想法。个体在那里不得不屈从于事实的压力。难道这种压力就是独立存在的现实给与的影响吗，而我们的判断仅仅只是重现这种现实？这将我们重新带回到最原初的形而上学，这个独立世界的实存仅仅对那些做出判断的人而言才具有价值；这样一来，尚有一个问题悬而未决：究竟是一种什么样的外在力量迫使我们做出这个形而上学判断？不，那个确定任何现实事物实存的意志，不是取决于独立实存的某物，而是取决于一种"应当"，这种"应当"决定了判断的价值。应该被肯定的判断就是有价值的判断，而且是一个真正的判断。这种"应当"不属于实存的对象，而是作为其最深层的意义属于主体的意志，而经验恰恰通过意志成为可能。于是，对真理的思考就意味着让肯定的意志服从于义务。

5. 价值和应当

如此，知识与道德之间的差异就消失了。追寻真理的人和采取行动的人都会服从这个独立于自身欲求的"应当"。正是这一"应当"的绝对有效性赋予了真理和道德的理想以意义。我们也应该用同样的方式解释审美价值的多样性。它们告诉我们应当如何解释这个世界。艺术家听从于自身的审美意识，即一种促使他的意志去寻求美的"应当"。我们根据绝对价值来思考、感觉和意愿。我们完全忠于应当如何思考、应当如何感觉和应当如何意愿的方式。倘若我们不服从于义务，我们将会犯错，走向丑陋，走向不道德和邪恶。我们在此至少拥有了一种世界观，它无限地超越所有的自然主义、实在主义和实用主义，它真正承认绝对价值。评价超越了存在。所有价值都建立在与意志的联系的基础上，并且高于每个可能的个体意志。逻辑价值、伦理价值、审美价值和宗教价值都建立在同一个根本原则的基础上，它们并不指向一个超越的实存，而指向意志的最终决定。所有这一切都不会再次迷失。不过我们必须再次提出这个问题，关于"应当"的价值学说是否真的能当作最终的目标来接受？义务的这一概念是否真的适合将我们引导到最根本的绝对有效性？当然，当这一概念拿来与实在主义的"必须"、或者与相对主义的"欲求"观念相比较时，所有哲学上的正当性都站在"应当"这边。但是，这样一来是否穷尽了意志的所有可能性？

这里显然存在一种缺陷。在价值中找到的"应当"对于我们把生活中分散的价值联结在一起毫无益处。真理是有价值的，美亦然；正义是有价值的，道德亦然；进步和发展是有价值的，宗教的实现亦然，但是并不存在联结这些分散理念的纽带。如果知识、艺术、历史、道德和宗教各自都需要一种特殊类型的义务，那么它们依然是现实中分散的领域。坚持"应当"的哲学家指向历史以显示关于义务的意识如何一个接一个地发展，但这仅仅意味着我们用外在的方式将历史上对价值的阐释集中起来。例如，我们无法预见明天是否会出现一种全新的价值，也不能理解为何之前不会出现其他价值。数学家遵循的这种逻辑上的"应当"，与雕刻家遵循的审美上的"应当"，以及对殉道者而言的伦理上的"应当"，它们没有任何共同之处。我们找不到一个相互联系的价值系统，而只是发现混作一团的分离之价值。任何想要寻求一种统一世界观的人，最终必定要求各种价值可以被理解为某个整体中具有内在关联并且相互联系的各个部分；我们必须能够从同一原则中推演出它们。

此外，我们能够忽略这一点吗，即关于"应当"的概念真的不能对更深地理解价值有效性有所助益？有价值的就是我们应当接受的，而我们应当接受的就是有价值的。因此，倘若我们只是将价值还原为义务，那么就没有为价值概念增添任何新的内容，或者我们宁愿不做这样的还原，因为我们根本没有向前迈进一步。但这并不意味着将价值视为义务的形式完全是多余的。对价值而言，这不仅仅是一个新的名称。如果我们用"应当"代替"价值"，用"思考的义务"代替"真理的价值"，我们远远不只是用一种不同的名称来指称同一种事物，而是有更多的意义。这个新概念的典型特征确实对问题的理解具有重要意义。我们唯一的反对意见是：由义务的观念所表达的东西在本质上是某种消极的东西。举例来说，如果真理的价值是建立在义务基础之上，那么首先意味着它并非源于一种形而上学的实存。有一种旧的教条主义认为一个真正的判断之所以有价值，是因为它与那个独立于思考而存在的现实相一致。关于"应当"的学说可以积极地驳斥这种非哲学的观点。这一学说强调，没有其他任何东西而只有判断的必然性才是真理的基础。就像"应当"驳斥这种教条式的经验主义一样，它也明确地反驳了任何否定真理绝对性的相对主义。价值的概念起初完全无力克服这两个方面的错误理论，不过一旦价值的概念被义务的概念所包围，这个反驳任务就可以轻而易举地完成。于是，价值哲学与纯粹经验主义或纯粹相对主义的所有混淆都可以被排除了。这对于伦理价值和审美价值同样成立。义务的观念使得这一事实显露无疑：在现存世界中，道德行为的价值并非建立在其客观效果上，就像功利主义通常所教导我们的一样。责任的价值在于义务本身而非其功用。至于我们如此急切地想要反对这种关于绝对价值的惯常误解，除了指出"是"与"应当"的区别外，没有更有效的方法。为了满足唯心主义的这一反驳目的，义务的概念足以胜任。

但是，与这种否定的成果相对照，我们必须坚持这一点，即义务概念的肯定性特点明显是误导。它给价值概念带来某些并不属于价值自身的特点，而且阻碍我们对价值概念深层次意义的把握。只要它属于与实在主义、功利主义以及经验主义对抗的问题，"应当"概念就不可避免。一旦我们涉及基本理论，就必定要努力摆脱义务概念，因为我们必须认识到，价值在其最终意义上并不代表一种"应当"。"应当"的观念显然最为清晰地出现在我们面前，并且在道德义务领域中是第一个进入到每个人头脑中的。这又意味着什么呢？我们面对的是多种多样的行为可能性。其中有些是非常诱人的。它们向我们允诺愉悦，但可能只有一种行为被我们的义务所要求。在对行为的选择中我们担负着义务。我们认为我们能够做义务所禁止的事情。我们不得不独自做出抉择。这显然是义务最普通的意义。要是没有选择的机会，没有决定，甚至连意愿那些我们不该意愿的可能性都没有，那么，我们根本就不该谈什么义务。

6. 知识的义务

让我们暂且接受这个日常的义务观念。难道我们有理由说，这个观念可以支持真的价值、美的价值或正义的价值？当我想作判断时，难道我真的面临这样一个选择，即我希望得到的究竟是正确的判断还是错误的判断？倘若我真的要作判断的话，难道不是下面这样一种情形吗，也就是说，我只会选择真正有价值的判断而不会选择其他？当然，我可能对判断丝毫不感兴趣；而且，我也并不在乎知识以及对真理的追求。社会也许会提醒我，说追求真理是我的义务，但这显然是一种伦理上的义务，而非逻辑上的义务。社会希望我能以真理代言人的方式去思考。可是，一旦我想要思考时，当然不会感到我要在意愿真理与意愿错误之间做出选择；我总是只意愿正确的判断而非错误的判断。真理并不是作为一种义务出现在我面前，告诫我要反对那些相反的欲求。每次我想要做出判断时，我都面临着一个急于想要解决的问题。我寻求着一种对我有价值的解决方法，因为它满足了我解决困难的需求。在这种意义上，相对主义哲学家完全有理。当相对主义者补充说，这种满足仅依赖于个人的情况，而没有普遍必然性时，他们就误入歧途了。确实存在着必然性。我们感觉到它的存在。但在这里，当唯心主义者宣称这种必然性就是一种义务时，则倒向了另一边的错误。并非所有对每个意志必然的东西就一定是一种义务，这里的必然指的是它符合某种意志，但与个体欲求无关。如果我追求真理，那么就要寻求一种联系，通过这种联系特殊的困难被克服、特殊的问题被解决。如果我认为摆在面前的问题并不仅仅只具有个别性，它必然对所有与我分有这个世界的人而言都是普遍的，那么我认为问题的圆满解决不只是个人需要的满足，而是具有绝对的有效性。但它与义务无关。因为它是意志的一种超个人的满足。

我们经常会被某种错误所诱惑，但只有当我把它当作真理时才有可能，也就是说，我认为它能够真正解决问题。我从来不想要这种错误。我也从来不会做这样一个判断，除非判断对我而言具有真理的价值，而且它使我相信其他每个可能的主体同样认为它可以满足意愿。当然，如果我将它作一种心理学的解释，那它就失去了自身的意义。这并不意味着我的心理物理系统受这种必然性的支配，即选择正确判断而防止错误判断。头脑产生的大部分判断都是错误的。这不是一个因果过程的问题，就像它不是义务的问题一样。对行为的意愿既不是自然规律的结果，也不是理性主义的义务之结果。

我之所以希望得到真理，是因为它能带来的是真正的我的意志的完全满足；然而这种价值是无条件的，因为我的意志最终不是与自己或其他任何个体相关，而是与某种绝对的、超个人的东西相关。真正的问题在于，这一点如何可能，即我意愿某物，但是我意愿它又与自身无关，而关涉某个原则上独立于作为个体的"我"的东西？

同样，我们在审美领域也找不到任何义务。在那里，社会或许会建议这样一种实践要求，即那些有天赋的人应当创造美，但那是一种道德上的义务。这种伦理的责任要求，即你要实现那些具有审美价值的东西，这已经预设了对审美价值的承认。美是我们的意志所渴望的圆满，如果我们从根本上把握了它，那么决不可能意愿它是别的样子。我们从不意愿丑陋的事物。相反的意志所要对抗的这种"应当"的义务并不存在。我们意愿美的事物。即使在这里，它也不仅仅是一种个体的欲求，就像我们意愿那些充满魅力、令人愉悦的东西一样。个体对美的热爱不是出于义务，他因自己的渴望而意愿它；不过其意愿使他超越了纯粹个体的欲求。这同样是一种超个人的、纯粹的意志。不过相同的问题再次出现，我们如何意愿又与自身愉悦无关？但是这一问题其实只是经验放在我们面前的。如果我们只是简单地说：我们意愿是因为我们应当如此，那么，我们就逃避了这个重要问题，而非对其做出回答。

7. 道德的义务

但是现在至少还保留着道德价值上的"应当"。根据义务应当去做的行为与由于它能带来愉悦而想要采取的行为，在这两者之间，我们当然可以做出一种真正的选择。因此，在道德领域把价值和应当等同起来的做法似乎完全合理。不过，一旦我们稍微仔细考察，我们就会在其中发现同样的问题，就像我们在对真理和美的考察中所发现的问题一样。道德价值事实上也是我们总想意愿的一种价值，它从不被任何一种非意愿所渴望。道德价值从不与我们自己真正的意志相对立，因而与"应当"无关。在这里，我们必须仔细考察整个情形，它极易被误解。我们不难看到，为什么通常的解释会搞错重点。

谁要伤害他的邻人，就违背道德价值，谁要把自己的东西给予邻人，就合乎道德价值。究竟是服从规范还是以一种不道德的方式僭越规范，我们有权自由选择。不过，即使从表面上看，这一点也很显然，我们行为的外在结果并不使行为具有道德上善或恶的特征。如果他是一位医生，为了做外科手术而给邻人的身体带来伤口，这并不是一种不道德的行为。他赠送邻人礼物，如果就是为了贿赂他而让他滥用职权，那么这一赠送的行为就是不道德的。因而，行为本身无关紧要，动机本身决定了行为的道德价值。因此，伦理学家通常用一种更为崇高的形式来表达他的义务学说，他认为从根本上来说只有一种义务。我们应当履行义务，也就是说，我们应当采取行动，这一行动是我们自己认为应当做的。在特殊情形下哪种行为是我们认为的正确行为，这依赖于上千种类似的情形，而且与我们的传统、教育以及社会环境有关。它本身与道德价值无关。道德价值仅仅要求我们忠于自己的信念，无论愉悦和利益多么吸引人，我们只做那些在我们了解范围内确信其是正当行为的事情。

这一点完全正确。我们事实上没有理由说，任何道德价值与其说跟某种我们不应当的行为有关，还不如说跟某种应当的行为有关。如果一个人还不知道哪种行为是应当的，那么他并非不道德，而是非道德（amoral）。如果他在实践中无法把价值与某种行为联系起来，我们称之为道德无知。如果一个人把偷盗的行为当作正直的行为，我们不能称他为小偷。相反，如果他的生活观认为偷盗行为具有某种特殊价值，并且按他的原则来实践，那么我们应该保护社会免受这种危险个体的伤害，把他送到精神病院，但是我们应该避免任何道德态度。只有当他认为正直的行为是有价值的，当他那样认为，正直行为乃其心中真正所想，偷盗则并非他所愿，我们才称其为小偷。要是在这两种行为即偷或不偷之间做出一个选择，他总是会毫不迟疑地选择有价值的正直行为。他的困难仅在于，尽管他仅仅意愿正直行为这一种，他同时又意愿和欲求着战利品，为了得到它他必须偷盗。偷盗本身并不由此而变成值得的。因此，罪犯所面临的情境是在两种行为中摇摆不定，一种是他真正意愿的正直行为，另一种则是他为了得到某个渴望的快乐结果而必需采取的行为。一方面他意愿某种行为，但与行为结果无关；另一方面，行为本身他根本不意愿，而只是为了得到某种令人愉悦的结果。倘若什么地方不存在这种对立，那么在那里就不会出现任何道德情境。现在已经很清楚，关于过程的部分不存在义务。我们已经学会选择正直的行为而非听从感觉，这与我们过去的发展、社会传统以及环境影响有关。对于每个民族或社会团体而言，它都可能有所不同。作为个体没人需要对某种行为的偏好负责。只有我们真正形成了这些偏好，我们才开始有道德要求。儿童和精神病患者如同动物一样没有道德义务，因为他们还没有学会偏好某些特定行为，因此，只是根据结果来考虑行为的可能性。所以，社会以某些行为的可欲求性在个体身上施加的压力，仍然在伦理的义务之外。

但是这里开始了真正"应当"的讨论，道德个体应该在任何情形下都采取他真正要选择的行为。对愉悦的期望和对痛苦的畏惧不应该诱惑他选择自己并不期望的相反行为。对财物的渴望不应该导致偷盗，如果这个个体认为相反的行为是他真正应该选择的行为。因此，道德抉择的出发点总是存在两种可能行为，一种行为是作为目的的手段而被欲求，另一种行为则仅仅作为行为本身并且为了本身而被欲求，因此与任何愉悦的结果无关。这种行为被意愿，仅仅是作为一种意志的表达、人格的实现。他采取的行为是他真正想做的，不是为了任何结果，而只是为了他全部真实意志的表达，那么他就是独立地在进行道德思考。道德的价值只属于那些把自己真正期望的行为付诸实施的人。因而只有当一个人选择他自己想做并且表达了他深层意志的事情，简言之，当他忠于自身时，道德价值才进入讨论范围。因此，道德价值与作为结果的行为无关，与行为之前的意志无关，而与二者之间的一致相关。道德是心灵的自我实现，通过这一心灵我们真正想做的行为得以实施。

8. 自洽

自洽（self-consistency）是世界上唯一具有道德价值的东西。但面对这一点，我们还有权利谈论义务吗？难道这一价值不是像真和美一样，是一种意志的实现，它从不会面临相反的意志？正如思考的头脑很少会想要思考错误一样，它也不会糟蹋自身，甚至不忠于自身，乃至放弃自身。即使是罪犯也会选择通过他真正认定为诚实的行为来获取财物。对于他而言，他不正直的表现丝毫不能表明，违背他自身意志的不忠比忠诚更具吸引力。相反，如果他是一个罪犯，而不是精神病患者，那么自洽的价值稳固地根植于他的头脑中。正因为他认为忠诚是有价值的，所以，当他受到享乐的诱惑，会意识到他采取的行为根本不是他所意愿的，他就会强烈地感到自我失去了价值。他从未在道德的自洽与自相矛盾的意志之间摇摆不定；他从未意愿自洽性，换言之，他从未意愿道德。他的确在意愿道德与意愿快乐之间动摇，并选择了快乐，但即使如此，道德也从来没有变成某种他不想意愿的东西。行为中唯一有价值的东西即自洽，它不需要外在的义务，而完全建立在自己意志的基础之上。没有人不能意愿它。但是，在此必须承认这一意志最终是超个人的、必然的和普遍的。我希望与行为中的自我保持一致，由此想要成为自身，不是为了从这种一致中获得个人愉悦，而是为了满足我身上的、与个人利益无关的意志。不管这一意志如何关涉我的人格，它最终不指向我这一个体而是为了一个永恒的目标。这种意志以与我的一致性为手段而建立一个绝对的价值世界。

9. 义务和纯粹的意志

最终，道德的真正价值就像真理的价值和美的价值一样，几乎算不上是一种义务。它们都是意志的对象而已。意志永远不会选择不真实、丑陋以及不道德，如果不同欲求之间的选择被排除，那么"应当"也就失去了它全部的意义。但是在每种情形下，选择价值的意志都独立于个体的人格，也就是说，它是一种不为个人好恶所动的纯粹意志。义务概念避开不谈而非积极解决的这个问题现在终于一目了然。要理解绝对价值，就是得理解我们的意志如何成为一种超个人的要求，这种要求与个人好恶无关，而在真理、美、道德和宗教中实现自身。

第五章　意志的满足

1. 满足和愉悦

现在我们终于看到了全景。曾经走过的旅程必然把我们带到这里。我们已经看到否定绝对价值的实在性没有意义，追求和理解它们是必然的。一方面，无论是物理自然还是心理自然都没有价值，因为它和意志毫无关联，每种价值都必须包括对具有意愿的人格的满足。另一方面，每个个体的意志都由喜好和痛苦决定，它服务于个人需求，因此绝不可能是普遍的和绝对的。即使成千上万的人都欲求同一种东西，但在个人意志的意义上它不具有必然性，所以它也不能设定任何绝对价值的存在。通过必然性解释价值的绝对性是不可能的，那样意志就会变成因果自然的一部分。从义务推论出这种个体意志的依赖性似乎很具吸引力，但我们可以看到这种解决方法也不能令人满意。价值不是一种义务，因为不存在对价值的不意愿，也就不存在赋予义务以意义的选择和决定。因而我们面临一个根本的事实，对于我们而言存在着一个其实现能够满足我们的意志，这意味着它具有和个人好恶无关的价值，它对于每个可能的主体来说都是必然的，由此也绝对有效。

这就带给我们两个独立的问题：首先，一个和好恶无关的某物为什么能使我们得到满足？其次，为什么意志会需要和我们好恶无关的某物？先看前者，它终究只是一个预备性问题；不能唤起我们的快乐或者减轻痛苦，即在和我们自身的个人状态无关时，我们能感到满足吗？当然最流行的心理学观点是，我们的意志通常受到预期快乐和痛苦的引导。既然快乐就是我们所寻求的满足，那么当出现预期的快乐时，意志就得到实现。无论我们追求的是什么，它一定包含一丝快乐，而一旦达成了目标，期许的快乐进入我们的意识，无需进一步解释我们的满足。但情形并非如此简单。实际上，感受有多种含义，由此决定了问题的复杂性。举例而言，我们把痛苦称为一种感受（feeling），我们不知道这意味着令人不快的痛苦内容，还是意味着我们体验内容时所感受到的不快。头痛和牙痛是两种不同的感受内容，但在两种情形下产生的不快是相同的。相应的，搔痒和性兴奋都是令人愉悦的感受内容，并且两者都能与我们对它们采取的喜欢的这种态度区分开。然而这些内容，显然只是感觉（sensation）①，就如同蓝色和绿色一样，在更严格意义上，心理学家根本不应该把它们称为感受。牙痛或者性体验都是感觉，对痛苦的厌恶才是真正的感受，它完全存在于我们厌恶的态度中。与轻微的疼痛相比，我们可能更不喜欢难闻的气味。当在狭隘意义上谈论感受时，我们指的是喜欢或不喜欢，而非它们所指的内容。这些内容仅仅是身体的感觉，它们通常被称为感受只是因为它们被特别鲜明的态度所伴随，比如喜欢或者不喜欢。

当我们转向更复杂的感受对象时，比如记忆影像等，身体的感觉不再被包含在内。所以，满足或者不满足源于意志是否实现，而与快乐或者痛苦的感觉无关。但是，什么是我们的喜欢和厌恶？什么是我们在甜美中感受到的快乐，在苦涩中感受到的痛苦呢？我们指向唯一的必要因素。我们在刺激中感受到的快乐是我们延续这种快乐的努力，其中融合了知觉。在刺激中感受到的痛苦是移除刺激的努力，其中也混合了知觉。这种努力不是有意识的选择。从生物学家的观点看，我们应该说祛除不适，比如说痛苦的感觉，这是有机体对抗伤害的普遍做法。意识没有选择它，意识只不过同时体验了作为已成事实的痛苦感觉和防卫活动。现在我们来看感受体验的决定性过程。对抗的感觉与刺激的感觉融合成为一个整体。防卫表

---

① feeling 所表示的"感情"可以是愉快的或痛苦的，也可以是喜爱的或厌恶的，而且这种反应既可能是精神的也可能是肉体的。sensation：a perception associated with stimulation of a sense organ or with a specific body condition，译为"感觉：与感觉器官的刺激或特定的身体状态相关的感觉"。相比较而言，feeling 的含义更宽泛些，在此作者侧重指精神上的，与 sensation 侧重指肉体上的相对。因此 feeling 译为感受，sensation 译为感觉。——译者注

面上成了印象本身的一个要素，痛苦的感觉则获得了新的性质，即令人不适。因此，我们自身的防卫在某种程度上成为印象本身的一部分，成为厌恶的一个因素。

我们用几乎相同的过程区分了所有其他外在刺激的感情色彩，唯一的差别是，只有痛苦产生的反应完全是一成不变的。而在其他刺激的影响下，人更多地依赖于个体特殊的状态——是准备了还是未准备。但在每种情形下，有感觉的地方，侵入的刺激就会产生反应，它或者朝着继续起作用，或者朝着停止起作用。每种影响产生的反应都不掺杂理性因素，所以这也没有被看作特殊的行为。感觉系统越高级，过程就越复杂。于是，继续或者不继续的努力由此依赖越来越多的条件，它自身也被分解为更多的部分。高级运动神经系统的抑制和重置控制着状况，但在这里，反应仍是感受的基础。它通常依赖于个体系统的整个状况。如果我们谈到观念和思维领域，做出反应的组织不再是纯粹的有机构造，而是具有记忆和期望的个性，不过反应的产生仍不受意识干扰。整个精神状况导致在每种特殊情形下，运动是朝向保持意识内容还是移除意识内容。所以，快乐和痛苦在各种情况下都相同。不管是喜欢社会地位还是一种气味，我们的喜欢仅仅是整个人格的一种反应。在某种程度上，我们的反应成为知觉状况的心理暗示。不是在先的感觉产生了反应，而是有了反应才产生感受。快乐的体验自身根本不是和意识专门一致的内容。作为内容它完全是无关紧要的，只是活动的感觉、相近的感觉、注意力的遮蔽、联想或类似的过程的总和，它们仅仅是通过加强刺激的共同目的而被结合在一起的。同样，作为内容的痛苦感觉也不是不一致，而是中立的。它是紧张的感觉、抑制、有机的感觉、联想以及类似情形的总和，防卫侵入物。在两种情况下，只有正在与各种感觉的要素相融合的这种观念作为补充，一切才变得有意义。快乐不是和谐，痛苦也不是不和谐，但是它们的存在向我们表明：刺激或与快乐痛苦相融的观念是否受到心理-物理系统的欢迎。所以，一致与否说的是刺激，而非感受。当然，我们一定不能忘记，痛苦或者痒是纯粹的感觉，它们根本不是感受。

2. 满足和实现

如果确实如此，坚持认为意志活动趋乐避苦显然就很荒谬。我想要一种刺激，它可能是水果的味道，也可能是欣赏风景。吃到水果或在风景如画的地方漫步，我的意志就得到满足。我在寻求满足的来源时得到了如下答案：满足来自我们获得的愉悦，愉悦自身就是那种满足。现在因果关系显然被颠倒了。水果的味道确实令人愉悦，但它不是我所寻求的愉悦，快乐仅仅是我需要水果滋味延续这一事实的表达。在舌头尝到果汁之前，当我的感受只是一种预期时，那种感受就已把自身和味觉联系在一起了。这意味着我的心理—物理系统通过刺激——我吃水果——朝着加强这一味觉的方向努力。我的意志需要的不是水果带来的愉悦，同样，这种愉悦也无所谓一致，我的意志需要的是我希望持续下去的水果滋味，因而水果的滋味似乎是令人愉悦的。所以，意志的目标不是愉悦，而是受我的个体系统欢迎的这种刺激的实现，因而这两者也是一致的。愉悦带来的是朝向这个目标的意志。因为愉悦与朝向加强刺激的内在运动相一致，所以哪里有愉悦，我们一定就会在哪里期待着它的对象。因此，意志活动需要和达成的是预期刺激的实现。而且若意志的实现带来满足，那么显然令人满意的是这种实现。于是，已实现的刺激由快乐伴随这一点对满足毫无贡献。它仅仅表明刺激同个性的整体状况协调一致，所以个体支持它的延续。当通过意志得到实现的预期刺激没有伴随任何愉悦时，满足也依然存在。这种感情色彩的缺失仅意味着预期和实现的刺激与特殊的个性之间没有必然联系。它既没有威胁到内在的心理平衡，也没有许诺会消除干扰。

不可回避的初步问题现已得到解答。意志的满足和快乐与否无关；意志的满足源于预期刺激的实现。快乐和痛苦只表明了刺激和个性的关系，它们自身和满足与否无关。如果预期的刺激带有快乐或痛苦的感情色彩，那么这会刺激意志朝向特定的行为。但若意志的产生与对个性心理平衡的刺激没有特定的关系，那么意志的实现也会带来同样的满足。所以，在无快乐痛苦的地方达到最深层次的满足也完全可能。若这能表明意志，即为实现它而做的努力，可以不由快乐、痛苦的驱动而存在，那么就会理解，这种努力的实现就令人满足。结果是，价值能完全超越个体而与个体的均衡状态无关，即和快乐与否无关，它依然可以是真正的价值，是完全满足的源泉。

我们称这些为初步问题，是因为它并未回答更一般的问题——价值如何可能。前已表明，体验实现了意志的目的就能带来满足，与个人的快乐与否无关。但我们尚未触及更深层的问题：怎么会有不受自身利益即快乐和痛苦引导的意志活动？若称这种不受快乐、痛苦支配的意志为纯粹意志，我们必须问：是否从根本上存在着纯粹的意志行为？如果这种纯粹的意志行为存在，那么我们现在最终明白：纯粹意志带来的满足与产生快乐、痛苦的意志带来的满足是相同的。其实从一开始就要清楚，纯粹意志若从根本上存在着，两种意志和相应的两种满足也可能混合在同一行为中。纯粹的意志可能从自身的动机出发朝向一个目标，这个目标也可能同时与个人心理的平衡相关。因此，实现满足的纯粹意志，也代表了一种纯粹的绝对价值，与此同时，它消除了个人的干扰，并通过它满足了自私的次要意志。这样，美可能同时因其和谐引起快乐；真可能同时因其效用产生满足；道德可能确保在世界某处有幸福，它们使我们感到欢乐；即使是宗教也可能同时给人舒心的安慰。但所有这些都保持着双重作用，也可随时转变为反面作用；通常纯粹意志可能而且一定和快乐的意志相对立。然而，我们至今无须分析这些问题的复杂性，因为尚不确定纯粹的意志是否从根本上存在，还不知是否有权承认美、真和善的存在。到目前为止，我们仅仅知道，只有确信所有那些理念与个人的快乐与否无关，它们的意义才能实现，我们现在进一步了解到，与个人的快乐无关的意志能带给我们完全的满足。

3. 纯粹意志行为

实现意志的事物能带来满足，对于我们而言是有价值的。可实现意志意味着什么呢？当我们坚持的想法成为现实时，我们就说实现了意志。这一点必须进一步详细阐述。这种实现意味着什么？首先可以说，它意味着之前和结果体验的内容是一致的。用心理学术语应表述为，在每种完成的意志行为中，关于目的的观念（idea）必须在对目的的知觉（perception）之前。若我想尝到水果的味道，结果却吃了巧克力，也许它的甜味能使我感到快乐，但它并未带来意志的满足。它不是我所期望的实现，更谈不上满足，因为巧克力的味道并不是我对水果的味道这一预期观念的实现。两者的内容不一致。显然，正是这种对目的的同一预期使意志具有了作用，而个性要为这种作用负责。假如预先不了解目的，我们就不可能通过联想到讨厌的后果来抑制那种行为。对结果的预期观念使激发联想成为可能，正是这些联想代表了我们全部的生活体验和原则。通过它们，我们能够强化或抑制实现观念的行为。如果预期和实现的体验不同，我们永远不会有责任感，而取代意志行为的将只是偶然行为。

4. 实现的多样性

这种同一性并不包括：我必定认为内容从一开始就和随后要实现的内容处在相同的感觉质料之中，相反，有可能是我根本不知道自己要达成的目的为何。就是说我的意志起初是一个未知的 X，X

仅由它的关系所定义。一旦方程式被解答，未知数被揭示，我就感到意志实现的满足。举例而言，若我试图回忆一个名字，在这种意志的压力下名字进入我的意识，欲望就得到实现。显然先前我不具备名字自身的讯息。若名字已然存在，我就不该再寻找它。即使我以前已经掌握了名字，被遗忘的名字的观念在内容上和我最后找到的也相同。假如这个未知名字的观念不先于我的欲求，那么名字的最后显现根本不会感到是自己努力的结果，因此这也不是意志的产物。这样，想象力或理智的活动就可能产生之前意识不到的结果。但艺术创造或科学思想不是作为偶然结果影响我们的，之所以它们是意志的行动，是因为我们达到的结果在内容上和目标上是相同的。艺术家或学者头脑中的这一目标只以模糊的方式存在。通过他们的苦心孤诣，目标才得以实现。形式嬗变为新的而内容则相同，这样的例子当然不胜枚举。我们一定不能因物理和心理的不同而误解了这一转变。如果最初的内容只是心理上的想法，而其实现是一个物理过程，我们就没有意志行为。即使在那种情况下，最后的要素严格来说也不是物理过程，而是对它的心理上的知觉。它通常是从意识的一种内容到另一种内容的转变，是从观念到知觉的转变。指向意识之外的实在并不能带来必要的帮助。如果我有一个模糊粗略的想法，通过逻辑思考将它澄清发展，最终得到清晰一致的思想，那么这个目的是由我的意志达成的，整个转变是我的意识活动的结果。唯一本质的东西在起点和终点始终保持着一致。

但最后，起点和终点有何不同呢？它们在内容上相同。我们为什么要从一个转变到另外一个？为何要把观念转变为它的实现，这种实现具有什么意义？为了直指问题的核心，我们寻求新的形式，因为它给我们提供行为新的可能性。每种实现都是行为的新的可能性的起点，只要内容以原先的形式存在，就没有行为新的可能性。不论我是在手里拿一个工具，还是把水果送入口中，是回忆一个名字，还是一贯地思考一种观念的目的，每一次，某种行为只有通过特殊内容表达它的意义，才成为可能。我能够使用工具，可以品尝水果的滋味，能够读出一个名字，可以实现思想的发展。实现就意味着以这种方式重塑已有的体验，即内容保持相同，除了它采取一种使特殊行为成为可能的形式外。从对目的的观念到实现的转变，是一个从模糊、不确定、不令人满意的起点到确定、令人满意的行为基础的转变。现实生活将我们引向意志行为，因为它常常使我们处于下述情形，即只有通过把理念转化为现实才能满足需求，也就是说，用这种方式转化我们的意识内容，即我们可以确定地应用它，而它的内容保持相同。总体而言，当保持体验内容，保证相同的内容以新的形式成为新情况的一部分，并提供新的行为可能性时，我们就会得到实现的满足。转变中的同一性使我们满足，而凡是保证这种同一性的就有价值。从这里，我们可以进行最后一步。

第六章　永恒的价值

1. 需要一个世界

我们体验的每一瞬间就其本身而言没有任何价值，就像生命火花之闪现，精神的瞬间感动。倘若生命仅仅只是这样一种瞬间的闪现，倘若没有一种瞬间可以超越自身，倘若除了这种飞逝的体验没有任何东西留驻，那么，生命将变得毫无意义，对这个所谓世界我们也不曾拥有什么。当生命的一种新的态度伴随着新形势和新需要而来临时，我们要把握这种新的体验，要在这种体验中再次找到一致的内容，这是一种根本的需要，它可以将我们从那种简单的浮光掠影般的生命特质中解放出来。我们再次追求一致的内容，一旦我们找到了它，我们就拥有了这个世界的一小部分。因为拥有一个世界就意味着在新的体验中获得了与旧体验一致的内容，这个世界恰恰赋予我们每个意志以满足的条件，这已经得到我们的认可。这就是说，它是有价值的。总之，确保我们得到一个世界的东西无论是什么，也就是说，无论使我们超越那种孤立的短暂的体验世界的究竟是什么，它必定对我们有价值。在这里，我们得出一个决定性的事实，其他所有东西都由此而成立。

我们寻求体验的同一性。这是确保我们拥有一个世界的基本行为。我们不能放弃这一行为，而且这一行为与个人的快乐痛苦没有任何关系。我们需要这样一个世界的存在，这意味着我们的体验比刚刚过去的体验具有更多的意义，因为它自身将其同一性放入新的体验中。这是一种原初的行为，它将永恒的意义赋予我们的现实世界，如果没有这一行为，我们的生活将是一种空想、一种混沌、一片虚无。我们希望我们的体验是一个世界。我们的意思并不是说，我们的体验指向一个世界，或者我们的体验是对世界的一种想象，似乎在体验之外仍然存在某种不可改变的超然存在。要是我们想要把握这个超然的世界，它又将变成我们的一种体验，因而将导致同样的难题。事实并非如此，这种被体验的内容本身，可以通过寻求同一性的基本行动，为我们形成这样一个世界。谁要是不想履行这一行为，仅仅只能得到那种飞逝的体验。月亮和星星对于他而言仅仅只是个人的感觉，朋友与敌人、规范与罪恶仅仅是个人的印象。除了这些可以被体验的东西之外，没有任何东西具有正当性，没有东西具有独立的内容，具有独立的意义，具有独立的生命。

没有任何人可以强迫他去践行那种决定性的行为。他必须在完全自由的条件下去施行，而且只有那些已经履行这一行为的人来谈论这个世界及其价值才有意义。我们一开始没有证明价值的存在，更没打算劝说那些不相信价值的人应该服从这样一个信念；我们只是询问，这些价值对于那些知道它们的人们而言究竟意味着什么。谁要是对价值一无所知，并因此而否认任何超越他当下体验的东西的现实价值，这样的人当然必定会否认任何其他主体的现实性。因此，他完全站在这些人的圈子之外，他们联合在一起共同探究价值问题。谁要是想与我们一起探讨和考察，就必须先承认其他主体的现实性，而且必须肯定这些体验的独立存在。只有我们首先迈出了决定性的一步，并由此肯定我们体验内容的独立存在，也就是说，承认在那些新的体验和曾经为新的体验中的一致性，我们才能一起考察和检验任何东西。谁要是不愿去履行这最初的行为，都将被排除在这一讨论的可能主体之外。他们不想拥有一个世界；他们满足于仅仅拥有瞬间的体验，对于这些体验，没有一个被认为在内容上与另一个具有同一性。他们可能都意识不到，他们甚至失去其自我同一性的可能，他们的生活不可能成为别的，而仅仅不过是一个毫无意义的混沌之梦。然而，他们当然不必与我们拥有共同的兴趣，因为我们的兴趣在于理解这个世界，因此我们要预设体验对其同一性做出的自我肯定。我们已经迈出了一步，肯定了这种对体验的自我肯定，并由此获得了一个世界，现在我们试图通过本书来仔细考察，对这个独立之世界的肯定行为是否必然决定其所有的纯粹价值，并赋予它们永恒的绝对意义。

2. 体验的自我肯定

如果每一个内在发生的事情都保持孤立，并且似乎只是为了不留痕迹地永远消失，我们就不会拥有世界。对发生之事的自我肯定意味着体验的世界特征，它存在于那些同一的再现中，而这种再现构成我们满足的基础，因为我们认识到所有的满足都根源于对同一性的发现。如果我们的意志所处理的事情，不是一个梦想的世界，而是一个自我肯定的独立世界，那么，每一次再现，每一个在体验中出现的自我同一性，对于我们而言就是一种满足。但是，因为这种想要拥有世界的意志与个人的快乐和痛苦无关，而且这种意志对每个我们可以与之讨论世界的可能主体都有效，这种满足必定对于每一个跟我们一样认可现实世界的意识具有正当性。一种对每一个想要拥有世界的人都有效的满足，就是一种不关涉个人愉悦的纯粹价值。因此，一方面，在那些变化的体验中，对同一性的自我肯定就是一种基本的绝对评价；另一方面，仅仅就同一性展现自身而言，体验才是一个自我依存的真实世界。因此，价值世界是唯一真实的世界，而且对每个想拥有这个世界的人来说，所有来自体验的自我肯定的联系，必须被认可对于这个真正的世界而言具有绝对有效性。一旦我们追问通过这种世界的自我肯定的行为真正断定了什么，我们就必须认可这种价值体系。这将是后面所有探讨的主题。

3. 价值体系

现在价值评价的基本方向可以立刻得到认可。如果体验要肯定自身是一个自我依存的世界，要在新而又新的体验中实现自身，要保持与自身的同一性，那么，我们必定需要四个方面的联系：第一，在变化的事情中，每一部分必须保持与自身的同一；第二，在某种意义上，各个不同的部分必须在自身中表明同一性，并由此表明它们彼此之间相互一致，这个世界没有哪个部分是完全孤立的；第三，那个在体验中改变自身的东西，通过表明这一变化属于它自身的意义，并且仅仅是它自身的实现，必须仍然在其变化中呈现出某种同一性。在混乱的生活事件中的这三重同一性，呈现出三重自我肯定，对我们这个独立的体验世界的要求的三重实现，是主体的超个人的三重实现，是一种三重的纯粹价值。我们将其称为保守价值、一致价值和实现价值。但是，倘若这个世界要完全肯定自身，也就是要保持其同一性，那么，这三种价值完全彼此一致，一个必须要在另一个中实现自身。只有此刻，纯粹意志才能获得绝对满足，这样，我们才能获得第四种即完满价值。

因此，我们有四个相互补充的假定，它们彼此结合以形成一个可能的世界，并由此去克服纯粹的偶然事件。谁要是肯定一个世界，就必须要将世界的这种保守、一致、实现和完满作为对体验的自我肯定的保证。在这四种形式的任何一种中，生活将自身展现为现实的一部分。同样，每一单独出现的事情，每一瞬间的体验都没有价值。就其通过肯定自身而形成一个世界而言，它具有绝对价值。无论在哪里，我们的意志与这一世界的实现保持联系，并且在一个新的事件中发现体验与其自身的同一，那么，在那里，纯粹意志就得到满足，并获得一种纯粹价值。因此，就体验肯定自身而言，真正的世界就是体验的世界。在它（体验的世界）自己独立的自我肯定中，它得以实现，然而，它对我们而言仅仅只是体验。倘若我们不提及这个真正的世界，那么，我们关于纯粹价值的正当性问题将没有别的意义。显然我们否认这个问题也没有意义。真正的世界必定充满这些纯粹价值，因为正是我们构建的这个世界肯定了体验的独立性。只有这个真正的世界确实实现了这一要求，并且满足了纯粹意志，也就是说就其具有绝对价值而言，它才具有正当性。我们单个的个体或许无法把握这个真正的世界。但是，我们正在寻求的这个世界和我们想要承认的那些价值，是这样的世界，对于这个世界而言，这些价值的正当性已经被预设。我们可以用专业的术语来表达，我们的纯粹意志对同一性的满足，是我们正在构建的真正世界的唯一"先在"者（a-priori）。我们的体验要么仅仅只是体验，要么就属于一个绝对有价值的世界。这里不存在第三种可能。如果从根本上说它是一个世界，那么，它就必须绝对有价值，也就是说，它必须满足纯粹意志，因为它只有通过自我肯定，即再现其同一性，才能成为一个世界。而这种同一性意味着实现、满足和价值。

这种将体验提升至其独立自我位置的行为，是由我们以朴素的方式实现的。无论何时，只要我们赋予人或事物以一种自己的实存价值，我们就已经做出了这样一种评价。但是，从这些生活的朴素评价中出现的那些有目的的努力，就是为了系统地构建这样一个自我肯定的并且绝对有价值的世界。这些为了获得绝对价值的有目的的努力，我们称为文明的劳动。因此，我们必须把朴素生活所断定的价值与文明有意断定的价值区分开来。在生活价值和文化价值这两者中，我们都冠以四种价值头衔，即保守价值、一致价值、实现价值和完满价值。因此，我们就有了八种价值类型，而每一种又必须一分为三，因为就体验要肯定自身而言，他们属于三个不同的领域，要么是对外面世界的体验，要么是对人的世界的体验，要么是对内心世界的体验。因此，我们就拥有一个由三乘八的价值类型组成的价值体系，而所有这二十四种价值仅仅只是实现我们意志的某个价值的支脉，而我们的体验属于一个自我依存、自我肯定的世界。

4. 对体系哲学的偏见

我们没有回避"体系"一词，而且我们很清楚，它在很多人的心里会唤起一种根深蒂固的反感。他们会想起那些枯燥乏味、离群索居的老学究，这些人"把思想和知识进行分割，然后放入整齐划一而又相互排斥的部门中去"。他们从这些体系制造者身上或许能看到中世纪经院学派继承者的影子，经院派学者将他们的亚士多德主义带到这样一种处境中，在那里他们失去了与具体体验的联系；他们还想提醒这些现代的经院派学者应当从柏拉图哲学的渊源中汲取更深刻的东西。如果世界本身以无限多样的过渡形式和半显示半神秘的中间地域呈现在我们面前，那么，这种远离真实世界的哲学体系所要求的分界线又有什么用呢？要创建体系就意味着要抛弃那些实际存在的最好东西。但是，那些以这种语调发表言论的人，仍然站在哲学圣殿之外。他们仍然像市井凡夫一样认为，作为我们实践知识之对象的这个实存世界，可以像一种当下的生活体验一样容易找到，而且我们对这个世界的特征和价值进行考察，仅仅只是去发现和探索某种事先已经准备好的东西。一旦他离开市井而步入圣殿，他就会意识到关于实存的思想形式本身就预设了意志的某种明确的行为和态度。我们无法找到一个存在的世界，但是我们可以从当下生活的原始素材中造就它。实存是一种目的，并非起点。实存是一种价值，我们为了探究事物的同一性，而将这种价值分派给这些生活事物。我们的知识所指涉的世界是一个由我们的意志态度所决定和塑造的世界。

　　5. 哲学和生活

　　我们缔造这个世界，并不意味着我们可以像下棋一样任意地构建它。我们的构建确实没有提到我们使其有序成形的世界，对于这个世界，我们或许有新的问题需要思考，而在此同时，真正的世界继续向前发展，毫不理会我们的构建。事实并非如此，我们缔造这个世界，但我们所缔造的这个世界是这样一个唯一的世界，任何知识因与这一世界的联系而有意义。这是一个自然的世界、历史的世界和法则的世界，一个我们所构建的世界，但正是在这个世界中，存在着所有可能的真理。纯粹的生活并不包含它；生活仅仅是泥土，我们必须通过它来塑造这个具有真理价值的世界。倘若我们明白了这一点，我们就会发现，肯定这个真正世界的行为，与肯定这个美的世界的行为和肯定这个道德世界的行为并存。我们没有理由不对它们一视同仁。在实存中保持自身并因而真实的这个世界，并不比那个在道德中实现自身的世界和那个在美中认同自身的世界具有更多的现实性。总之，要谈论生活价值就意味着不要去谈那些被给予的东西，而要谈那些得以实施的东西。既然这样，还有什么可指责那些体系制造者的呢？如果这个世界实际上是某种完成的东西，只需要我们去探索，如果体系制造者相信他能够预先搞清那些或许可以在这个世界中找到的东西，那么他确实是无足轻重的、狭隘的。不久或许就会推翻他那个小体系，而他那张巨大无比的概念之网可能将证明自身已无法适应所有那些在现实的海洋中快乐遨游的东西。倘若这是一个我们将实现自己使命的世界，倘若通过我们自己的工作，这个关于存在、进步、和谐和完满的世界成为一个世界，那么，就不会存在一种不被我们的使命特点所决定的现实。仅仅就我们忠于自己的目的而言，我们才抵达现实；仅仅就我们清楚自己的目的而言，我们才谈得上理解现实。至于这些目标，我们确实无须等待，直到我们引进所有知识，这些知识在未来由其发现者所获得。所有未来的知识本身是为了实现我们这些特殊的目的。因此，将思想领域分成一系列部门，并不是那些人的专横行为，他们自以为彻底了解世界，并且相信自己能预先确切地说出在这个世界中那些分离的下属部门实际的样子，而非谦虚地等待直到我们的知识更为丰富。如果我们的生活就是要赋予我们这个世界以意义，那么，为了理解我们要完成的任务，为了理解我们必须履行的责任，我们就要对周遭的事物做出充分的表达，并对我们自己的实际目的有一种清晰的认识。

当然，人仍然存在着个性的差异，这从根本上说是人的特征之一。并非人人都会寻求对现实的最终理解，很多人的头脑或许更多地痴迷于现存世界的这个或那个方面。没有人会被迫去扮演数学家的角色，我们并不需要精确计算和测量，同样能处理事情。但是，没有人有理由去指责那些数学家，如果他将错综复杂的事物纳入数字体系，将多样化的空间纳入三维体系。他无须等到三维空间被发现的那一天，因为三维空间是他进行真理预设的活动形式。他并不会因此而否认，你可以向任何方向自由移动，他的体系为所有可能的方向留有余地。当然，市井凡夫更不应当指责哲学家脱离世界、脱离现实生活、脱离活生生的当下体验。相反，涉及知识世界的常识，也就是涉及科学之真正建构的常识，实际上这已经远离了生活的真理，科学将其自身看作当下体验的世界。哲学家认为，这个现存的世界就是逻辑思维形成的世界，因此他超越我们任务和目的的多样性来理解现实，这样的哲学家将把我们带回到对真实生活的理解上来。这始终是哲学的真正伟大之处，再次使人类更贴近生活，并使我们获得新的生活激情。它的语言越抽象，体系越专业化，它完成其构建性的工作和实现其义务也更加充分。人类历史表明，越是用抽象、一致和系统化的哲学来履行其工作，其工作对奋斗的人类的真正进步的影响也就越深远。市井凡夫几乎难以理解这些严格的哲学体系的原初形式，不过，这些哲学体系在过去 2000 年的历史中是仅次于宗教的最有力的因素。它们的思想带来了革命，也带来了社会变革。所有受欢迎的思想的调和都是历史的镇静剂。唯有艰辛的自我同一性的系统化思想才能带给我们完全的真理，唯有这完全的真理才能给予我们自由。

第三部分　审美价值

第九章　统一的价值

1. 同一与美

迄今为止，让我们深感兴趣的实存之价值和联系之价值，两者最终不可分离。两者都呈现了知识的价值。实存之价值被认为存在于我们的自然生活中。而联系之价值则要求一种持续的详尽阐释，这种阐释由科学来完成，并因而成为文明成果的一部分。不过，文明仅仅承载生活当下所需要的东西。而自然、历史和理性领域中的联系为我们确保了对于新的事物、新的人以及新的评价而言的新的实存价值。当我们问及终极意义，对于那个超越个人主观体验的世界，存在与联系只不过是对这个世界的独立的自我肯定的两种不同表达方式而已。

同样，统一的价值与美的价值是彼此相属的。这里，前者是我们自然生活的价值，而后者则是由文化的意识工作所决定的；它们都是艺术的功能。然而在这里，文化的这些价值只是生活价值原则的延续。倘若我们想把统一的价值与美的价值合并起来，我们可以用"审美价值"这一表达，但是，严格来说这一语词也未能充分表达，正如我们先前用逻辑价值未能在某些方面很好地表达前面两组价值一样。但作为一般考察而言，这样的标识仍然可以胜任。如果我们立即深入研究这一问题，就会发现，正如所有的逻辑价值表现了世界的自我保持（self-perseverance），所有的审美价值指涉世界的自我一致（self-agreement）。倘若世界不是一场混乱的梦境，那么自我保持和自我一致都是我们所要求的对世界的自我肯定的必然形式。两者都满足了意志，因而是有价值的；但这种满足并非因为它们使自身适应个体的特殊欲求，而是与真一样，这种关于美的超个人的结构必须满足每个可能的主体。每个可能的主体必定感到满足，因为不存在这样一个不会意愿某个世界的主体。而关于这个世界的现实又包含着自我肯定，这种自我肯定又是在世界的自我保持和内在一致中表现自身的，所以人们对美和真的追求是绝对的。它们关涉这个唯一世界的结构性原则，这个世界对于我们而言就是一个真实的世界。因此，个体意志将会发现，美的世界和真的世界都是永远被给予的、先验决定了的世界。这里的先验并不是指在我们面前的现成完成了的东西，而是我们自己的意志特性，这种意志为了拥有一个世界就必须要求体验的同一性。因此，每一个我们可以将其作为世界之可能主体的人，必定在其逻辑的和审美的体验中受这个先验条件的限制。真与美并不总是保存在世界的某个永恒之物中，如今要由人们将其发现出来，它们是我们正在构建的这个世界的任务。但是，我们不得不构建的这个世界是唯一可能的世界，是对我们的意志而言唯一具有现实性的世界，因而常常受某些条件的影响，在这些条件下，我们的意志可以找到一个世界。无论没有进入我们的意志所要求的结构形式的东西究竟是什么，它都不可能成为对于我们来说是唯一可能真的世界的一部分。

我们现在必须开启通往审美价值之路。当然，通向审美有多种途径。任何人要是听到我们谈论对世界的自我肯定，都有可能会怀疑，我们是否在所有的道路中明显选择了那条最便捷的但也是至今最无用的、名声最坏的一条，即形而上学的方法。然而，没有什么比这种方法离我们更远了。形而上学的方法要求我们从某些超现实的东西出发，通过概念演绎达至审美事实，从抽象的高度下降到经验的层面。但是，我们试图采取相反的路径。无论在什么地方，我们都想从单个的、真实的当下经验出发，进而缓慢地达到一般的抽象观念。难道这就意味着我们必须从心理学出发吗？当然不必！自然主义时期的偏见推崇这样一种对立面。由上而下的审美是形而上学的；而由下而上的审美则是心理学的。但是，这难道不只是一种偏见吗？一种完全不同的方法将远离所有心理学而从真实的体验开始。这就是批判探究的道路。它必定成为我们的道路。任何一个真正期待这种批判方法的人甚至都不可能承认，心理学的方法真正是从体验开始的。只有这种批判的方法真正是从最初的地方开始，并且只有当它达到一定的高度时，它才将自身分为几个分支，其中一支通向心理学的康庄大道。

2. 心理学视角中的审美

这一点绝不能被误解。当经验主义的美学今天在本质上以心理学的方法来运作时，它完全在其正当范围内。对审美过程的心理学描述和解释仍然存有诸多问题，通过严谨的工作来解决这些问题对稳步的进展而言必不可少。现代美学最重要的成就即在于此。自我观察的精神分析法非常幸运地得到心理实验的经验研究和对儿童及较低物种的基因研究的进一步补充，并不少于从对感觉和运动过程的物理学探究中得到的补充。在研究的前沿领域存在这样一个问题，在主体的审美享受中，哪些观念、情感、联系及冲动被激发起来，与此相关的一个问题是，哪些精神活动的过程导致了艺术家的审美创造。艺术作品必定完全取决于制造它的精神力量以及它能显示自身影响的精神鼓舞力。这些心理学结论极易转变成有用的处方，于是，美学也得出了法则，就像医学上的处方直接由身体过程的知识发展而来一样。

所有这些当然都很重要。但谁也不应该说，心理学的研究实际上始于当下体验，并代表了美学的第一步。一旦整个世界作为物理和心理存在物的总和呈现在我面前，我就别无选择。瀑布、大理石雕塑、交响乐首先都是物理对象。当然没人会在物理学家描述和解释的纯粹的物理对象中寻求美。假如组成瀑布的每滴水珠按其曲线来计算，每部交响乐的音调按照它的振动次数来决定，每一座雕塑被分解为组成石灰的碳酸盐分子，那么使人们感到愉悦的美将不复存在。结果就是，既然整个世界只是由物理和心理的内容组成，那么我们必须从心理方面寻求美。因而，对事物的心理知觉、记忆观念和情感成为美学的起点。

但我们现在知道，这种思考世界的方式是完全抽象且不自然的。当研究知识的基础时，我们发觉心理与物理的对立并非在原初的经验中被给予。唯一的对立存在于采取意志态度的人格和这种意志的对象之间。这些对象既不是心理学家所说的我们的知觉，也不是物理学家能测量的原子体。同样，意志既不是内部知觉的质料，也不是心理对象。我们在意愿，在经历，让它发挥作用，对它确信不疑，我们拒绝对立的意志，但未曾发现有可被知觉的意志内容。相应的，在实在的主体经验中，在意志的主体与其客体之间，我们所能发现的唯一对立与心理或物理上的对立无关。在当下体验中无物可被描述，因为每种描述都预设了一个独立于意志且由自身决定的对象，而且只有在可被描述的对象之间才存在科学解释所表达的联系。在当下体验中，我们只有权寻求意志的意义、重要性、价值以及意志对象。正是指向客观描述和解释的意志推翻了直接经验，并创造了物理和心理的截然对立。主体经验本身全都是意志和意志对象。指向描述的意志只是经历过的实在（lived through reality）的一部分，而这个实在不能描述只可解释。我们不得不再次回到知识论关注的主要问题，看看如果我们真的想自下而上，真的想始于当下的生活体验，那当然不能从对物理过程的解释开始。当瀑布或交响乐触动我意志的灵魂时，问题既不在于水的物理运动或空气的振动，也不在于心理观念、印象和情感。美存在于我直接的主观经验当中，并非属于视觉或听觉的感官印象，而是动听的音调和瀑布的壮观本身使我感到愉悦。若真的要从头开始，而非从思维观念出发，我们首先必须审视美学上有价值的对象本身，不是把它们视作纯粹的物理对象，而是先于物理的实在；我们必须追问它们对于我们意志的意义及重要性，这些至关重要。

3. 审美上的感受投射

如果审视在美学讨论中经常反复出现的一些主导性观念，我们将会更清楚地看到不同方法间的区别。现代心理主义美学对我们情感投射事物的过程研究得最为彻底。我们感觉到自身成为美丽对象的一部分，并把生命和灵魂赋予它们。心理学必须提出的问题是非常清楚的。当然对于心理学家而言，物理的大理石块、涂了油彩的帆布、一卷诗的印刷纸或山上的石头并没有灵魂或感情。因而每一种主观元素都必定源于观察者的意识。心理学家现在研究的是，比如说，是否我们身体内部的特殊运动对于唤起我们投射于事物的情感活动是必不可少的，或者这种情感活动只是出于我们先前经验的记忆图景。难道是因为我们自身的活动与知觉这样充分地结合在一起，以至于我们完全失去了对自身的意识？或是我们让附随的情感把生命赋予物体，而自己被情感打动？如果从实在的主体经验角度看，这有何不同呢？我们真正确信自然或雕塑本身的能力、力量、努力和情感。岩石和海洋的生机，音乐的欢乐和悲伤，无机大理石的生命都不是我们赋予的；它们的生命、灵魂、痛苦、欢乐，在真实的体验中向我们呈现；我们在试图感受它们的情感和意愿，以全心投入的灵魂理解它们。

从早期讨论中可以看出，我们对他人的意志确信不疑，而从单纯的物理客体中并未得到任何类似结论。我们将同类的意志看作即时的示意，它能通达我们的意志。同样，美的东西及它自己的努力、情感和意志在真实的经验中呈现给我们。当用自然主义无生命的原子代替美丽的雕像时，我们就剥夺了所发现的生命，曾与我们对话的灵魂也由此消失。此后，为了至少产生一种事物可能具有内在生命的错觉，我们将自己的情感投射入事物之中，当然除此之外无事可做。假如真正从体验开始，我们必须承认，美的事物从来不是作为一个自然主义的客体被给予我们的，而是作为态度与意志的自由表达被给予的，作为有意志的个体能通过对它们的情感而达到对这种自由表达的理解。解释这些实在的审美经验是美学所要追求的目标，在这种根本意义上的美学中，没有什么可被描述或解释，对象也不是可被描述或解释的对象。它们是价值，而非事物。以柔和的银白月光赋予山谷诗意的月亮，并不是天文学家用望远镜对其凹陷进行研究的无生命物体。

以纯粹美学的精神来看，美的对象带给我们的意志情感代表了一种无须解释的根本关系。如果不理解事物的意志，若它们对我们而言确实只是物理存在物，我们就根本不该有任何审美经验。当然，假如以为这一主张是通过我们的观念把艺术创造者的意志附加给无生命的艺术作品，这完全是种误解。同样，我们还可能认为，在自然的审美意识中加入了作为造物主的上帝的意志。不，是圆柱自身耸立并支撑着沉重的屋顶，建筑师的感受我们不会问。是大理石雕塑用自身的魅力和纯粹征服了人们，雕刻家的情感我们并不关心。同样，鲜花和溪流向我们吐露心声是它们自身美的一种体现。只有开始心理学分析时，真正的体验次序才被颠倒。

4. 审美的统一

除了这种感受投射的学说外，今天尤其是统一性的观念控制着整个讨论。在此，方法上的对立也显而易见。假如从物理和心理事物出发，我们再一次确信，审美中多样性的统一仅仅存在于观察者的意识中，而非美的事物上。当然，这样的物理事物的各个部分也有某种统一性。对于植物学家而言，树就是一个统一体，因为如果不损坏树就不可能损坏树根。在那里，统一性是各个部分之间内在的因果关联。从更宽泛的意义上来说，甚至岩石也是一个统一体。它或许可以被分开，但只要它没有被改变，其中一部分在空间上的变化同样要求所有其他部分的变化。各个部分之间相互的空间关联并未改变。事实上，假如我们用自然主义的眼光来看，这种统一性也属于艺术的杰作。但显然，美学指的并不是这种意义上的统一性。即使最荒诞的画作都有这种物理上的统一性。美学家所说的统一指的是，在绘画中，把树木与云朵、天空以及草地上的小溪在美景的统一性中联系起来，而这些在科学家看来当然不存在什么统一性。

在这种情形下，心理学家说，我们自己将那些感受和欲求编织成关系之网，这些感受和欲求是由各种各样的印象在我们心中唤起的。在我们的灵魂中，那些同时出现的杂乱无关的事物也将归入一个和谐的知觉联合中。于是我们称这些在我们身上被唤醒的东西为类似反应。这种统一使我们感到欣慰，因为它存在于我们灵魂的本质中，即因为每种活动都有在头脑中延伸的趋势，所以我们可以从十足的类似感受中得到愉悦。此外，从心理学的角度看，这也完全正确，但是，它仅仅是一个心理学的建构而非审美体验的表现。在真实的体验中，美的统一性在其本性中或在艺术作品中为我们而存在，我们只需要去理解和感受，而非创造。闪电疾驰，雷声轰鸣，乌云密布，突兀的巨石肆无忌惮地向上延伸，汹涌的大海怒吼着施展神威。如果以同情的灵魂感受它们，我们就是要在这些混乱的要素中找到被激发的本质的统一性，而非在我们自己身上去寻找。它们当中不仅充满着我们共同拥有的意志，而且它们的意志彼此相属，彼此支持，彼此加强，并指向对方。巨石、乌云和海浪都需要同一种东西，而我们也为它们共同的情感而激动。

艺术作品的统一性同样如此。迷人的洛可可艺术描绘了牧羊人轻松的闲谈。人物的构图流露出一种漂亮的风格；容貌、眼睛、嘴唇都轻易地表现着同样的东西；背景中欢愉的场景与牧场中的鲜花交相辉映；纤细的柳枝，羊毛般的朵朵白云，还有波光粼粼的小溪相互关联。光艳长袍的每一条丝带都在轻盈舞动。在柔和的色调和适度弯曲的线条之中，所有的东西都期待同一个东西，即同一个"一"。如果要理解这幅画，我们就必须感受到它们真正的统一性。美的统一性是我们只在感受中共同分享的真正意志的一致性。假如经验的对象转变成物理、心理对象，那么，这种真实的统一性也将不复存在。

我们对感受投射和统一性已做了充分阐述。倘若我们想要在不加预设的情况下考察价值对于主观体验的审美意义，这些阐述不得不表明，为何心理学的方法对于我们而言是一种误导。但是，既然如今我们已知道了正确的起点，就可以继续向目标迈进。这些我们迄今只是作为解释性的概念，即感受投射和统一性，可以继续引领我们前进。我们的论题是，在我们的经验中，无论何时遇到这种多样化的意志，它们的一致性、它们相互支持的意志力，对于我们而言都绝对有价值。通过这种方式而得到的价值类型就是审美价值，而艺术就存在于其中。但是，艺术是一种文化价值，我们首先要考察当下朴素的审美价值。因此，我们最好先排除艺术的价值。只要我们想为所有的审美问题确定一种根本的方法和出发点，我们就必须将艺术与自然联系起来讨论。从这里开始，我们可以划分接下来的工作。我们稍后再来讨论艺术，而现在则转向对朴素生活经验及其审美价值的探索。

这种当下的审美价值必须在这样一种情形下给予我们，即自然多样的意志与自身同一，并且，自然根据统一了的意志，在众多相互支持的表达中表现自身。为了将这种价值与艺术价值区分开，我们将其称为统一价值。现在，我们必须寻求其特征，并确定其意义和范围。我们还得从外部世界开始，然后转向人的世界和内心的世界。我们从这样一个事实出发，即在我们的生活体验中，自然以其意志和建议接近我们，我们又通过自然感受到这种意志。我们已认识到这是如何可能的。之前我们已经看到，并非我们人为地把意志投射到事物中，相反，是我们人为地消除了意志。另外，我们已经知道，外部世界的事物并非始终向我们表现出一种意志。它们总是我们意志的对象，正如我们看到的，它们自身往往不是意志的主体。在人的存在中，意志总是以建议和冲动向我们说话。但对于事物而言，情形则完全不同。或许这种最大的不同在于，我们所有的人都已经成为自然科学派，已学会只关注事物的效果而忽视其意义。

5. 自然的意志

只有在特殊条件下，事物才能像他人那样呈现出自身的意志。只有当我们对事物没什么实际兴趣时，我们以其自身的意志去体验它才是自然的，否则，我们只会把它视为意志对象。通常印象作为强烈的刺激会把自身的意志强加到主体的意志上，同样常见的是，观察者尤其容易受到自己的情绪对某些事物的意志暗示的影响。这一点很重要，唯有不涉及符合我们个人兴趣的实际需求时，我们才能理解外部世界的这一状态。例如，紫红的落日会将其活力传递给我们的心灵，当正午强烈的光线让人烦扰时，我们则努力避开它，这种努力将无法与太阳自身的意志产生任何共鸣，而太阳正是通过耀眼夺目的光芒来表现自身。自然的意志越强大，它可能越容易战胜微小的个人意志。奔腾的海洋对于我们而言成为行动，而湖中之水则只适合洗澡、打鱼和划船，仅此而已，它只是服从我们意志的工具。同样，当池塘、垂柳和天空相映成趣时，它们也会向我们呈现内心世界。当汹涌的大海将我们置于危险境地时，它就会变得冷酷无情。任何一个与海浪搏斗的人都不会认为是在与愤怒的斗士作战，而只会把海浪看作毫无意义的潮水。我们只要谈及艺术，就会发现有一点是根本的，即每一件艺术作品通过人为的内容隔离，促成并加强了进入客体意志的可能性。在艺术世界中，对客体的这种情感是唯一自然的方式，但面对自然的时候，这却是一个特殊状态。若想把树木用作可燃的木材，我们就不会以艺术家的眼光来看它，也不会追问枝条的意志。

这个外部世界的意志是实在的吗？对于一颗能理解并感受到它的心灵来说，它确实具备个体生活体验的当下现实性，但当然，这并不包括我们在逻辑价值中研究的所谓存在的客观价值。而且我们知道，事物的意志当然不具有这种存在的客观价值，只有当同样的意志能够向每一个其他的可能事物表态时，我们才赋予这个意志以实存性。它们只把实存性给予我们同类的意志。此外，意志在其表现自身的行为中已穷尽了力量，这对于海浪和云朵的意志是不成立的。当然还可以更进一步，我们说审美意义上有价值的事物，即使作为一个客体，也不具有存在的客观价值。我们看到，外部世界的实存基于这样一个事实，即客体对于每一个可能的主体都是可经验的。这是物理学家所要求的，但日落的景象，与其他主体的这种思想关系并不包含在内。在这种意义上，美丽的、具有意志的自然对于我们来说只是一种印象，它作为存在事物的客观实在性，正如它的意志的客观存在性一样很少会受到质疑。

6. 审美的实在性

但是，这个事实不能被误解，似乎客观实存的缺失无论如何都会影响审美的实在性。审美的本质并不会由此变成一种纯粹的幻象。它包含完全当下的生活现实。假如我们赋予生活经验以客观实存的价值，我们就已经将当下现实的这一部分带进了一个特定的意志联系的系统中。我们已经承认，可以将其视为每一个可能主体的可能经验。它并不比当下的生活经验更实在，它只是在某个方面变得有价值，即在寻求真理和知识方面。审美的本质及其意志并不能为这一特定的联系和评价提供任何理由。在这里，生活体验被带入一个完全不同的联系和评价系统中，即统一性的价值系统之中。这种统一价值并不同时具有实存价值，因此审美世界的意志不具有心理—物理特征。然而，要求某种评价的情形与建议另一种价值的情形同样真实和重要。

7. 审美的多样性

我们现在知道，只有当事物具有自身意志时，审美的价值才可能在事物世界中被给予。但这绝不意味着对于审美评价而言，在这种意志中的理解和参与就已足够。这一观点相当普遍，但我们必须拒绝接受。只要有这种参与性的同情发生，那么审美态度的许多条件都会实现，尤其当我们自私的意志确实被外部的自然意志约束时，最重要的因素仍然缺失。只有当意志的多样性呈现给我们，并且这些意志彼此指涉对方、相互一致时，一种审美价值才被给予我们。这种内在一致是所有具有审美意义的事物的最深刻特征。美丽的自然作为意志出现在我们面前，仅仅因为只有意志存在的地方，一致性才占据支配地位。在科学视野看来毫无生命的自然中，我们发现了关于因果的内在联系的统一性，但这种一致的统一性不可能实存于单纯的对象中。一致要求具有相同倾向的意志，因此，只有具有意志的自然才能以审美的角度来考察。绝对简单的事物永远不可能是美的，因为没有多样性也就无所谓一致性。

但是，我们绝不能沿着错误的方向寻找多样性。它不是一种物理的多样性，一个简单的音调或一片简单的亮光都会因其自身的美而使我们感到愉悦，因为审美意义上的音调或色彩同样也呈现多样性。当然，在那里，物理学的辅助概念并没有告诉我们任何东西。音调由数千次的空气振动而成，而亮光由成千上万种以太的振动构成，但我们知道，只要光线是美的，它就根本不是物理光线的形成过程；它是美的，只有当我们阐述其客观实存时才如此，而且这种结果仅仅源自与其他主体的关联。这样的美只是一种印象，并非物理学家所谓的客观宇宙的一部分，因此，美的对象并非由以太的振动构成。但在另一种意义上，这些简单的印象确实具有多样性。色调具有自身的刺激性：红色不会期待蓝色或黄色所期待的东西。每一种简单的颜色都有它自身的强度，这一强度又表现出自身的意志：暗淡之光无法表达强烈之光的意味。每种颜色都有其自身的饱和度，浅蓝色与深蓝色相抵触。而光线则有自己的空间范围，即使最小的光线表面在各个部分上也可能显得相同，或不均等地闪烁。每一束光都有自身的时间形式，短暂的闪烁之光不同于静止持久之光。在黑暗背景下的闪亮之光，其背景的静止支持着这种光明。在这种情形下，颜色、强度、饱和度、形式、时间、背景以及其他许多因素在最简单的印象中表达了自身意志，只有当它们和谐地结合在一起时，我们才能真正地感受到多彩光芒的美丽。一旦光线真的只成了一个点，或时间的持续真缩成一瞬，审美价值也将不复存在。

假如按照这种方式，简单的音调和光线自身带有相合之意志力的多样性，那么，其内在的丰富性将无与伦比：阳光明媚的春天，田野上的鲜花以及歌唱的鸟儿，羊毛般的白云、欢快的小溪和欢乐畅笑的牧场，都展现在我们面前。就像那些围成一圈欢舞的孩子们，他们的欢乐相互交融，他们一致的意志成为一种统一。但是，这种意志的一致不仅将他们连在一起，同时还将他们与外部世界其他部分的相互影响中分离开来。在这种意义上，美形成了自己的不可逾越的界限。那个将美丽的银辉洒向田野的月亮与天文学家眼中的太阳毫无关系，虽然月亮的光来自于太阳。为了在逻辑上自圆其说，科学理论必须把这些假设与整个宇宙联系起来。对美的理解把一种假定的事物与世界的其他部分分离开来，并且在内在多样性的一致性中找到其需求的满足。

现在，既然我们在审美世界的中心发现了这种一致性，我们就能理解，为何要在那里讨论价值问题。我们知道，只有在具有同一性的地方，也就是说，在新的体验中回归到起点我们就能实现和满足对这个世界的需要，这时，我们才拥有了一个价值。要是我们发现，只是在自然的某一部分发现了一个个别的意志，我们就无法明白，为什么理解和感受这种意志是有价值的。假如我只是将我的意志转换成外部事物的意志，并感觉自身成为自然意义的一部分，这怎么可能有价值呢？美学家总是在这里寻求真正的美。但是，假如我将自己顺着瀑布一起抛下，或沿着岩石爬向云端，或随着小溪一起蜿蜒前行，或随海浪上下波动，即使我只是想象这些情景也毫无乐趣。它最多只是不适的源泉，因为没有满足就谈不上价值。但如果我在新的经验中找到自然呈现的意志，并发现它与新的自然意志再次同一，情形立刻就完全不同。这就是我的欲求的实现和满足。

这种满足、实现以及价值必定是超个人的。我不会出于个人所得或自我保护的目的而去感受自然，并获得其意志。在自然中发现这种一致性完全与我的人格无关。一旦我的个人利益牵涉其中，自然就变成了我的意志的一种工具，而事物的意志则会被忽视。一个事物的意志必须在另一个事物中再次被发现，这并非我的任性，而是审美现实自身对我的要求。我无法设想一个意志而无须留意并寻找一个与其相一致的意志，同时又不会被一个不类似、不协调的意志所打扰。然而，这种寻求一致意志的需要毕竟只是我们感知世界的根本意志的一种特殊表达，我们在生活中发现这个世界是一个独立的、自我肯定的世界。对于每一个我们将其视为主体的人而言，这是一种必要的意志，即世界远远不只是我们纯粹的当下经验，它是一个世界，因此它通过其各个部分的一致性来表现自身。相应的，世界以其意志的内在协调来表现世界特征，这也是一个绝对超个人的要求，从一种绝对必然的意义上来说，这种要求的实现肯定是有价值的。

8. 审美价值与逻辑价值

从这里我们可以清楚地看到，审美价值与逻辑价值相对立。一方面是统一价值和美的价值，另一方面是实存价值和联系价值，它们同样都是一种超个人要求的实现，即对我们这个经验世界的自我肯定的要求。在这两种情形下我们都得到了满足，因为我们发现在新的体验中能再现同一性；在这两种情形下，我们都在重新寻找它，因为唯有这种同一性的再现才能向我们表明这个世界的自我和独立。但是，这种独立性表现自我的方式根本不同。就事物的世界而言，我们可以说，逻辑评价要求事物作为对象应保持同一性，而审美评价则要求事物意志的同一性。在前一种情形中，我们必须假设可感知部分永远保持不变，而在后一种情形中，我们必须假设在事物中所感受到的意志永远一致。对象在保持存在时还要保持同一性；而意志被期待一致时也将保持同一性。

这种差异产生了许多后果。首先，我们可以理解，即逻辑价值必须把当下体验与所有可想象的体验组成的整个世界序列联系起来。如果事物要持续存在，那么他们必须在最为遥远的过去和将来发现同一的实存。任务就在于把既存的与所有未存的以及不再存在的事物联系起来，并通过这一持续实存来阐释其因果关系。科学将每个单独的部分与总体相联系，将每一粒沙与整个宇宙相联系。然而，审美则使它们相互孤立。经验中那些相合的意志共同形成了一个统一体，而且排斥一切外在事物。除了和谐的生活体验，别无所指，也没有什么东西与过去或未来相连。假如既存的事物可以使它自己的意志多样性达到协调一致，那么，美的价值就完美无缺。同样清楚的是，这种相互一致同时意味着相互满足，一个意志只有通过被其他意志再次实现才能得到满足，也由此重新被期待。一个想保持自身的意志只能在其他意志中找到一致、支持和协调。真理联系世界的各个部分，而美则使其彼此孤立。显而易见，这与另一个离得最近的事实相矛盾。真理最终寻求简单的因素，而美则总是要求多样性。实际上，如果在科学中一切都取决于对象的连续性，那么，这一持续存在的单个事物独立于其他事物的实存。我们越是简单地思考持存对象本身，从部分事物的持存性中理解事物相互作用的可能性就会越大。因此，我们需要原子理论。同时，美要求一致性，并由此预设多样性。所以，美总是导向一个由众多部分组成的图景。但是，那个原子式的实在对象，正如我们所看到的，与宇宙所有的过去和将来的位置相联系，而这个多样性的美却与世界的其他部分完全分离。

正如对持存的洞见教导我们从既存事物中预先确定哪些是未存的事物，哪些是被期待的事物，哪些是对行动至关重要的事物，知识为我们提供了行动的方法和手段。而美不会导向自身之外，因此它对实际行动而言毫无用处，但美教会我们理解世界的内在意义。因为知识决定了行动的方式并影响其成败，所以我们服从真理，并由此掌握世界。由于热爱，我们拜倒在"美"下，但这种热爱使我们征服了世界，并将自己从我们的需要中解脱出来。对于美的热爱要求我们去感受自然的意志，并对个体随意的意志保持沉默。出于对真理的服从，我们把世界当作一种独立的自我持存的事物；出于对美的热爱，我们把世界当作一个独立的自我一致的意志。

至此，我们只是概述了外部世界的对立面，但我们知道，同样的假设对于我们世界中的主体以及内心世界的活动也同样适用。它们的持存性就是我们在历史和理性领域中找到的逻辑价值。在那里，我们仍然不得不找到那些简单因素，并将它们与实在的总体联系起来。如同事物之于我们的知识一样，人的世界的主体和内心世界的活动，向我们呈现了一个具有客观价值的无限系统。因此，人们自然要问，审美是否同样可能和可以为我们提供基本价值。对于主体和内在活动而言，难道我们真的无法找到其内在一致性，或由此发现它们彼此分离吗？于是，我们的问题就是，首先这个问题的产生远非出于艺术的文化价值，是否存在一些当下的生活价值，在这些价值中，主体之间的意志一致性或内心世界的意志一致性成为一种独立的价值？我们必须毫不犹豫地做出一个肯定回答。将这种一致性的审美价值仅仅限制在事物上是专断的。我们在外部世界中找到的可成立的预设在人的世界和内心世界中同样适用。人的世界的主体在友谊、爱与和平中达成这种一致，内心世界的活力在幸福中找到统一性。假如我们把这种主体之间的一致叫作"爱"，而把事物之间的一致叫作"和谐"，或许这可以引起对最关键点的关注。这样一来，我们就拥有了作为统一性的价值，即外部世界中的和谐，人的世界中的爱，内心世界中的幸福，我们可以对其做进一步的思索。

A——和谐

（1）感官愉悦

我们关于统一价值这一概念的已有讨论本质上是关于事物的和谐，而几乎未考虑主体和内部世界的统一性。所以关于和谐的基本要点已清晰地呈现在我们的头脑中，而只需增加一些特性。例如，我们尚未考虑审美评价和自然可能给予我们的感官愉悦间的不同。无论是宏大还是渺小，玫瑰花蕾上晶莹剔透的一滴露珠，晴朗冬夜里繁星点点的天空都可能是我们的评价对象。但带来凉爽的清风、温暖的阳光、新鲜美味的水果和充满诱惑的双唇，这些预示着并给予我们愉悦的个人满足，从原则上与超越个体的评价是相对立的。能被感官愉悦满足的欲望是我个人特殊经验的欲望。水果的多汁口味一直在我的观念中，直到它被感性经验所实现。这种指向我自身状态的意志首先决定要坚持这种观念，其次要它同一地实现。观念本身伴随着愉悦，愉悦则开启了引向实现的有机过程。审美评价无关于我们的意志，而关乎事物自身，这种事物的意志在周围自然相同的意志中寻求其实现。当感受到事物的意志的同一性时，我们就在审美的意义上得到了满足。我们认同事物，并寻求在自然中感受到的意志，寻求在其他部分相一致的意志，探寻的奖赏是发现同样的倾向性。我们寻求和谐的意志——不是与我们一致，而是与事物的意志一致——因为我们想理解自然独立的自我性（selfhood）。只要自然与自身矛盾，尚未表现出任何内在的一致性，那么自然就没有自我可言。在自然实际的愉悦中，自然是满足自身个体意志的工具，在对自然的审美评价中，我们因为自然意志的同一性而感到满足。

这种根本对立并不排除两种情感结合的可能性。当我们穿过烈日炎炎的马路，进入荫凉的树林，凉爽的泉水缓解了我们的口渴，苔藓上的浆果使我们精神焕发，我们强烈的喜悦和感官的舒适可能与对自然宁静不带感情色彩的投入融为一体。对于我们而言，因个人动机而使用或避开的事物只是客体而非自身意志的表达，通常情况确实如此。但有些情况也是可能的，一旦我们强烈地感受到自然本身同一的或相反的意志，对事物的个人欲望就会得到加强。然而实际上，即使在这种情况下，美的自然之所以有价值，并非因为我们在其中感受到的意志属于一个可以满足我们快乐欲望的东西，而完全是由于这一意志和自然的多样性中的其他意志相一致。因此这很有可能：尽管自然的部分乃至整体为我们个人所排斥，但它依然具有审美价值。景色或许令人厌烦，山涧洪流也许怪诞，崎岖的道路让人讨厌，狂风暴雨或许冰冷刺骨，虽然我们极度不适，但山川、河流和狂风向我们呈现出其生命力。我们感受到它们骇人的意志，其意志的统一性以自身持续的美征服了我们。若我们根本感受不到它的意志，自然是没有审美价值的。可是，它在审美上反价值只是由于我们感受到的自然意志缺乏内在一致性，而并不因为它仅仅是个人拒斥的对象。或许，崇高的美总是包含个人不快的因素，因为它的意志征服并压制了我们。相应的，可爱的美或许总包含单独的个人愉悦成分。只有在纯粹的美中，进入意志一致中的一切才能呈现出超越快与不快的审美和谐。纯粹美的田野上只生长漂亮的鲜花，而且每一朵花都有美丽的色彩。

（2）自然的美

自然事物的意志的内涵和意义是什么呢？昏暗的池塘上有天鹅轻盈地掠过，天鹅轮廓的每个线条，雪白的羽毛及水中倒影泛出的光亮，翅膀的每次振动，乃至泛起水花的恬静波纹，所有这些美的印象都纯粹和谐地融合在一起。形成这种印象的统一性的自然意志是什么？假如天鹅的颈部很短，或者光线是彩色的，抑或运动过于猛烈，又或者水是浑浊的，这种意志将会变得混乱或受到破坏吗？这当然不是显现给我们的抽象道德：像天鹅一样！天鹅诉说的与我们个人完全无关。它甚至直接地建议我们参与到这种自然的宁静之中，这也不可能是自然意志的意义，因为只有当我们投入感情时，这个景色才可能具有意志、具有意义。我们在自身生命的体验中未感受到的仍然是无生命的。只要它变成有生命的，我们就不再需要投入感情的任何意见。若在概念上交流，我们就更找不到景色的意义。我们不评价天鹅的形象，因为它在自然主义中的意义是天鹅的典型知识。我们的审美眼光也根本不会追随动物学家和解剖学家的方向，他们为了把握天鹅的特征必须如此前进。关于动物的自然主义概念在因果关系中形成，而因果关系指的是作为物理部分的外在关系。审美意义上的欣赏与这种物理部分毫不相关，其所指只是目标和活力，它们的一致性将不会被任何物理学意义上的不可能性所干扰。

因此，自然的美既非建议也不是自然主义的知识。如果我们在超实在的观念中寻求它的意义是否更接近真理？这个超实在的断言是否通过自然表现自身？这完全是南辕北辙的。假如自然的意志具有自身的意义，审美的评价根本没把这个意志与任何形而上学联系在一起。自然的美的同一性并未被悬在空中，而是用自己的翅膀翱翔。它仅仅意愿自身。固然，形而上学的信念可能会影响我们的审美欣赏，但其效果与概念知识的影响没什么不同。同样，我们的信念、道德观可以增强或抑制我们对于事物意志的感受，但审美的和谐并不会受其影响。但若它既非学说、概念，也不是形而上学的观念的话，它到底表现了什么？我们只能回答：自然自身的特征得到了表达，它自身的魅力、高贵、活力、安宁，以及强烈的欲望、恬静的顺从、安详和沉思都得到了表达。然而任何概念性的词语都会使我们误入歧途。自然不谱写标题式的乐章。天鹅在清澈的池塘中轻盈地舞蹈，它所述说的内容无以言表。

在另一个向度，我们必须把自然统一的价值的特征刻画出来。自然事物之间的统一性也可以被自然主义者发现，即他能在每个地方察觉到自然对象的合宜性。自然各部分间的相互关系在每一点上都显示出惊人的契合，那看起来似乎是事物和谐的新表征。例如，鲜花与昆虫配合得多么奇妙！然而，如果认为这两种关系相互平行，那么我们就会牺牲审美理论最本质的要素。事物之间的相配绝对属于它们的外部特征，而与其意义、表达及自身意志毫不相关。自然的美与自然的适宜，这一传统关联必须被消解。我们所寻求的同一性超越个体价值，要求我们在另外的事物的意志中寻找一个事物的意志。它与下述事实无关，即一事物通过另一事物的因果影响才得以保存。这种外在的统一性存在于每个物理系统中，而它没有审美价值。

（3）自然美与艺术

可能还有一种自然的审美价值要被提及，因为有时它被误以为是唯一可能的情况。一个训练出了对美术作品的鉴赏力、且灵魂充满了抒情诗联想的文明人，或许会把自然看作画框中的一幅画，把她的心情视为一首抒情诗。若采取这种态度，我们当然没有背离自然美的精神，并且许多自然审美评价的冲动都会通过这种艺术效果而得到丰富和发展。但这确实不是主要的自然的审美欣赏。以可能的艺术作品的眼光来欣赏自然，可以清楚地表现出它的审美价值，因为艺术作品可以加强和阐明它们；但艺术只能加强因自然生命而存在的价值；艺术不能创造这些价值。可经验自然的审美评价及其相一致的意志绝对是审美的起点。同时在多大程度上也是其历史起点，这属于完全不同的问题。通过对艺术鉴赏的训练，我们可用全新的眼光来欣赏它们的价值，但这之所以可能，只是因为艺术寻求并保持这些价值。这些价值自身是独立和自我确认的。社会学家宣称，文明和艺术有助于唤起我们对自然意志同一性的认同，他们也许正确，不过直接经验却告诉我们，当我们忘记所有的文明和艺术时，和谐的领域听起来好像是最纯粹的。

B——爱

（1）意志的和谐

我们能否像在自然中那样，在主体世界中同样找到绝对价值？我们研究了人的世界的实存价值和联系价值，并认识到人作为意志主体是如何进入历史生活中的。他们意志的相互和谐也是一种绝对价值吗？在这里我们不可能否认它。我们在主体中又一次看到意志的多样性，并且又一次发现这些意志相互一致。因此，纯粹评价的所有条件再次得以满足。倘若我们把灵魂之和谐称为爱，这种和谐通过友谊、激情、和平以及手足之情表现出来，那么，爱必定是一种绝对有效的审美价值。这就是人的世界的超越个体的美，正如事物的和谐是外部世界的纯粹之美一样。

当然，人同样处于美的自然之中。他身着文明之盛装，就像事物中的独具风格者；他可能在毫无遮掩地庄严伫立，每一个线条都表现着自然的纯净。但在自然王国，以其美丽形式存在的人就像田野中的鲜花一样。爱的价值使其灵魂得以表现。漂亮的女性之身躯作为想象的对象，通过其形式和光亮所表现出来的东西独立于这位女士的内心活动。正如湖中的天鹅，展现了其美的意义，而天鹅以其作为鸟的理解力对此却一无所知。每一个新的姿态、每一种新的透视方法、每一根新发丝都会改变图像的意志，并表现出新的统一性。内在人格的意志并不会因它而改变，或许在睡眠中，当人格意志进入休眠状态时，外部的形象将会继续意愿其审美意义。

但现在我们想寻求内在意志的和谐。这通常只有一种意义，即你的意志将成为我的，而我的也将成为你的。只是这种融合的形式有多样性。这种统一可长可短：从孩童的玩耍或众所周知的社会群体中的短暂的意志之汇合到至死忠于自我的联合体。这种统一或许关涉人格中最小的部分或整个自我；从对大街上遭受痛苦者的同情到坦诚以待的终生情谊。这种统一可能产生于最小或最大的范围中：从眼中只有彼此的夫妻之爱到包容万物的对整个人类的人道主义博爱。这种统一令人愉悦令人悲伤：从两个年轻灵魂中发现彼此的快乐到自我牺牲的殉道。这种统一或许渗透着个人的自私愿望，也可能绝对无私：从对融为一体的狂热激情，在其中感官的自我获得了胜利，到放弃自我的母爱，即另一个自我或许能够意愿自己的意志。

（2）爱和道德的价值

看待这种自我统一性的通常方式是，要么向他们否认绝对价值，要么将这种价值转变为完全不同的类型，即道德价值。在哲学史上，这种根本的、具有决定意义的道德价值屡见不鲜。叔本华对古印度同情理论的复活，是对这种伦理教义的一种经典表达。他独自遵循道德行事，他被一种确定性所控制，即确信人和自我在根本上完全是一回事；当他以自己的意志阻碍了他人的意志，或者因肯定自己的意志而否定他人的意志时，这个人的行为就是不道德的。在所有灵魂的联合中蕴藏着一切善的开端和终点。确实，在叔本华的世界中，当下的生活经验只是发现作为意志的内心世界，而人的世界最初只是一种观念。要了解他人意志，我们就必须把自身的意志投射到他人身上。这样一来，各种各样的个体意志就被保存在身体的时空分离中，只有所有的个性被消除，而且我们从世界经验逐渐深入形而上学的非现实性，在这种现实性中没有任何个人的个体性，这时我们才能找到彼此的意志。但是我们必须从一开始就反对这种哲学。我们同样清楚地认识到，意志之间的当下关系并不需要对经验做形而上的超越，相反，这是一种我们对同类存在的当下影响，它与我们对事物的经验一样直接。当我们确信，朋友的意志就是我们自己的意志，他的快乐就是我们的快乐，他的痛苦就是我们的痛苦时，我们完全停留在纯粹生活经验的层面上。我们没有必要打破身体的限制，因为其他人的意志从一开始对于我们来说就不是我们对一个可感知对象的意志投射，而是我们在当下的生活经验中把握到的一种特殊实在。因此，对于我们而言，两个存在者的意志融合是否有价值，远不是一个形而上学的问题。这种意志统一性的价值绝不可能在这种观念中找到，即它克服了经验并将我们带向一种绝对的超越经验。正是这种意志的统一性对于我们而言才是当下的生活经验。当我们人为地将当下生活转变成理解，并从意志存在中制造出具有因果关联的事物时，我们只是创造了一些障碍，随后我们必须通过一些超自然的相互间的灵魂碰撞才能跨越它们。

倘若通过这种方式，形而上学的背景消失了，那么，在何种意义上我们还有理由把意志的联合看作一种道德价值呢？当然我们在此不能研究我们最终称为道德的东西。当我们讨论人格的行为和决定时，我们必须将道德与道德无涉仔细地区分开来。但是，我们从一开始就应当持有这样一种观点，即我们事实上只有在行动和决定领域中有权谈论道德成果。当我们在世俗之爱或神圣之爱中只是感受到一种自我的延伸，或者当父母的灵魂只是对其孩子的快乐与痛苦做出回应时，它既非行动，亦非决定或成就。我们自己并不知道这些感受如何碰巧从我们身上产生，我们并没有选择它，我们也别无选择。我们的存在就是要去感受他人并具有同情心。如果我们将幸福和财富之爱当作一种特殊的个人美德，那么，我们就会进入一种感受的模糊状态，而真正的道德决定将不得不失去其特有的价值。能够在我们灵魂中找到友谊、同情与爱，这是生命的恩赐，无比珍贵，但是这种情感倾向就像音乐、数学天赋一样，与道德价值无关。如果在一颗充满爱的虔诚之心中没有道德价值，那么，当同情在相应的行为中表现自身时，我们也就没有值得称赞的道德成绩。当一位母亲为保护她深爱的孩子而做出某些行为时，她不会想自己会因此而得到道德上的赞许。如果意志的内在统一性超越了这种狭隘的范围，这一原则仍然适用。若我们爱邻人就像爱我们自己一样，那么，当我们努力帮助他们时，这种行为就不具伦理价值。这种行为并不比道德行为有更少的价值，而只因它不是一种道德行为。所以，我们拒绝把灵魂的统一性视为德性的要求。爱是一回事，责任又是另一回事。

责任和道德被假定为一种绝对价值。难道我们就必须接受这样一个结论吗，即认为爱并不代表一种绝对价值？如此，意志的统一性将只能成为一种个人的愉悦和随意的偏好，它在友谊、爱和人类幸福中寻求个体的满足，这在原则上与对甜美之食和纯净之葡萄酒的偏好并无不同。但这完全是一种误导。灵魂的投入并没有道德价值，要是我们以唯有道德实现才有价值这样一种观点对所有人类行为进行归类，那么，事实上，我们不得不把爱当作一种无关紧要的东西甚至是软弱无力的东西除掉。然而，灵魂的投入具有无限的价值，就像道德一样有绝对有效的价值，即完美统一的永恒价值。因此，我们必须把爱与审美价值同等看待。我们肯定不能在"审美价值"这一语词的浅层意义上误解其含义。灵魂的统一不仅仅是简单地改善我们的存在并以喜剧来美化生命严肃性的迷人景象。我们将统一的总体价值称为审美价值，是因为所有的艺术和自然之美都属于同一范围，但它的真正意味是一种神圣严肃的价值，这个价值把握了我们人格的最深层的力量。就像布满星辰的夜空以其壮丽永恒之美让我们感受到统一性的意义一样，当两个灵魂在永恒的忠贞中无论好坏合二为一时，其统一性的价值无限壮观。

(3)爱和愉悦

但是，我们必须把要点牢记在心。我们在这里想要把握的价值必定不能在自我放任的人格感受中去寻求。如果一个人在寻求他人意志时，在自身欲求中首先仅仅体验到一种个人的愉悦，那么，其意志的满足也只具有个人价值。他的这种与被爱者相关的个人愉悦，或许高于桌子的快乐，但它确实仍只是个体性的，因此不适合提升到超越个人的价值层面。真正的审美价值完全属于意志多样性的统一。其实现与其他价值领域的价值实现相同。这样一个单独的部分绝没有超越个人的价值，价值始终只属于两个分离部分之间的关系，这两者在某种意义上可以成为同一的。因而，有价值的东西完全不同于两个个体的快乐的纯粹相加。一个等式的逻辑价值也会在一定情况下被破坏，即当同一的符号被除去，而只保留两组概念时，虽然每一组可能仍具有一定的逻辑意义，但它们已经失去了等同关系。朋友或爱人给两个单个心灵带来的快乐完全不同于对两者统一性的意识，这种意识可能进入彼此的心灵。当然这两种可能性并不对立。在自然世界中，我们看到，个人愉悦很容易影响对统一性的审美评价，因为我们的个人欲求将事物看作对象而不会聆听事物自身的意志。在与人的世界的关系中，情形应当有所不同。一个意志要想找到与其他意志的一致性，必须对参与到这个统一体中的主体而言是最可理解的。没有人比这两个人能更鲜明地体会到把他们俩带入审美统一体中的这种友谊。他们每个人都从心灵深处了解自身的意志，并且从与朋友心灵的共鸣中感受到快乐。每个人都感受到双方的意志，因此，他们不仅在对朋友的同情中拥有自身的个人愉悦，而且在两种意志态度的同一性中体会到了超越个人的审美愉悦。他的愉悦关涉其个人的部分，而他纯粹的评价关涉审美统一性中的精神总体。

只有两颗心相融为一体，我们才能发现这不再是忽隐忽现偶然经验的实在，这种实在具有自我肯定的意义。只有两颗心相融为一体，才能赋予这个意志的世界以自我独立的意义。我们寻求这种自我肯定的意义，而想要拥有一个世界就必须寻求它。因此，我们必须以这样一种方式来理解一种意志，即我们保留它是为了再次发现它的同一性。倘若我们找到了它，我们会感到相当满足，这种需求实现了，即我们已经发现了自我肯定的世界的一部分。因为这一需求并非受个人需要的驱动，而是由对现实的超越个人的假定所推动，所以其满足一定也是超越个人的。心灵的统一是一种纯粹的绝对价值，它或许是转瞬即逝的同情话语，将两个无关的存在者在瞬间联结起来。它或许是救世主无尽的誓约，将对邻人的爱带给无数的心灵，并使他们彼此相连。

显然，这种由爱而统一的价值必定与历史中的联系价值有某种关联，正如我们看到的，自然之美与自然的因果关系间有某种关联，审美价值和逻辑价值无论如何也具有某些共同的因素。在历史联系中，正如在爱的一致性中，价值存在于同一意志的发现之中，不过它们是分离的，就像逻辑价值与审美价值总是分离的那样。在真理中，我们将自我肯定当作一种对既存个体的保存，并通过多样性的经验来探究这种自我肯定。我们在美中探寻的自我肯定是封闭的多样性之间的相互一致。当逻辑学家能够在其他人的意志中找到与这个人的意志的同一性，并由此表明混乱的人的世界变成一个有序宇宙时，他就在人的世界中发现了一种绝对价值。当美学家在意志的多样性中看到努力寻求的统一性，并发现在人的世界的那种嘈杂激情中的爱时，他就在人的世界中找到一种绝对价值。受意志影响的历史联系和由意志投入而带来的同情关联，同样将人的世界提升为一个绝对有价值的自我。

只有一点需要补充。与其他任何地方一样，多样性的统一在这里不仅要求统一性，同时要求多样性。不同人格的丰富性和内在多样性增加了人类和谐的审美价值。爱的王国不需要消除个性，抹杀差异。波涛汹涌的大海之美，要求每一个波浪都按其独特的方式起伏，其中不会有两个波浪完全一样地起伏，不过它们都指向同一个内在一致性。当男人的阳刚与女人的温柔结合，父母的成熟与孩子的天真结合时，没有什么比灵魂的这种结合有更深的统一了。但这些统一价值的无限丰富性不只属于人格的多样性，也源于他们之间关系的多样性。每个人都进入人类联合的丰富性中。联合的圈子越大，进入统一性之中的意志类型就越少。将地球上的人们联系起来的和平之融合，不同于整个灵魂都融为一体的兄弟间的和谐。

C——幸福

（1）幸福与道德

在哲学家们讨论幸福的价值时，总会有一个问题处于中心位置：幸福是行动的最高目标吗？我们是否应该将幸福提升为人类各种目标的最高理想，或者幸福只是道德上无关紧要的副产品而与我们的生活责任无关？斯多亚学派和伊壁鸠鲁学派最终都努力通过道德意志来寻求幸福。但是一个寻求生命深层意义的纯真之人不会满足于这样一种想法，即每一种责任都只是对其自身的幸福精打细算的结果。道德不仅仅是对我们自身可能之快乐的权衡，即偏好那种持久的、纯粹的快乐，而非那种转瞬即逝且伴随着痛苦的快乐。倘若我们的付出不能同时增进他人的幸福，那么，任何一种幸福只会给我们的生活留下冷漠和空虚。事实上，生活中存在着真正有价值的行为目标。自身的幸福没有真正的价值，道德人的理想目标就是让自身致力于增进最大多数人的最大幸福。那里最终显示出理想主义的矛盾。他会说，他人的幸福毕竟不会高于自己幸福的目标。是否最大多数的人都享受着自己的生活，是否通过这种方式快乐的感受会增加，这都与意志的最高义务无关。最有价值的东西即良知在幸福之中失去力量。所有这些幸福的崇拜者和蔑视者都只有一个共同的假设，即幸福就是快乐，因此这种幸福只是一种纯粹的个人价值。倘若幸福具有一种超个人的价值，这必然源于幸福与道德行为的关系。这就是幸福的道德价值，它被功利主义伦理学家所称赞，而被良知伦理学家所否认。

我们将在更晚些时候来讨论道德意志问题。但在此，我们对它可以完全不予理会，而是集中考察幸福本身。我们可以从一个完全的让步开始。只要幸福就是快乐，那么，它就只是个体欲求的满足，因而不具有任何超个人的价值。我们没有理由承认它们在程度上的差异。苦艾酒、歌舞杂耍以及赌博所带来的快乐，与那种室内四重唱、古老的青铜器以及与漂亮女人的充满美感的交谈所带来的快乐，这两种快乐可能标志着两个不可比较的个体存在。但其欲求的满足同样与超个人的价值无关。同样，这些通常被归于人类幸福的所有个别的期望，即对成功、名望、美丽、财富和权力的期望，其满足也没有绝对的价值。我们并不会鼓吹，因为它们反复无常或没有植根于道德中而说它们没有价值。我们同样没有理由指责，它们与真正的价值对立。满足虚荣的这些东西没有任何价值，因为通过它们得到满足的欲求严格来说只是一种个体意志。幸福作为一种愉悦的感受，或作为个人渴求的满足，在纯粹价值的王国中没有一席之地。但是还存在另一种幸福。假如我们不是那么随便地使用"幸福"这个词，而只有在下面的情形中才应当谈论幸福的情感，即它不仅仅意味着一种愉悦的感受，还意味着对外部世界事物之欲求的实现。确实，这种差异通常在意识的限度之外。真正的幸福并非意志的满足，而是我们所有意志的完全和谐与内在一致。这种一致就是一种价值，一种纯粹的审美价值。我们每一个单独意志都是个人的，因而没有价值，但所有的意志和谐的心灵状态本有一种完满的价值。这种统一性具有超个人的价值并绝对有效，就像在爱中的存在者之统一，在自然之美中的事物之统一一样。

（2）幸福和愉悦

在幸福的统一中，需要讨论的是单个存在者在其自身完满性中的内心世界。假如我们碰到这样一个人格，我们理解并感受到他内在意志的完全和谐，那么，他的内心世界就带着一种纯粹的统一价值呈现在我们面前，正如外部世界以一个阳光明媚的春天呈现在我们面前，人的世界以一种真挚的友谊呈现在我们面前一样。假如我们在自身中发现所有这些，那么，我们自身的经验就会以一种纯粹超个人的美展现在我们面前。于是，我们的自我就会从纯粹的个人欲求提升到完满统一的高度，在那里，我们超个人的自我得到绝对满足。我们必须记住，超个人价值的纯粹性与内容的重要性毫无关联。即使是最微不足道的判断，只要它是正确的，那么，从逻辑上来说，它就绝对有价值。这样一来，审美价值也被给予完美的纯粹性，快乐的心灵表现了这些意志的同一性，无论这些意志多么微不足道。在每一种统一性的情形中，我们必须只是要求，它确实是一个关于意志的问题。它已经显示出与单纯的个人欲求之满足的不同。我们的个人渴求通过外部世界的事物得到满足后就消失了。一旦它实现之后，个人就不再是为此而努力了。如果我口渴需要水，我的口渴体验没有任何的内在一致性。我想象着我的满足，并体验着令人不满的口渴。这边诱惑着我，而另一边折磨着我，所以我的意志不得安宁。另外，当饮料消除了我的口渴时，这种渴求就会终结，假如意志消失，内心就不可能有任何一致性。因此，对事物的纯粹的欲求和纯粹满足不可能带来任何真正的幸福。意志绝不能在幸福中消亡，而必须肯定它。仅仅欲求的缺失和痛苦的缺失甚至都不能表明幸福的真正含义。一个仅仅得到欲求之满足的人根本谈不上幸福与否。

（3）意志的统一

幸福要求一种持续的意愿，这种意愿不仅具有多样性，而且自身统一。当然，外部世界将会促成这种意愿，对事物的经验越多，外部世界所扮演的角色就越重要，它不是要消除这种意志，而是在激发新的甚至更新的意志中使它得到满足。在一定限度内，这可能适用于感官快乐。这种快乐消除了原初的欲求，但它毕竟同时又激发了对持续享受的新欲求，因此它成为一种意志源泉。这就是感官快乐同样可以增进真正幸福的原因。但是，幸福必须从这些源泉中获得无限的力量，并不断地流淌，在这些源泉中，外部刺激的全部意义就在于引发新的意志。当人世的命运向我们尽情展现时，它并没有挥动幸运之翅膀带我们飞向我们所希望的目标，也没有漠不关心地让我们处于无助状态。良好的机遇向我们展示了提升之路，当前进途中遭遇障碍，道路如此险峻以至于凭自身之力根本无法前进时，良好的机遇总是伸出援助之手。达成目标仅仅只是一种快乐，但原地踏步，不愿为一种新的进步有所付出，即使我们在昨日的目标处止步不前，那也绝对不是一种真正的幸福。这就是所有外在事物对幸福而言只具有相对价值的原因，想象一种能使我们绝对幸福的状态是永远不可能的。但它仍然包含着一个令人愉快的观念，即没有一种外部状态能使我们绝对不幸。不论我们达到的目标有多高，只保持这一目标而没有进一步的欲求，就不是一种有价值的生活。相反，哪怕起点再低，最小的进步也算得上完美的幸福。幸福是这种内在努力的统一，那些处于期望之外的事物不可能扰乱它。羡慕飞鸟的翅膀，嫉妒游鱼的鱼鳍，这样的想法绝对不会带来幸福，一个人，如果他并不渴求象征着权贵的黄袍，那么即使没有它，他的幸福也不会减少，尽管成千上万的人将其作为最高目标。幸福始终只是内心世界在其意志冲动中的统一，因此，它是一种对个人性情的深刻影响。它绝不是造就乐观主义者或悲观主义者的外在命运。不幸福的心灵即使在最舒适的生活中也会发现意志的不和谐，而积极的人格即使在狂风暴雨中也能保持自身内在的和谐。谁的意志要是不会反抗，对于他而言就不存在邪恶。

（4）幸福的意志特征

幸福就是意志。因此幸福无尽的内容就存在于真理、美和道德之中。我们理解的每一个正确的想法、我们领会的每一根美丽的线条、我们参与的每一种道德方案，都向我们展现了一种新的意志，它与我们的根本意志相协调。那里的情形并不像在纯粹快乐中一样会消除我们的意志，相反，我们的逻辑、审美和道德意志越得到满足，意志自身就会越具有活力。它在经验中将自身发展为更新的、更丰富的意志。我们在面对艺术作品或理论体系时并不带有为己的希求，相反，我们越少地为自己考虑，对于吸引我们的线条和形式、音调和话语、思想和命运而言，我们就会有更多的希求和意愿。我们无所希冀地沉浸到舞台悲剧中，而心灵被这种无尽的意志深深打动，所有这些意愿都具有内在的统一性。只要这一意志投入戏剧本身之中，其统一性就会赋予艺术作品以审美价值，但是就我们将其当作我们内心世界的活动而言，只要我们自身实实在在地沉醉于美丽的景象之中，而且没有外在经验干涉我们意志的和谐，这种意志就会使我们完全处于幸福中。

这种意志特征同时使作品成为无穷无尽的幸福源泉，不管我们是通过工人劳动的方式影响人类，还是耕作田地，在这些地方，意志都不会以其行为发现自身的终结。每一个完结中都蕴含着新的开端，我们并不希望从工作的幸福中获得任何其他东西，而只希望工作自身丰富发展并总是能为劳动开启新的可能性。人们想过一种完全能发挥创造力的生活，在每次与事物和人的体验中去期盼来自内心深处的东西，去感受与自我的根本意志交汇在一起的新意志的启示，这种内心世界的动态平衡就是最高幸福。即使当相反的意志通过失望和悲伤侵入内心时，快乐的灵魂也能战胜它。意志对阻碍的克服强化了和谐的意志，并使得每次收获都更为有效。但人度过一生并不意味着发挥自身的创造性。为了能够忠诚地奉献并使自身服从于更高的目标，人将美的统一性完全带向大量伴随产生的意志。这属于内在发展的幸福，学习、训练以及成长的幸福，当然首先属于爱的幸福。灵魂热爱幸福，因为爱实际上是一种永不停息的意志之和谐，这种意志源于分享爱人所感受的意志的自身欲求。但我们意志的这种统一也可能通过所有反向的内在运动的抑制和消除而得到加强。因此，由一种意志控制的幸福具有片面性，因为它实际经验到的只是与其自身意志相和谐的部分。许多可能引起干扰的相反刺激将被带向平静。正是爱才具有这种力量。某种类型的意志掌控着内心世界，并因此忘记了我们实存的混乱状态。这就是抱负、名望以及创造的真正喜悦所带来的影响力。意志的力量、多样性和重要性必定给予幸福的统一价值以特殊的审美地位。正如交响乐比歌曲层次更高，一个充满力量的、有创造性的、丰富多彩的、有影响力的人类生活乐章，在审美意义上比那些街头小巷的幸福和快乐的层次要高很多。但即使在最适度的形式中，价值自身仍然是完满的，一百乘一百等于一万，三乘三等于九，前者并不比后者有更多的逻辑价值。

在外部世界和人的世界的经验中，完全与自身保持一致的内心世界绝对有价值。所有关于统一价值要求的条件都得到了满足。由此，幸福的绝对价值取得了正当性。唯心主义哲学就非常有理由将我们行为的目标跟所有与幸福有关的东西完全区分开。义务的意义和道德之善的意义是如此的严格，以至于看起来幸福似乎显然没有道德上的价值。但是，我们绝对不能做这样的解释，即幸福无法具有一种真正纯粹的价值，而且应该从那个与真理、美和道德相关的崇高统一体中驱除出去。那些在幸福中只看到个人愉悦的人不能做任何让步，但只有那些暴怒的传统叛逆者才希望将所有的幸福从纯粹价值的世界驱逐出去，以免它成为我们伦理行为的目标。幸福是一种纯粹独立的价值，但它是一种审美价值，而非伦理价值。由于幸福之光照亮了人类的灵魂，因此，世界在其超越个人的意义上是绝对有价值的。

（5）幸福的扩展

这些思考根本没有触及幸福与我们的生活义务之间的关系。或许我会承认幸福的绝对价值，但我还是根本不会将其作为我在社会生活中宣传幸福的个人目标。或许我会假设，每一个理解幸福灵魂的人都会在以自我为中心的统一中得到完全满足，然而在我的有生之年，我不会对这样的问题产生任何兴趣，即这个或那个人，或多数人，或最可能多数的人是否都会体验到其内心世界的纯粹和谐。至于其他价值，情形完全相同。或许我会承认科学真理的绝对价值，却并未感到有义务去发现这些新真理。或许我承认音乐的纯粹价值，但并不认为自己有义务要去创造新的曲子。同样，我或许认识到幸福的绝对审美价值，而拒绝为这种幸福的传播做任何贡献。或许生活向我展示了更为重要的任务。这种对幸福依赖于意志的洞见使我确信，实际上没有任何外在的行为适合人为地去创造他人的幸福。或许是因为，我发现有诸多影响幸福的因素：健康、爱、天赋、工作、友谊、家庭、成功、爱国主义、名誉、美、自由、财富、知识、艺术和宗教，倘若所有这些因素以一种偶然的方式混在一起，正如生活通常所做的那样，那么，幸福在我看来也会得到最一致的分配。因此，我并不乐意人为地干扰生活事件。对于我而言，这种偶然的分配比起下面的情形能更一致地确保幸福，即为了某些特定因素而有意消除某些不均，如片面强调财富对幸福的重要意义。最后甚至可能连审美价值和伦理价值之间的对立都在我的视野中消失了。至此我们不能再朝着最后目标前进。而接下来我们还会不断回到幸福问题上来。

第十章　美的价值

1. 多样性的内在一致

对于我们而言，美的价值是对统一价值的发展。统一价值直接由自然和生活所给予；美的价值则通过文明史中的艺术作品得以系统阐述。这是我们在四大价值领域中的每个领域都会遇到的反题（antithesis），它最终不是一个反题，而只是进一步发展，它通过文化手段被给予朴素生活。我们并不打算在此开始讨论，即什么是美以及什么是艺术的目标。我们之前已经指出其本质。我们在所有事物中发现多样性的统一及其绝对价值，这同样适用于艺术作品。世界在我们生活经验中的自我一致性给予我们外部世界的和谐之价值、人的世界的爱之价值以及内心世界的幸福之价值。如果说艺术在文明史中表达了这种世界的自我一致性，那么，这一目标在外部世界由美术来实现，在人的世界由文学来实现，在内心世界则由音乐来实现。

一定要给统一的价值附加什么条件才可以产生美的价值吗？当经验以自身的意志多样性被感受时，当这些意志相互支撑，并将其作为一个封闭的统一体从世界的其他部分中分离出来时，在这样一种情形下，既存者的自我一致的审美价值对于我们而言才是完整的。这些因素缺一不可。首先，既存者必须以其自身的意志被感受。仅仅作为我们的对象的事物绝不可能具有什么意义。这种意志必须在我们的生活中被真正地感受到。倘若我们只从自己意志的立场出发对待他人的意志，并不沉浸其中，那么，从审美意义上来说，他人的意志永远不可能成为我们的问题。其次，意志之间必须得到相互支撑，任何内在的不一致都不能纯粹地表达一个自我肯定的世界的意义。最后，必须将这个封闭的统一体跟任何其他经验完全分离开来。如果我们感兴趣的是它与这个宇宙其他部分之间的联结和关系，这种被给予的多样性永远不可能具有审美意义。如果文明试图有意识地描绘出这个世界的内在一致，那么任务必定是在每个这样的方向上有意识地、人为地制造出一些偶然经验。这一任务的理想解决只有通过纯粹的艺术才有可能，纯粹艺术不仅仅指向这些方向中的这个或那个，还能通过其特殊方法在所有方向上同时进行。

2. 应用型艺术

如果内在一致性的条件只是部分地被满足，那么偶然世界就不能完全被转化为美。通向高雅艺术的道路半途而废，艺术的副产品和应用艺术在此应运而生。比如说，风景设计师有意识地将美给予自然。他通过种植各种灌木，引入假山、小桥、池塘和道路来强调多样性。若有可能，他会采用框架，以限定从特殊的视角来观看风景。最重要的是，他会小心谨慎地以和谐的方式安排具有多样性的各部分。不论这位风景艺术家向我们展现什么，所展现的依然同美的理念相距甚远，美自身是孤立的并与我们的态度相分离。小路可能蜿蜒曲折，而它通向不为我们所知的地方：山外有山，人外有人。树木让我们看到了在秋天收获果实的希望，草坪需要除草机，长凳则邀约我们休息。每一部分都把自身和不在当前体验的其他部分联系起来。每一部分都把自身同原因和结果、希望和预期联系起来，我们自身的意志采取态度，而意志干涉得越多，一切事物就越成为纯粹的客体，我们忘记了事物自身希望以自己的方式来表达，它们自身的意志希望寻求内在的一致性。同样，舞蹈艺术通过变换动作的节奏，多样而统一地表达身体的形式。然而，没有一个舞蹈的美能使我们忘记这些血肉之躯只有片刻能摆脱时间的束缚，而非终其一生都不停地舞蹈。

所有这些对于应用艺术亦然，比如手工艺术、设计师的建筑作品和作家的文字作品。当长袍由华美的色彩和线条刺绣而成，城堡的屋顶由巨大的石柱所支撑，一个伟大时期的历史意义通过直觉想象的语言得到升华时，我们离无关偶然的审美活动还相距甚远。实际生活只需长袍来蔽体，屋子为我们遮风挡雨，编年史以事实来传达信息。美丽的外衣、房屋和历史作品通常远远地超越生活的当下需要。它们的目标是加强内容的多样性，并再次通过统一的表达来把这些多样性联系在一起，它们的目标是加强自身的意志，并向我们建议要亲自感受那一意志。在这些装饰的线条中，长袍依从于身体的外形；在这些寺庙中，宫殿的意志是以圆柱为支撑耸立自身；在历史体裁丰富的变化中，描述行为的意志以生动的方式表达自身，这是任何枯燥的编年史所无法比拟的。不过在每种情形下，这样的作品依然存在于一个联结和关系的世界中。如果应用艺术的作品忠于自身并且真实，它们就不能回避这些问题：长袍是否合身，房屋能否满足生活的实际需要，历史陈述是否可信赖。但由此就立刻需要有个人态度，且一定要注意那些并未给予的联系。即使是富丽堂皇的大教堂和完美的庙宇，若表明是不适合膜拜的地方，也不能使我们感到满足。因而，完全投入既予多样性的意义和意志中而浑然忘我，是不可能的。

3. 美与实在

为了达到这种最高程度的分离，有一点是必需的。建议的经验必定没有实存价值。只有那种不现实的东西排除了所有关系，实际态度才变得毫无意义。在风景画中，山后无人，道路永远不会延伸到画框之外。石狮不会跳到我们身上，舞台上垂死的女主角不会期望我们去救她，小说人物也永远不可能走进我们的现实生活。艺术带给我们的是非现实的体验，所有那些对一致性的要求都会被实现。这些对一致性的要求实际上能否实现，仅依赖于我们面对的是不是一个完美的艺术作品。这种非现实的含义究竟是什么，其意义何在？当然艺术家的作品并非在所有意义上都不具现实性。青铜塑像就跟一个真实的人一样占据着一定的现实空间，舞台上的哈姆雷特甚至就像一个活生生的现实中的人。而且，来自艺术作品的印象当然是一种真实的体验，就像我们从生活世界中所得来的印象一样。我们同样没有足够的理由在下面的事实中寻找非现实性，即画像并非真实的风景本身，而仅仅只是再现了这一风景；小说并非真正的爱情本身，而仅仅只是讲述这一爱情故事。艺术作品仅仅再现了世界所发生的事情，这一事实并不能说明审美的非现实性。同样，自然主义的解释和那些法庭报告同样只是一种再现，但它们根本不会被认为是非现实的。

毋宁说，真正的含义如下所示。正如我们所看到的，在联系价值中完成自身的实存价值要求实存在新经验中再现同一性。我们已经考察了这种同一性是如何构成了事物、人及其因果联系和历史影响的持续存在的。绘画、雕像、书写文字的纸张自然也保持着同一性。不过，作为涂了油彩的画布、大理石、纸张而言，它们的确是真正存在着的事物。但是，我们并不将雕像看作一块大理石；对于我们而言，雕像是一位英雄，画布是一幅海洋景象，而诗句是情感心灵的表达。假如我们认为艺术作品的内容是真实的英雄、真正的海浪、现实的绝望，它们就将唤起我们的可能进入新的联系的种种期望。真正的英雄、海浪、情感倘若不能表达自身，就不可能在新的行为和进程中继续下去。对这些被呈现之物的充分理解，必定会激发对新而又新之形式的期待。若我们面对着真实的海浪，它们必定不断翻滚，随即又会呈现不同的景观。若我们面对的不是波涛汹涌的大海而是坚硬的岩石，只有当我从它们的持存中期望变化时，这些岩石对于我而言才是现实的。当我接近它们时，其轮廓必定彼此交汇成新的线条，当我攀缘其上，它们必定呈现给我一种全新的景象。一个对于我而言真实的人必须能说会动，能做各种示意动作。

4. 艺术的非现实性

因而，审美意义上的不现实意味着不能激发这些期望。油画上的海浪不能起伏，雕像中的英雄不能述说；它们只是艺术作品的表现所传达的东西。它们没有过去、未来、联系和影响，它们要展示的所有东西已包含在其表现中。我们甚至不能说艺术作品能超越其自身。油画自身是风景，但这个风景不能把自身和任何其他体验相联系，由此它也没有存在的价值。雕像是不真实的英雄。摄影和新闻报道代表了可以激发期望的真实事物，但油画和小说并不代表任何东西。它们的内容是自身所具有的一切，而那些指向保存和联系的期望是被禁止的，单此就使内容变得不现实。艺术家抑制我们期望的方法有多种多样。画家向我们展现了自然丰富多彩的颜色，但夺去了自然的三个维度。二维绘画依然是有其情感和灵性的完整风景，如果我们透过窗户向远处眺望就会发现，这一风景也包含着联想，但是去除纵深后，该风景就抑制了所有期望。草坪上的漫步者在油画中绝不会移动。画家不能以立体的形式再现风景，但对漫步者可能行进的期望并未因此而被破坏。正是出于这一目的，画家把风景转化为平面的，让漫步者可能前进的这一期望完全破灭。雕像保持了三个维度，因而它必须有排除期望的其他手段，于是它放弃了色彩。色彩丰富以假乱真的蜡像因能唤起运动的期望，所以它与艺术还相距甚远。真正的艺术家只会赋予人工作品以柔和未饱和的色调，而若想利用自然的颜色，艺术家就肯定会把人像缩小，以排除任何欺骗的可能性。

诗人利用诗的有规律的节奏，所以不会有人把他的作品误解为只是对生活事件和感情的描述。他的叙事和抒情形式必须从一开始就排除个人复杂的期许。戏剧在漆黑的剧院上演，而舞台上灯火辉煌，这种隔离抑制了所有可能的期望，即这些人的英雄气概和故事情节会进入实际生活中的期望。艺术展现给我们的非现实性就存在于这种对所有可感知关系的人为抑制中。我们由事物和人激发起的所有基本感觉都被包含在艺术作品中，单凭这点并不能赋予它们任何现实性。存在意义上的现实性通常意味着对直观印象的超越以及在新体验中重现的期望。因而当下艺术作品呈现的有价值的多样性，其自身全部的内在丰富性显露无遗，不过依然不现实，因为它的目的只是显示体验。非现实并不由此成为一种幻觉或者表象，像这样的话表明艺术作品试图呈现给我们现实，但并不成功。此外，这些话还暗示着，非现实是某种低层次的东西，是不如现实有价值的事物。但是艺术的非现实表现绝不会通过现实的暗示而欺骗我们，当然也并不处于更低层次。非现实只是完全不同的东西，但并不因此而拥有更小的价值。

实际生活的兴趣可能占据优势并吸引我们做出这样的关系判断：现实是肯定的，非现实是否定的。于是看起来非现实似乎缺失了某些必要的东西，若它能保证自身的现实性似乎会变得更有价值。但我们可以用同样的逻辑逆转这层关系。非现实是完全在其表现中展现自身的东西；它自身是整体，并不指向任何自身之外的事物。相反，现实在它唤醒的期望和设定的联系中才具有意义。所以在既予体验中，它是未完成的、不完善的和未实现的事物。现在，现实成为否定的，艺术中所存在的成为肯定的，是更高层次的。现实必须继续未完成的努力，通过其联系达到自我完善，这一完善在任何时候都属于天才的工作。从科学的观点看，艺术展现给我们的不是更有价值的现实，而只是幻觉；而从艺术的观点看，科学讲述的不是更有价值的完美，而是未完成的东西。这样认识可能更确切，即自然的现实性和艺术的非现实性是两个地位同等重要的不同体验，没有理由相互嫉妒。非现实是自我完善的，排除了任何关于变化和联系的问题，并不是降格，而是艺术的能力和力量。我们通常会默认现实的价值从根本上是重要的，而一致的价值仅是偶然的和次要的，这种世界观具有片面性。二者最初是同等的。同样，我们可能夸大其词，认为自身一致的、完善的、美丽的事物构成真正有价值的世界。那么，这将是一个偶然的附带问题，即世界经验中有一些不能标榜一致的价值，但唤醒了对联系的期待，因此具有现实性。

5. 自欺（self-deception）

因此，观察者看到的现实性只是无意识的自欺，所有在这种自欺中寻求美之意义的理论都是误导。一方面，我们在艺术作品中发现的所有东西确实都毫无欺骗地显示出来。另一方面，我们并非在艺术作品中寻求现实的特征。甚至可以说，艺术根本不试图向我们显现事物和人，因为我们对逻辑价值的研究表明：事物和人的纯粹概念设定了超越直观印象的关系。事物和人属于真理的世界，而不是美的王国。"事物"从根本上说是自然主义的概念，"人"是历史的概念。画家呈现给我们的不能要求有任何期望，因此它实际上绝非事物。它是一种刺激、建议和需要。它不是说"我是这种事物"；毋宁说"理解我，参与我的意志"。正如自然主义的事物无法步入美术，历史中的人在诗歌的王国中也没有一席之地。对于我们而言，诗歌中的形象是他们意志力的体验，在现实的意义上不属于任何人。我们认识到人的历史概念包含既予意志和未予意志的联系。小说中的人物并无这种联系。我们在情人的抒情诗中欣然感受到他的情绪，他的其他看法我们则不得而知。他对政治或化学采取何种态度——在欣赏诗歌时这一问题不是被漠视，而是根本毫无意义。情歌并非来自一个追随时代潮流并在任何情况下都不变的人，而是来自爱的情感之完全表达，和其他体验没有关系。

6. 艺术家的自由

所以，艺术家与自然规律、历史联系无关。他能够且必须清除在现实中不可缺少的部分，不过，任何具有一定审美欣赏能力的人都不会错过。半身像只到胸口，但没人会把它同解剖学上身体的其他部位联系起来。大理石雕头像既不需要腿也不需要色彩。海洋绘画中轮船在哪个海港航行，十四行诗中描述的女子住在哪里，诸如此类的问题都远离了艺术的视野。轮船永远不能到达海港，所爱之人也是目光无法触及的。相反，艺术家可以自由地引入联系，这些联系可能与所有的自然主义和历史预期相矛盾。美人鱼是人身鱼尾，天使是具有翅膀的孩童，神话故事中的树木和石头可能会说话。在艺术王国中，无须对只与现实相联系的期望做出任何让步。

如果艺术家必须排除那些指向现实的态度，我们必须要问：艺术拿什么来取代它？把现实排除在外在多大程度上有助于我们所需的那个整体的完善？一种内在关系显而易见。任何表现为非现实的东西都去除了所有对实际效果的预期。因而，对我们自身和周围环境的影响被排除在外，从原则上这也就取消了我们参与其中并采取态度的兴趣。艺术作品和现实人格之间没有联结点。我们不能漫步在画出的风景中，无法拥抱维纳斯，无法参与到喜剧场景中的交谈。之所以不能，是因为雕像根本不存在于我们的物理空间，剧情也不在我们的物理时间中发展。正如我们所见，唯一的时空形式源于事物间的相互关系。绝对孤立的事物不能参与其中，而只存在于其自身的时空中。因此，面对非现实时，我们无所希冀。我们不想改变它，利用它，也不想保护自身免受其伤害。这样，我们自身的人格就被隐藏在内心深处，因为我们通过意志来确定自身。从艺术作品的内容看，我们自身及其态度都完全被清除。当然，我们是作为有意志的主体站在镶框的油画前。只要我们有拥有油画的欲望，或者希望称赞它的作者，我们就有所期盼。但这指向事物，指向这幅油画，这样我们就进入因果联系之中。我们并非作为意志的主体站在油画中的人物面前。没有空间、没有时间、没有因果律把它们与我们联系在一起，只是一个没有意志、不是作为个体的主体在评价油画中的一组人物。我们心甘情愿地坐在剧院里的舞台前，作出评判，但并不干涉罗密欧和朱丽叶的密谈，我们不能打扰，也不能警示他们。我们不带个体性，与他们也没有时空联系，我们只是见证了他们的爱情。

但正因为此，感知经验的自身意志能在我们身上发挥最充分的力量。我们不复存在，此时岩石和云朵会说话。我们自己别无他求，此刻悲剧的英雄可以通过我们来展现意志。我们自己成为风景和英雄的意志。通过我们，这些体验能够以不受干扰的纯粹性展开其意愿。因而，非现实的人为创造成为体验最丰富的意志发展的条件，且只有贯穿着意志的体验，把握内在统一性的条件才被给予。只有意志一致，艺术体验的对象才更能充分地表达它们自身的意志，才更能向我们表现它们目的的内在和谐。而意志中的内容越丰富，意志也更具意义。即使内容的非现实性排除了我们的实际意志的态度，微不足道和漠然无关的内容也不能把意志植入我们的头脑。

如果内容的含义足够丰富，以至于我们能感受到它的意志，那么艺术价值一定依赖于这一意志的统一性。支撑它的条件是什么呢？显然，首先是我们必须面对一个代表整体的事物。一旦体验包含着只有同未给予体验的意志联系起来才能表达自身的意志，那么我们就没有艺术的统一。雕刻家可能向我们呈现一个没有躯干的半身像，但他不能只表现鼻子；戏剧家不能仅仅描写对话的只言片语，否则我们便无法理解。然而，这一鼻子的复制品可能会让解剖学家感兴趣，对话吸引着历史学家，不过艺术上则无此可能。同时，不论自然科学还是历史，都无法由它们的概念决定什么可被确认为一个统一体。这是意志的一致，也意味着目的的同一，而非我们要求的因果联系。这样一来风景的统一性就如同一棵树，即使画面隔断了开阔的海洋或者树木的叶子，风景的封闭性也绝不会受到干扰。即使存在于偶然事件中的次要人物没有向我们述说他的生活故事，小说也还是完整的统一体。所有在其意志中相互支撑自身的都属于一个整体；对于艺术作品来说，对于表达这一整体意志所有必要的东西都不可或缺；所有与共同目的无关的只是多余；所有通过支持相反的目标间接地不支持自身，而对共同目的起反作用的都是干扰。正如艺术家可以随心所欲地为这个非现实世界添加或消减东西，他也能够保证一种内在的一致性，而这种内在的一致性是超越任何现实的。

但艺术家拥有更多的自由。他能把现实中完全不和谐的东西在非现实中联结为一种内在一致。画家可能把一条肮脏丑陋的街道描画得无比美丽，诗人也许把矛盾重重凄凉悲惨的人类命运描述为一场和谐融洽的悲剧。如此一来，非现实再次扩展了审美领域。在生活里，一个人与周遭息息相关。所以，日常生活中两个人的争吵只能唤起非审美的感觉。如果我们把争吵看作一个整体，那么它处于同争吵者所处社会和谐形式令人不安的对立中。如果我们考虑个体，于是发现他与其对手冲突。从社会的观点看，生活只能通过公平解决争端才能化解这一不安宁；对于个体而言则是把恨转化为爱。对于艺术家或诗人来说情形则非常不同。现在的问题不再是争端对于他人来说意义为何，因为他们的所有联结都被非现实所切断。舞台上和小说中发生的事件，因其不现实所以自身就是绝对的目的。由此，周遭令人烦忧的不和谐排除在艺术世界外。艺术呈现给我们的只是世界总体的一部分，现在每一个体只成为这一新整体的一部分。此时，争论与不和谐是这一整体的真正意义和目的，如果每个人物都协调地调整自己适应这一支配性目标，戏剧就是和谐的。斗争越生动，处于这一背景的每一个体在自己的小世界中越统一和完善。这时，我们的意志不再被不一致和悲剧的不同方向所折磨。不论那里的个体多么希望毁灭他人，我们都会追随他所有的意志，只有那样我们才能得到最终的结局——毁灭性的争斗，而它展现出自身的所有部分都是和谐的。其他所有艺术也是如此。自然中丑陋的事物在任何地方都可被转换为美丽的艺术，我们何时都不需要以反艺术的思想作为慰藉，这一思想认为，我们在艺术表现中所享受到的只是技术上的困难被克服，或者只有认识到外部的现实性时才得到艺术享受。在此，评价也完全依赖于内在的一致性，采取新形式，因为在非现实的世界中，多样性呈现给我们的是完整的统一体，而在实在中，相同的多样性只有当和其他未被给予的因素联系在一起时才被考虑。

7. 艺术的形式

最后我们谈到这个最重要的原则。既然非现实和我们时空的、自然的和历史的形式无关，我们就必须为它创造自身的形式。画家笔下的人物脚踏实地地站在没有纵深的二维空间中，雕刻家手中的个体生活在一个无色彩的世界中，悲剧中的英雄以诗句的形式来谈话，抒发的情感带有节奏地回响。任何干扰或多余物都被消除，并且开端、结局、舞台设计和背景通过新形式紧密地构成如此完整的统一体，以至于无物可遗漏。艺术创造的这一非现实的新形式，完全服务于统一的目的，没有这一形式就不可能取消现实性。形式自身是意志的表达、支持和赞同，并使所呈现的体验表现出一致成为可能。抒发的情绪不仅具有它的内容，而且具有新的存在形式。它不仅具有意义也有形式；它不仅是痛苦或欢乐，也是韵律和诗节；每个都必须服务于统一的意志。我们需要探究的是：对于特殊的艺术而言，内容和形式是如何相互协调的。

对于我们来说，重要的是这些多样性的艺术条件并非偶然的组合。多样性的内容必须有意义，它必须是非现实的，它必须表达一种意志；这一意志必须为我们所感知，我们自身的意志必须被取消。如果它同环境、自然、历史的关系必须被切断，而整体必须是完全孤立的，那么它一定要有自身的形式，而这一形式要和内容协调。但是所有这些因素都结合在一起，它们并非偶然地被组合，而是都由一个根本的意志所支配。如果要表达所呈现的内在一致性，所有这些都是必需的。只因我们寻求内在一致，所以必须把它理解为意志；只因我们想把它理解为意志，所以它自身就必须有意义，而个人真实的意志则被消除。只因我们希望除去个人意志，艺术作品呈现的必须是非现实的，由此是被分离的，也必定具有自身的形式。只有在这些条件下，它才能成为一个美的作品。此外，我们理解，意志的这一内在一致对于我们而言必须是绝对有效的价值。它带给我们的情境必定与个人所有的欲望和喜悦无关。只有体验自身一致，它才具有自己的意义，这一意义超越偶然和转瞬即逝的印象。如果我们追求一个世界，就必须保持单个体验，并要求这一意志能够在一系列体验的多样性中同一再现。在自然和生活中，我们绝不可能期望完美的一致，因为每个特殊部分与宇宙、历史都有千丝万缕的联系，因而也受到我们自身希望和恐惧的影响，为我们的欲求和动机所需要；所以，完全沉浸到世界的意志中绝不可能。只有当所有那些关系被统一，体验通过取消对现实的期望而找到自身独立的形式时，内在的一致性及由它而来的统一的价值才能被完成。所有那些作品单凭艺术就可以被给予我们：对于外部世界的意志而言是美术，对于人的世界的意志而言是文学，对于内心世界的意志而言是音乐。

第四部分 伦理价值

第十一章 发展的价值

1. 存在与生成

迄今为止我们所考察过的所有东西，在我们对其做出评价之后，它们就作为已经完成和实现的东西呈现在我们面前。它们完全是被给予的某种东西，其存在、联系、统一和美都是有价值的。但是，为了其发展的缘故而有价值的东西，正是从既存者到非既存者的转变中获得其价值。它们不是存在，而是生成。在那里，仅有体验是不够的，还需要行动。一旦它们采取了行动，完成了发展，我们就获得了某种已经完成的东西，同样，它们只能表明自己具有联系价值，而不再具有一种独特的发展之价值。这种生成可能发生在外在世界、人的世界和内心世界，这种内在的形成过程即使在这样一种情形下也可能有绝对价值，即不带任何有意识的评价而完成行动。同时，有价值的行动或许会使自身服从于有意识的目标，于是它们就变为一种成就。对于我们而言，这种有目的、有意图的价值之实现就是文明。因此，实现的价值是文明的价值；发展的价值是当下的生活价值。两者紧密联系在一起。文明在实现价值中承载着那些包含在朴素体验的发展价值中的东西。因而，它们相互联系，就像实存价值和联系价值，或统一价值与美的价值一样。文明所建立的实现价值就是关于工业、法律和道德的价值。我们稍后再仔细研究它们，但接下来我们必须探究那些生活价值：若生成其目标并非一种真正的实现，那么何时它们是有绝对价值的？我们必须像以前那样区分外在世界、人的世界和内心世界。与之相应，我们追问在自然、社会和人格中的发展。在自然中我们称为发展，在社会中称为进步，在人格上我们称为自我发展。

至此，我们已考察了那些被给予因而不能自由做决定的事实。自然的、历史的或理性的系统被给予我们，并通过其客观的事实特征约束我们，艺术、爱和幸福也是如此。同时，在发展和实现中，我们可以自由评价。价值本身尚未实存，而且并不必然源自既存事物。当然，这在很大程度上取决于立场问题。戏剧和交响乐同样在流逝，当我看第一幕或听第一小节时，剩余部分还得缓慢揭示自身。然而，我把艺术作品看作某种已经完成的东西，我在其完成状态中对其做出评价。对于自然联系的序列，或者对于科学报道的理性行为的序列也是如此。下一千年的日食尚未作为经验而实存，但它依然属于宇宙的一部分，我可以从既存事实中推算它。没有一种自由的行为可以改变它的存在。未知因素或许会干扰我的推算，但会发生什么样的情形完全取决于被给予的东西，它只是作为一种完全必然的联系被加以考虑。任何处于这一因果关联中的东西并不导致一种行为，在这一意义上不存在自由的生成。一切事物都预先被限定。这对理性联系同样适用。无论数学家发现的是什么，他的探索和发现都是一种自由的行为和成就，虽然数学上的量值并不表现为一种生成。它们无限的系统是必然的，其结构也是完成的。对于历史联系而言，这显然并不成立。历史学家不能像我们推算日食那样预测未来的艺术历史和政治历史。历史实际上就是行动、解放和发展。因此，历史学只能处理那些已成既定事实的东西，即过去的历史。

当然，世界上不存在任何东西不能成为知识的可能对象。一切事物都可以被带入科学联系中。倘若自由的发展要成为可能，这也并不意味着世界上存在着科学解释无法触及的事物。毋宁说描述上的差异源自不同的立场。一系列的既存事实，从这种观点来看，是科学家已经从逻辑上做出评价的完成之联系，但从另一种观点看，则成为一种发展，我们将其看作生成之自由行为。就像这种完成的联系对于科学而言是可理解的，即使它们尚未到达最终结果而只是预先推测，但同时，对自由行为和发展的评价也是很有可能的，即使目标已经实现。我们只须让自己的思考进入决定和发展开始的那一刻。科学地对待未来的日食就像它已经是一个既定事实一样。所以，我们若想评价斯凯沃拉的功绩，就要想象我们自己置身于那一刻：在他决定是否应该把手伸向火种之前，他仍然自由。同样，发展和实现，与统一和美相对立。在这里，这同样是一种根本不同的立场。作为审美评价之质料的内在一致仅属于那个已经实现和完成的事物，而我们将其作为实现和发展的东西必定是未完成的和未实现的事物。成为美的东西必定采取了其决断，而我们将其看作实现的东西，必定在其决断之前向我们表明它自身。

2. 目的与实现

那么，这种特殊评价的条件什么时候被给予呢？我们曾经说过，世界必须在其生成中被考虑。因此，我们遭受到的那些体验必须成为向其他事物转变的起点。它必须放弃自身，以使新体验取而代之。然而一个纯粹的他者，绝对不会有价值，正如我们所看到的，每种满足都依赖于对同一性的掌握。所以，只有在这样一种条件下，这种转变才是有价值的，即出现的他物是对已经消失的原先之物的实现，因而与其目的是同一的。如果我们以这样一种方式来理解既存者，即他想要成为他者，那么向他者的转变就是一种能够满足我们的实现。正是这种转变，我们称为发展。如果这种对个别他者的意志是人人都必须参与的，那么转变所带来的满足就是超个人的，因而发展的价值也是绝对的。所以，一种发展的或实现的价值依赖于这一事实，即呈现给我们的体验具有成为其他事物的意志。希望成为向日葵的种子会发展自身。如果它没有生长或者幼苗枯萎，这一发展的价值就不会得到实现。假如在我们期望向日葵的地方只有蔷薇的生长，同样没有发展。在某种特殊的生活情境中，我们种下了一颗种子，并且认为它能成为一朵花。对于我们而言，它的意志目标是真实的体验，而在事物的变化中，只有盛开的花朵能满足我们对同一之内容的需要。这样，变化就成为有价值的。在此我们清晰地看到与知识的对立。对于物理学家来说，种子同样具有意志，但只是保持自身的意志。当种子埋于湿润的土壤时，自然主义者为了解释随后发生的变化，必须把种子看作无数能保持自身之微粒的组合。如果花朵破土而出，自然主义者并不认为这是种子在内容上有所变化。对于他而言，这是由种子的原料，与水、土壤、空气中的化学物质一起构成了这朵花，但在这一构建中所有东西都保持不变。所以在自然主义者看来，花朵与那些原本分散的物质总和处于一种因果联系中，其中种子是最本质的部分，但只是极小的一部分。一方面，从逻辑上来说，这种联系是有价值的，因为花朵与种子、土壤、水和空气所构成的集合是同一的，由这些物质微粒的纯粹保存而得到解释。另一方面，倘若我们认为发展有价值，那么，花朵就要与种子所期盼的东西同一，而种子周围的所有物质都只是它用来实现其成为他者这一目标的手段而已。

在一种既存的具体多样性中，一种指向非既存者的意志永远不可能得到满足。在既存的这个世界中，除非每种要求都完全在既存者自身中得到满足，否则我们找不到价值。每种逻辑评价和审美评价都通向这样一种既存的多样性。因此，这种成为他者的意志绝对不会在真或美的世界中占一席之地。在逻辑价值中，既存意志会在既存的总体中保存自身，在审美价值中，单个意志在既存多样性中与其他意志相一致。只有在发展和实现的价值中，单个意志放弃了既存者，并通过自身行为向非既存者转变。所以，对这一转变的正确评价既不是知识，也不是审美评价，然而它表达了完全不同的观点的评价，具有一种完全同等的独立要求。在这三种形式中，每种对世界体验的可能评价都必须表达自身。每种评价都必须建立在同一性的基础上。体验可能作为一种完全被决定的东西呈现给我们。在那种情况下，我们要么探究单个体验的同一性，要么在多样性中理解许多体验的同一性。但若体验尚未被决定，依然取决于自由行动，那么这里就只有一种发现同一性的可能性，最终达到的结果必须表明自身与目标有同一性。在体验中不存在任何其他的、第四种的同一性关系。正是这个世界的独立的自我保存构成了逻辑价值；而构成审美价值的就是世界的独立的自我一致；指向非既存者的意志导向一种目的和实现之间的同一性，而这一事实给予我们世界的独立以自我实现。我们也可以将其称为伦理价值。仅凭这一点，这个自我肯定的世界就表达了其最深层的意义。当然，我们仍需考察，这个世界是否真的具有这种最深层的伦理价值意义。它取决于我们能否真正找到一个指向他者及其实现的绝对有效意志。有可能的是，体验中的每种意志仅指向自我保存和一致，而其他意志只具有个体特征。在这种情形下，我们在世界中可以拥有真理、幸福和美，然而，没有一种这样的行动能宣称自己具有绝对价值。因此世界中就不会有最纯粹意义上的发展、进步和实现，行动和过程及新的构成或许可以确保个人实现，但它们并不能为一种绝对有效的评价提供基础。

这组新的价值类似于我们先前已讨论过的那些价值，评价通常指向一种关系，而非进入关系的内容。我们每次都看到：这样一个个体绝对没有价值。价值仅属于这种关系，我们所把握的并且它寻求其同一性对应部分的那个东西与在其中发现同一内容的新体验之间的关系。并非印象具有逻辑价值，而是它以新形式的复归保证了实存价值。并非多样性的单个部分而是它们内在一致的关系具有审美价值。这对发展价值同样成立，只是这一点极易被忽视。发展的终点就其自身而言并不比起点更有价值。而是从这一点到另一点的转变才是有价值的。生成本身是有价值的，而非生成了的事物。我们只有牢记这一价值学说的根本原则，才能在稍后避免对实现价值的深层意义的误解。工业、法律和道德的价值依赖于清晰的认识，构成其价值的是行为而非结果。发展有价值，但我们没有权利说发展导向的现实优于发展开始的那个现实。我们再次将思考分为外在世界、人的世界和内心世界，因此以下内容从自然的生长开始谈论。

A——发展

（1）自然科学中的目的论

对于发展的科学，我们时代的自然科学引以为傲。事物固有的存在被塑造为不断的生成，只有通过发展的知识，"宇宙之谜"在当代才轻而易举地得到解答。我们知道了世界怎样从旋转的星云物质发展成为新而又新的形式，地球如何从太阳获得能源而形成，地表怎样通过冷却来发展，14亿年前第一小团微生物如何从无机物中产生，最低等的原生生物怎样进一步发展为后来的无脊椎动物、鱼类、爬行动物、鸟类、哺乳类乃至最后的人。不过认识论必须坚持这一点，即在自然主义的自然中，从原则上说不存在发展。

我们说过，没有评价就无所谓发展。我们不是要求发展的目标要比起点有价值，因为有价值的是发展的转换和变化。如果价值不是在这种意义上而言，那么谈论发展就没有意义。但这种评价正好与自然科学的深层含义完全对立。从原则上说，我们认识到处于自然因果联系中的事物，除了保存自身外没有其他意志。自然主义者可以承认的唯一价值是联系的价值，一旦变化的表现被还原为各部分的保存，这一价值就得以实现。若变化不能完全跳出自然主义的概念范围，改变的方向就不可能有价值。只要自然是知识的对象，成为他者的意愿就绝不会进入自然的联系中。所有的目的性也由此被排除在自然科学外，而正是这种目的性赋予发展价值以意义。这丝毫无碍于自然主义者使用目的论观点。在自然主义者那里，关于目的的考虑只是得到因果知识的工具。科学始于一系列变化的终点，但它回顾的目的是找到通向这一结果的原因。朝向目的的意志并不因此成为一个有效的原因。在这个意义上，甚至物理学家、天文学家也会用目的论观点给事实分组。他们或谈论运动，其目标是能量损失尽可能小；或谈论能量的交换，其目标是产生尽可能大的能量以转化为动力。

这种目的论方法在生物学中更常见。在这种合理的意义上，整个现代的达尔文主义都被目的所控制。自然的目的是产生完全适应的有机存在，而一切事物都与自然的这一目的相关。一切事物似乎都服从于这一目的，不过现代生物学观点的意义和成功就在于这一事实，即朝向这一目的的意志都未被考虑在内。所有事物都从没有目标和意图的有效原因中推论出来，所有事物最终都用事物、能量的保存来解释。于是，调查者是从结果还是从原因来研究事实，根本上来说与问题的最终解决无关。如果从结果开始去寻求原因，他可能会始终以结果为目标。即使在最后的表述中，他也会把原因这样分组，好像它们都被导向一个目标，但在这些原因当中，他并不承认有一种力量，它同样被有目的地导向这一目标。在自然的系统中，不存在目的论的力量，而这一力量带来了从原生生物到其他动物的变化，并让橡果变成橡树。为了解释生命过程，生机论把这种目的论的力量与化学物理能量协调起来，但它既不合逻辑也无法自圆其说。生机论若只是试图反对这种浅薄，即某些自然主义者试图给人的这种印象：现代科学已从机械的观点解释了所有过程，那么它或许会受到欢迎。生机论反驳如下观点可能很有效，即坚持用机械论观点解释自然中的很多事件。然而，生机论只是成了至今尚未解决问题的代名词。它并不能为这些问题的解释提供丝毫帮助。仅仅承认目的论的力量对我们把自然理解为自然毫无裨益。

当心理上的目的性意识确实进入自然现象的问题时，关系也只是在表面上被改变。在自然的机械论的领域中，即使是对目标的心理上的考虑也只是一种与活动的其他原因相协调的观念化内容。在原则上，解释方法并未因它而改变。考虑目的的心理过程只是心理物理过程的一部分，它像其他原因一样起着因果作用。从主体实在性的观点看，也就是从历史学家的观点看，目标的每种方向和设定都指向超越现在的未来。但这是从一个角度看待意志，是从主体性方面感知、参与和意愿的意志，而且这种意志完全不同于一切客观的、可观察的及具有因果联系的事物。从自然解释的观点看，目的自身成为意识的内容，它与世界的其他内容一样发挥着同样大的作用。它是随后事件的一部分原因。在有机的存在中发现计划和目标绝不会使自然科学偏离它的因果轨道。对于自然主义者的解释而言，即使是创制机器的发明家及其所有参与的思维，也只是因果系统的一部分，他们的创造性思维和动机只是合作参与机器构建的原因之一。发明家的行动对于文明史学家而言，是通过感受到它的目的性而发现其重要性，而在自然主义者和心理学家看来，这一行动只是产生某些机体运动的意识内容。因而，从自然主义者的观点来看，即使在万物之始设定上帝的目的性智慧，一切也不会得到简化。此外，上帝精神自身成为一个复杂的心理学问题。于是他的思维目的本身就需要通过原因来解释，并要解释它的作用。它自身则不能解释任何事物。宗教生机论的情形并不比生物学的好。意志，可能是动物、人或者上帝的意志，一旦进入自然系统中，就不再有任何意愿。

　　所以，对于我们而言这就解决了这一问题：朝向他者的实在的意志及其实现并不代表自然主义的概念。它们同知识毫无关系。所以，自然科学不能触及发展的价值，这种发展价值属于一个实在的意志之意志目的的实现。也许每粒种子中都潜藏着朝向生成和生长的意志，不过自然主义者不会也绝不可能发现这种意志。然而，自然科学有权利声称：根本不能承认那些不存在于世界中的关系是有价值的和有效的吗？这个要求显然包含了单一评价的武断，且这种评价片面地被高估。自然的实在性及其存在的价值源于这一事实，即我们在经验中认识到的意志自我肯定、保持和保存。当然，这并不排除也承认意志的改变和生成。如果在一种需要的观点下观察外部世界的经验，我们就构建了自然的世界。如果在其他需要的观点下看待同一个世界，我们就构建了行动、进步和实现的世界。只要不随意把两者混淆在一起，它们就不会彼此打扰。假如实现了保存的意志，我们就得到了联系的价值。假如实现了改变的意志，我们就得到了发展的价值。联系对于我们而言，是认识到的真理。发展对于我们而言，是认为有价值的行动。正如我们已认识到，自然系统绝不会有任何进步，我们当然也必须承认，自我实现的目的论的世界之系统也不会有任何真理。

　　（2）自然的目的

　　只能用评价的观点而非其他态度看待世界的进步。我们以极大的热情欢迎它，无私地为它服务，但要使它成为知识的一部分，就会自相矛盾。假如我们寻求联系，必须找到不变的元素才能解释表面的变化。倘若我们寻求发展，必须找到目的以便解释表面的联系之意义。我们可以回到先前的例子。植物学家在研究麦种时，把它看作无数化学原子的组合，它在自然活动的过程中绝不会消失，也不会生长。麦种在埋于土壤中后依然保持不变，通过既有元素和能量转换的守恒，种子吸收了土壤所失去的原料。因而，幼苗通过物质总体的守恒而成长，通过原子位置而改变自身，它的内容则保持不变。相反的，播种者感兴趣的不是这种化学等式，因为他致力于种子和成熟麦子之间的不等式。当然，只有将联系考虑在内时，它才是不等式。播种者当然也希望等式的联系。麦子最终和种子的允诺及意图保持同一。所以他对种子的元素根本不感兴趣。对于播种者而言，作为整体的种子是一个朝向目标的统一体，只有这个朝向目标的意志的意义，而非内容的部分，对他所希望的发展才有价值。现在种子成为麦子，但只有作为对意愿目标的保证，播种和收获之间的关系才是有价值的，它通过自然的目的之实现而具有价值。

由此看来，用非自然主义的方式评价发展的这种独立权利是不容置疑的。无须考虑因果联系就可以决定事物是否实现了它们的目的。当然，我们不需要研究在实际生活中，播种者是否学过植物化学，植物学家是否考虑播种者的希望。评价的相互关系这一问题稍后再做讨论。现在我们首先探究每种纯粹价值的原初的特征。所以，我们的下一个问题是：对外部世界的认知是否必然存在着目的和意图，以至于没有这种目的就不可能思考事物。假如事物的目的性只是我们的个人期望，那么它的实现只会带来个人的满足。对事物的目的只有不依赖于每个个人的欲望，并超越每个偶然的个体意志，它的实现所带来的满足才代表了超个人的价值。只有朝向他者的绝对有效的意志之实现，才意味着一种具有绝对价值的进步。所以我们的根本问题是，外部世界在何种程度上显示出这种目的性，即不依赖于个体的解释的目的性。

要找到一个令人信服的答案乍看起来似乎很简单。如果我们希望在自然的生成中探索客观的目的，似乎有必要弄清楚自然实际上已经完成的是什么。它改变的方向一定是其根本意图所表现的标志，即使更深的含义尚不知晓，我们可以设定所有意志都朝着同一方向，它已经朝着这一方向前进了数百万年。如果自然确实具有意义，它过去的转变方式就不可能否定它。如果在时间之始，事物具有一个根本的意志，那么不管目标如何遥远，已经产生的那些一定会向目标接近。在寻找这一根本的方向时，我们当然不依赖于每个人的偶然态度。我们看到自然，它在朝着自身远大的目标前进，并不考虑渺小人类的意愿。于是人只是宏大发展过程中的一个小插曲。即使是他的土地和地球，在生成世界的总体过程中也渺如尘埃。

（3）自然的伪目的

一旦我们更仔细地探究这一景象的意义，并认识到这一进步的方向，这种自信就会消失。无数形式产生，不过任何不在同一视域中的东西也不会消失。无死就无所谓生，没有覆灭就没有建立。有多少世界从星云物质中产生，就有多少世界彼此冲撞并毁灭。如果我们把视野扩展到整体，就会看到来去、生灭，一种永恒的循环，不再只有单一的方向。它就像一个永不停息的钟摆运动，没有开始，没有结束，也没有目的。周而复始，世界建立又毁灭，成亿上兆年间始终只是同样的来来往往——没有目标和意义，只有无穷无尽的运动。谁能说在这个运动范围内，一个方向意味着进步，其他方向意味着衰退？

它怎样成为其他？我们在此所讨论的是哪个自然？当然，那不是我们的生活与之缠结的自然，也不是现实的生活体验中必须用意义来解释的自然。在我们自身的体验中，没有新世界被建立或消失。对于我们而言，生成的世界就如同午夜空中闪耀的繁星。世界经历的时间所占据的人类的记忆不足亿万分之一。做着无意义的摆动的世界并非体验的内容，而是自然主义者在特殊的科学观下计算的结果，这一计算是为了实现因果解释的特殊需要。我们之前就认识到，科学的联系和真正的发展两者的预设必定相互抵触。天文学家出于解释的需要，在无限的宇宙时间中构建了一个世界，而这一世界最终必定把每种表面变化都转化为周期性的变动，并由此在无意义的静止中把握它。这是必要的，因为只有那些一定持存的科学才愿认定为真。所以，一旦用自然主义计算出的世界代替直观的体验世界，预设就排除了实在的、成为他者的基本生成，而这一生成对于真正的发展是不可或缺的。用源于星云物质的世界向我们表现外部世界超个人的意义根本不合适。由机械规律所推动并不以人的意志为转移的自然，并不是人类在试图把握世界目的时所必须考虑的自然。

因而，我们好像更愿意采取人类中心的观点。于是，发展和进步导致人类的产生，衰退则阻碍着人类的起源和繁衍。当然，某些不断被超越的经验也可能存在。但原始人类（文明人由它进化而成）的形成，动物王国的出现，地球通向有机物的发展，现在都指向一个清晰明确的目标。这里没有钟摆运动。世界如何达到它的远大目标可以留给自然主义者来决定。他可能发现到底是陨星从外来的世界给地球带来了生命的萌芽，还是发展成单细胞生命的原核生物在海底形成，抑或是无数的低等生命形式首先产生，并经过长时间的发展才成为显微镜下可见的物质。那么，即使多细胞生物王国中的死亡也不是衰退；死亡自身成为一种必要的调节，以保证有机体越来越高级的机能，最后则是人类产生。在此，可以清楚地看到，自然希望朝向哪个方向运动。进步必然把人提升为超人（superman），在超人身上，人不同于动物的特征更明显更集中。

不过我们也必须拒斥这种观点。这种对世界意义的解释同样受自然科学的侵害。这一整串思想都属于因果律科学的观点，如果科学的联系与进步的发展彼此排斥这一点是正确的，那么我们就不能接受这种发展是以人为目标的信念，因为它事实上是伪装的自然科学。我们可先称之为"自然的科学"，因为在人类的经验中，任何使人类成为自然低等形式产物的东西并不存在，也不会存在。在人类的经验中，当然不会在没有人的地方产生人类。因此，与低等形式的所有联系再次完全属于自然主义者构造的世界，原则上来说这一世界既没有目的也没有发展。从自然科学的观点来看，把短暂的阶段——从地表的冷却到文明人的繁衍——从星球无限循环、发展及毁灭的宇宙运动中分离出来是随意的。我们从古生物学中学到的通常只能增加关于外部世界的知识，但这种动植物史的自然科学绝不会有助于对发展的理解，这里的发展指的是我们评价为进步的那种发展。经验本身，而非构造的真理，必然显示了我们想要理解其目的和目标的那个世界。但这整个观点都是用更重要的原因去解释的自然主义论调。作为动植物发展产物的人根本不会在他经验的外部世界中发现自然，他也不寻求外部世界的价值。这种探寻态度的主体是历史的存在；是具有意志主体性的人，根本不属于从地表的冷却通向人类物种的产生这一因果过程。设定目标和评价自然的人不可能是自然的目标，因为它并不包含在客体的自然过程中，而属于完全不同的主体的联系。自然主义者只了解会说话的哺乳动物；不过，不管它让这个存在具有多么完备的心理物理功能，同时把这个存在看作对世界真实经验采取态度的主体，这就是一种误解。自然的目标既不是发展出人类和超人，也不是把旋转的环状星云凝结为地球。生物学，同宇宙论一样，也不能解释我们自然环境的意义。

那么只有一种方法能得到自然的意义。我们必须把发现的自然看作我们现实实践的意志态度的对象。这一事物的世界因何产生，它百万年前是什么样子，我们一点儿也不感兴趣。为了使采取行动从根本上成为可能，那么对外部世界的必然要求只有一个，即自然必定是历史个体的意志对象。它独自构成外部世界的任务和目标。它是意愿主体的行动的质料。自然的目的不是产生由因果律决定的人，而是矗立于其上的自由人。自然希望成为他的居所和工具。如果这种与人类意志的关系并不存在，那么人类谈论外部世界的生成的价值，及其发展或退化都是无意义的。

（4）人类行动的质料

当然，这一目标当然不会像埋在田地土壤里的种子那样，以一种有目的的心理思想的形式存在，有意识的意志不能呼风唤雨；但对于态度的主体而言，只有在认识到自然的目标是进入人类生活这一点时，自然才是活动的。只有在这种与奋斗的人类的关系中，自然才成为评价的对象，正如只有在不考虑人的因果规律的关系中，它才能成为知识的对象。漫长的万亿年里什么都不存在。具有意义和目标的自然本身在空间和时间上并非无限。它是我们日常生活接触到的，且服务于我们的日常生活。我们不是通过个人需要，而是必然地感知到自然的目的是为我们而存在的。我们以这一目的来衡量它的变化和生成他者的价值。这一自然就在发展。为我们生长的果实，为我们的劳动提供金属的土地、森林、河流、新鲜空气、水和阳光，以这种方式达到目的，而与个体存在的偶然需要无关。成为人类行动的质料是自然绝对必然的目的，无它，我们就不能思考在现实生活中发现的自然。对于我们而言，自然只有成为人类目的的手段和辅助才有意义。只有实现了这一目的，自然才能显示出它最深的意义和纯粹价值。不是每朵花都能成为果实，并非每一波浪都乐意承载我们。这里和其他地方一样，价值的、非价值的以及那些干扰价值的东西紧密联系在一起。在逻辑价值的范围内，我们遇到了同样的情形。并非每种世界表象都具有存在的价值。只有探究那些持存的印象，才能获得实存的事物。只有这样才能远离自然主义意义上的现实的混乱经验。同样，并非经验到的每种多样性都是和谐，我们需要把美从大量的无关和丑陋中提升出来。同样，并非每种世界的变化都是发展、进步和有价值的成长。只有探究那些朝向其目标的变化，我们才能牢牢把握生机勃勃的具有意义的自然的纯粹价值。

所以，我们的观念并非把人类放在因果自然的中心，就如同旧时代以人类为中心的科学所做的尝试。我们不在任何可能的因果律范围内活动。在知识视野中的自然界中，所有人都只是地球表面的微生物，而地球自身只是宇宙的渺小一点。但我们在生活中与之打交道并给予评价的是自然，具有这一观念——世界是无限的且受因果律支配——的人在那里是独一无二的存在，为了人类的自由生活，自然竭尽所能。对于人而言，若自然不提供帮助和服务，他将寸步难行，无所作为，更不能大展宏图；即使在某些地方，自然不合作并要人类付出艰辛的劳动，它的对立只是对于偶然个体而言的。然而对于历史上的人类来说，它的意义仍是人类的工具和能源。自然主义者有权甚至也有义务这样预设，即不管当今的科学离这一目标有多么遥远，自然终究会显明自身完全处于因果联系中。因而，自然主义者就设定了自然确实处于这一联系中。同样，在历史生活中奋斗的主体也有权利和义务这样设定，即不论个体的生活计划如何被自然所干扰，自然从根本上受控于为理性存在服务这一目的。于是，自然的目标就是向这一目的稳步前进。对于奋斗中的人而言，具有天文学上的距离、上兆年的自然是不实在的，就像对于自然主义者而言，由目的和意图所引导的自然是不实在的一样。这两种形式的评价最终能否被联结，我们在此还不得而知。很显然，它们必定会相互接触，因为在寻求自然知识的过程中，自然主义者也会成为奋斗的主体，他试图要了解的世界也进入人类的意志中；同时，当奋斗的主体把自然看作特殊的意志目的的工具时，他成为认知者。

当然，自然的发展有价值并非因为它帮助作为个体的我们，那会让发展的结果有用且令人愉悦，但这绝不会赋予发展以一种绝对有效的价值。价值只存在于如下事实中，即自然在它的发展中实现自身，忠于它自身的目的并完成了它的意愿。自然的目标就是服务人类，但把自然的生成提升到绝对价值的高度并非因为目标就是服务于人类这一事实中，而是这一意愿的目标确实通过自然自身的能力而达到。若必须作为自然目的的其他目标确实存在，那么不管它对于人类而言有多么奇怪或有害，如果自然实现了这一目的，它依然具有纯粹的价值。但没有也不可能有其他目标。自然必须被认为只有这一目标，因为在我们的经验中，所谓的自然只是人类意志的对象，也是人类的工具和手段。我们的根本意志是这样一种意志，即经验不仅仅是经验，它应该在自身中保持并确认自我；所有评价都从这一意志中产生。如果自然从根本上独立有了自我确认，那么成为人类的工具和行为质料这一意志必须被看作自然的根本特征。只有自然确实朝向这一目标，并证明它与自身同一时，我们才能认识到自然是否达到这一自我。每种生成，通过它自己投身于这一服务，以及把种子变成果实，来显示它实现了成为自我确认的世界这一根本要求。因而，自然确实服务自身，它的行为满足了对自我同一性的绝对的必然需要，而它的践行由此也有绝对价值。

B——进步

(1)历史与进步

我们已了解，所有关乎历史的东西都指向有意志的存在，且只有从同一态度的持存中才能理解历史的联系。这样我们就得到一个历史系统，它具有和自然系统相同的实在性，并要求我们同等地承认和服从。但同样，这种处理方式必然有其限度。我们看到，自然主义者只能谈论那些在根本上守恒的变化和转换，他不了解任何的提高、发展和进步。历史学家亦然。当历史学家阐述历史上的真实联系时，他必须区分重要、不重要、有影响和无影响的联系。然而他的历史兴趣根本不触及这些问题：历史变得更好还是更坏，改变通向提升还是下降。对于寻求真理的历史学家来说，导致古代覆灭的联系与建立古代文明的联系一样，都是科学探索的目标。正如生物学家必须同等解释健康、疾病、生与死一样，历史学家也必须同等关注人类历史繁荣和悲惨的时代。他们只须使我们理解一切是怎样恰巧发生的。

固然，历史学家和自然主义者的素材之间存在着差别，历史学家的素材就是意志或与它相关，而这种意志自身就涉及价值。不过历史联系必须不偏不倚地对待正义和非正义，寻求真理者与教唆者、殉道者和罪犯。他必须研究他们的意志在多大程度上影响其他人的意志，及最终对人的世界的影响。历史学家的目的不是判断和评价。对于他们而言，那些自由发展的是一系列已存在的不变事实，通过对它们的回顾，他们理解了联系。他们并不需要决定英雄、叛徒、思想家、愚人、民族的兴衰灭亡是否具有绝对价值。不过，关于历史过程的价值问题不容忽视。历史学家可能冷静地看待民族的繁荣和衰落，但在历史研究之外还必须存在一种立场，可以清楚地看到在这种历史运动中什么是真正的进步和发展。这或许可称为历史哲学。然而我们必定会问，人类的变化是否为无意义、目标的来来去去？历史是否没有目的、目标和联系？哪里可以实现绝对有效价值，能够达成目标，哪里就存在价值。

实际上，参与历史实践的人建设，摧毁，改革，讲学或革命，并不想了解历史如何产生，而想为他确信有价值的贡献力量。他们忘我地把力量乃至生命投入工作中，因为他们在灵魂深处确信，这一人类历史并非漠然无关目的的自然过程，而是每一小时都有神圣使命。反对派可能会争论哪种改变代表了真正的进步和发展，但他们共同的预设是，有利的变化具有绝对价值，他们在无私地为其服务时肯定了这一信念。而这种对人类正确道路的绝对有效的价值所具有的信念，不可能局限于我们个人活动的狭小实践领域。在匆忙的日常工作中，与整体的关系可能消失不见。不过，每天的奋斗只有服务于人类的活动，并承认总体中存在着无限价值，人的活动才获得了意义和价值。只有脱离自然科学的思维模式，自然才显示出它的发展。同样，只有脱离历史学家的思维模式，历史才能显示出人类的进步。

　　只有采取一种普遍的评价观，我们才能发现人类变化中的发展。历史的研究不能给我们提供帮助，哪怕是间接的帮助。帝国建立又覆灭。巴比伦曾经的繁华留下了什么？5000年后什么将表明我们的存在？大量的人迁徙再迁徙，彼此争斗、征服、融合；彼地此处的内部运动产生，扩展而又消失；河流无计划无目的地流淌了千年。历史学家无权反对这种观点。有人可能又会说，没有什么依赖于事物的延续，但生存者的幸福是必需的。在他们看来，世界的历史也许是人类的严重倒退。最初存在着幸福；现今是狭隘意义上的无忧无虑的幸福，人们满足于感官愉悦，今朝有酒今朝醉，不会为了未来而牺牲眼前的欢娱。那个懒怠的黄金时代被文明所破坏，每天的责任都在扩展，也带来了共同体的不安宁。因而，文明的每步发展都意味着更少的幸福，任何人为的回归自然都不可能隐匿人类的衰落。历史学家也无权反对这一解释。固然，还有人可能同样有权宣称，正是文明开启了欢乐的无穷源泉，打破了早期不可忍受的枷锁，因而愉快是稳步增加的。此外，还有一些人试图说服我们，人类的愉悦感通常围绕着中间水平摇摆不定，所以在高和低的水平上始终具有等量的快乐和痛苦。历史学家同样没有理由反对其中任何一种解释。

　　历史联系保持不变且与这些问题无关：整体被理解为上升还是下降，抑或不偏不倚地保持在快乐的同一水平。此外，若还有人反对这三种观点，并声称进步和衰退同愉悦的感觉毫无关系，历史学家也没有丝毫理由反对。同样，历史确实没缘由认为最大多数人的幸福是发展的目标。那么也许同样有权承认目标是最大多数的健康人或者喜爱音乐的人。如果历史学家只简单地把过去的标准照搬应用到今天的文明状态，同样是随意的。在那一情况下，他们不得不赞赏那些导向我们目前状态的一切事物，并谴责那些阻碍朝向我们现代生活的运动。事实上，我们自身的时代也充满了彼此干扰的运动，并联合了处于不同发展程度的文明。尤其不能只因我们的状态是最新的这一事实而赋予它更多价值。如果仅仅简单地说当前状态最有价值，因为它是最新的，我们应该已经接受了这一预设：历史是一种没有任何退步的时间上的连续发展。可若那样预设，那么我们最好无所事事，不做任何努力任其自然发展；无论明天会带来什么，它必定更有价值，因为它是后来的。倾向于与过去形成对照的我们的时代，就像对民族、职业、教堂或政治的倾向性一样，并不适合提供普遍的评价观点。

（2）关于社会的自然主义观

当然，从不乏把这种狭隘、随意的伪评价强加到历史上的努力，但它不包含任何理论必然性。不过用所谓的客观的特点代替偶然的党派信条，并加以强调，并不会使情况好转。这里的根本问题始终是开放的：为何评价恰恰要以这一点为支撑？最具欺骗性因而也最有害的就是，那些从自然科学的领域中获得看似客观的所有预设。这个默认的预设是，自然变化运动的方向决定了自由人类行动的目标。这一观点的谬误显而易见。两种情况是可能的。或者一种情况，我们认为，自然总体的有机过程包含着所有的人类历史：任何目标和义务的问题于是都毫无意义。无论可能发生什么都同样由自然注定，人类的活动改革不能产生任何不带自然标记的事物。于是，好坏都同样是自然过程的结果，任何改变的方式都不能宣称，与其他相比它跟自然更和谐。或者另一种情况：我们所称的自然，仅指人类活动的对象或人类行动的质料。在那一情况下，意志完全可以自由决定是否把自然中的变化作为其模型，或者文明是否要效法自然。社会发展中的进步可能正存在于偏离无感觉的自然的方式中，并寻求可能与其反向的新路径。简言之，如果默认文明伴随着自然，那么只有我们在认为文明自身是自然的一部分时，才有权这么做。在这一情况下，对任何特殊的行为模式既无肯定也无否定的预设是合乎逻辑的。另外，若区分文明和自然，我们无论如何都无权预设文明必须以自然的模式塑造自身。当然，毫无疑问，我们可以从自然科学的观点看待每个生命。但如果生物从分子有机物到文明人的转变确实被看作自然过程，在自然主义者看来，就没有任何事物显示提高或进步。20世纪的人乘火车，坐蒸汽船，通过报纸知晓天下，用无线电通话，用图书馆来记忆，用大炮攻击；不过他对外在生命环境的适应性并不比最小的纤毛虫在一滴水珠中的适应性更强。我们只是增加了差异、各部分的多样性和反应的复杂性。但谁有权利断言复杂优于简单，差异比无差异更有价值？

以这种自然主义观看待社会有机体，所有事物对自然的适应性都相同；无论命运如何转变，一切事物仍是必然的因果过程。在工业化生活的今天，雇主和劳工彼此对立，如果资本的力量把劳工的生活压迫到最低限度，或因其联合而强大的劳工自私地把他们的意愿强加到雇主身上，抑或国家迫使两者让步由此寻求一种平衡，在自然主义的视野中，这一斗争都同样是自然的。强者可能压迫弱者，或联合起来的弱者能支配强者，抑或对抗的力量会被外界压力所抑制。这三种可能性中的任何一个都可以在自然界中找到上千的例子。在自然那里不要求任何事物，无论发生什么，结果都同等作为发展被接受，只因它碰巧是结果。

但让我们考虑另一种情况。不把人类看作必然过程的一部分，而是设定处于自由中的人与自然对立并且超越自然，现在当他自由地沿着自然的路径行进时，我们谈及发展。比如说，在达尔文主义者看来，自然的进步指的是对那些最适应环境个体的选择。因此，只有当那些适应力差的都被淘汰时，人类才是沿着进步的道路前进，若不足以适应环境的个体被人为地留存下来，人类将会衰落，好像这么说才合逻辑。这听起来似乎不言自明，然而却是谬误。它掩盖了决定性的事实，即好坏适应性的对立已经包含着评价的整个问题。只有通过有关价值的独立决定，我们才能说在文明结构中，什么应该被称为好的适应性。比如说，在文化领域，只有健康、强健、精力充沛的机体适应性强，而虚弱、神经质的有机物适应性差，尽管事实上或许后者的脑细胞可能会推动人类趋向新路径。有人可能会理所当然地说：古代世界的毁灭正是因为最好的部分被党派斗争消灭，迫害，处以死刑，施以苦刑。但只有当已看到朝向某种文明目标的发展方式时，我们才能决定谁是最好的。仅从自然的立场看，我们必须认为那些获胜的迫害者因其胜利而适应性更强。

社会的自然主义者坚持他们的历史目标是种族的纯度，即一种最近把自己推向前沿的学说，我们没有更可靠的根据认为这一种族论缺乏任何可靠根据，纯种族的概念也完全随意，都未触及问题的实质。语言学、解剖学和社会心理学的成果破坏了所有这些猜测。毋宁说决定性的事实是，这里的目标是被规定的，对它的评价绝不会通过真正的自然主义思考而得出，只有通过肤浅的比较繁衍过程才能得到结论。纯种族可能是一个自然主义概念。优秀种族的观念已经以人类目标为指向，并且超越了自然科学的概念。但主要问题是，把历史上对纯种族保存起决定性作用的遗传特征评价为优秀的，是否可以只通过完全独立的考虑就被肯定或否定。我们无权预先决定优秀和纯度一致。首先我们必须了解人类观点下优秀的含义。只有那样我们才能研究种族的纯度和民族的融合，两者哪一个为优秀民族的发展提供了更有利的条件。历史哲学无意识地受到实际偏见的影响，断言所谓优秀社会的文明纯度要求保证种族的自然纯粹即无融合，这一断言不过是建立在混淆的基础上。运用同样的逻辑，我们可能会坚持实际上纯粹的绘画只能用一种化学上纯粹的色彩。但无论是种族纯度还是其他自然主义概念，它们被设定为社会发展的目标，始终只是混淆了解释和评价。从根本上说，解释的问题根本不能触及评价。所以，对于对进步和衰退的评价来说，哪种因素对历史事件最有影响力这一问题也是无关的。是大众还是领导者更应为历史世界的改变负责，是民族的环境还是它的遗传倾向更具影响力，经济条件是否为政治和文化事件的根本，所有这些问题在今天都可以这样决定：对于被评价为上升或下降的运动，它们无丝毫贡献。无论在什么情况下，评价闯入客观的历史说明，原则上并不比过去的天文学家的理论更好，过去的天文学家认为，因为从审美上圆是最壮丽的曲线，所以星体的轨道是圆。

　　我们的问题一定是，在社会历史生活中，是否有一个目标必然被看作属于人类的实在。对自我确认的世界的要求只有包括对人类某种意志的假定，这一意志的所有实现才被承认是有价值的。在此，这并不是心理学所发现的问题。共同体没有一种作为自觉观念的朝向某一目标的意志，我们也没有感知到共同体明确地意识到了这一目的。问题只是，如果从根本上把人的世界的经验提升为具有独立意义的实在，从逻辑上说我们所意愿的并要保持的共同体的目的是什么？可以通过以下的考虑寻找问题的答案。在此感兴趣的不是人类的个体内心世界，而是作为人的世界的部分，即彼此相关的存在。只有成员彼此联系，人的世界才有意义。因此，只要个体表达自身的欲望，我们就必须从中进行抽象。这样，他们的相互关系和共同目的才进入共同体中。现在我们要求这一共同体具有自身的目的，由此肯定自身的自我独立性。这只意味着共同体的成员会得到一个共同意志，由共同体得以支撑和肯定。每一个体成员的意志越能代表整体的观点，这一点就越充分地得到保证。

　　（3）共同体的意志

　　个体的内心生活并未由此触及。在共同体中，每一个体对团体的归属表达越清楚，他越能把其意志从个人需要中分离出来，并更加强调自身中的共同意志。这一团体可能是夫妻、家庭、城市、行会、教会、民族、民族联合、所有现代人或者整个人类历史。这根本不表明范围内的每一成员都必须完成同等任务。我们不是说缺乏差别。在玩国际象棋游戏时，我会小心照看黑子而对手看护白子，但游戏的规则一定是我们共同的意愿，遵照规则的游戏过程对于我们二人同等重要。如果我保护我的国王而攻击他的国王，而对手和我有相同的意愿，我并不由此单方面违反我们整个小团体的立场。我们有共同意志。如果相反，即使我是更糟的玩家，也希望不惜一切代价取得胜利，这就违背了团体的意志。团体的意志是优者胜。因此个体意志行为的多样性，绝不会因为服从于团体更大的意志结构而受损。共同体的每个成员都被赋予了同样的立场，只有当每个成员都从这一立场考虑他的特殊任务时，共同体才发现了理想形式。构成一个民族的生活的不只是许多头脑，还有许多任务，但是民族的立场可以而且应该对于每个人的任务而言都是相同的。没有这一设定，特殊团体就失去了自身的独立意义。

（4）个体的立场和团体的立场

我们甚至从这里就可以看到发展的价值。我们断言只能思考这样的团体，它充斥着这样的需要，即每个成员放弃个人立场上的意志并采取团体的立场。因此，每种更圆满地实现这一要求的转变必定是一种纯粹的价值。我们说的是每种转变，而非它的最后结果。价值始终只属于意志的实现。期盼成员的这一转变的团体产生了一种价值，这种价值在于它满足了成员成为真正团体的意愿。然而该意愿一旦得到满足，意志一旦实现，发展一旦完成，那么世界只呈现出某种既予的社会状态，其中不存在任何有待实现和发展的事物，因而也没有可被评价的价值。朝向目标的运动是唯一有价值的因素。目标自身完全无关紧要。我们绝不该忘记，一种绝对价值在另一种角度看来，可能通常属于微不足道、无关紧要的事物。二乘二不等于三百的这一愚蠢判断，就如同最有效的数学发现一样真实。这样，即使一个团体最后发展成一种多余的联合、危险的党派或者自私的民族，一个团体的发展作为一种发展，也可能是有价值的。如果从根本上把这个特殊的共同体看作自我独立的团体，我们就必须为之构想出目标：每个成员都会采取超个人的团体观点，于是这一方向的所有变化都必定会满足我们客观上一致的意志。

然而，我们能立刻超越这一观点。无数愚蠢且不成熟的那些判断，在任何时候都具有充分的真理上的逻辑价值，而我们对它们一点不感兴趣；我们仅保留具有某种意义的东西，并把它们纳入更广泛的思维联系中。同样，我们让许多可能的发展价值隶属于更重要、更广泛的进步的联系。这并不意味着小团体应该在大团体中消失，也许是镇区消失在国家中，也许是国家消失在无差别的人类中。正相反，每种发展都要求多样性。但是，如果我们有更重要的意志与团体的目标对立，那么实际上我们不能在自身参与的意志中坚持团体的目标。在本质上，我们既能把握一伙盗贼的共同目标，也能把握学院哲学家的目标。不过，若我们的意志实际上与他们不同，那么朝向那一目标的转变不会被感到是一种超个人意志的实现，于是纯粹价值的特征也会消失。这样，每种社会发展必须指向更根本的目标，并最后指向最终目的。这一最终目的显然是纯粹的绝对的超个人观点，并不属于作为特殊团体的成员的个体，而是同等地属于每个可思维的主体。每一个体的目标都指向这种立场，在这一立场上，他分有纯粹的超个人意志，而这一意志只表现每一个这样的主体，即他所属的共同体是由从根本上期盼一个世界的人所组成的。所以，人类的共同体的最终主导性目标是朝向一种立场的转变，在这一立场中，每一个体意志都与超个人的意志——纯粹评价——一致。任何朝向这一目标的运动都是纯粹的发展；任何远离这一目标的行动都是衰退。

单以这种方式，每个团体的形成、共同体的发展就在有价值的总体中找到各自明确的位置。实现目标的共同体不再是仅仅进入一种无关紧要的社会状态，而是它的实现成为向人类总体的绝对目标发展的一个阶段。更高的目标或一致的目标都不可能存在。它是不可达到的目标，却在根本上不可缺少。没有它，我们不能总体地考虑人的世界。作为人的世界成员的每一个体都应该是纯粹评价的主体。这种评价有很多。一些是我们已经讨论过的知识、统一和美的价值，而法律、工业、道德和宗教的价值我们随后会论及。真正的发展能够朝向这些方向的任何一个。对事物的理解进一步总结为真理，感知被提升为美，统一、爱与和谐被扩展，自然被重塑为工业的经济价值，人类直觉被法律所命令，内心世界中道德获胜，信念向真正的宗教发展，任何存在上述情况的地方，我们都具有真正的进步，而其自身就绝对有价值。同时，美被贬低为纯粹的愉悦，对事物的理解因被切断与总体的联系而破坏，不和谐与痛苦蔓延，共同的任务由利己的观点所支配，经济成为目光短浅的利用，而政治生活成为片面的权力滥用，道德成为狡诈的行为，宗教成为自私的迷信，任何以上境况都会使人类沉沦，即使它自吹是新文明的新手段。

（5）文明的阶段

所以，我们无权寻求各阶段的明确次序，也许从不文明到半文明，从半文明到文明，或者就像实证主义想要阐述的那样，从一种目的论到形而上学思想，最后到实证主义思想。同样，我们也排除了所有涉及这种进步的解释，即人类朝向可能经验之外的目标的进步。在宗教中，我们可能会把人类目标指向最终的神圣审判，但这一宗教首先需要证明它是人类发展有价值的一部分。对进步的社会价值的研究一定不能超越我们可能经验的世界。同时，我们必须承认在经验中朝向纯粹的评价立场的转变就是这种进步。因此，即使在最低的社会水平上，进步也是可能的，而最繁荣最复杂的社会也许是倒退。此外，可能评价的多样性也会在同一社会有机体中同时产生进步、静止和倒退这样不同的观点。一个民族的宗教意识可能在灿烂的发展中提升到纯粹评价的立场，不过它对真理的科学认知也许是最低等级。对美的评价或许会被提升到辉煌高度，不过道德评价可能是衰退。没人会把印度的哲学、中国的艺术、巴基斯坦的宗教、希腊的文学、罗马的法律作为评价那些民族总体发展的标准。

很有必要研究每种纯粹评价与其他评价同时得到发展是否可能。它们彼此抑制，从而使得历史上的劳动分工成为必需，这很有可能。原始森林某一方向的进步，可能远远超越了许多霓虹闪烁的都市街道上的道德沦丧。而且，所有这些都在越来越小的范围内重复上演。在单个民族或单个共同体、单个团体中，一个方向的进步在某地进行，而其他方向的进步可能在别处发展。比如说，很难这样期望：在国家某些热衷于提升经济或艺术生活的地方，宗教和道德也得到高度发展。无限多样的生活中的进步并不简单地为普遍的是或否。任何地方都有无限的上升和下降运动。不过这些依然成立，即在所有人类历史中，文明的民族当然比不文明的民族代表了更高的发展阶段，而在这些极端的对比中，我们可以再区分出许多半文明的中间状态。悬而未决的是：每一民族能否通过自身力量步步提升，所谓半文明能否从根本上被改造为完全的文明，抑或历史的世界是否需要开创新而更新的独立起点，以得到更充分的发展。决定性因素依然是，在文明范围内，我们发现在半文明的圈子内，被提升到超个人高度的纯粹评价，依然必定源于纯粹个人的个体立场。

那并不与这一事实矛盾，正是在低的发展水平，生活以这种类似模式进行——好像每个人都是他的邻居，而在高度文明的阳光下，个性最美丽的花朵绚烂开放。有类似模式并不意味着在个人之上，毋宁说在个人之下，在生命活动中显示个体风格并不意味着自私。用与文明相对立的原始生活中的本能、偶然、随意、直觉因素描述这一命题更恰当。原始生活中占主导的是激情，文明社会中占主导的是判断力；前者是本能反应，后者是行动周详的计划；这些显然都存在于从偶然的个人意志到超个人的团体意志，最终通向绝对有效的评价道路。这是从低级阶段对事物的感官知觉到概念化的理解，最终到对每个人都有效的严格科学的缓慢转变。同样，并不考虑明天的原始的、偶然的生活逐渐转变为认真的、有责任的成熟社会，这一社会要求为了后代做出牺牲。同样，由外在动力所推动的不稳定活动转变为民族的稳定劳作，它立足于传统又展望未来目标。同样，自私的懒惰变为对劳动和创造性工作的尊重。在任何地方都是从个人到普遍有效、从个人意志到纯粹评价的上升。

当然，活动自身必定受特殊的倾向、手段、起点和爱好的影响。讨论当今一个文明民族还是另一个文明民族的发展阶段更高是无意义的。它们存在着不同的基础、不同的侧重点。爱好数学和自然科学的民族，可能并不同时对历史感兴趣，具有美术天赋的民族未必也有音乐天分。尤其重要的可能会在行动的意志中显示出来。意志也许更想在外部世界中实现自身，或者更想在人的世界中实现，抑或是在内心世界实现。这样必然导致三种基本类型，即使在最小的范围内，它们也可能同时出现。但这三种类型以同样方式决定了大的党派和国家的划分，最后是整体的各个民族和各民族的各团体。即使在最原始的社会，这三种对立也必定存在，因而从根本上说，它们并不代表文明的不同阶段，而是并列的特征。从个人的野蛮上升到完全文明的超个人的高水平状态，三种中的每一个可能都一直存在。这三个团体是由塑造外部世界的劳动者、与人的世界打交道的斗士及表达内心世界的思想家、诗人、牧师组成。三个团体依次由关注、意志，以及理解和情感所控制。贸易、战斗和宗教团体一直都存在，正如每一阶段都有非政治、保守党和自由党的团体。三者分别主要强调努力、忠诚和正义。第一个目标是不断地掌控自然，第二个目标是为民族的权力而努力，第三个目标是它的道德和文化发展。这样，在今天，我们依然能发现一些文明民族朝向最高可能的成就，一些在它的国家组织最充分的发展中看到其目标，还有一些在每一个体最自由的可能自主性上认识到其目标。一个并不比另一个发展更高，只要在其特殊的意志中，在接近超个人的主体立场，他就是沿着纯粹发展的道路前进。同时，这三种类型中的每一个也可能衰退。权力或许被滥用并被降低到个人范围，勤奋、精力和自由也许是为了服务于利己的放纵和纯粹的愉悦。

（6）进步和衰退

然而，在这种无尽的前进和倒退运动中，这一信念坚持不变：

所有的运动是不断地进步，每一种倒退都被更强的发展所克服，这绝非偶然。若非那样，文化价值的发展和消失就只会像田野中的花开花谢。我们只能看到漫无目的的上升和下降，而非人类知识朝向越来越高的目标。如果每一个体的生活最终都会无意义，那么个体服务于政党、职业、民族和人类也毫无意义，因为我们服务于它们是为了实现它们的意义。但那不可能，正如我们所见，进步始终从个人通向超个人，衰退则从超个人通向个人。超个人，正因为它并不指向这个或那个偶然个体，具有自我保存的无与伦比的伟大力量，令人印象深刻。个人具有偶然的特征，只承载单个意志，没有力量扩展自我，也没有力量激发邻居和人的世界。因此，所有进步都通向具有保持自我力量的事物，所有退步都通向不久会再次消失的事物，因为只是个人或事物而没有扩展的力量。所以，进步和退步运动整个作用的结果终究是所有进步力量的增加。最终退步通常只是个体对价值的个人遗弃。而同时，进步创造了新价值，它的传播不受创造者控制，为共同体获得后绝不会再失去。假如新真理被揭示，其他来者可能并不注意它而向后运动，但真理本身一经获得，将会触及其他能够理解那一价值的灵魂。若艺术已找到对世界其中一部分统一性的完美表达，对于衰落时代，它的美可能只是低级的感官愉悦，但将出现其他人会被这个统一性的力量征服，并上升为对超个人价值的欣赏。类似方式对于法律、道德、经济、政治、宗教和哲学都成立。衰退始终具有偶然的特征并可以消失；进步始终具有不灭的因素，因为所有进步都创造价值，而这一价值对于何时何地的任何人都成立。沙漠的沙粒可能会湮没古老的文明，但其深藏的精神必然会流传下来，并推动历史向前发展。时间流逝，只有外部消亡，这一进步永无止境。每一新价值都会提出新的目标，这一目标最初只是吸引个人的意志，唯有通过历史的努力才能得到超个人的实现。每一纯粹价值都是完成的，不过在评价的主体中，每一新价值都设定了新的意志的情境，需要新的平衡由此超越自身。这样，不仅人类进步的终极目标是无法达成的理念，而且各部分的发展也包含着无限的可能性。

C——自我发展

（1）意志的展开

内心世界同样清楚自己的他者以及既存事物的消失。我们已经讨论了内心世界这种在逻辑意义上有价值的自我保存；它呈现给我们理性之联系。我们进一步考察了内心世界既存体验的统一性；在那里我们发现了幸福的审美价值。现在，我们面对的是塑造自身体验的自我，内心世界的变化何时出现，其生成何时成为绝对有价值的，并因此成为一种真正的发展？我们必须马上强调一点，这一点稍后将对我们具有决定意义。首先，这种有价值的自我实现根本不是道德意义上的有价值。道德概念必须保留在文化价值之下，在文化价值中，有价值的自我实现成为一种有意识的目标，因而行动也成为一种真正的实现。最初，自我发展是自然生活的一种纯粹价值，而非文明的目的性行动。它带着一种有目的的任务发展自我，不管这些目标如何多样，有目的地把自我提升为一种价值，这在一开始并不在这些目标之列。只要我们继续研究道德价值，就会认识到这一对立。于是，有价值的自我实现成为一种有意识的目的。

对自我发展的这种自然生活价值的承认的道路清晰地呈现在我们面前。所有内心世界的塑造肯定是从既存事物到非既存事物之转变。倘若这种转变实现了必然包含在既存事物中的一种意志，那么这一转变肯定是有价值的。如果我们有意识的内在体验是这样一种类型，即除非我们带有某种我们承认与我们的个体欲求无关的意志，否则我们根本不能感知这种体验，那么，实现必定以某种超越个人的方式满足我们，并给予我们一种绝对价值。但我们已经知道，必然属于每个内心世界的意志才会得到这样的承认。它就是我们所认为的人格的根本意志，即内在体验不仅是一场梦，而且具有自我肯定的现实性，由此属于一个真实的世界。我们自身或任何其他自我，即作为与"你"对立的"我"，不仅仅只是纯粹体验的偶然部分，还具有某种独立的重要性和含义。那么真正的问题在于，如果自我要具有自身的意义，既存的自我经验必然指向的那个非既存者是什么，就像自然中的花朵以果实为目标，人类的不文明以文明为目标？

但我们必须清楚，何谓真正的"我"，究竟是谁的可能进步和退步。"我"当然不是心理学意义上意识的整体之内容。外在世界的观念和人的世界的需求就像对自我的感知一样被包含在心理的精神经验中。我们所谈论的这个"我"只能是那个借以采取态度的意志。这个"我"的转变目标始终也只能是一种新的意志。既存的意志可能被导向一种非既存的内容，但这一内容的实现和愉悦的产生并没有改变这个"我"，也不能使其前进或倒退。通过实现指向这一内容的意志，"我"既没有得到扩展，也没有得到增强。为了通过这一意志的实现肯定自身的意义，自我必须具有意愿，由此必然指向自我的意向。这意味着自我愿意发展自身的意向，愿意展开自身并加强自身的意志力，并始终保持与自身的同一。

这确实是在"我"之中唯一可能发生的有价值之变化，因为它是对唯一可能之计划的实现，通过它，这个"我"才能获得自我独立的意义。如果它不再想与自身保持同一，如果它想要的就是，意志力不是对体验到的自身意志的发展和强化，那么它就不再是自我，而成为一种毫无意义的序列。倘若这个"我"被看作与其自身的价值变化相关，忠于自身的意志之发展对它而言就是唯一可能的目标，而只有这一意义上的转变才具有发展的价值。我们必须再次区分不同的阶段，就像我们在社会发展中所做的那样。第一个要求就是，构成我们日常工作的单个意志力不会彼此对立。自我在每一个新的行为中都把自身发展为与既存的意志力保持同一的新意志力，并通过新的表达显示出既存的这个"我"的目的。如果要给上百万的意志力量分类，应该说它们都属于这一切事物，即一切源于耐性、勤奋、热心、自我节制和勇气的事物。旧意志随处展开，并在新的意志力中得到实现，这种新的意志力具有相同的倾向和方向。此外，同样的目的也可以由精神的诚实、满足和谦逊来达到。它们可以使意志保持与自身的统一，因为从一开始，它们就不允许意志变得不可企及。但我们得强调一点，所有这些，即美德、责任、良心、义务和道德，都不在考虑范围之内，而只是一种根据自由偏好而做出的选择。满意、勤勉、勇敢和刻苦是个体根据其性情在内心世界发展出来的品质。它们的出现与艺术天赋或数学才能、同性恋的倾向或钟情的心灵没有什么不同。天性勤劳的人不需要通过道德力量不断地对付其懒性；节俭的人不需要与贪婪做道德抗争；勇敢的人无畏地走自己的路，根本不会受到怯懦的诱惑。

这对所有的倾向和偏好都成立，在这些倾向和偏好中，新意志不仅与原来的意志保持统一，而且以更强大的力量发展它。在这里，我们可以找到对更高文明的欲求，对伟大的成就和创造行为的欲求。整体人格得以更充分的表达，不过它始终只是一种令人喜悦的自我实现，这一实现并不期望对这种成就有任何特殊的评价。但是，如果我们要从根本上承认这种发展，那么，新的意志必定存在于旧意志的预期中。如果我们做梦般地突然拥有了丰富的知识，可以在当下不假思索地对整个世界表达态度，或者我们能够创造出一件精美绝伦的艺术作品，虽然先前我们并没有这种艺术爱好，那么，这种转变就不会有发展的价值。它既非生成的也非进步的，而是为了另一种未准备状态的出现，这种状态会突然消失。我们自身在教育和文化中成长，因为精神领域的扩展就摆在我们面前，而且我们感到一种新的态度就是对先前尝试性理解的发展。艺术行为之所以属于我们，并非因为我们知道并且能够解释它是怎么发生的，而恰恰因为它是我们爱好和倾向的一种表达。为了使这种从既存意志向新意志的转变成为内心世界的真正进步，自我保存、自我实现和自我强化必须发生。于是，每一种反向的运动都意味着衰退。如果我们懒惰、懦弱或者缺乏耐心而失去意志，如果精力被白白浪费，兴趣又不断地从这里转到那里，如果天赋不能被利用，最高计划归于失败，而且自我茫然地面对世界，那么，自我发展的价值就成了牺牲品。

（2）根本的意志

不过，对这种有目的的意志力的实质上的实现终究只代表了这种有价值的发展的第一步。可鄙的倾向甚至罪恶的意志力同样可能在我们身上得到生长，这似乎也满足了一种有价值的发展的表面条件。但这显然不一样。只有当生长和变化是我们所希望的意图之实现时，而且当我们把握自我而感受到它们的必要性时，它们对我们而言才是有价值的。犯罪的意志力或许也会生长，但我们不能以这种方式感知自我，以至于毁灭性的意志自身成为意志力的目标。我们之所以不能以这种方式感知，是因为这一意图会被理智的根本意志所抑制，这一意志存在于每个人的灵魂最深处，正是它使人得以成为人。我们只能这样来认识自我，它在内心深处具有对这个自我肯定之世界的意志，这就意味着，它确实想要那些绝对有价值的东西。这就包含着这一点，如果主体能够充分展示自身，他不可能在错误、丑陋、不和谐、痛苦、退步、罪恶、过失中得到满足，那样的话，他的满足也将转变成一种厌恶。我们无法想象这样一个主体，他不具有这种对绝对价值的根本意志，因为我们看到，这种对绝对价值的确认就是对肯定自身的这个世界的确认，我们不可能承认这样的主体，他不愿与我们分享这个世界。对于我们而言，只有通过肯定世界，也就是说，通过要求根本的绝对价值，他才成为一个主体。

这种被罪恶和邪恶的意志所控制的内心生活，从表面看来，似乎通过增强反价值的意志力表达了其人格的意义。但是，只要每个主体不是无责任能力的精神病患者或者野兽，我们必然要求他从根本上肯定价值，这一事实使得上面那种粗浅看法无法成立。否定价值的意志作为个体的特殊状态或特征，在任何时候都可以被感知和发现，但绝对不能理解成最深层的意义，因此，它的实现和增强绝对不能表达人格的自我发展。为了使个人目标获得真正自我发展的纯粹价值，我们必须在个体中保持什么，加强什么，这一问题最终取决于理性的普遍意志，没有它，我们不能承认任何主体是自我。因此，只有当一个人身上生长起来的特殊意志与其理性观念，即对世界的自我肯定的要求和谐一致时，他才能找到其自我发展的真正价值。而这一要求包含了逻辑的、审美的、伦理的和形而上学的价值之总体。成为这些价值的拥有者是生命的最高意义。生命通过这种自我导向的意志仅仅使这种自我表达、自我展示和自我强化成为可能。因此，低估生命、游戏人生或者抛弃生命，就意味着对自我发展的绝对有效价值的否定。它是社会低级发展阶段和低级人格的特征。同时，仅从愉悦程度来评价生命，就意味着将生命从超越个人的高度拉回到偶然生命的高度，而后者仅仅具有体验。只有作为朝向纯粹评价的发展的拥有者，其生命的内涵才不只是个人的体验和享受，还包括使其自身变得独立、自我肯定，并拥有一种价值。由此，生命以及向最高目标的发展之力量是绝对有价值的。如果我们仍坚持生命的纯粹提升并不是一种成就之价值，那么这一纯粹价值也并不会因此而失去什么，它那种永无止境的有价值的自我实现依旧超越于道德之善恶。

第十二章 实现的价值

有意识地确保发展

实存价值在科学的联系价值中实现自身，而统一的价值则要求其阐述具有艺术美的价值。同样，发展的价值必定通向实现的价值。在任何情形下，对于发展的价值，我们可以在自然生活中唾手可得，而实现之价值则要通过文明自觉的目的性努力而创造出来。外在世界、人的世界和内心世界都充满了指向发展之目标的倾向，但是，只有那些我们称为文明的对价值的自觉的、有目标的努力，才能保证工业、法律和道德的实现。

正如我们所看到的，发展只存在于以自由行动开始生成的地方。从因果联系的观点来看，这个世界只有变化，没有发展；结果自然存在，但并不比原因更重要。这种转变不能被高估。我们经常听到这样一种轻率的指责，伟大的历史学家认识到民族发展过程中的"理念"，但他们不能充分说明这些理念的来源及其可能导致的结果。但这是一种混淆。不论是作为社会的世界还是作为自然的世界，当被加以因果联系地考察时，它们并不受制于理念；如果认为它们受理念之驱动，那么我们已经选择了一个立场，即因果之问题就像第五维度一样没有意义。只有对开展之行动存在内在自由的地方，世界上的发展才有可能。在因果系统中，出现的新事物被认为完全由既存的总体所决定，因此从根本上说，没有什么新事物。只有从发展的观点看，这种生成才导向新事物，这种新事物由自由行动所创造，并且仅仅作为目标和目的实存于既存事物之中。正是在这个自由王国中，我们看到自在的外在世界朝着它的目标前进，我们认识到其目标就是为人类提供舒适和效用。同样，人的世界也向目标前进，我们认识到其唯一可能的目标就是意志这种超个人的普遍性。最后，我们看到，每个个体的内心世界也向其目标前进，其目标就是它的真正意志的展开。这些目标都是必然的。如果外在世界、人的世界和内心世界确实有意义，那么，这些目标就必须被看作属于这些世界的意志。但是，由于这些目标是以对这个世界的独立理解而必然设定的，因此其实现必定绝对有价值。之所以是绝对的，是因为它必须对每一个如此这般来思考世界的人都同样有效。同时，任何人都不会承认这样一个主体，即他不赞同这种对自我肯定之世界的要求，而只满足于将世界当作一场梦或一种混沌。因此，种子长成富含营养的水果，部落成为一个有责任感的民族，小学生变成一个成熟的男人，这些都绝对有价值。这种转变虽然有价值，但都不是有意识地将其价值作为目标。

我们要是不把迈向成熟作为不成熟的目标及意义，我们就不可能思考不成熟。但一个男孩，经过一种有价值的发展之成长，形成一个统一的人格，在这个过程中，并非他自身凭借意志走向成熟，并经历一种绝对有价值的发展。他只是具有成长自我的欲求。人的世界同样如此。人们并非想要发展本身，而只是出于日常需要。在这一意义上，发展凭借自身，并且无法预期。只有那些对转变做出评价的人，才能比较开始和结果的意义，才能在果实中认识到种子的目的，在王国中发现战斗部落的目的，其价值并非在最初就被作为一种真正的目标。创造者只能评价其作品，而非其作品的创造。发展具有客观价值，但是对于发展自身的主体而言，其自身状态不会被当作价值那样来考虑。

现在开始讨论文化之实现。发展的任务可以通过有意识有目的的努力来得到保证和强化。通过人为的努力，亦即我们所说的文明，外在世界、人的世界和内心世界的自然进程得以保护而免受压制，且得以强化以抵制阻碍。那些意在建立价值、达到其目标的社会团体，那些为了实现其自我发展的理想目标而有意识地努力奋斗的个体，都不再是偶然的价值拥有者。他们为实现价值而采取行动。只有目标实现之后，只有要求做出估算和正确评价，世界的自我实现才能达到最高目标。不过在外在世界、人的世界和内心世界这三大领域的具体情形截然不同，因此如果我们从一开始就分开考虑，探究各个领域内的有目的的发展，这样也许会更有效。但是除了这一区分之外，所有这些实现价值也应该具有根本的一致性。至此我们就明白了，只有通过价值的系统演绎，我们才能认识到它们的相互关系。譬如，人的世界的法律和内心世界的道德呈现出一种相似性，而这种相似性极易被遮蔽。不过，首先我们必须来探究自然的目的性实现。

A——工业

（1）经济

在哲学的家园里，经济通常像灰姑娘一样。当更幸运的姐姐花枝招展地参加舞会时，她却被责骂，被迫待在家里的厨房中。直到年轻的王子发现了她，这确实很奇怪，但同时，我们就容易理解为何关注经济和工业的唯心主义哲学家少之又少了。真、美、道德、法律和宗教，是提升人类精神的永恒价值。而商业、贸易、生产和消费却是使人类灵魂堕落的低级活动。它们自身没有价值，人们容忍它的存在只因能满足人的需求。人的神性创造着道德、真和美，而创造经济的是人的饥渴和冷酷的兽性：从原始野蛮人的收割和捕猎，到现代人的工厂和股票交易。创造纯粹价值意味着使自我超越单纯的经济劳动力这一角色，而关注世界发展的理念的哲学家没理由为贸易、买卖和利己收益等耗费精力。所有这些看似是理所当然的，根本无须特意提出来讨论，因此将工业生活从哲学王国中驱逐出去似乎不言自明。

当然，这种蔑视并不能阻止一些历史哲学家们始终对社会存在中的经济方面给予认真关注。他们甚至特别强调经济基础对历史发展的作用。唯物主义的历史观最终看到工业生活不仅仅是社会生活的一个重要部分，而且是所有社会形态和社会变革的决定因素。然而不论是经济状况决定了历史的发展，还是政治、理性、道德影响也在起着同等的作用，经济因素没有价值这一观念并未由此改变。现实主义的历史学家会认为经济因素是一个基本要素，但对它内在价值的评价不会高于唯心主义者。对于他们来说，经济仍然只是社会机体的新陈代谢而已，处于真正有价值的精神生活底层。哲学家和历史学家在这个问题上也许有异议，即精神产品只具有历史相对性还是具有在历史中自我发展的绝对价值；但是他们都一致习惯认为技术工业本身毫无价值，它的价值都是通过与社会、政治、理性、法律以及道德的善相联系而间接获得的，最终都指向市场受其自利本性驱动这一事实。而这种所得的贪婪在精神层面正好与无私奉献的永恒善相对立。因此工业和经济领域内的所有事物都变成了纯粹的反价值。

近来我们一直对经济生活的心理动机闭口不谈，反而在产品的特点上大做文章，这也是经济生活劣势地位的一种表现。人们常说，人类创造物的价值等级应该与它所产生的影响一致。最高的价值属于对人类发展有着最强烈、最广泛、最持久影响的事物。但一般说来，任何人类作品，越有可能超越其起源的时空限制而施加影响，就越容易从它生成的情境中分离出来，也就意味着更具精神性。因此，宗教和哲学代表着最高的价值，而科学、艺术和道德紧随其后。政府、法律和社会规范远远落后，因为相比较而言，它们很难在别的条件下实施。链条的末端是经济生活。它与其成长起来的环境息息相关，在某种程度上它具有低级的世俗性。于是各个民族依其对文明的价值而被排序。一个民族创造的精神财富越多，它的地位就越高；越只关注经济生活，它的地位就越低。

（2）经济生活的活力

但能这样下定论吗？无论如何，能否脱离周围环境确实决定文明成果是否具有持续影响，这一问题值得探究。但在任何情况下，我们应当从作品的内在意义和内容，而非其外在特性来考虑这一问题。寺庙和宫殿当然不可能离开人们矗立它们的那块土地，但赋予这些岩石作品以特色的建筑风格能够被分离并风行全球。我们无法移动希腊神庙，但它的圆柱排列规则较之相应的宗教，更广为流传，历史悠久。工业难道不是如此？也许它的物质内容和土地紧密相连，但它的意义和精神却是可迁移、可分离的并会产生深远的影响，甚至真正的文化所要求的条件表面上也满足了。引导经济生活中的精神难道不是因不同部落、不同的国家、不同的年代而不同，正如修建的寺院、创造的科学体系中的精神一样吗？与经商理念和经济视角相比较而言，中国人和日本人在艺术上更接近。罗马人和撒克逊人的经济生活具有完全不同的意义。如果我们真想了解是否存在普遍的可能性，一定得先追问这种特质的精神能够扩展到多大范围，是否能在新的领域内实现自我。

但我们已涉及了被忽视的一点，正是对它的忽视导致了对经济生活评价的片面性。经济形态和经济生活的内在精神像道德、法律、科学及艺术一样，有不同的发展阶段。同样，我们可以从观念的视角来看工业，不过到目前为止，对经济生活仅有的看法通常成为评价文明史的基础，这种看法极低而且充满敌意。如果只在清教徒团体内探讨价值哲学，杰出的艺术品和世俗音乐在其中被看作背离教会要求的罪恶，最多只是视觉的感官享受和听觉的低级盛宴而已，那么关于经济的情况会如何呢？艺术只是为了满足自我欲望，在绝对价值领域内无立足之地，在这一共同体看来是不证自明的。因此艺术的地位可能比经济更低，因为满足经济需求的自我欲望至少是自然所需，而渴望艺术上的精神抚慰却是人类的一种额外需求。不过同一种艺术可能通过其超越个体的美的价值，成为世俗人无穷无尽的享受源泉。

在同等的意义上，工业和经济成果能否得到不同的解释？从狭义的理解来看，它只是低级本能的满足，而从广义的理解出发，它也有一种最高的绝对价值。对价值的哲学理解不能简单地接受那种混淆的观点，其中纯粹的评价未觉察其自身的历史发展，而是从超个人的视角来看价值。经济生活的狭义理解在哲学的领域盛行完全是很自然的。价值的标准是哲学思想家选定的，而且一直以来，学者研究发现它在与控制市场生活的冲动较量中最能显示其力量。让周围的世界去追求世俗财富；思想者则坚守着知识的理想而不为金钱所动。他们近乎本能地武装自己，以对抗营利性劳动的召唤。他们毫不懈怠地全心投入对经济行为的调查；然而尽管他们特殊的事业是对经济行为的研究，但他们依然可能把事业的最高评价和物质性的最低评价结合起来。无论工业有多么重要，在他们看来都只是生活的一种低级活动。

然而，我们如果想理解艺术，就必须用真正艺术家的眼光来欣赏它。如果我们想理解经济生活，就必须用工业领军人物的视角，并用为国民经济生活开辟新道路的那些人的精神视角去看待它。在各个时代的商业和制造业得到最引以为豪的发展的地方，如果观察其中的经济因素，我们就一定会感觉到：从整体上说，自我中心的贪婪在市场上只占极小部分，所有伟大的转变、发展都需要非常不同的动机。创造为经济发展的伟大成果，全心全意的创造才是真正劳动者的愿望和目标。之所以评价成果，只因它表明问题得到了解决，征服得以实现，盈利品可再利用，社会获得新进步。参加劳动、辛劳工作本身就是生活的乐趣。在开拓时代它呈现出最热烈的表达。人无论老少穷富都被一种感情紧紧地联系在一起：他们将建设的是一个浩大工程。开垦荒地，将沙漠变成良田，挖掘地下宝藏，把工业产品运送全球，唤醒和制造新而又新的需要，用成千上万种方法满足需要——在劳动者的感觉中，这是一种鼓舞、一个目标，且这个目标不比正义、自由、真理和道德等的层次低。一片草场生长起来，另一片又在开垦中；穿越山谷的第一条铁路线通车后，第二条又在建设中；一个烟囱冒烟后，上千个烟囱投入使用；一个绝对有效的进步得以确保，世界也由此变得更加有价值。这种把经济生活与发源地分开的更高视角跟艺术、哲学的视角是一样的。它可以传播，并通常在工业的黄金时代广为流传。一旦经济生活为这种热情所浸染，那么要找出构成真正价值的要素并不难，这一价值为所有工业活动所共有。但在现实世界中，这个有绝对价值的进程是出于低级动机还是高级动机，都无关紧要。正如永恒价值或真理不会因为个人出于利己甚至卑劣的目的滥用知识而受到质疑。关键性问题是经济的提升本身是不是一种纯粹价值，而不管在整个社会历史发展过程中对这种价值的评价发展到何种地步。然而所有这些都把工业的考虑和对发展价值的研究联系了起来。

在讨论自然的发展时，我们已清楚地认识到自然主义者和数理物理学的自然不承认任何进步，而其变革也毫无价值。但并不排除这一事实：正如我们看到的那样，真正的外部世界有其目的、目标及价值。我们生活在其中的外部世界最初并未进入因果科学的思维形式中。在与有意志的人的生活接触过程中，外部世界都只是我们目的的手段、阻碍及物质条件而已。只有当符合人类目的，能实现人类目的时，自然本身真正的意义才能显现。对于我们而言，只有朝着这个目标的转变才是真正的提高和发展。一旦我们把自己从因果科学的片面性中解放出来——当然对自然科学在其范围内的无限权利没有丝毫动摇——没有什么能够阻止我们完全朝着新价值的方向前进。

（3）自然和人的目的

真正的原初的自然愿意为人服务——不是狭隘的利己意义上的人，而是绝对有效的有理性意义上的人。当未认识到自然与人类这一深层关系时，外部世界仍然没有意义。不可分的原子世界被自然经验的世界所取代。一旦确定了外部世界的发展方向，也就确定了文明创造的必然目标。我们必须有意识地采取某种努力帮助自然实现其目的，保护、增强并巩固它，而非限制它朝目标前进的步伐。这就是工业和经济的意义。正如艺术作品独自就能完成外部世界朝向内在统一性的目标，这种内在统一在自然美中展示自身，同样，自然的发展需要也只能在工业生活中完成自身。

外部世界试图为人类的目的服务。因此它向前所走的每一步都必然同时被这两者所决定：既予的世界和人类新的需要。两者必须保持稳定的联系。经济始终是一个为人类共同体服务的自然产品系统。并非像以前认为的那样，经济是人类的共同体，有一个自然产品系统为之服务。区别看似细微，但对于我们而言意义重大。一旦只考虑到社会共同体，及它的意愿、需要和满足，那么一切都只在历史圈子中活动：不存在绝对价值。但是如果产品本身的自然目的性的调整都被看作经济真正的内容，那么我们就可以把经济评价为纯粹价值。为饥饿者提供食物，为对抗恶劣气候保护自己，或者到了更高的阶段，通过蒸汽机和铁路聚集起全球的财富以享受生活，这些共同体都只是实现了个人的目的。滋养、保护人类的自然界，为实现人类的目的不断地改变并完全贡献自身，这真正地体现了一种超个人的价值。对于只从自然主义者的眼光来看外部世界的那些人而言，这一区别消失不见。假如自然界无意义且无生命，那么它就不可能有任何目标和目的，只有利用自然的人使我们感兴趣。如果从人出发，那么我们只能得到个人的评价。然而如果从自然出发，那么我们就能获得一种超个人的价值，因为现在一切都建立在自然界完成了其可思考的唯一目标这一事实的基础上。这种实现必定使每一位承认自然有意义的人感到满意，并且可以看到憧憬一个世界的每个人都必定理解自然界的这种目的，并与之产生共鸣。当这个意志被我们确认为主体的每个人所共有时，自然界目的的实现就具有了超个人的价值。

这种不同就像纯粹愉悦的和真正美丽的不同一样。如果从人类意志的角度看，它只是人类需要的一种满足的话，那么每次经济变革都只是满足我们自己、邻居等个人欲望的一种努力。纯粹的舒适不可能产生绝对价值，这种舒适是源于对于原始人而言的从邻近树上摘下的椰子，还是源于对于现代都市人而言的通过成千上万双手辛苦劳作而创造的奢侈生活，两者间没有什么区别。没有有效的目标，也就无所谓热情。经济生产者将继续停留在由快乐和痛苦所控制的低级阶段。一旦开始考虑自然界自身的要求，一切都有所不同。唤醒外部世界中沉睡的欲望、通过有益的人类劳动引导自然界的意志由弱到强步步发展，并最终完成自然界被赋予的普遍必然的目标，这成为当前的任务。现在真正的意义不再与愉快和痛苦相关。当然，扩展愉悦减少痛苦，也属于自然界的目标。但是经济发展的真正目的不是这种愉悦，而是完成自然界的任务。确实，一旦设定了目标，为实现它而尽职尽责就成为文明工作的纯粹目标。那是一种贯注了极大热情的崇高责任感，以有助于使沉睡的自然苏醒，并如同种子长成果实那样完善自身。即使是耕地或驾驶轮船，销售商品或打造铁器，只要经济以这种精神对他所处时代的经济生活有所贡献，就可以说达到了理想的成就。真、善、美也是如此；一个人忠实地服务却几乎未被要求采取重大的决定性行动。一小时的工作可能微不足道，但是其理想性内容不会因此而减少。社会很容易混淆这两种对立，即工作中的唯物论与唯心论感觉之间的对立，工作的物质与非物质手段的对立。因为商人不得不和物质打交道，所有理想的价值因为他所从事的工作而被放弃。而脑力工作容易被认定是唯心论的，这是一种误导。非物质化的工作会具有非常利己的唯物论的动机。即使在科学、艺术、法律和宗教中，没有理想的许多人专业地服务于唯物论的动机。同时，最纯粹的唯心论也许能控制最简单的经济行为。唯一的决定性问题是，行为是产生于自我谋划的动机，还是产生于对应做事情的绝对价值的忠诚信仰。任何人都会在工业中意识到或者至少隐约地感觉到，一项无穷的世界任务，其实施是和无私的奉献相结合的，正如真正的艺术家、学者、法官或者牧师各尽其职一样。

这种对经济进步的纯粹评价，一定不能与文明人的自豪感相混淆，后者源于人们欣喜地看到对自然力量在技术上进行控制的快速发展。两者毫无关联。应用物理与化学的这些成就完全是作为科学成就来赞赏的，不是自然的进步，而是对自然的征服满足了这个目标。克服一切阻碍的劳动，不是作为经济的价值而是作为科学的价值来考虑的。这种看法仍值得商榷。当桥梁被修建、隧道被开通、无线信息可以越洋传送时，实证主义者对进步的这种自豪感会立即转向那些思考得到极好的证实的思想家。不是自然而是具有思想行为的社会创造了这种进步。这是启蒙时代的一种庸俗自豪感。自然仍然没有权利、意志和目的，它处于被奴役状态。

（4）技术型发展

然而，一旦为了从自然本身的意志来评价，并且把人类的努力理解为与自然的协作，从而打破这种奴役之链时，技术性科学本身就会进入一种新的关系中。自然的自由发展仍然很重要。没有它，外部世界以及所有工业、经济就不会有自身的意义和价值。不过，在自然正朝向对于人类而言是重要目标的任何地方，仅当从已有的到被需要的之转变完全被理解时，这种协作才是可能的。并且只有这一转变才能引起人类的兴趣，并逐渐发展为科学理论。所以，经济不可能在物理学家的机械自然中被找到，其中的原子依照宇宙因果律已经毫无目的地运动了上万亿年。经济更愿发现一个与我们合作的自然，这一自然的意义在于它意图实现有意志的人的目的。只有对这一协作有兴趣，因果解释才产生了对于无价值世界的机械论的观点。因此经济不包括在物理学之内，不过物理学一旦成为一种技术，就变成了经济学的一部分。在某种程度上，自然一旦乐意与人类合作，就能接受物理的模式，因为只有在这种模式下，自然界才能预先被设定，并能将它的活动和人的目标联系起来。

自然与人的统一一旦实现，人类自身的行为就成为自然展现本身目的的一部分。外部世界之物就充满了劳动者的力量。自然在某种意义上吸收了人类的体力劳动。无论是手工劳动还是电子机械，用手臂还是用蒸汽机提重物，无论是徒步还是用电线传递信息，它们作为经济成就从原则上说都毫无差别。如此说来，任何事物都由人类的意志所决定，但外部世界通过自身的力量在自然发展中指向共同的目的，通过吸收人类的力量，自然也在向人类最高的工业文明前进。在人类发展的每个阶段，自然都准备使它的产品和人类需求相统一，并因此生产了经济产品。经济发展之路从能满足原始人需要的邻近树上的果实和溪流中的鱼开始，走到现在我们这样一个经济发达的世界，其中，中国的茶树、古巴的甘蔗、内华达州的银矿、德国的瓷器、爱尔兰的亚麻，还有自然界中上百种其他自然产品有待开发和分配，直到满足我们的需求为止。熊熊火焰帮助人类达成了目的，泥土变成了陶瓷，谷物在耕种的土地上成长；从石器到青铜器很快过渡到铁器时代，每次发展都带来了无穷无尽的满足以及新的欲望。服务于人类的物品越来越多地聚集在一起，它们的转变、细化，最重要的是相互调整也越来越多样。原始人航行用的空心树干变成了能漂洋过海的千吨蒸汽船，原始人使用的弹弓变成了大炮，泥筑的小屋变成了圆屋顶的教堂和摩天大楼，带有标记的树皮变成了载有全球时讯的新闻报纸，洞穴中照明的火把变成了由水位落差提供电能的弧光灯，兽皮外衣变成了由美洲的棉花、欧洲的羊毛、亚洲的丝绸、非洲的钻石制成的服装。无论简单还是无限的复杂，所有的东西都是自然界的一部分，它的存在就是帮助人类实现目标。

当然，只是把自然塑造为有用的工具和各种货物的集合，并不能实现自然的目标。矿藏、土地，以及工厂生产出的产品必须被分配，经由百万种渠道达到人类涉足的地方，从而满足人们的需求；这样就产生了交易和市场，即远近之间的买卖关系。这种交换方式完全不同于自然原子无目的的运动，它是自然物在不同的地区之间有意义的传播和交换。货币只是流通物中的一种，但在近5000年间占据主导地位。凭借其中立的交换价值和保值的可能性，货币能够无限地增强自然对人类意志的服务。然而即使是在发达的金融系统中，百万富翁的支票能够用来交换可以满足整个部落需求的货物，但它仍然只是自然的一部分。最令人不可思议的是，货币已将自然能源多种多样的有效力量注入自身中，然而它仍是为人类服务的自然的一部分。经济的人为增长要求多种能源，以至于单个人能量的结合对于它来说是远远不够的。为了自然能够完成它的任务，即开采质料，对质料加工，制成产品，在市场上销售，并且从原始的低级阶段发展到机械化大生产，劳动分工是必要的。

没必要再次提醒我们自己：我们的经济世界发生了多少众所周知的奇迹，但有必要强调这一运动绝对有价值的意义，以及它与无掩饰的个人利益之区别。每个阶段、每种形式的经济内容不是具有需求及苦乐的社会，而是有着绝对有效目的的自然，它的目的的实现就是绝对的有效价值。然而必须强调的是，这种价值和自然经济发展的特定成果没有关系。单个的事物从来不能体现纯粹的价值，有效的价值总是涉及同一的两点之间的关系。无论经济完成和被既予的成果可能是什么，依据绝对标准，都根本没有价值。它可能满足需求，但这只是令人愉悦和有用的，而非绝对有价值。绝对有价值的只是发展自身，自然在这种发展中完成了它的任务，并因此产生出这种一致性，即被看作必然属于自然的这种目标和真正实现之间的一致。居住在丛林中的人的懒惰、漫不经心的意志能够被水果和野兽所满足，正如我们的意志被20世纪的工业世界所满足一样。以纯粹的个人的满足为标准，一个并不比另一个更高；并且作为个人生活舒适的源泉，两者都没有价值。有价值的是，自然不断地为这种越来越丰富的意志赠送礼物，它以明确的目的将财富变成货物，以满足更新的意志，并使意志变得越来越复杂。只有科学和艺术常新的发展才可与这一行动相媲美。在意识的指导下，自然界实现了它的目的。这就是工业与经济的意义所在。外部世界的自我实现这种无与伦比的纯粹价值不是存在于结果之中的，而是体现在这种实现的自由行动中的。

<h2 style="text-align:center">B——法律</h2>

（1）法律的历史相对性

当自然、共同体或者自我发展自身并且实现被认为是它们自身的目标的时候，价值就会随之而生。我们把这种从目的到实现的自由转化称为有绝对价值的发展。于是这就涉及文明的成就，它会有意识、有目的地保证和强化这种发展。在自然界中，我们在工业的经济成果中发现了这种成就。那么接下来的问题就是，共同体的发展是否也有一个自觉的目的。当然仅用这一文明成就的单个概念来刻画共同体的特征可能会很困难。当然要保证和强化一个社会的向上发展是有很多种可能性的。这些可能性繁多芜杂，如果我们试图将它用一个简单的公式来表示，未免显得造作。譬如，很明显，教育属其中，每项政治改革以及其他致力于人的世界的真正发展的目的性行为，都占据着一席之地。但是其中有一个核心要素：法律。法律以及为法律服务的相关内容，为我们审视成就提供了一个最安全最清晰的视角。

于是，我们认定，在法律中找到了一种新的绝对价值；但不要忘记，在法律领域宣称绝对价值比在其他任何领域都更容易产生误解。法律观点的发展当然呈现出一定的历史关联性。而立法机关对法律形成的任意侵扰似乎又是家常便饭。最重要的是，关于法律是自然的、永恒的、高级的、神圣的旧观念似乎荡然无存，以至于在当今声称法律具有绝对有效价值好像近于鲁莽。所以我们必须表现得更为谨慎些。无论亚述人、罗马人、冰岛人还是日本人，其法律如何变化，它们是否有可能都是在朝着一种不朽、永恒的法律发展呢？这里似乎很难给出一个确定的答案。国家的法规和它们的语言一样是繁复多样的，但正是人类在法律生活中不停地从低级向高级努力前进，我们可以认定每一历史阶段的法律都只是书写在星空上的人类永恒法律的不确定的、暂时的表达而已。有关时代的科学理论在变，不过在这些不成熟的理论之上始终存在一个不变的完美真理。同样，绝对有价值的法律远远高于汉谟拉比法典或者现代议会拟定的刑法典。而只有纯粹的理智才能把握住这个未成文的永恒法。

柏拉图式的唯心主义者一直都认定存在着这样一种超越历史、具有绝对价值的法律。

所有这些都不能吸引我们。现已确定，哲学所寻求的价值不是隐藏在我们经验无法触及的超实在领域。同样，真理也不是经验之外的某个现成的、完整的理念构造。在我们现实的正确判断中存在着真理的全部价值。预先支配我们正确判断的必然性，不是存在于经验之外的绝对，而是存在于寻求同一性的自我意志的基本特性中。对于每种价值都成立的是，它只可能存在于生活经验的世界中。每种可能价值都是预先设定好的，而不是任意给定的，因此是绝对的；但是它仅由我们的自身意志决定，这种意志构成了拥有世界的主体特征。在形而上的彼岸寻求绝对价值仍然是毫无意义的。外部世界、人的世界和内心世界既能满足意志，也能妨碍它；寻求绝对价值意味着研究满足何时具有超个人的意义。但它通常是这个可经验世界的满足，任何有关超经验世界的事物对我们的寻求没有任何帮助，反而只会误导我们。我们甚至能够比自然主义者更有权利断定：经验世界之外不存在另外一个世界，任何关于超越的世界的东西都不能把绝对的意义赋予我们所寻找的价值，反而在原则上会毁掉它。法律的价值也一样。任何在法律领域内有绝对价值的事物，都必定能在历史上的法律生活中被证明。甚至那些还没证实的观点，也一定能从给定的社会共同体的可能形态中获得其全部意义。

那些转向民族的历史活动的研究者们似乎想从历史形态的偶然事件中筛选出绝对价值。但这些因民族不同而变动的东西必定是脆弱的。如果我们能找到到处都有的法律，或者至少能找到某种持久的法律规范，即使它们以不同的形式表达，我们毕竟拥有了一个具有普适性、且可能声称有更高价值的法律储备。当然，民族学者一开始会对它持怀疑态度。各处的法规都显示自身完全由特定的社会形式所决定，在不同的时间地点建立的法规不仅各不相同，而且甚至是相互对立的。但我们承认存在一些法律在人们能分辨对错的任何地方都能找到的。也许最接近的是"你不应该杀人"。当然每个群体都有例外。杀死部族里的老弱病残是普遍的权利。现代社会我们有权在战争中杀死敌人，或者处死罪犯作为惩罚。然而，即使我们坚持认为杀人毫无例外都是绝对错误的，我们也需谨慎地对以下两个方面做出区分。一方面杀人是令人厌恶的；另一方面这种厌恶是借助普遍的强制措施对共同体的每个成员灌输的。问题是何者代表价值？是这种憎恶，还是那种强制？显然，仅仅是对谋杀的憎恶不能代表法律。这种嫌恶和其他在共同体中自发产生的感觉没有什么区别。当然，社会生活发展出对杀人的憎恶情绪是有价值的，但是这种情绪仅仅是社会发展价值的其中之一，因此对杀人的憎恶最初和其它与法律无关的喜好和厌恶处于同一水平线上。与吃了变质食物后产生的厌恶并无不同。这也许是保护共同体的一种本能，但它自身不具备任何法律价值的意义。这也许只能看作是道德价值的一个附加物。它可能只是个人在任何情况下都不杀人的良心问题。但是此种控制冲动的道德价值显然和法律价值是有区别的。真正的法律价值只存在于第二层含义中，也就是对每个社会成员强化憎恶的命令。这使得我们对谋杀的单纯憎恶发展成了对谋杀的法律禁令。

（2）法律和道德

可是，如果法律价值确实属于那种将共同体意志强加于每个成员上的社会制度，那么对谋杀的禁止就失去了它的独特地位。我们提出这一特别的禁令，仅仅因为它是如此适用因而属于普遍法的范畴。如果法律的价值根本不在于禁令的内容，而在于强制命令附加的某种律令，那么考虑法律是非常适用还是偶然孤立的，与思考价值问题毫无关联。即使法律的内容不同，强制性律令对每个法律也应是普遍适用的。法律的绝对有效价值从来不是建立于法律内容能处处有效上，甚至这个想法从原则上来说就是错误的。法律的内容也许代表了社会发展的价值，也许结合了道德价值，然而法律的价值必须完全独立于其内容。

因此，与道德良知之间可能但并非必然的联系也绝不会构成法律价值。不存在如内心声音般的法律直觉。在做道德决定时，我们要扪心自问，而无人可替代。可在面对法律上的疑惑时，要向律师咨询，我们几乎不可能知道该如何做。道德通常涉及内心世界，而法律则指向人的世界。理想道德人格的社会生活必然导致的结果，在很多方面类似于内心不涉及道德的人的理想法制生活。但第一种情况不会存在法律，正如第二种情况下不存在道德一样。道德和法律是完全平行的，正因为此它们始终不会有接触。道德总是停留在人格领域，而法律则在共同体中活动。内心世界的人格，亦即道德责任意识，从来都不只是共同体的一部分；而共同体的法律责任意识，也绝不只是道德人格的结合。不久我们就会认识到，这两条平行线尽管彼此从不接触，但仍然有许多关联。在理解法律的必然价值时我们必须把握法律本身，而从道德良知中得不到任何帮助。

在考虑过这些负面因素后，我们现在可以转向积极因素。我们坚持每种规范或限制最初只表达了对特定行为的肯定或不满；这种共同意志的表达不是法律价值，而是一种发展价值。先前我们已仔细研究过这一社会发展。我们看到，只有个人的意志确实指向公共事业，才能将它归入共同体中，并且所有进步都要求将利己的意志转变为共同意志，最终将这种共同意志上升为绝对的普遍评价意志观。这样，从家庭、共同体、部族到国家都处于纯粹的自然发展中，如同种子在土地中生长一样。远离了权力和法律，共同体因而必须发展出某种公共的意志和需求。个体的意志越来越与共同体其他成员的意志相一致，如此，取代自私分裂的是所产生的多样性的统一，在其中的每一个体成员都以整个群体的眼光去看待问题。只有当这种转变产生时，我们才能承认进步与发展。

现在我们要寻求那些有意识的确保、促进这种发展的文明活动。之前我们已说过存在多种保护方法。比如，如果一个共同体形成了某种共同的观察、解释或感知世界的超个人方式，那么社会意志就需要注意，是对年轻人的艺术教育或科学指导把这类感觉和思考的方式强加于每一个体身上。但是，某种优于共同体发展的意志的确存在，即自身就构成社会生活的那些意志。有一点是很清楚的，促成了共同体成员之间相互关系形成的那些意志行为，同时必定是所有社会存在的基础。如果共同体要继续发展，且这一进程不会再次被反作用所打断，那么共同体必须留意：关于社会关系的意志确实被每一个成员所期待并能由其实现。如果社会的目的是通过有意识的努力保护社会群体的自然发展，那么共同体必须首先将推行那些它期盼的行为，这些行为被作为将社会群体结合在一起的手段。不管社会团体中发展出何种意愿，共同体都必须迫使个体成员的意愿与之一致。为了从根本上维持一个社会，共同体必须留意作为社会整体意愿的强制性措施真正被实施。

(3)法律的强制性举措

这些相互关系的特征必然会显示出一些更深远的差别。它受不同发展程度的制约，尤其是受不平等的生活情况的制约。如果共同体是为了形成一个社会团体，然后在成员的相互适应中发展自己，比如，一个商人的评价体系和情感倾向一定和战争狂、宗教人士完全不同；那么经济状况、政治形式、地理条件、气候、种族分布、公共传统，综合起来会对人类的相互关系产生迥异的善恶影响。忠诚和顺从在这个共同体内受到推崇，而另一个共同体也许更加赞赏自立和勤劳。一个共同体为了自保，会将生命看作神圣的；而另外一个生存条件完全不同的共同体，会允许杀死群体中的老弱病残以求自保。对于某个共同体来说，它深恶痛绝的是经济欺诈，但对于另一个而言，深恶痛绝的却是胆小怯懦；对于其他，深恶痛绝的可能是信仰缺失。同时，关于相互交往中满意或不满的某种基本倾向，所有的共同体似乎必然还有一定的共通之处。总体而言，偷窃、抢劫、谋杀几乎到处都被憎恶，这个事实只能说明一个社会的发展需要这种情感色彩。如果没有它，社会生活在任何情况下都可能会被损害。正如各国的食物是不同的，因纽特人的食物可能不适合非洲人，然而，营养物质的某些基本关系在全球都一样，在生理原因方面也一样。同理，在社会生活中，极少数行为在世界各处都受赞赏。经济、政治、信仰和气候等因素会对行为的价值评价产生不同作用。但是，还存在一些普遍的事实，例如，世界各地，只有妇女才能生养孩子；男人体格强壮更适合战斗；不同的能力才能获得不同的成就；勤勉和懒惰、目光远大和愚蠢短浅、强壮和弱小总是彼此对立的；协调总比冲突更有力量，它们会导致一些相同的结果。对于我们来说，事实的关键在于每个共同体都会存在一个关于相互交往的发展成熟的评估系统，但是共同意志在本质上并不包含任何法律要素。偷盗和谋杀被群体中的每个成员所憎恶，这属于法律之外的事实。

（4）法律和经济生活

有一点是毋庸置疑的，从单纯自利本能的满足升华到对伤害他人的憎恨，确实是从个人欲望到超个人态度的进步，是向绝对有效评价的进步。此外，在讨论人的世界的发展时，我们看到这一转变自身就可描述每一种可能的社会发展特征。保持这一进步，确保它不会因为单个成员的倒退而丧失，这就是教化的任务，它的目的就是确保并继续这一自然发展的价值。如果这一进程不会因偶发的反作用而中断，那么共同体必须采取一些措施，使得个体成员不可能对那些将群体凝聚为一个整体的意愿和倾向提出反对意见。这类的强制性手段已经存在于群体的习俗中。对共同意志的保护始于习俗，当更有力的强制方法建立时，这些习俗能够继续对次要的意志提供支持，尤其是补充。同样，宗教的支持也会保护这一共同意志；上帝的教义和命令也会保护它。然而只有通过法律规则，这种保护才能成为共同体真正有意识的行为。

因此法律对于我们来说是一种规则，通过它，共同体成员间的相互交往能通过强制性措施得到有意的保护和保证。使共同意志得以实现的这一规则、保证和确定性，形成了法律的唯一绝对有效价值。同时，共同意志的内容和这种法律价值毫无关联。群体意愿是得到了充分的发展还是处于低级阶段？它包含的内容是重要的还是无足轻重的？它是受偶然环境的限制还是符合道德的深层要求？这些对法律的价值都没有任何影响。唯一重要的问题是共同体的真实意愿是否有意识地被强制措施所保证。因此，法律内容显示共同意志仍然处于低级阶段，法律价值也能得到丰富的发展；同时，对人类行为的评价可以达到一个高级阶段，而法律价值仍然乏善可陈。

所以，法律中有绝对价值的不是法律的内容而是法律规则。通过它，得以实现的共同意志强加在了共同体的每个成员身上。但这一法律规则一定是一个极其复杂的结构，它包含的内涵远比书面的法律条文要多。观察一下现代文明国家的最高发展形式，我们看到的是整个组织的合法规则，通过它，国家的意志转化为对个体的强制性措施。存在着授予立法机关、国家首脑、人民代表以权力的国家宪法，有颁布的法律，还有公共律师、法庭、法官和法学家，以及惩罚措施、监狱等其他部分；国家本身及其必要的作用也是法律规则的一部分。

如果是这种情况，我们也知道什么必然与法律价值相对立。它不是犯罪——犯罪是一种反价值的法律上的不正当——而是不守法。共同意志被篡改，立法机关没有通过选举形式代表真正的共同意志，立法委员们在法律上没有根据他们的良知表达共同意志，这些都是反价值的表现。违背共同意志的法律和屈从于单个群体偏见的律师都是反价值的；不公正的判决、无效的处罚、独断的决策程序也是反价值的。真实地表达了共同意志，且被公正执行的法律可能是荒谬的，因为这个特殊共同体在那点上可能会有荒谬的想法，但这一法律始终不会因此而丧失它的有效法律价值。当这种工作的分工不存在时，强制性措施的本质也能展示出来。虽然没有成文法，没有立法者，只有根据个人意见裁决纷争、处罚罪犯的法官，但这并未改变基本原则。这一法官或部族首领之所以能履行这一职责，是因为他受到共同意志的支持，他的个人观点事先已被当作公共意愿的表达而被接受，甚至独裁意志明显凌驾于共同体之上，他的权力仍然是共同意志的结果。同时，在他给自己无须负责的意志力冠以"正义"之名的过程中，共同体给自己设立了一个保护自身意志发展的法规。

我们要看到这个事实，如同国家规则一样，每个群体都有规则存在，它控制自身并承认传统的权利。它也许是一个小型俱乐部中约束其成员的条例；它可能是文明国家的协会，通过国际条约让各个国家都服从共同意志。大相径庭的两个群体也可能会有交集。除了国家法律之外，教会组织可能会有自己的法规。成文的法律永远只是整体有价值的法律秩序的一部分。相对于其他群体，国家的地位从来都是最高的，因为无论是俱乐部还是党派，无论是共同体还是宗派，从根本上说它们的规则都植根于国家的强制性措施。

（5）法律的绝对价值

若这样，价值属于法律秩序即客观的法律，它依然不是法律的内容而是共同意志的强制保证，那么个人行为的私人合法性根本不能代表一个绝对的法律价值，违法不是对价值的破坏。主观的合法性在道德上也是有价值的：在这里，我们暂时不讨论这一点。相应的，个人的犯罪在道德上是反价值的。这样的话，否定法律价值的行为主体只能是组织而不能是个人。基于此，个别的立法者和法官当然都被认为是共同体的代表。罪犯可能因他的不道德而非不合法而违背了绝对价值。如果他宁愿受罚也不愿履行法律，或者更确切地说，若他甘愿冒着受处罚的风险而行动，那么这是他的个人行为决定，属于愉快的或不愉快的个人经验，与道德问题无关。偷窃、杀人、欺骗或通奸的犯罪行为并非对法律绝对价值的否认，利己的法规、法官对法律的歪曲、不公正的处罚、任意的起诉、过时的法律，简言之，法律的不确定性和非法性反而是对法律绝对价值的对抗。

但我们有权称这一价值为绝对价值吗？能够使整个任务不被误解为相关的职责吗？在此我们不能做出错误的让步，这会让情况更加复杂。不要用相对论和怀疑论的眼光来看待法律规则的绝对价值。我们从绝对有效的价值中寻求经验的一致性。这样，我们在过去的经验中认识到的自我肯定意志能够在新的经验中通过实现这种一致性，再一次得到满足。如果共同体是在保存自身，那么唯一必要的要求是使其行为与目的保持一致。如果共同意志在实现自身之前发生了偏离，那么公共生活的全部意义都被破坏。因而从共同意志到共同体统一行为的转变，就是超个人需求的满足，这意味着一种纯粹的绝对价值。只要社会公意不否定自身，一个发展到认同"杀人是令人憎恶的"这一观念阶段的共同体是不允许杀害的。通过对凶手的严惩、公正的起诉、判决和惩罚保证一个共同体内没有谋杀，这是共同体的成就，也是共同体自身根本意志的实现。如果我们取消了对共同体的意志和行为之间要保持一致性的要求，那么共同体的意志就只会变成偶然的经验，没有自身的意义、目标及价值。这是一个独立的自我确认的意义所要求的内容，因此通过法律规则来实现共同体的意志仍然具有永恒的价值。法官有权说，即使世界即将毁灭，正义也必须得到声张。也就是说，只充满个人需求的世界或许会倒塌，法律规则却始终具有永恒的价值。

C——道德

（1）道德和法律

道德生活中需要进行哲学思考的问题有很多。像以前时代一样，尽管当今的人们在宽泛的范围内对于道德个体应当的行为方式达成一致，然而关于道德的含义和意义看法不一。我们需要把特殊问题从这一整体的伦理学问题背景中抽离出来，抛开其他从而能够更直接地回答它。然而，尽管目的绝不会穿越整个伦理学领域，但是发现我们不由自主地被这个特殊问题带到伦理领域的核心，即实际上的所有道路的交汇点。当然这个问题就是，在我们道德生活中是否有些东西是绝对有价值的？若想获知关于道德的绝对价值，我们必须进一步研究在价值系统中赋予它这一位置是否具有正当性。我们已在工业中发现了外部世界的自觉的目的性的发展，在法律中发现了人的世界的自觉的目的性的发展。而内心世界也必须是同样的发展模式。如果道德要占据价值系统的这一位置，就意味着道德是一种通过个体的自我发展达成的成果，并成为一种自觉而深思熟虑的目标。难道这才是道德的真正价值，而不是通过道德行为而达成的结果的价值吗？

但我们已澄清了这一情况，正如在法律的价值中最终所发现的那样。法律的关系和道德的关系彼此间有惊人的一致，而我们在那里的解决方法在这里同样适用。这绝不意味着道德依赖于法律。相反，即使我们在最广泛的意义上考虑法律的原则，可能包括所有社会强制手段，甚至包括习俗和教会的影响，道德也依然保持其独立性。同样，这里也要强调，法律完全独立于道德。前已说明，法律绝非强制性的道德，因为道德属于个人意志的范围。法律是共同体的成果，是共同体作为整体而非作为分散的个体的手段。法律的要求符合道德意志，这一点和法律的价值毫无关系。而同样，道德使自我服从法律，这没有法律价值。若不存在道德，法律及其自身价值也保持不变。即使没有个体认为受到道德义务的约束，共同体也能够通过强制措施实现其自身意志。习俗、法律、教会和国家，可以尽其所有权力对良心施加压力，但当那些影响力停止时，个体就开始了道德行为。道德完全是内心世界的活动。

（2）道德行为的内容

在道德领域，我们一开始也可以从原初的日常经验去寻找是什么构成了纯粹价值。他人占有的财物很具吸引力，但我们厌恶偷盗，最后听从良心的声音，战胜了自己的欲望。这个偷盗的例子也同样暗示了法律和正当的要求；因此在做法律允许的事时，同样的行为就可能是正当的。我们可以通过谎言来保护自己免受伤害，但同时也厌恶撒谎，我们又一次听从了自己的良心；为了说真话，我们忍受伤害。这里要指出的是，我们不仅仅要抑制良心所谴责的行为，也要采取良心要求的行为；看到一个陌生人被困在着火的房子中，我们害怕进入其中的危险，但也感觉到营救是我们的义务，而一旦良心做出命令，我们便毫不犹豫地冲入火海中。

在法律的范围内，我们通常把法律的意志内容和其规则区分开。在此，同样要明确区分出内容中的感情色彩和良心的强制力。内容是厌恶的偷盗行为、鄙视的撒谎行为或被评价的营救行为。正如在法律中一样，我们必须再次追问：究竟什么是有价值的，是这些被厌恶或受鄙视的内容，还是受良心驱动的这些情绪？第一种可能最容易解决这个问题。可以说，对偷盗的厌恶如此强烈，以致胜过了占有财物的愉悦。在营救生命的行动中快乐是如此鲜明，而抑制了对危险所感受到的痛苦。从而绝对价值存在于如下事实中，即决定性的愉悦与有价值的营救同伴行为相联系，或者较多的不快和侵犯他人财物联系起来。因此，道德行为的价值可以从某种结果的快乐和痛苦中推演出来。选择同伴的生命、幸福及福利是有道德价值的。

对于我们而言，这种后果论道德内部的细微差别是无关紧要的，它可能是最微不足道的功利主义，赋予愉悦以价值；它可能是更重要的伦理文化的学说，认为有益的发展和功效是有价值的。这种学说甚至可能沦为赤裸裸的自我中心主义，之所以需要邻人的快乐，只因为它最终保证了自己的愉悦。或者它把自己提升到较高的层次，要求实施一个行为是因为它的普遍推广能最好地符合整个共同体的生活状态。我们并不追问为何要把邻人的愉悦置于自己之上，甚至也不询问，为什么通过道德行为保障共同体的幸福和共同福利，比由偶然行为所产生的同样结果更有价值。确实，这个指向幸福的目标通常更能由不道德的行为更快地获得。我们对所有这些问题存而不答，因为它们只会使我们离目标更远。对于我们来说，一切只依赖于这一点：在人们更倾向于某种行为方式而厌恶其他这一事实上，我们确实有权追求道德的价值吗？

但我们先前已回答过这一问题。当讨论自我发展时，我们已认识到，某种行为方式的情感价值完全属于自我有价值的发展，并代表了从利己的本能到纯粹评价意志的进步。在发展价值的范围内，在任何特殊的价值问题及行为具有道德特点之前，对谎言、偷盗及怯懦的厌恶就已经存在。存在于道德考虑之前的一切也许都是道德生活的条件，但并不能构成它真正的意义和价值。情形确实如此。对共同体内邻人的幸福、福利及生命的评价是道德的条件之一，可评价本身依然毫无道德价值；正如我们所见，单纯地厌恶杀害和抢劫根本不能构成法律的价值。每种涉及后果和效用的伦理学都停留在前道德的立场上。对撒谎、偷盗及生命拯救根本没有任何评价态度的人不能采取道德行动；但是他并非不道德，而与道德无关，缺乏与道德相关的条件。但这一道德因素毕竟是一定会附加在评价态度上的新事物。

（3）道德和发展

如果内心活动要进行某种发展，人们必然把目光短浅的利己愿望提升为对世界纯粹的评价性理解。只有当每种意志力和总体自我的意志结构越来越一致和谐时，内心世界才能实现自身。而且，我们发现，这一实质上的意志的内在统一性最终怎样通向了更高的统一目标，其中所有的意志力都由内在的根本意志所控制。支配地位的根本意志要求世界不是一场梦、一片混乱，不只是瞬间的经验，而是具有自身的含义、独立的意义及其自我确认的实在。正是这一点包含了纯粹价值的假定。因此在自然的发展中，我们了解到想要发展的自我越来越接近纯粹价值的观点。它不是外在强力的问题，也不是出于社会共同体的考虑，它仅仅是内心世界的发展，一种自由的自我发展，把利己的欲望提升为对赋予世界自我以肯定意义并代表绝对价值的所有评价。

首先，它取决于个体所在共同体的历史进步发展到哪一阶段。即使是现代国家最低层次的公民也比野蛮部落中最无私的成员更接近对世界的纯粹评价。此外，在每一个共同体中的任何个体都能比同一团体中的其他成员站得更高。我们还知道道德成果、道德功绩并不依赖于这一发展高度。如果我们认为发展价值仅仅是道德价值，那么责任、美德、良心和义务将会失去其真正的意义，我们也会停留在爱好而非义务的范围内。追求纯粹价值的人显然比仅仅欲求个体需要对象的人层次更高。追求科学而非单纯的感官愉悦，追求全人类的幸福而非个人利益，追求进步而非衰退，追求正当而非专断，追求宗教而非迷信，简言之，那些追求意义世界的人，比那些停留在无意义的生活经验之梦中的人更接近于人类的目标。他超越了同类，并且我们必定对他的灵魂怀有敬意。但是这种纯粹评价的灵魂的所有快乐，与我们的创造天赋或更广泛的才智上的快乐是同一种类的。它是朝向更崇高目标的高尚而美好的东西，也是无关个人利益自我成长、自我发展的事物。他自身行为中灵魂的纯粹意志的程度，并不比一个艺术家的天赋或者政治家的天才或乐观的性格更高。我们可以而且必须把它评价为一个如此伟大、美丽、纯粹的灵魂提升到人类高度的发展，但它并非我们所感受到的道德赞美。相应地，停留在未发展的低水平评价层次的人或许能唤醒我们的同情，但仅凭他的低程度发展并不能引起我们的轻蔑。人们若要认识真正的道德价值，就要进行一种完全不同的考量。任何指向内容的伦理学都不能通向我们的目标。从原则上说，这种伦理学的任何一种形式都停留在前道德的立场上。

然而，在到达决定性的阶段前我们必须再考虑一点。价值的构建和毁灭都受我们自己行为的影响。当然，我们总是发现关于我们的价值及反价值，它们超出了我们自己的活动范围。然而生活不断地把我们带到如下情境中，其中价值是实现还是毁灭依赖于我们自身。在这种情形下，我们的行动自身成为价值形成的一部分。在这样的生活情境下，我们选择一种行为，并非因为它产生一种价值，而是因为它自身就是价值的一部分。当然在其自身中，行为是无关紧要的。肌肉活动无论怎样都没有价值，但当它进入外部世界、人的世界或内心世界的过程时，一种价值则由它而完成，行为自身成为价值的一部分。它进入整个情境中，就如同图画中和谐的色彩，旋律中的一个音调。如果我们选择了那种价值，我们就必须选择那种特殊的行为方式，因为这种行为本身把世界特殊的一部分提升到价值的高度。当价值被我们自己的行为构建或破坏时，行为并不是可以被其他一些手段所取代的外在手段，而其本身就是价值的一部分。只有通过那些特殊行为，结果总体上才成为一种价值；这不仅仅是结果，还是被选择的行为本身。挽救和帮助本身就是被期望的，撒谎和偷盗本身是被鄙视的。只要不做评价，而只是期望和自私地要求结果，这样我们就不在乎行为本身。仅从本能的观点看，我们只欲求结果，甚至可以不择手段。我们欲求事物，但并不欲求得到事物的行动。对于利己的享乐而言，行为本身是否有意义，绝对价值的意志是否被设定在事物中都毫无关系。只有构建价值的生活需要这些行为来肯定作为价值的世界。而且必须再次说明，我们依然没有触及道德关系。我们把行为的选择作为评价的一部分。评价包括行为的意志，但事实上它只是行为的一种意志力，而非义务。达到这种评价并由此把握某些行为的这种意志力是价值的发展，但这一意志力没有义务也没有道德价值。个体已经到达了这样一种高度，它选择这些建立价值的行为，当然比其他仅需要行为结果的个体站在更高的发展阶梯上。不过整个发展仍停留在道德范围外。之所以这样评价行为，是因为它建立了一种价值，但我们的行为仅仅是因为意愿。

现在我们只需更进一步。自我发展在某些生活情境下产生了对某种行为的意志，但只因它们自身肯定了价值，而与可能产生的影响无关。若现在培养有意识的努力以确保这一发展的价值，只需一样东西。一方面是期望的行为，另一方面是其他并不期望但对于个体的我们而言能带来需要结果的行为，两者发生冲突时，第一种构成价值的行为必须被强制实行。这可以通过一种全新而独特的评价来完成：我们学着考虑自己具有绝对有效的价值，可以通过自身的行为来实现自我。若仅需要事物和结果，而行为本身对于我们无关紧要，那么作为行为主体的我们就不能考虑自己是有价值的还是无价值的。不过一旦行为在特殊的活动中产生了自我意志，那么这种意志的实现，即有价值活动的实现，就使我们自身产生了价值。我们希望自己是说真话的人或拯救生命者，仅因为行动本身，而非想要的结果。当有这样意志的自我得到实现时，一种纯粹的超个人的意愿也得以完成。拯救生命和说真话的特性现在成为确认自身的现实。

（4）自我价值

如果外在结果诱惑我们采取相反的行动，我们可能获得想要的结果，但行为不再是对意志的回应。自身的行为使得作为行为者的我们变得毫无价值。行为中所实现的不再是以超个人的方式所希望的，而纯粹意志也没有通过人格的行为得到满足。若在着火的房子前冷眼旁观，而非帮忙救助人们，我确保了个体的安乐，这也是我有权希望并需求的。但除了个人安乐之外，我同时还希望自己是一个拯救生命者。因此我的行为实际上没有实现自身。我并没有肯定自我。我不再和自身保持同一，我变得毫无价值。如果我撒谎或盗窃，通常能达到我的目的，这确实也是我想要的结果，但行为自身非我所愿。我不愿意自己撒谎或盗窃。我真正希望自己是一个说真话或者尊重财物的人。我的谎言和偷窃的确实现并达到了令人愉悦的预期结果，但它们并未实现相反的行动，即我要求作为行动的自我本身一部分的行动。我所觉察到的自我根本没有把自身变成一个新的经验，而是已被丢失。撒谎和偷盗毁灭了我人格的价值。

意志真正希望的和作为最后结果的行为之间的一致性是道德的价值。并非行动有价值，而是付诸实施的行为中的人格实现了自身行动的意志，并由行动实现了自身意愿的自我。如果一个人采取了不希望的行动，他就是不道德的，因此也没有实现自身，而只是采取了能带来想要结果的行为。道德是我们所意愿的行为的实现。如果一种特殊的行为根本不被意愿，那么人格永远不可能通过其他行为而失去其道德价值。偷盗的罪犯必须希望尊重财物的行为，若不然，他的偷盗可能只有法律意义，但和道德无关。人格的自我价值并未减少，因为他根本没有否定自己行动的意志。那些并不希望成为说真话的人所讲的可以不是真理，但他不能撒谎。从道德意义上说，他所讲的非真理就如同婴儿的胡话一样无关紧要。

一定要学会把我们自己看作潜在的价值。这就是自我实现的行为。为了能认识到两者的同一，我们必须学会区分具有意志的自我和通过我们的行为产生的自我。若仅仅意愿行为的结果，而非行为自身，这种区分就与我们无关，那么行为只是被考虑为结果的手段，而非我们所意愿的自我的实现。然而一旦认识到这一习得的新理解，我们就知道了如何比较行动前后的行为自身，所期盼的行为的实现真正代表了绝对有效的价值。期盼行为的自我现在以独立并自我确认的实在呈现在我们面前。从超个人的视角看，我们好像参与了它的意志并对其实现感到满足。一旦采取这一立场，个体有价值的发展确实完全得到保证。个性的发展实际上就是越来越多地采取了评价而非利己的观点，世界越来越被看作自我肯定的，而不仅仅是无意义的瞬间经验。假如现在进入这样一种情况，即评价导致一种行为，而利己的欲望导致相反的行为，那么一开始价值就处于危险中。个体愉悦的冲动必定比建立超个人价值的那一行为的意愿更强大，但若我们学会了新的理解，那么整个情形就会完全不同。现在的选择不再处于利己需要的结果和无私评价的结果之间。不，我们现在发现了一方面是自私的需求，另一方面是自己个性的价值。遵循自私的欲求现在意味着牺牲自我的价值；放弃可能的个体愉悦意味着获得自我的价值。

进一步而言，现在情形并非如此，即我们需要决定是否把自身评价为有绝对价值。一旦我们已意识到自己的绝对价值，就不可能采取除它之外的其他态度。这才是每种纯粹价值的特点；没有人能不参与而认识到它。正如我们若无逻辑判断的意志，就不能理解逻辑结论一样，没有在行为中的意志，也必然不能理解在道德自我实现中的自我。我们也许不理解结论，也可能达不到对自身的道德认识，或许也不能继续区分我们行为的意志及与它一致的实现，然而一旦采取了这样一种立场，我们就不可能不把意志力和行为评价为统一。我们不能选择一个不和自身保持同一、肯定自身并因而有价值的自我。由文化习得的新观点保证了评价的立场免受合意结果的欲望的影响。在评价这样的行动人格中，我们保护并保证了达到价值的那些行为。

(5)不道德行为

这一保证还不完全。面临危险的自我价值(self-value)的意识仍可能被对愉悦的渴望而克服。为了满足个体的需求，我们可能采取不道德的行为，自我发展为价值的对立面。因为我们认定自己的人格有绝对价值，所以已有效地达到了一定的发展阶段，但没有外在的强制力能够保证这一发展阶段持续下去。道德真正的价值必须独立于每一内容的决定，现在我们认为这理所当然。我们选择哪种行为完全是无关的。一旦完成了真正意愿的行为，我们就是道德的。我们所意愿的行为作为行动自我的一部分，是代表了高的还是低的发展都和道德的价值无关。一直以来有许多纯粹的道德被实现，只凭行为效果，它代表了较低的发展阶段。

从发展评价的观点看，如果没有这种自我评价的力量，我们甚至无权坚持认为有道德的人高于服务于价值的人。一个高尚的灵魂，其追求价值的意志本身强大到足以克服一切自私的冲动，而不受任何对道德自我价值的考虑的强迫，他可能比许多有微弱的价值意志、只能通过感受到的道德价值来克服自私意志的人站得更高。只赋予道德行为以价值可能是过于严格了。一种无需努力和斗争的行为、不涉及人格自身的绝对价值、而只源于对价值的虔诚的行为，可能代表了最高层次发展的个人价值。但这种行为没有道德价值。这种行为也并非不道德的，但它是超道德的，并未由此失去任何作为绝对有价值的个人发展的表现。但一般认为，植根于行动者绝对自我价值的道德意志也代表着自我发展更高的阶段。情况之所以如此，是因为只有服务于价值——理想的目标——的行为，才能免受一切影响。无论美好的生命冲动是否真的被自己的力量所压倒，自私的渴望一定总是偶然的。即使是对价值的最纯粹的热爱也可能变得无效，因为也许通过一个毫无价值的行动可以消除巨大的个人悲伤或获得心醉神迷的愉悦。只有对自我的评价，才能使为价值服务的行为超越一切可能的享乐行为，才能使殉道者为真理而献身。

只有面对这种自我价值时，我们才产生了责任、义务和良心。我们已完全认识到自身，并非每种价值都包含了义务和应当。当研究价值的意义时，我们无权认为超个人的意志就是一种源自超验的义务。当社会以强制措施威胁到个体时，义务就存在于法律的范围内。当意识到处于危险中的自我价值威胁到意志时，义务在此以同样的方式存在。有两种可能的行为方式：一种是不希望的行为，但它会带来想要的结果；另一种是希望的行为，由此产生了对义务的威胁。如果不以自己希望的行为者的方式行动，我们将会失去自我。良心的声音无法告诉我们其他事情。因此只存在一种最根本的道德义务：只以行为自身的缘故而行动。不存在所谓的道德律令：你不该撒谎、偷窃、杀生，你应该助人救人。帮助他人或者说真话，这些行为是否为你的人格的真正意愿取决于你发展的程度。没人能因义务而要求你那样做。但如果你意愿这一行为，你就该去施行它，不该受到快乐或痛苦的诱惑而做你根本不想做的事情。实现因自身而被意愿的行为，那才是唯一可能的义务。即使这一绝对命令可能被转换为一种假设，情形也是如此：采取你真正意愿的行为，如果没有这一意愿，自我就会失去同一性并由此而失去价值。但这一条件是绝对不可能的。事实上，你永远不可能希望自己不和自身保持一致。

（6）道德义务

因此，自我忠诚、忠于自我是唯一的道德义务和道德价值。盗窃和谋杀本身并不是反道德的，只是违背了发展的价值。如果我外在的道德发展把自己导向厌恶的行为，那它就是反道德的。但那样的话，盗窃本身就不是反道德的，反道德的是我没有实现自己意愿的行为。即使是各种价值动机间的冲突也并非真正的道德冲突，而是外在于道德（extra-moral）的。这不是两种道德义务间的冲突，唯一的道德义务是实施我们真正意愿的行为。内在的斗争指的仅是两种同是我们意愿并都能带来某种价值的行为的矛盾。只有做了这样的决定，我们才能实现道德。只有我们内在地知道自己的意愿，才能忠于自我。

现在看来，个体的道德价值和共同体的法律价值显然具有广泛的一致性。两者都只有一种意义，要求忠于自我，由此保证达到了价值发展的阶段。共同体成员之间共同的意志关系在法律之外得到发展，个体的意志力在道德之外得到发展。共同体及个体是否真正发展了自身，仅依赖于它们是否越来越多地完成了这一任务，即看作必然属于它们的自我肯定的现实的任务。共同体和个体的意志可能到达任何一个发展阶段，现在自我实现必须注意防止自己下降到低级阶段。它必须保证在有价值的高度，只有通过共同体的法律和个体的道德良心施加的强力才能达到。法律和道德都要求共同体及个体采取真正意愿的行为。因此，只有当共同体的意志不再成为行动的无法律状态时，法律的价值才会被破坏。只有当我们没实现真正要求的行为，即不忠于自我时，道德的价值才会被破坏。法律和道德所维护和保证的必定会变化，也可能消失，但是永远的价值保持其力量：人的世界是真正被意愿的，内心世界是被安全保护的。共同体只能通过法律来保证它自身意志的实现，个体则通过道德来实现。但是实现自身，即自由地忠于自我，设定意志和行为是统一的，对于共同体和个体而言都是同样的，一个独立的实在必须在其中发展。但是，这种自我同一不再仅仅是孤立闪现如梦般的经验，而真正是绝对的价值。

第五部分　形而上学价值

第十三章　神圣价值

1. 价值多样性

再次回顾一下。在纷繁的体验中我们寻求有价值的东西。我们认识到任何单个事物、任何只有印象的事物自身必然没有价值。只有当被体验的事物可以再次在新的体验中被找到，并由此发现这种变化之中的自我肯定时，我们才获得一种真正的满足。满足需要紧张和松弛，需要起点和目标。梦寐以求的愿望之实现就会带来这种满足，并在体验中反射出价值之光。然而这些都是偶然价值，它取决于个体人格的立足点。即使在社会团体中，这种个体愉悦的评价也是一致的，只要对于每个成员而言趋乐避苦地处于决定性的地位，那么社会团体仍然仅仅只是个人满足的集合而已。它依然是享受、利益、舒适和虚荣相互作用的混合体。

但我们追寻的是属于世界之真正意义的纯粹价值。我们追寻的价值与个体状况无关，却能带来绝对满足，即超个人的价值。这些纯粹价值必定存在于这些地方，即事物、印象和表达在新的体验中肯定自身，并且尽管在生活变化中，它们采取了新的形式，但它们仍然保持了一致性。因此，我们获得了一种不依赖于愉悦的满足，一种不取决于个人欲求的实现。生活体验转瞬即逝，只有瞬间的体验片段，没有价值，没有世界，这就是体验肯定自己的理想性，通过它显示自身，并建立一个独立的世界。这样的世界绝对有价值，因为所有进入这一世界的东西都必定满足每一个可能的主体，他要求一个自我肯定的世界。事物和意志力首先进入这个世界，因为它们在体验的复归中保持自身。于是，这种无价值的如梦般的感觉将自己转化为一种有价值的体验。这些无意义的个别片段也变成了一个具有绝对价值的世界，这一世界是知识的对象。不管我们独立的偶然体验能在多大程度上把握这个世界，这个知识和真理的世界都是绝对有价值的。而且，由于事物和意志力的多样性表明自身具有内在的一致性，因此，它们同样进入这个价值世界。当多样性最终成为"一"，当多样性的各个分离部分如此的和谐，以至于我们可以通过一个确定另一个，这样的和谐在总体上必定也绝对有价值。在此，每一个部分既是起点，又是实现。爱、幸福和美的世界以永恒的纯净呈现在我们面前。最终，我们在这个绝对有价值的世界中找到发展和行动。只要个体自身包含着更丰富、更充分、更有效的目的，一旦这一目的在新的体验中被实现，意识就得到绝对满足。种子变成了收获，法律、进步和道德在这个远离纯粹个人欲求的世界中实现自身。而且，在这里价值也完全存在于意志和实现的同一性中。

我们已经探究了这三方面的价值如何从当下的生活体验中产生，并如何通过有意识的目的性文明之劳动而得以复杂化和丰富化。我们也进一步看到，每一方面如何同样对应于外在世界、人的世界和内心世界。每一步都清楚地向我们表明，这个价值世界中的一切事物如何依赖于体验的自我肯定。相同者必须在新的体验中被理解为相同者。旧的体验必须在新形式中保存、实现和完成显现自身。每个同一的自我肯定都必须再次成为新意志力的起点。所有属于这个自我肯定之体验世界的东西必定具有永恒的价值，因为它必定满足这个自我肯定之世界的人的每个意愿；而没有这种意愿的人根本不能被看作主体。要承认这样一个主体就意味着这一假定，即无论生活和世界带来什么，所有符合自我肯定之条件的事物都对于他而言具有绝对价值。无论这种自我肯定是表现在逻辑价值中的自我肯定，还是表现在审美价值中的自我一致，抑或表现在伦理价值中的自我实现，都毫无差别。不过，尽管这些在结构上保持一致，我们终究还有三个独立的世界。约束这三者自身的世界规则最终是相同的；然而规则的三种实现，却导向三个自我封闭、相互独立的世界现实。第一种逻辑价值由我们的知识所把握，第二种审美价值由我们的热忱而达成，最后的伦理价值则要求我们的评价。将三者混淆必然会导致对这三种价值的破坏。

当然，一种体验可能涉及多重价值联系。比如说，一种代表价值进步的发展，在对它做出如此评价时，它的完成形式可能是一个和谐的整体，这一整体的自然之美吸引着我们。与此同时，我们可能将这一发展的每个阶段都归入一种逻辑的科学联系。这样，同一种体验可以有三种不同的评价。但这并不能改变这样一个事实，即每一种价值联系都有所不同。这样的因果链既不漂亮，也没有道德上的感召力；这样一种道德实现并非科学联系；而这样达成的和谐看来也不能被当作一种实现，而只是从审美评价中排除任何未完成的东西。评价不仅彼此独立，而且通常导向不同的方向，即使表面看来它们是平行的。一部小说可能达到最高的审美价值，其中人物也许与历史相关，但若作为逻辑上真实联系的对象，则没有任何价值。在我们有价值的知识世界中，它们没有实存价值，而且英雄的行为也许在道德上是罪恶的。同时，一种成就可能得到最高的道德评价，不过却没有给审美愉悦留一席之地。可是，单单独立和分离并不能表达出它们之间关系的全部意义。生活不断地向我们展现出价值之间的直接抵触。正是这种纯粹价值之间的尖锐的相互对立，推动我们走向新的欲求和行为。实存事实之世界总是否认对道德的要求以及对和谐统一体的渴望；美的世界可能会阻碍进步并且否认事物之间的联系；有价值的实现和发展的世界也许会毁灭幸福。我们整个实存中都充斥着这些紧张的对立力量。

2. 价值冲突

在所有这些当中，我们没有权利根据原则把对世界体验的肯定凌驾于其他之上。这三者中的每一个，都和其他处于完全同等的地位，都产生于自身没有价值的原初生活体验的素材中。在日常思考中，我们通常倾向于把逻辑价值置于另外两者之上。我们有这样的感觉，即只有我们以实存价值和联系价值来感知的世界才是唯一标准的世界。幸福和道德的世界在它旁边好像消失不见。它们几乎成了幻想的王国，而实存的世界才是现实的。或者它们只是对这个唯一真实世界的附加断言。于是，世界实际上就是具有实存和联系的世界，而幸福和道德只是附属于这个真正知识的世界。当然，我们知道这种偏袒并非有理；我们知道要承认一个世界真正实存，仅仅意味着从某种特定的联系来评价体验，而非其他什么。世界的实存、其现实性及其联系对于我们而言意味着对生活体验的某种特定评价。如果我们强调其他关系，并由此从生活素材中获得其他价值，那么它们以同样的理由得以产生。一个因保持自身而具有实存的世界，并不比那个因与自身一致而和谐的世界，或者那个因实现自身而有价值的世界更重要，更直接，并且更确定。这三者具有同等的必要结构，它们通过以下三个方面结合在一起，即对意识的超个人形式，对体验之自我肯定的超个人要求，以及对实现此要求的超个人满足。

我们越是清楚地认识到这些不同世界之间的同等性，对下面这一观念的印象就越深刻，即它们之间的冲突不可能通过它们各自的方式得以消解。每一种折中的方式不仅仅是外在的，而且还干扰其意义。举例来说，旧时代的科学将美的价值当作解释依据，从星体的弧线之美来推论其运动，从太阳之火的高纯度来推论其中心位置，而解释和知识的真正目的明显被忽略了。但是，当现代科学为了确保意志在道德价值上的固有自由，从而冲破我们头脑中的因果进程的锁链时，情形并未好转。同样，当艺术作品对科学信息或道德实现有所要求时，审美观点被抛弃。倘若人们不是将行为的伦理价值，而是将作为结果之幸福的审美价值当作标志，那么道德行为就变得软弱无力。倘若我们允许抹杀这些价值领域的界线，那么我们就不能做出任何公正的评价。要联合这些价值必定不能仅仅草率地把它们混淆在一起。

3. 价值的同一性

要是这个作为整体的世界不想彼此冲突并变得毫无价值，那么我们可以肯定的是，它们必须以某种方式结合在一起。我们已经充分地认识并理解这一基本事实的必然性：只有在那些变化的体验中与自身保持同一的东西才具有价值。只有这种同一性才能为正在求索的意志带来满足。那些绝对全新的事物必然毫无逻辑，没有美感并且不道德。如果道德的实现、幸福之美、真理的联系最终不能被看作是同一的，那么这些世界的整体也必定是反价值的。如果从一类价值到另一类价值的转变就是成为一种全新的实在，那么，世界也就变得支离破碎，生活变得毫无意义，从原则上说必定只留下失望了。当然，我们必定不能根据哲学研究所做的那样来思考真理、美和进步，也不能最终受制于我们同样根本上的意识态度。在此，我们没有权利用哲学之见解来代替真实生活。一个不进行哲学思考的个体人格当然不知道超个人意识活动的方式。对于那些构成伦理、审美和逻辑体验的超个人转变，我们在日常生活中只能通过最终结果而非行动来把握它们。因此，我们要获得伦理、审美和逻辑经验，并不意味着要对导致这些绝对有效之满足的体系之阶段有所认识。换言之，我们也许能够拥有作为绝对有效价值的真、美和善，但同时又可能对哲学统一体中的个体一无所知，对这个统一体我们唯有通过批判的考察才能逐步认识。对于具有朴素思想的个体而言，自然过程、幸福以及道德只不过是相互分离的领域，如同我们发现的那样，并且必须承认这一点。不过，我们生活中的每种行为都在和所有这些领域打交道。如果根据这样的原则，即分离是根本特征之一，那么，我们如何行动，又如何举步向前呢？我们想要自由地创造价值，却仍然承认过程的因果必然性；我们在创造性行动中寻求价值，却在完满状态中找到幸福和美，但这个完满状态不再允许有任何变化。于是，我们的生活成为一种折磨，不可把握；我们的意志反复无常；当我们把握这个世界时，其他世界对于我们来说既陌生又不可比较，而且无法协调。

我们生活的意义依赖于这种可能性，即将我们这个世界最终理解成一个世界并且是同一个世界。这一世界不仅仅赋予我们的生活以意义，而且在这一条件下，这个作为整体的世界变得绝对有价值，因为当我们真走向美或道德领域时，这个世界总是与自身保持同一并且肯定自身。我们曾经在逻辑、审美和伦理领域中发现这种自我肯定；我们已认识到在生活体验中不可能存在其他类型的自我肯定，因而也不存在其他类型的价值。如果这种自我肯定能够从一种价值通向另一种，即联系的整体世界能再次在道德或美的整体世界中实现自身，那么，这个作为整体的世界必定是有价值的；只要我们的思想和感受仍是关于这个一分为三的世界，那么，对同一性的要求就不会满足，结果也不会有价值。因此，我们预先知道只有这个在真理、道德和美中确认自身同一的世界，对于我们而言才具有根本的价值。这一先验事实必然约束我们每一个特殊的感知行为。如果这个作为整体的世界是有价值的，而不仅是一团内在之混乱，那么我们必定认为受这一信念约束，即三个价值世界的同一具有正当性。就像对所有其他类型的价值一样，我们在当下的生活意志中找到了这种肯定价值，并且以文明的方式来详细阐述它。确保这种不同价值世界之统一性的生活价值就是宗教。对这一目标进行有意识有目的的活动，就是哲学。

4. 宗教和哲学

因此，我们认为宗教和哲学具有相同的任务。两者的目标都是要理解价值世界最终彼此同一，因而世界之整体也绝对有价值。为了实现这一目的，哲学和宗教都必须超越生活体验。它们凭借这种超个人的假设而把我们引向一个扩大并延展了的世界，即克服了这些价值的外在对立的假设。但是，我们是否还有理由将这样一个超越体验之上的超越世界作为现实世界？确实，狭义上的实在局限于那些具有逻辑价值，并具有实存和联系的事物。在这一意义上说，宗教和哲学对体验的超越是不实在的，或者更确切地说是外在于实在，或者是超越实在的。然而，我们从一开始就已看到，实现不只意味着进入实存世界，还具有更为根本的含义。当新体验成为一个计划行动的立足点和起点时，我们总是能找到这种实现。实现总是被完成的，因此，一旦新形成的统一性为我们提供一个预期行为的确定基础，那么我们就可以达到一种新的现实。有时它会把我们从纯粹想象的世界带入物理实存的世界，不过，被预期的东西和被实现的东西同存于观念或思想的世界中且司空见惯。我们自己的意志和行动必须决定，生活体验中的变化是否可以被当作一种实现。正是这种实现支持着我们新的行动。我们之前已经认识到这一点，现在只需考虑它在特殊情形中的后果。宗教和哲学需要一种进化，这种进化超越了可体验的界限，对于这种明显超越实在的东西是否从属于价值概念，我们曾犹豫不决，因为每一种价值都要求，既存者能以新的形式在某种同一的现实中得以实现。但是，我们现在可以这样说，这个世界事实上在宗教和哲学扩展了的体验中实现了自身。当然，这种超越之体验当然不可能成为物理实存世界的体验的一部分。因此，从狭义上说，它是不实在的。但它是我们信念的内容，而信念为我们的行动提供最稳固的支点，就广义而言，最终的实现在此得以最大限度地完成。

这个可体验的世界，即被分为逻辑的、伦理的和审美的特殊世界，在无所不包的终极世界中实现自身，宗教信仰和哲学信念支撑着这个世界，在这个世界中，所有的对立都消失不见。由于这个终极世界与价值世界的总体是同一的，而且与一种完全的实现同一，所以可体验的和超越体验之间的关系再次代表了一种绝对价值。这就是形而上学的价值。不过，在对所有可能之体验进行补充时，宗教和哲学采取了相反的方向。在这两者中，信念支撑着这个新的世界整体，因为超越的世界给我们行动以支持，从而主导我们的生活，所以赋予我们全部的现实以信念。不过，方向上的对立是根本的。为了立刻搞清这一点，我们可以说宗教是要超越经验，而哲学则是返回到经验的先决条件。宗教构建了一个跨越经验世界的上层建筑，哲学则建立了一个支撑经验世界的下层建筑。出于这一目的，宗教创造了上帝，他赋予世界以神圣价值；哲学在永恒的行动中寻求根基，它赋予这个世界以绝对价值。这两种价值，宗教的神圣价值和哲学的绝对价值，一起作为形而上学的价值，而与逻辑、审美和伦理价值相并列。

宗教情感的形而上学与哲学理性的形而上学，两者之间截然的界限在现实生活中无须考虑。从原则上说，柏拉图、斯宾诺莎和费希特的宗教当然属于哲学，而历史上的世界宗教则被哲学因素所渗透。哲学就是要从根本上寻求一种最终统一的方式，赋予所有形而上学的价值以意义，这种方式可以通过有意识的目的性努力而达成。宗教通过诉诸感受和情感达到同样的目的，而无须有意识地认识这一终极目的。在这一意义上，当然也只有在这一意义上，我们把哲学归入文化价值，而把宗教归为当下的生活价值，正如我们经常所要求的，文化价值能够表达一种有意识的、目的性的努力，而其目标就是建立一个价值世界。

首先，使我们感兴趣的是当下的生活价值；它们是上帝之世界的价值，即神圣的价值。因此在价值系统中，神圣代表着最终的价值，它与真、善和美相并列。不过我们现在能够理解，在另一种意义上，神圣价值超越于其他三者之上，因为宗教的目的必定是统一所有其他价值。这个被上帝信仰所渗透的世界不存在真实之联系、幸福之美和道德实现之间的对立。这个上帝的世界之所以实在，是因为我们的信念就是要实现它，而这一信念在宗教领域则被称为信仰。

宗教必定能实现这一任务，即使一个成熟的上帝观念尚未出现。至少，我们可以承认朝向这些终极价值的方向，只要一种象征以这样一种方式来反映世界，那些令人失望的对立全部消失不见，而被令人兴奋的情感所代替。自然、幸福和行为的统一体开始在意识中相互影响。锡兰①最原始的部落沉迷于在森林深处疯狂夜舞。他们围绕着一支巨大的箭欢舞，并伴随着有节奏的呼喊。对于他们而言，这支箭中既没有灵魂也没有神，但却是他们实存的中心，是他们自我保护的主要手段。他们的整个思维都围绕着这支箭。在所有的重大事件中，诸如疾病或者需求，他们都会向这支箭祈祷。在这种午夜舞蹈中，这支箭散发出一种能改变他们整个世界的力量。与人相对立的自然物，以及他对幸福的追求和他行动的所有意愿现在都被结合在一起。这支箭要能帮忙就帮得上忙；这支箭战胜了可怕的自然。于是，世界的实存就是为了满足他们的意志和欲求，所有的对立都会被克服。从这些野蛮人的狂热到教会团体庄严的礼拜都是一脉相承的，虽然野蛮人尚未到达一种精神上的真正信仰。当下的对立被越来越纯粹的形式所克服，逻辑的自我保存、审美的自我一致，以及伦理的自我实现，也越来越清晰地包含在对世界的形而上学的自我完善之思想中，在这个世界中，一切有价值的事物都是和谐一致的。

5. 发展和宗教

宗教意识的强度、清晰度以及深度，必然决定了宗教能在多大程度上成功地获得一种关于所有价值完美和谐的纯粹价值。同时，由于价值独立于宗教意识的力量，因此它同样取决于这一问题，即这些组织起来的不同价值自身能得到多大程度的发展。一种宗教，结合了关于自然的不成熟观念、追求幸福的原始欲望，以及任性的行动要求，与另一种宗教，结合了复杂的科学、相当和谐一致的情感，以及高尚的道德良知，这两者同样都是充满热情的宗教。前者不能说它不是宗教，只不过它停留在一个较低的层次，因为它把纯粹形而上学的价值指向不纯粹的质料。最高的宗教必定产生那种关于最纯粹价值的最纯粹联合。在这里，我们还须给出宗教差异进一步的补充条件，因为不同的价值可能以一种完全不同的方式得以发展。而且，它们可能得到不同程度的强调。例如，存在这样一些宗教，其伦理价值完全占据优势地位，以至于逻辑和审美价值只能被涵盖其中，而它们之间的同一也是通过一者包含另一者的方式得以实现的。同样也存在着某些由审美或理智因素占主导的宗教。

然而，决定性原则依然是，这种同一行为构成了宗教的意义。

---

① 锡兰：印度以南一岛国，现更名为斯里兰卡（Sri Lanka），首都为科伦坡（Colombo）。——译者注

宗教与个别价值相关，就像这些个别价值与当下生活体验相关一样。因此，宗教也是一种超个人意识的理解形式，而在其他任何意义上，它不比逻辑、审美和伦理价值更具必然性。为了从根本上达到一个共同的自我肯定的世界，我们必须用这种形式来思考结合在一起的内容。但是宗教是关于所有形式的形式，对于那些处于不同形式中的事物之联系而言，它是一种绝对有效的形式。所以宗教并不通向更确定的价值，而是通向更具涵盖性的价值。真理的确定性、美的完善性，或者道德的高贵性，必须在自身中完成，没有一种价值必须通过对上帝的信仰而得到承认。真理的力量不能产生于这样一个事实，即它与美或道德和谐一致。凭借这一和谐，真理使世界获得了它的最终完善形式。唯有在所有价值的一致中，指向超个人意识的统一之目的才能实现它的最终目标，至少自然的生命活动可以从根本上达到最终目标。确实，为了达到终极目的还需更多的条件：系统化的、有意识的文化活动将是必要的。这正是哲学的任务。

如果用一个联合了所有价值的超越的经验世界作为对可能的经验世界的补充，那么这一新观念必须再次表达为三个方面。不管这三个方面的发展多么彼此相融，就像我们所有认识的那些价值一样，他们必须要么指向外在世界，要么指向人的世界，要么指向内心世界。所以，我们提出了这样一种三重的划分，它当然不是一种截然的区分，只是表明一种基本倾向。在这一意义上，我们应该说，与外在世界相关的宗教价值通过对创世的信仰表明自身，与人的世界相关的宗教价值通过对启示的信仰表明自身，而与内心世界相关的宗教价值则通过对救赎的信仰表明自身。对此，我们必须进一步深入研究。

A——创世

（1）神和自然科学

信仰宗教的灵魂尊崇上帝，即天地的创造者，它对自然科学的假设不感兴趣。宗教意义上的信仰同其他信仰只是字面上相同，那些信仰之所以把自身限制在相信的范围内，是因为它们缺乏足够知识的充分支撑。对上帝的信仰不是一个不确定的尝试性意见，因为不是没有充足的证据可供我们随意支配以证明它的完全的确定性。相反，宗教信仰自身就具有确定性，这一确定性是所有逻辑证明的力量望尘莫及的。首先，创世者上帝不是自然主义的假设，因为他只意味着自然过程的原因的创造者，在自然科学的意义上缺乏成为一个神的必要特性。

从自然主义的角度考虑事物，是否会使超越经验的世界、寻求世界的创造者成为在根本上必需的，这值得怀疑。过去的主要争论集中在自然的调整和适应性上，似乎只有深谋远虑的理性从一开始就计划了它，才能得到解释。但在我们这个时代，这一观点已失去了它的主要意义。如今在自然科学看来，在变化条件下，通过调整来适应环境并保存自身的形式之产生不再是难以解决的问题。同时，当今科学更清楚地认识到：自然中有无数事物，它们根本不依据目的而被调整。最重要的是，从自然科学的观点看，只有与世界对立且有远见和预期目的的创造者自身被看作一个物质精神的构造，才能解决问题。当讨论发展价值时，我们看到人类发明者会被认为是机器产生的充分原因，是因为物理学把发明者理解为一系列的因果过程，他协作生产出机器适合的各部分。被看作原因的发明者，其目的性的实在性并未被考虑，而他的目的性思维本身只是心理物理的自然过程的一部分，是因果链条中的一环。同样，上帝也只不过是庞大的心理物理构造。这意味着他足以解释导致的结果，即世界经验，但他自身的活动就会产生恰好相同的问题。那么上帝自身的原因就需要被解释。简言之，这样自然科学始终只会再次回到自然主义的对象，其研究永远不会有最终的定论。

当一开始设定的创造者不是心理物理机器，而是如同我们自身一样的实在主体时，情形就会有所不同。我们通常设定，作为历史实在性一部分的我们的意志行为，必须从它的自由来理解而与它的原因无关。我们的行为是自由的，因为追问它们的原因毫无意义。它的整个实在性都在于它的目的。它不是寻求被解释，而是需要它的意图得到说明。以这种方式期待出现世界的创造者确实是开始和终结，而他计划的世界就包含在他行为的总体中。于是，世界的因果链条由创造者的自由意志构成，而他意志的自由——我们可以通过感受自身意志来理解——将会一劳永逸地解决所有问题。不过，我们还须承认整个创造性的超意志只指向那些需要被解释的，即自然的因果过程。因而，这个创世者唯一的意志只能是事物不变元素的盲目聚集。于是，创世者的唯一目的就是原子的无目的运动。这一创造者当然不再是自身需要被解释的自然事物，他就是创造者和立法者。他已经设定了永恒的物质和不变的能源；不过，对于我们而言，被限制在这一解释任务范围内的创造者是永恒的上帝吗？这种仅仅期盼世界物质的存在和自然原因的有效性的意志，会成为一个全能的幻影，不会唤醒敬畏、信赖、希望、害怕、感恩或者爱。没有宗教情感会对他回应，上帝最必要的因素将会缺失。是的，如果这一创造性精神仅仅期盼自然就是自然，那么我们甚至无权谈论全能；他只能期盼规律，因而面对遵从规律的过程无能为力。对于行为取决于上帝的考虑而言，根本不存在这一点关联。

若这一创造性意志要成为上帝，就必须增加某些全新的东西：意志必须进入与审美的幸福、统一和美的世界，以及伦理的发展、实现与道德的世界的联系中。只有分离的价值世界的这种联合才能赋予上帝的观念以生命力。上帝支配的世界是现代自然科学的无限宇宙，还是原始人的想象已分离出的极小部分的经验，在所有情况下，多样性价值的统一依然是神的特征的真正标准。上帝居于事物之上还是存在于事物之间，是多神还是一神，都是次要的。根本的问题始终只有一个：给自然联系的事物确定秩序的神，是否同时也使我们的经验形成美丽的内在一致，还在世界的发展中实现我们的理念。宗教情感必须确定如下几个世界是同一个，即事物运动符合上帝意志的世界，自然规律控制着联系的世界，一切事物在内在和谐中统一自身的世界，以及善良行为处于胜利地位的世界。知识的联系可能仍是经验的肤浅的联合，内在和谐也许只是享受的幸福，获胜的善良或许只代表了部落利己的意愿。因此，价值大概只处于最低水平上，可由上帝支配的世界一定共同服务于所有这些价值。信仰上帝这一创造者，就意味着在内心深处确信，通过超验力量的作用，自然秩序、幸福、道德之间的对立可以从世界中被移除。不需要科学之类的解释就能想象这种统一。唯有本人直接确定并坚信上帝能够统一的人具有信仰。

（2）东方的宗教

这样的造物主位于每种伟大历史宗教的中心。不同时代、不同民族各有不同的侧重，有时是逻辑的假定，有时是审美的假定，有时是伦理的假定。这些情感因素也决定着同上帝关系的何种个人态度可能会占上风。它或许是感恩和爱，或者是信赖、谦逊，甚至是畏惧的情感，或者是信心和勇气，或许是最后自我牺牲的放弃。但这些正确的信念中都存在着所有变化中的宗教所具有的信仰，这种正确的信念从所有价值成为统一体的超验中获得最深的生命感。如果我们注目遥远的东方，就会在中国发现一个确实坚持世俗生活的民族。对死者的祭仪，显现出信仰的元素。但从一开始，最伟大的导师就确信至高的主宰，最初是天自身，在控制自然事物秩序的同时，也管理人类的道德秩序，使两者实现完美的统一。中国的独创思想在老子那里得到了最深刻的表达，老子有言："人法地，地法天，天法道，道法自然。""孔德之容，惟道是从。道之为物，惟恍惟惚。惚兮恍兮，其中有象。恍兮惚兮，其中有物。窈兮冥兮，其中有精。其精甚真，其中有信。自今及古，其名不去。"这是所有时代所有民族的宗教都在回响的基调。自然的秩序、纯粹的幸福、道德的努力都必定在某种程度上和超验的某物结合在一起，我们不可能理解，但必须相信。

让我们把目光转向中国西边的印度。惊人的印度人民早先衰退的力量在宗教中发展了最好的能力，即沉思和冥想；4000 年来他们使那些基本思想常新。从早期未发展的象征符号到后来僧侣宗教的哲学体系，一直存在着某种神秘的感知，尽管宗教的内容不可能有一个统一的准则。然而我们可能会说，人们从早期开始就逐渐地为某种信仰做准备，后来这一信仰得到无与伦比的表达。这一信仰就是，事物只是错觉，痛苦只是幻影，罪恶只是误解，所有真正的存在是精神，投入纯粹精神中后，所有真、善、美都必然融会在一起。在此，通过全新的思想转变，价值的对立面消失不见。人们认识到在对立的世界中是幻觉克服了这种对立。但是根本意义终究存在于印度思想的转变中，这如同其他具有世界影响力的宗教一样。在此信念也克服了自然知识对幸福的欲望，以及道德的假定之间的斗争。很显然，在这一情况下，对幸福的渴求是整个系统中运动的力量，人们尽管在表面上放弃了所有道德力量，但去除痛苦的审美需要终究控制了这一总体的世界观，并从属于自然和道德。

印度的真实世界是永恒不朽的。每种生成都是幻觉，在与它的鲜明对比中，我们发现了波斯人的信仰和琐罗亚斯德①的宗教。世界的历史是善良终将战胜邪恶的斗争史。在 12000 年的世界历史之后，救世主会降临并能起死回生。由此，宗教的戏剧在这一世俗的感官世界上演，但有效的宗教力量也结合了道德、幸福和真理。那些被敌人包围的波斯农民，认识到真善美的必然性完全与他们的痛苦相分离，而为统治他们的世界力量提供了胜利的可能性。那里开始了琐罗亚斯德的使命。他主张，真神和邪恶之神毫无共同之处。在真神中，力量、道德和善相结合。真神是世界的创造者和保存者，特别地感恩于真神，因为真神按照规律为自然定序；但同时真神是

---

① 琐罗亚斯德：波斯预言家，琐罗亚斯德教创始人，对于其身世人们知之甚少。——译者注

神圣力量，绝对纯粹地散发出持续神圣的能量，帮助道德人更强大，以保护世界免受不纯粹和邪恶的危害。最后，这个神是公正的，并在最后的审判日保证：善言善行会得到丰厚的回报。因而，这三种价值在此也完全和谐地实现。

与统治巴比伦帝国的汉谟拉比相应，马杜克①被认为是诸神之王。在创世初始，马杜克就开始了对世界的统治。他制服黑暗的邪恶力量，确保光明的胜利。他引导幸福之泉，让人们收获，赐予人们所有的食物，为受难者解除痛苦，治愈疾病，起死回生。不论这些故事多么拙劣且完全处于自然主义神话的支配下，控制自然的力量、人类的幸福，以及纯粹助人的行为之间的这种联系在巴比伦—亚述人整个神话中重现。诸神愤怒，就用洪水惩罚人类的罪恶行为。他们给那些作恶、违背誓言及破坏家庭和谐的人带来瘟疫和战败。

（3）基督教

我们来到地中海（看看）。试图把埃及宗教及其数不清的诸神、对动物和死者的祭仪，以及它们漫长而变动的历史转化为一个封闭的体系，这种努力是徒劳无功的。然而最高力量的思想一旦形成，它就再次同时统治自然，促进幸福和成功，加强道德义务。他是亚蒙神②，至高无上的太阳神。"他规定秩序，诸神产生；他创造了人和动物。人来自他的眼睛，神出于他的口。""被压迫者信仰他，因为他帮助不会堕落的穷人。"只有他才能在奥西里斯③的福地发现最后的幸福，只有他能坦言"他不会对人类作恶，不会做任何神所憎恶的事情"。在亚蒙神的王国中，自然的进步、幸福，以及道德实现之间不可能有任何对立。

如果我们看荷马史诗所反映的希腊神，可能会怀疑希腊人的精神通过其宗教是否也统一了世界的各种价值。相反，如果我们以柏拉图学派传说的形象看他们，就知道真善美的一致绝不会更纯粹、更深远。不过即使在非哲学的诸神天国中，如此多的低俗、不道德的渴望和不公正的幻想混杂其中，毕竟统治者也是宙斯，他作为诸神与人类之王，锄强扶弱维护公正。假如诗人对美的追求使得诸神的放荡生活看起来缺乏道德，雅典娜和阿波罗就通过他们全国范围

① 马杜克：古代巴比伦人的主神，原为巴比伦的太阳神。——译者注
② 亚蒙神：在埃及司生命和生殖之神。——译者注
③ 奥西里斯：古埃及冥神，其每年一次的死亡与复生人格化了大自然自我更新的生命力和多产的特点。——译者注

的影响力表明，强大的道德力量源于这些宙斯之子。因而，无与伦比的美和力量，终究与道德效用相交汇。

耶和华——以色列之神，最初实际上只是一种自然力量，即高山和雷电之神，但耶和华这一概念的精神意义、道德意义的深化是犹太民族的历史。如果在以色列国家覆灭时，耶和华宗教并未消失，那是因为通过先知之言，神已经被发展成一个超越偶然自然经验的道德秩序之神。从最深的道德精神出发，伊莱亚斯①已经要求人们必须在真、神圣、道德神与不神圣的自然神之间做出选择。以色列之神力量强大，能够分隔海洋，不过他亦仁慈，把安宁和幸福赐予子民，最重要的是，他很公正，若道德上的正义有需要，他甚至会放弃他的子民。信仰的意义和力量存在于这种统一中。

对于基督教更是如此，仅仅理解外部世界及其彼岸不足以表达宗教的深层意义。只有理解自我、超自我及对拯救的信心，才能表达那些信仰耶稣的人的生命意义。当然，外部世界也必须在基督教的总体教义中找到位置，但神的国度在于我们自身。不过，我们首先只须追问外部世界观。从福音书和早期基督教的信念中可以清楚地看到，这一事物世界被自由创造，同一个神把它作为道德王国，为它定序，给它赐福。宇宙力量、道德和爱由创造者所统一。世界——他的造物，从一开始就已被安排好，以致对于信仰者的心灵而言，有序的自然过程、幸福生活及善的胜利必定不存在表面上的对立。从一开始，基督教就是自然、幸福和道德通过神圣的超自然创造者的超力量得到统一的教义。

从最初的基督教团体时代开始，所有看待世界的特殊视角都在经历不断的变化。有时把世界的每种变化都理解为创造者常新的行动；有时确信神已把永恒的规律赋予自然，由此人们对自然秩序的看法就非常不同。此外，对道德看法也各异。有时设定每个人的心灵都有自由能力在善恶间做出决定，有时却有确定的信念：上帝已预先决定了谁具有善的力量，谁可能要经过不断的斗争才能胜利。对幸福的看法也是如此，有时在最后审判日的复活的许诺中找到；有时在每时每刻都斗争的斗士心中深信不疑的信仰中找到。但在根本要求中，这些对立并未改变任何事物。在多样化的宗教教义中，无论何时被确实起作用的信念所支撑，主要事实都保持相同：创造者的世界注定会统一不同价值。道德也许存在于不同个体的决定中，

---

① 伊莱亚斯：希伯来先知。——译者注

或者由上帝的预言所完成；幸福可能在永世来临，或者今天就能照亮我们的灵魂。对于任何时期真正的基督教来说，世界中真、善、美及不安宁间的动荡不安通过信仰圣父上帝就能停息。就如奥古斯丁所言，"由你创造的我们带有回归你的冲动，因此我们的心灵唯有在你那里才能得到安宁"。

《可兰经》，不管它有多虚幻夸大，如果没有明确宣扬安拉所创的世界总体能同时满足自然律、道德和人类福祉，那么伊斯兰教就不会得到这种统治人们的力量。归于上帝的七主德，确实不包括仁慈的善心，但《可兰经》在很多地方都谈及它。它非常有助于在安拉和穆罕默德中寻求价值的现实统一的信仰。更重要的是，《可兰经》使这种观点不容置疑：不管全能真主安排的宿命如何，毕竟所有个体决定了自己行为的道德价值。他死后会被审判，在最后的审判日会得到奖赏或惩罚。若善良超过罪恶，他就能毫无损伤地跨越地狱之桥，到达天堂。先知和殉道者死后会直接进入天堂。

在伟大的历史宗教中表达得如此清晰的内容，而在另一些民族的自然宗教和半宗教中表现得既不明确也不充分。印度、波斯、埃及、希腊、以色列和阿拉伯的宗教，都同样始于不成熟的自然和生活符号。不过那些自然神、已死首领和祖先之神，甚至在早期神话的拙劣形式中，从一开始就包含了联合各种分离价值的倾向。正是通过这一原始倾向，神的低级象征随着进入其中的各种价值缓慢稳步地发展，它自身吸收了最高的信仰力量。曾经在以色列发生过的耶和华信仰几乎不可能在较早的肯特人的耶和华崇拜中找到蛛丝马迹。但当地山神，虽然在更高的意义上和道德无关，但是他带着增强部落生活的希望和使那一团体的超个人意志获胜这两种意愿，终究还是联合了统治自然的宗教力量。不过即使是最原初形式的信条，为了获得宗教上的服从，也一定不能仅仅是自然的超个人原因。这对于各种形式的泛神论都成立，它至今依然支配着未开化民族的希望和恐惧。无论自然力是否被人化，人类的领袖是否被转化为自然力，概念性的语词是否转化为个人之名，每一个崇拜物都已被赋予一种创造力，在某种程度上控制着事物的自然联系，同时进入与部落的共同意志和愿望的联系中。处于显著位置的意志力彼此各异，形式亦变幻无常，但即使是最原始形态的价值统一体，其绝对有效价值也可以被识别。"通向山顶道路的起点各有不同，但都沐浴在同一片月光下。"不过，月亮也照耀着许多不能到达山顶的道路。

B——启示

（1）启示和历史

对于我们来说，上帝的力量超越外部世界；而启示超越人的世界。启示是对意志存在物之历史联系的补充，就如同创世说补充了事物的因果联系。通过启示，圣灵由宗教教义、礼拜、教堂和牧师渗透到人类社会的整个结构中，并把超个人的价值赋予了共同体。如果我们的评价不会自相矛盾，那么仅仅相信事物世界不只是自然还不够。我们还必须确信，以历史的实在性呈现给我们的要求，不只是历史个体的需要。社会生活不仅充满着社会冲突，还是对立评价的战场。我们的权利义务意识、历史传统的庄严和力量、超个人的希望和评价，都可能相互冲突。只有当我们确信历史联系最终返回到上帝时，所有这些对立才能够并且一定消失。我们定要相信人类的要求最终必将得到上帝的认可，所有的秩序、道德和幸福在上帝那里成为一个整体。只有历史意志力直接源于上帝的意志，才能得到最高的完整价值；唯有那时，它才能以科学不可思议的方式在自身中结合历史秩序的价值、道德行为的价值和生活无尽和谐的价值。

对价值完全统一的超个人需要必须从共同体的生活追溯到宗教启示。于是对于历史生活而言，神也成为调和对立的精神背景。在追溯源头之外的历史时，神的影响不仅仅意味着历史传统的直接延续。我们已了解到，若神祇只期盼成为自然的原因，那么他就不是真正的神，而只是一种心理物理机器，将属于自然科学的范围。同样，如果神的启示只是历史连续性的开端，那么它也不是神，而只是史前的一段模糊价值。只有当超人类的影响力不仅包括历史的联系价值，还包括审美的实现价值、伦理的理想目标价值时，它才成为一种宗教启示。因而，启示能够在任何时候再次出现，因为神的意志可以在任何地方进入历史过程中，它统一各种评价，并赋予人类共同体以信心和方向。

所有神迹都是这种新的启示，因为很清楚在这一意义上，神迹属于评价意识的必然显现。神迹不是自然法的悬置或取消，因为神迹具有意义的联系，不是自然秩序，而是意志的联系。神迹中发生的与这一问题无关，即那些经验是否也能够像物理事实一样被感知。一旦我们从这种观点看，它们当然必须服从自然法，而显而易见的期望只不过构成了科学至今不能解决的问题。但这种科学观是人为的，并与神迹的实在的生活体验无关，在那里，一切都取决于意志的显现。我们看到，用因果自然科学的思维模式看待真实的历史生活是人为的。毋宁说，自由世界更需要自己的联系形式。神迹只有在自由的王国中才会发生。在那里，我们把表明自身的意志理解为上帝的意志。思考时并未打破自然过程的链条，因为自由王国并不包括自然秩序。神迹的力量并不在于它对悬置原因的否定关系，而在于对较高意志的肯定关系，在其启示的意义和独特性中。

（2）神圣秩序

因此，启示通常告诉人们的一定不只是神的存在。整个历史生活都可以在那里发现动力和统一的意义。国家的秩序、君主的王冠都是神圣的。在共同体中，法律、刑罚、婚姻与誓言，各种道德行为和理想努力也是神圣不可侵犯的。与启示相关的整个历史生活以这种方式被包含在宗教中。因此，相信在宗教与国家、宗教与科学或宗教与艺术之间存在着根本对立是完全错误的。任何一种矛盾，其双方对立或者冲突在历史上产生时，都一定是对它们最高理想目标的背离。诸如科学、艺术、法律、工业或爱之类的特殊价值，可能彼此冲突，但从原则上说，宗教不可能与其中任何一个不一致，因为宗教的根本目标就是通过与超验的关系统一各种评价。一个心胸狭隘的教会、自私的国家、见识短浅的学院知识、轻率的艺术、冷漠的道德，可能彼此并不和谐。这倒很容易理解。

（3）历史上宗教的启示

哪里有共同体的生活，哪里就需要启示。通常单凭宗教就能再次消除分歧，因为只有通过这种超越历史的宗教，关于历史的传统制度、道德义务及圆满幸福的意识才能被联合。单单文明的进步并不能调和评价的所有对立。当然在最低的层次上，对于这种超历史的交流而言，常常没有一定的传统。神父了解的物神和偶像具有它们的神秘力量，神圣的动物一定被整个部落所崇拜，禁忌的规定一定会被遵守，但并不必然存在着一种明确的启示行为，通过它可以获得这种超自然信息。但在非洲、美洲、南部海域以及蒙古和任何有原始人的地方，任何国家制度、道德义务、法律责任、社会和谐、解释性知识的发源地，都能带着共同幸福的期盼和愿望，找到它们最终的联系和统一。

这一信仰在高度发展的宗教中得到了充分的说明。当琐罗亚斯德在高山之巅体验到与神的联系，并被提升到神圣的王位前聆听神的神启时，波斯人的信仰就在这一超历史的起点发现了宗教的本质。

从那里涌动出力量，通过这一力量，历史秩序、期望中的幸福、道德信念在波斯人的生活中彼此强化。神在其王位前，让琐罗亚斯德成为他的先知。所有历史的发展都在这一超验的事实中找到绝对可靠的起点。

佛不认可启示，他的世俗生活本身就是启示。要成为人类的救世主，就要从天国入尘世。他选择了敬神的王后作为他的母亲，一旦他降生，就大声叫喊："我是世间的至高无上、尽善尽美，将结束人间一切的苦难。"在后来的信仰中，历史上的佛甚至只成为真正佛的显现（manifestation）。他始终是最重要的表现（appearance），但在他前后，佛表明自身也存在于其他形式中。

常新的神意启示，没有什么地方比在希腊的德尔菲神庙更深入地进入国家生活中。宙斯借阿波罗之口说话，所以要依据德尔菲阿波罗的声音建立政治联盟，制定基本法律。神父的慎思及对先知的真诚信仰在多大程度上影响人们，都不是问题。决定性的事实在于，对圣洁的皮提亚的言辞的信念，保证了国家政治性活动、社会和平活动及道德法律活动的深层的、文明的和谐。逻辑上有价值的历史秩序、审美上有价值的爱的和谐与伦理上有价值的深层意志，通过行动的实现，唯有通过教派的力量及它们的显现，才能在希腊生活中被融为一体。这对于具有很高宗教天分的亚述人、巴比伦人同样成立。甚至艺术和科学在此都被理解为直观的神圣启示，因为国王的御座由诸神设立。汉谟拉比的古老巴比伦法律都与神圣的启示相关。闪长岩石块上的著名浮雕显示了太阳神怎样任命国王为审判者。

摩西的宗教意义同样存在于这一事实：上帝向摩西显现自身是尘世的神，恢复被埃及压迫的人民对他们命运的信念。摩西通过神启与失去勇气的人民交谈，开创了新的发展，其中所有的理念再次成为统一体。但正如神在亚伯拉罕、以撒①和雅各②前显现自身，摩西的耶和华已经向很多后继者显现，并给予信仰者以历史发展的超历史统一。对于历史上的基督教世界性任务（world-task）而言，决定性力量就存在于对启示的信仰中。当然，当启示深入自身心灵，并在真正信仰给内心生活带来的变化中被追求时，基督教信仰最深的意义才被把握。然而，新教和天主教的教堂最初都有很好的理由坚

---

① 以撒：在《旧约》中，指亚伯拉罕之子，被作为祭品献给上帝。祭献在最后一刻因神意的干预而被阻止。——译者注
② 雅各：在《圣经·旧约》中是以撒之子，亚伯拉罕之孙。他的 12 个儿子后来成为以色列 12 个部落的祖先。——译者注

持这一点，即被揭示的教义就是启示。这样，受神感召的神圣著作就是历史性影响的无尽源泉。耶稣的生命及他的神迹都是上帝之爱的显现。在从马槽到十字架的这些显现中，基督教团体发现了超越含义的要点，每种有价值的、已获得内在统一的希望、意志和努力都源于它。神迹具有这种世界性的影响力并非因为它的超自然性，而是因为它是超历史的。它与自然毫无关系，但它与历史有确定无疑的关联。对于历史意志力而言，它是启发和转变。穆罕默德确实相信自己的使命是受到安拉的召唤，而他先知的显现将实现自身，对伊斯兰教而言这些都毋庸置疑。伊斯兰教并不否认上帝通过天使、亚当、诺亚和耶稣这些先知和圣者向世界揭示自身，但通过穆罕默德的显现，《可兰经》独自就能决定所有人的命运。它是神的真言，由神在永恒的时间中颁布，通过天使带到凡间，以使穆罕默德能够表明它。由此，信仰者再次获得了一种历史上的超越，它赋予了政治、审美和伦理力量以统一的方向。

因而，共同体生活通过信仰已经永远获得了不同评价的统一，这种信仰认为，超历史的起点处于常新的形式和信条中。在信仰中，这种价值的同一性得以实现；对于它而言，不需要知觉和科学。固然，神秘家在所有时候所有地方，已经在自身中直觉地发现了与被揭示的神之间的这种关系。当他体验的启示照耀人的世界时，他成为一种历史性宗教的力量；当他的所见只决定他自身的宗教生活时，历史的生活联系就被切断。同时当个体在自己具有信仰的内心中经验到的显现与教会的启示一致时，如果内心世界以这种方式见证了人的世界为保持价值的统一所必需的要求，那么共同体的信仰就必然得到深化。

C——救赎

（1）死后重生

内心世界中充满着纷争。内心意志力的这种对立和争斗靠我们自身的力量无法克服。灵魂寻求对内心体验的一种超越，在这种超越中对立悄无声息。它可能是上天的宿命，使得我们自身最终达到完全的统一。它也许是虔诚的崇拜和对天国的幻想，让我们超越所有的内心斗争。它抑或是死后的灵魂，能够在相信它的眼前显现，并能呈现一切生命所否定的东西。它或许是一种赎罪，能使我们的罪恶得到净化。事实上，无限是人类外在和内在痛苦被信仰克服的形式，最终的统一不是通过外部世界的自然过程、人的世界的历史活动，而是通过内心世界的体验而获得的。我们内心世界对绝对统一价值的渴望就是对救赎的需要。它产生于存在人类的任何地方，因为在每个人的生命体验中，必然性、善和美绝不会完全统一。

认为死后会到极乐世界的这种看法根本不占主流；不过，正是这一与救赎观念无关的思想通常得到发展。由死的事实或梦联想到的灵魂观念，可能导致对另一个世界的信仰，而它根本不会更美好。即使在未显示宗教冲动迹象的人中，死后灵魂的观念也常常被发展。死者被穿上鞋子以备漫长旅行之用，但他们会不会寻到乐土则不在考虑之内。不过从这些观念到天堂不过一步之遥。对于印第安人来说，来世是快乐和享受的福地，对于猎人来说，来世是遍布水牛的狩猎宝地。可是，更美好的生活最初独立于对救赎的渴望，救赎更不依赖于天国生活。灵魂在世的苦难终会消失，所有都会通过神圣的感化、祈祷、乐善好施、善意行为而达到最终的统一。是的，即使死后的灵魂也并不需要远离尘世。比如，灵魂轮回的教义，是婆罗门教的伦理表现形式，确实是救赎的教义。善言善行之人被神圣感化提升到更高的生命层次。因此，当生活纷争结束时，人们就会从当前苦痛中部分地解放出来，不过这种解放仍是以尘世生活的形式出现的。

（2）佛教

不过就印度思想而言，完全的解放只能在全然放下生之所欲时才能得到。生命之所以痛苦是因为它是欲求。当我们去除了欲望时，存在的折磨也就消失。心灵的无私、温和、纯净状态和节欲的戒律是佛对众生的训诫；但那些希望完全得到解脱以致得到至福的人必须超越它，并达到一种状态，即所有的感官刺激都消失，产生一种梦境般的狂喜。重心似乎只存在于从痛苦中解脱，可佛说，每个人自身就是痛苦的原因，只能自我解脱。那么要达到的目标从根本上说不是从尘世解救出来，而是从对尘世的自私态度中解放出来。只有把事物和作为个体存在的我们联系在一起，它们才成为罪恶。若我们沉浸在那种绝对有效的实在中，就不存在任何丑陋和痛苦。因此，从世界纷争中得到救赎最终把自身提升到纯粹评价的立场。

看起来好像最高的冲突即纯粹价值自身的冲突根本未被触及。然而我们很清楚，只有自私地把世界与我们自身的人格相联系时，我们才能意识到价值的冲突。世界过程的必然性、美丽事物的和谐与道德理念的纯粹本身并不对立。只有它们在个人的意志经验中相互交汇时，对立才会出现，因为我们人格的统一也要求实现对价值的那些需要的统一。这样，当有价值的、必然的因果过程与和谐的要求相矛盾并带来痛苦时，前者才可能成为一种反价值。同样，当有价值的快乐的和谐与道德的价值相抵触时，前者可能成为一种罪恶。此外，道德纯粹的世界与美丽和谐的世界中的一切有价值的事物，当与我们对事物可靠的秩序要求对立时，就变得不再真实。因而，一旦痛苦、罪恶和虚假只与个体相关，就与审美、伦理和逻辑价值相对立。只要它们仅指向世界自身，就只是相互独立的价值。若价值与个人意志的关系消失，那么价值的相互干扰也就停止，因为它们不再有任何关系。所以，沉浸在和自我无关的世界的人就克服了真正价值之间的对立。但是他克服对立，不是通过调和与统一它们，而是通过放弃自我而取消对这种统一的要求。世界本身不是罪恶、不幸和虚假。它的每种价值都是一种特殊的生成、一种对理念的特殊阐明，这些理念彼此互不干扰，没有联系。因而，印度哲学为新的统一开启了道路，统一不在世界中而在为理念而努力的心灵中。现在必须被看作最终的统一的，不是支配一切的神，而是开始对世界评价的灵魂。但如果这就是意义，那么宗教就被转化为哲学。通过非个人地沉浸在世界中并因而超个人地沉浸在世界中来寻求统一的人，由此发现统一不在神那里而是在追求的自我中，即使他继续用宗教语言来表达，也是在通向哲学世界观的道路上。所以从根本意义上说，佛教就是哲学。一旦非个人地进入世界成为主导因素时，所有时代的救赎宗教就始终朝着同一个方向前进。新柏拉图哲学清晰地表述了这一点。

犹太教一开始就对世界有强烈的个人要求，因而它强烈地感受到对立，并完全指向世界本身。只有超越这个世界的神能消除体验的这一内在矛盾。履行上帝颁布的法令就能得到尘世的幸福，内心世界的所有冲突都和谐地解决。他们所希望的乐土首先仍在世上出现。体验之外只有未来的体验。后来犹太民族才发展了对死后灵魂的信仰，这一信仰也存在于希腊神话，以及波斯和埃及民族的意识中。在基督教中，这一信仰成为理念的核心。即将来临的不是尘世的王国，而是天堂中的乐土，在那里人类物质的存在、幸福、正义、和平会得到统一。内心世界中逻辑、审美、伦理价值的统一，在基督教对超验的信仰中得到圆满实现。现在，世俗生活及其冲突作为和谐的一部分被囊括在更大的总体中。在这一无限的总体中，所有经验的限制和世界的所有冲突都消失不见，而这种和谐统一了所有价值的至高无上的价值比经验自身更确定，因为对信仰的坚信就支持着它。所有这些都在伊斯兰教中得到重现。

（3）基督教和救赎

这恰好符合基督教和伊斯兰教中价值的意义，除了天堂外，还有一个充满折磨的地狱。假如反面不可想象，价值也不会得到肯定。只有灵魂从根本上意愿价值，才能得到根本的绝对价值。唯一要通过自身行动创造的只有道德价值。任何通过邪恶行为否定它的人，他在深层的意愿上并不渴望任何统一，所以也就自己破坏了天堂的确定性。想象可能赋予痛苦以无限内容，但毕竟最深的痛苦依然在于意志不能得到统一，天堂之门紧闭。决定性的事实在于：评价得到完全统一的天堂存在着。"愿你的国降临"是渴望得到救赎的灵魂的祈祷。当在圣保罗主义的意义上，将来的复活指的不是肉体而是精神，并且认为耶稣之死是赎罪时，从根本上说，内心世界的这一最高实现一点都没有改变。现在耶稣成为救赎的中介，但被拯救的状态依然保持相同的特点。

救赎的基督教思想也是超越自身的，更确切地说是从纯粹的宗教通向哲学的态度。道德意识通常与赎罪观念对立，审美意识厌恶最终定罪的观念，逻辑意识则抵制似乎属于复活带来的结果。对不朽这一观念的哲学思考方式的转变终究源于不同的考虑。在非哲学的形式中，这一信仰随着以下的设定而起落，即我们的内心世界是时间中的过程，是一种通过无限的时间延长成为无限价值的可能承载者的过程。但仅有这一设定还不成立。当我们讨论科学，并把历史的观点和自然主义的观点相区分时，我们认识到，所有的历史实在都是通过意志的行为被给予的，而意志行为不可描述和解释，而是必须加以解释、理解和评价的态度。我们看到，作为实存的人类体验，既不属于因果联系，也不在物理事物的时间中。它们的实在性在于其意义的联系中，而这一联系属于自由的王国。原因和持续时间的问题，如同它们的空间形式、重量、颜色之类的问题一样为这些当下的意志体验所不容。

当然，我们看到，世界中的一切事物都可被看作客体；于是自我就成了被动的观察者，而体验成为意识的因果内容。我们认识到这是心理学的任务。然而，当下的生活现实被牺牲了；它是为了特定解释目的而做出的必要抽象。如果我们不需要解释内心世界而要理解它的意义和价值，那么一定不能试图对它进行心理分析，而要从其直观的意志特征来把握它。在这一目的性的生活现实中，我们的内心生活不在物理事物的时间形式中。我们的自我被导向看作过去、现在或未来的事物，但自我并不由此变成事物，也不与它现在的事物同时发生。自我依然在物理时间之外，因为它在其各个向度设定中包含了那一时间。在意志的非时间行为中，事物总体的无限时间是封闭的。所以，不朽只是时间过程的延长，仅指心理上的精神事物。自由的超尘世自我，其行为构成了我们当下的生活，它不能经历无限的时间，因为它根本不可能进入时间中。

（4）永生和时间

无论如何，如果我们的实体存在于物理时间中，那么不会产生任何现实的价值。所有被驱逐到时间中的事物若不在当下，就绝对不存在。过去和将来同样遥不可及。于是，实在就把自身转化为无数瞬间的过程，一切稍纵即逝的事物本身绝对没有价值。我们看到每种价值都依赖于分离内容的同一性的实现。席勒笔下的唐·卡洛斯宣称："以死换来在天堂的一瞬也值得。"但这种瞬间是毫无价值的。至少有两个瞬间被给予，而且后者被看作前者的同一性实现，这时才能引入价值。但只有在两个分离的内容被纳入统一的行为中时，引入价值才可能发生。当第二个进入时，第一个不会因此变成非实在的。预期和实现必定不是两个时间过程，因为在时间形式中，当第二个产生时，第一个已不复存在。它们更确切地说一定是一个非时间意志行为的两个分离部分。但如果在时间中，被感知的单个心理体验本身没有价值，而且不适合进入一种价值中，那么单凭多样性不能改变任何事物。因而，即使时间的意识内容绵延了数百万世纪，从价值观点来看，它也无关紧要。就人格的意义而言，我们的心理现象纯粹在时间中的延伸就像我们机体在时空中的扩展一样是偶然的、外在的，最终毫无价值。如果我们的手臂能接触到最遥远的星球，那么我们的生命也不会因此变得更有价值。我们个人的实在性存在于目的性的非时间体验中。因此，我们内心世界的同一性价值的统一不是在时间上的延续，只有在时间之外才能被得到。

精神的彼岸并非出现在永世或我们的肉体死亡之后，而是被包含在我们超时间的意志联系中。它是彼岸，因为它超越我们意志的所有实在行为，绝不会在具体的生活体验中被完全把握。因而，它是一种理念，但这一理念之所以能被信赖，是因为有我们的信念在支撑。在基督教精神中，真正的救赎是那种意志态度的胜利产生，它克服了所有价值的对立，并且在我们的精神中完全统一了真、善、美。它是超个人幸福的救赎。于是对这种最终统一的所有理解都通向自身的灵魂深处。现在，救赎不再作为神圣行为的结果，而通过我们自身朝向更高、更纯粹的生活目标而得到。我们内心世界的彼岸在于最深的自我，通过这种洞见，宗教思想转向了哲学。然而，依然在这种形式中的基督教思想仍是真正的宗教。它之所以仍是宗教，是因为中心矗立着确定性，即这种价值统一的自我意识由对上帝的信仰所支撑。现在，对统一价值的神圣力量的信仰自身就是拯救的事实；这当然也不是在任何心理学意义上。若这一信念开始被描述为心理上的原因，而精神的发展为心理上的结果，决定性的实在性依然未被表达。真正被考虑的是在自由的意志力中意义的联系。爱上帝就意味着对于内心世界而言，所有相对立的评价的绝对有效的调和。自我的分裂、分离的经验在信念中成为一个有意义的整体，内心争斗平息，无助的奴役通过救赎被转化为自由。

第十四章　绝对价值

1. 价值预设

虔诚的灵魂在对价值统一的依稀渴望中找到了上帝；所有哲学的最终任务就是通过有意识、有目的并且概念清晰的工作找到这种价值的统一性。因此，目标是共同的，但是达到目标的方式却完全不同。而这种不同极易被误解，如果上帝把自己转变为唯心主义的绝对者，那么，由信徒所树立的上帝就失去了最深的宗教意义。哲学要追求的根本原则并不是通过创造、启示和救赎呈现给我们。当然，宗教同样已达到了一种绝对的终极。在上帝之后不可能有其他存在者。只要目的是理解既存的真理世界、和谐世界与善的世界彼此同一，那么单单上帝之信仰就能给我们带来确定性。哲学对这一信仰的改造不能补充这个完整的思想，更不用说取代它。只有凭借与上帝的联系，才能通过下面的方式统一这些相互冲突的世界，即一个在另一个中实现自身，而它们的总体本身成为一种纯粹的价值。不过这种信仰行为的前提就是把这些起初相互冲突的世界假定为被体验的实在。我们的追求从我们找到的生活事物、现实的自然和历史、人类真实体验到的爱和幸福，以及真正被给予我们的道德秩序，提升到神圣者，它是超实在的，并且能够统一所有这些既存事物。从这个起点出发，统一不可能通过其他途径达成；没有一种哲学思想能推翻这种信仰。有价值的体验本身并不会因这个神圣实在的上层建筑而有所改变。

一旦哲学试图寻求这种价值的统一性，那么，所有这些情形肯定会完全不同。那么，这就要检验这些价值自身的前提。那些我们称为既存者以及经验的东西，必须成为思想的问题。通过这种转向，我们探求的方向也完全被改变。如果我们要考察既存经验本身，那么我们必须从经验转向经验主体，从价值转向评价意识，从世界转向这个"我"及理性。但是，如果那些价值领域依赖于自我的行为，那么它们的统一不能仅仅通过联合分散的经验而达成，而必须要通过联合主体之我的评价行为来完成。与那种朝向宗教所寻求的不可经验之实在的外向运动相反，我们必然要有一种朝向自身之中的绝对者的内向运动，在这种向内运动中，出现了不同的评价行为。只有当这种对最终统一的追求导向一种方法性的、体系化的思维活动时，通过考察评价的内在条件而朝向绝对者的新方向才能真正被加以思考。对价值有目的的详细阐释就是我们在狭义上所说的文化。所以，哲学与科学、艺术和法律一样，都是文明的成果。宗教通过对当下生活的朴素感受创造其价值，这种生活就是我们对实存、对生活中的快乐和幸福、对发展和进步的信仰之确定性的基石。当然，在更高的层面上，宗教也吸收了无数的文化价值。这个由上帝所创造的自然，在信仰者看来，可能与物理学和化学的科学工作一样。信仰可能会利用诸如诗歌、音乐、绘画和建筑等文化手段。教会也可能通过文明的法律和道德成果来保护和宣传自己。但是，原初信仰的宗教行为通常是对价值的当下理解。因此，宗教对于我们而言就是一种生活价值，而哲学则是一种文化价值。毫无疑问，它们之间也是相互抑制、相互干扰的，就像爱的朴素统一价值和艺术的系统统一价值之间会产生冲突一样。

2. 价值统一

对于我们而言，没有特别的证据必然表明，对可能价值领域的系统考察必定要回到评价之灵魂。我们现在的整个工作显然只是这种方法的一个具体实例。我们在研究不同类型的价值时，不得不把它们理解为主体的功能。我们在那里别无选择。如果我们确实要研究真、美、善和神圣之间的异同，就必须做出这种转向，即从作为完成之结构的明显既存事物转向我们的内在力量，这种力量可以在一堆密集的经验中设定各种分离的价值。如果现在的问题是，这些价值本身能在多大程度上被结合为一个整体，那么显然，对于我们而言，自然就是继续分析我们自身对价值的内在设定，并寻求最终条件。

我们说过，哲学的真正目的就是统一各种价值。对特殊价值的考察产生了哲学任务的特殊部分：逻辑学、美学、宗教哲学、自然哲学，以及历史哲学等诸如此类的学科。但是，哲学的整体不仅仅是这些部分的总和。它们都能在最终的考察中找到根本的基础，只要它们考虑到评价本身的内在统一性。只有当所有评价得到联合和统一时，世界总体本身才变得有价值，才能给予我们以一种哲学世界观。同时，只有这种哲学世界观才能给予我们生活以意义。如果我们用这种方式解释哲学的任务，那么我们才不会偏袒某个哲学学派而反对其他哲学倾向。当我们把宗教的任务定义成各种价值的统一时，通过这个定义，我们在其中划定佛教、东正教、基督教和伊斯兰教各个领域的界限。如果我们把哲学的目标定义为统一各种评价行为，那么，我们并没有因此而排除任何特殊类型的哲学。在哲学史上，关于哲学的根本问题，我们可以找到许多截然不同的表述。虽然没有深入考察历史体系的变化，但仍然可以证明，对哲学根本问题的解决总是意味着从根本上调和评价行为中的所有矛盾。

这个观点并不包含一种对根本形而上学原则的要求。相反，所有的形而上学都不足以确保能够调和各种评价之间的冲突。举例而言，以因果法则为要求的知识评价与以自由为要求的道德评价，只要它们所指的不是同一个世界，那么它们两者之间的对立就立刻消失。而且，一旦一种特殊的评价从原则上高于其他评价，那么它在经验的自身范围内就可以建立某种统一。例如，如果外在世界的联系被设定为唯一绝对有效的价值，那么我们必定采用一种自然主义、唯物主义的世界观，在这种世界观中不存在任何评价冲突。当然，由于对自然的评价本身不能从纯粹的自然世界推演出来，因此，这种半吊子哲学也会很快证明自己没有充分的理由。但在这种情形下，所有其他评价都只是运动事物的伴随者，因而从根本上从属于因果之过程，并且最终将毫无矛盾地包含在统一的世界观中。同样，任何其他类型的价值也能提升到其余所有价值之上，因此我们可以通过某种主导因素来确保其统一。

如果得到强调的是人的世界的联系而非外在世界的联系，那么结果同样是片面的哲学，因为它只承认历史发展有价值，而所有其他评价都只源于它的历史行为。如果我们高估了作为心理内容的内心世界之联系，那么结果必定是关于内在经验的一种实证主义哲学，它同样可以轻易地使其他价值为自己服务。所以，在哲学中看似明显极端对立的体系，实则它们在偏好联系价值这一点上是一致的，并且努力使这些逻辑价值支持所有其他的可能评价。因此，唯有知识之内容，而非一致、发展或实现的内容，才能声称具有根本价值。

与这些体系相对照，美学或伦理哲学或许会以同样的片面性走向相反的道路，或许只是与纯粹的理智哲学相对立。比如，浪漫主义哲学，把一切都从属于对统一的评价，要么是控制一切的内心世界的统一，要么是人的世界的和谐，要么是致力于寻求宇宙一致性的热情。另外，义务论哲学把所有知识即所有评价性的正确判断，都解释成某种道德义务的特例。这样一来，通过把某种特殊价值凌驾于其他所有价值之上，我们看到有无数的可能性可以确保经验中的评价的统一性。我们对哲学的定义，即在评价的统一中寻求哲学的目标，它留给我们充足的空间，以容纳在历史中形成的各种不同的哲学。

这样一种解决问题的方式对于我们而言根本不可能。我们已经考察了评价，并且确定价值之间彼此协调。我们已经没有理由认为一种价值依赖于另一种价值。每种评价产生于当下的生活经验，都具有同等有效的要求。在世界的自我实现、进步和成就中理解世界，就像在世界的和谐与美中理解世界，或者在世界的实存和合法性的确定性中认识世界一样，都具有同样根本的价值。因此，我们对价值的研究排除了所有这些哲学，它们忽略了逻辑评价、审美评价、道德评价之间的平等权利。这种实存并不先在于善与和谐，或者比它们更为根本。

如果不同的价值都有权要求同等的权利，那么没有哪个能作为根本价值，而其他价值只能从它那里推演出来。所以，我们必须或者放弃它们的统一性，或者认为它们全部都是由一个存在于背后的根本行为推演出来的。放弃统一性不过是意味着把世界的总体看作矛盾的，从而毫无价值。每种价值在其特殊领域都可以保持其有效性，但仅限于这个特殊领域。对于世界总体而言，当道德、真理、美的实在之间的对立在总体中不能被克服时，一切事物都会失去其纯粹价值。对于任何经验来说，拥有价值就意味着在新的经验中实现自身的同一性。因此，只有当各个分离的实在，最终表明自身是一种绝对实在的不同实现形式，这种实在又在这些形式中保持与自身同一时，这个作为总体的世界才有价值。

当然，即使我们不关注总体的价值，我们也可以体验生活。这是人类行动、享受和评价部分世界的习惯方式。但是任何在其自身中发现最深刻的统一性问题的人，不可能停留在否定性的回答上。这个回答最终不是可能的答案，即世界没有任何统一性，评价是零散的，一个自我肯定的总体也根本不存在。它之所以不是答案，是因为当我们追问统一的价值时，我们不是要询问已被创造的某物，对于它而言，我们当然可以说它是否实存。毋宁说，这个问题意味着统一性是如何被创造的。价值是有待于实现的目标。我们已经看到，真、善、美的价值不是现成地隐藏在某处而有待于被发现的。只有创造它们的人才能找到它们。同样，寻求一个有价值的世界总体也仅仅只是这样一个目标，即以这种方式理解世界的目标，我们认为有价值的一切都是这个世界的必要部分，然而世界仍与自身保持统一。面对这样一个目标，问题仅仅在于我们能否成功地实现它。就像科学、艺术和法律所要求的那样，把和谐的世界、真理的世界和道德的世界看成一个有价值的自我完成的整体。对于寻求者而言，否定这个有价值的世界总体毫无意义，就像对自然主义者说自然的各个部分实际上没有因果联系一样。自然主义者可能回答说，因为世界的联系价值依赖于他对同一性的思考，所以只有通过他的逻辑思考，经验才能成为一个因果之自然。这样，哲学的世界总体当然也不是早已准备好的事物，不是哲学家必须揭开其面纱的事物。这是他力求达到的理解目标。因此，如果他正确地理解自己，那么他关于这个有价值的世界整体的问题就不再是，是否存在一个根本的实在。他的问题仅仅在于，这种统一的特点是什么，或者说怎样才能确定世界要获得这种统一。所以这种统一的正当性已经被问题本身所预设。那些不追问统一性的人不可能了解它。但是那些追问、因而已经在寻求的人拥有了其现实的确定性，他们的研究只需进一步详细阐述。

3. 知识与信念

从一开始，我们就必须消除另一种反对意见。如果哲学宣称，世界的终极意义是成为一个自我肯定的价值统一体，那么这一思想成果必须通过概念加以稳固并通过判断得以表达。但是通过这种稳固和表达，价值之间的协调似乎又一次被牺牲了，因为这个整体如今成了知识的对象，因而从属于逻辑价值。但这是一种误导。这种根本差异即经验科学与形而上学之间的差异在此被忽略了。在所有科学中，在自然科学、数学、历史学以及哲学的专门学科中，我们总是不得不涉及既存事物的联系，涉及事物、人之间的联系。一旦我们想要把握最深层的根本实在，我们就有了一种完全不同的任务。正如我们看到的，这些分离的价值类型之间的统一，并不是通过简单地联合既存现实实现的，而是通过把它们纳入一种对经验的超越中来达成的。重要的评价行为必须被当成是自我肯定的绝对行为的一部分，这种绝对行为是被预设而非经验到的。倘若我们把经验的统一称为知识，那么预设了绝对事实的这种经验之统一不能再被看作知识。一种完全不同的"我"之行为必须进入其中。这就是信念的行为。这种假定从人格的最深处突然出现。只有这种自我肯定的事实被设定，而所有特殊评价都源于它，世界总体本身才真正有价值。

因此，对这个总体的评价是一种特殊的价值，一种信念的形而上学的价值，从根本上说，它与联系的逻辑价值相分离。没有最坚决的决心，没有对整个人格的界定和保证，简言之，没有信念就根本不可能有哲学。信念这种根本行为事实上绝对不是一种单纯可描绘的过程，这种可描绘的过程可以通过科学术语表达其真正的意义。因此，那些想要把实在的重要性约简为一种关于对象的纯粹描述的人，会为排除这样一种难以言说的哲学而感到欣慰。倘若只有存在描述的地方才有表达，那么，哲学事实上不得不在不可言说和绝望之间做出选择。唯物主义和实证主义的伪哲学只好取代真正的哲学，而且只要没人敢问他们所声称的真实到底是什么，它们就可以继续保持高高在上的地位。但是，这一意义上的不可言说就是一种命运，哲学的绝对行为与其分享每个历史的意志行为，如果这一行为在当下现实中发生。即使是"唯实论"这种最现代的形式，当他们用描述树木的方式来说明意志时，他们也从一开始就将自己置于错误之中。一旦心理学的抽象将其作为一个可描述的对象时，哪里有意志，哪里就会失去当下的生活现实，于是，不可言说并非意味着要被迫采用自然科学的思维方式，而要留驻在当下现实的生活形式上。存在着一种比纯粹的对象化描绘更为丰富的表述形式。每个"是"与"否"，每个肯定或否定，甚至极易表达的实在主义的半吊子哲学的肯定，所有这些在每个陈述中都证明了表达的可能性，虽然这些可能性本身不可描绘。

至此，信念的终极价值在事实上已经凌驾于逻辑、审美和伦理价值之上。由这样一种信念所支撑的哲学并非要把逻辑评价提到其他评价之上，因为信念的确定性并不建立在逻辑知识的基础之上。因此，所有价值，诸如逻辑、审美、伦理和宗教价值，依照根本原则而相互协调，信念则与这一根本原则相联系。这个信念必须通过概念、判断和句子来表达，这一事实根本不能将其转变成一种科学知识。诗人、牧师、政治家和法官使用同一种语言手段，而研究者则用这一手段来表达他的描述。不过，他们向我们传达的当然不是知识，而是态度、决定和灵感。

4. 超越的经验

现在我们面对的是一种新的终极价值，即哲学的绝对价值，这种根本的终极价值将所有现实都包含于自身之中。它超越于可经验的事物，在其中所有经验都得以完成。任何知识都不能达到这一点；只有信念能够确定它。不过，这种信念也只是一种特殊的评价，即一种特殊的纯粹同一。它是对其他所有价值的同一。只有把所有价值理解为一个最终的自我肯定之实在的表达或实现，才能达到对所有对立价值的同一。进入我们经验中的那些价值之世界代表了一种形而上学行为的自我肯定和自我实现。一旦完成了这一任务，即把价值的总体本身提升到一种价值层面，没有得到这一根本行为支持的东西都不具有有效性。但是，我们如何才能从这个被评价的经验世界达到那个被设定的、原初的实在呢？当然，在系统哲学的基础上，它不可能是一个胡乱猜测、空想出来的问题。我们同样有理由把三次方程的答案留给想象。完全明确、极端复杂的事实已经被给予，由此能够确定自我肯定的潜在事实。的确，仍然只有信念的行为能够赋予这个根本原则以有效性以及这一意义上的实在，但是，在信念可以评价这个最终结果之前，对其特征的确定首先需要严格的逻辑思考。

我们所寻求的东西，必须明确地由其内容来决定，它自身必须包含我们经验总体的丰富性，不过它本身必定是不可经验的。我的经验是我的个人之自我的生活内容，任何可以被看作可经验的事物从根本上必定属于自我（self）。一旦这种个性，也就是与个体人格的联系被消除，那么，经验的可能条件也因而被取消。一旦我放弃了自我，也就是说，一旦"我"取消了自身，那么，我经验的内容、我评价的整个世界，也就必定成为超越经验的。"你"伴随着"我"而产生，而自我与事物之间的对立也随着指向个体的总体而产生。因此，一旦我们放弃了内心世界的界限，那么我们也就同样取消了人的世界和外在世界。由此，经验的内容不能再被经验到。它已经成为超越经验的复合体。自我已经被扩大为全体。这样一来，超越经验并不意味着存在我们根本一无所知的某种东西，不然任何人都不可能对这种不可经验的复合体感兴趣。进入我们信念的超越经验是一种实在的经验，对于这种经验而言，通过取消与自我的所有联系，对自我的经验特征也被取消了。当内心世界、人的世界和外在世界以这样一种方式变成一种超越经验时，关于这一超越经验，我们至少从一开始就知道了这一点。一旦这种超越经验的实在在自身中设定了一个"我"的存在，通过这种设定，它必定同时构建了一个"你"，并在设定主体的同时也设定了与对象的对立。简言之，一旦在超越经验中产生了一个"我"，内心世界、人的世界和外在世界的整个系统也就成为必然。

必须立刻指出，这种超越经验的现实当然是超个人或者是非个人的，它与特殊价值的超个人意义完全不同。对于真、善、美而言，这一点事实上是本质性的，即它们与适意或有用等自身人格状态无关。它们的评价独立于自我，因为只要它们对每个可能的自我都同样有效，它们就代表了纯粹价值。纯粹的价值是普遍必然的。然而，将价值从我们的偶然自我中分离出来，并不意味着要消除价值与个别主体的联系。相反，价值总是相对于人格的价值，它的超个人仅仅是就其有效性而言的，即这种有效性不是针对这个或那个人格，而是说对于每个能进行思考的人格而言都是必然的。但现在我们的超越经验要求我们的思考能脱离与个体人格的联系。

基于此，似乎所有的步骤都有必要更进一步。一旦我们这个自我被扩展为一种超越人格（over-personality），我们的总体经验还剩下些什么呢？当然，首先所有那些作为我们自身的自我偶然状态的内容，即痛苦或快乐的内容都必须排除。一旦这个关于自我的特殊立场被看作无效，那么，快乐和痛苦就失去了它们的意义。它们仅表明自我从自身特殊利益出发来把握世界的某种方式。但是，仅仅排除了这些个人态度的感受行为显然还远远不够。同样，在我们经验中处于纯粹价值之外的所有事物都属于特殊人格。我们发现，所有价值都建立在这一要求的基础之上，即价值内容必须被每个能进行思考的主体所承认，诸如失误或过错、倒退或不和等反价值（anti-value），相应的，不能被设定为对每个能进行思考的主体都承认。它只能由特殊的人所持有，因此随个体自身而出现或消失。一旦个体性的自我不复存在，自我的总体经验中就只剩下每个能进行思考的个体都承认的普遍东西，即价值王国。但我们不能到此为止。在这些价值中，个人因素同样遭遇到普遍因素。同一性的保持，即在他物中寻求统一并在新的形式中实现既存事物的努力，这些都是普遍的，不依赖于特殊自我。无论关涉到的是逻辑、审美、伦理，还是宗教价值，我们都会发现，评价始终取决于对同一性的追求，这种追求从根本上独立于特殊自我。所以，这一行为能够完全进入非个人的超越经验中。但是，被统一的内容，或者是外在世界、人的世界的一部分，或者是内心世界的一部分，终究在所有评价中再次处于它们与自我联系的特殊形式中。它们的空间位置和时间形式、它们的分类和生动性都依赖于个别自我的特殊观点。

倘若所有被特殊自我设定的东西都被真正排除，那么，内心世界、人的世界与外在世界的区分就消失了，没有什么可以继续保留在由特殊立场所设定的时空关系中。因此，那些保持同一的东西如今不再是一个与持存意志相对立的外在世界；因此，保持超越经验的意志发现在它自身之外别无他物。所以它的内容必须被包含在它自身的活动中，也就是说，在超越经验中，意志已经成为其自身的内容。这样，我们才有了一种从自我中解放出来的超越经验。它是一种已经成为其自身内容的努力，其目标就是为了保持这一内容。而个人的自我不属于这种根本努力。此外，它与自我无法比较，因为它就在自我之中。这种以保持同一为目标的意志把所有有价值的经验结合在一起。所以，即使排除了所有个体的人格特征，自我的这种根本行为依然保持不变。这种根本行为与自我有着共同的基本原则，但它不再是一个个体的自我。它被看作一种不具个体性的人格。我们或许可以将其称为"超我"（over-self）。所以，一旦我们的经验中与个人条件相关的因素被排除，就达到了超我。另外，一旦超我在自身中设定了一个有限的个人自我，其尚未分化的内容必定立刻分为自我、共同自我（co-self）和非我（not-self），即内心世界、人的世界和外在世界。

5. 超越的意志

我们得再次回顾一下刚刚探讨的部分。被评价的经验充满了矛盾，没有内在的统一性。我们分别在外在世界、人的世界和内心世界中发现的逻辑、审美和伦理价值，看起来似乎是彼此独立的价值领域。但是我们需要将世界总体理解为一种价值，这意味着我们设定世界总体与它自身保持统一。因此，我们分离的经验世界必须被看作根本世界不同部分的内容和表现，这个世界超越所有可能的个体经验，在每种生成和变化中都与自身保持同一。所以，我们必须研究经验在多大程度上包含超越经验，而经验就是从这种超越经验中推演出来的。我们曾经追问，当个体经验的条件即与个人自我的关系被取消时，经验中还留下什么。于是，我们发现剩下的就是这种根本努力，我们将其看作每个评价的潜在行为，即努力寻求与旧事物同一的新事物。由于这种超个人的行为与自我都有这种努力，所以我们将前者称为超我。这种以同一持存为目标的意志在超越经验中没有外在质料和外在对象，因为根本意义上的实在不可能在自身之外还有他物。因而，它的对象一定存在于自身之内。这种超越意志就是它自身的内容。但是，一旦意志的展开中产生了一个自我，那么，内心世界、人的世界和外在世界的多样性将会由这个自我设定，随之产生的是一系列的逻辑、审美和道德价值。从这种根本意志到同一持存的超越意志，将走向一个有价值的经验总体，以及它们彼此分离和对立的价值领域。这个自身统一、由我们的信念所设定的超我，由此成为所有独立和对立经验的来源，而我们的知识、愉悦和评价与这些经验相关。

现在我们可以继续探究这种超越经验的特征。首先我们知道，它是一种努力。因而，这个在自身中包含着每个可能经验之条件的超我，当然不是某种实存的事物，根本的现实是生命活动，是行动。我们进一步认识到，它是一种朝向同一持存的努力。所以，超我绝不会超越原初被给予的事物，因为它自身的意义就在于这种保持中。我们也进一步了解到，超我不会在自身之外找到他物，因为经验的所有外在内容都依赖于个体性，而这一个体性已被超我取消。最后，我们清楚，评价的同一性并非指的是纯粹不变。相反，当我们在外在世界、人的世界和内心世界中处理这些逻辑、审美、伦理或宗教价值时，这种同一性总是会有某种程度上的改变和加强。它要么变得更清晰，要么表面上实现了自身，要么进入一种新的时空形式，但在每种情形下，它都以这种方式改变自身的特征，以便成为新的行为和行动的起点。我们看到，它要实现这一点就意味着保持同一，并成为新行为的立足点。如果这种能力在超我中有效，那么朝向自我肯定的这种努力必定不仅要保持自身，而且还要实现自身、提升自身，并向新行为的新而又新的立足点运动。如果一种努力要实现自身，并由此完善自身、保持自身，那么，这种实现必然应该成为一种朝向新的努力的类型。如果这种实现不是通向一种新的努力，那么它将因实现而完结，并由此停止努力。超我是一种要保持自身同一性的努力，这意味着它要在努力中保持自身。因此，每个达成的目标必须成为新行动的起点，而且不断提升自身。

从此，我们可以开阔视野。只要这个超我在自身中创造了一个自我的狭隘立场，那么，我们就会看到，这里必定产生完整的内心世界、人的世界和外在世界，以及相伴随的经验价值的整体多样性。于是，超我通过自己的行动在逻辑、审美、伦理和宗教生活的纯粹价值中实现了自身。超我需要经验的世界，并在其中实现自身。显然，这的确满足了总体成为一种价值的条件，因为此时超越经验的努力和世界经验的价值彼此间的关系，就像目标和实现的关系一样。当超我在可经验的价值世界中表现自身时，它就在忠于自身。价值的多样性也不再是一种价值在其中彼此干扰的对立，因为在那些价值中起作用的都是这同一个目标，即超我向自我肯定的方向而努力。总体世界绝对有价值，正如我们看到的那样，一方面，有目的的超我由信念所确定；另一方面，真、美、善由经验设定，这两者结合成完美的统一体。一个在另一个中实现自身，我们朝向同一性的意志通过一种普遍必然的方式得到满足。超出这一点并且进一步追问世界的价值没有任何可能的意义。现在所有一切都与自身完全统一起来，因此对同一性的要求被满足了。这种统一的价值必定是最终的价值。如果我们要进一步追问全体的存在是否具有任何价值，我们就会自相矛盾。要寻求世界整体的实存价值就意味着，我们寻求某种其他东西，它被设定为与世界整体是同一的，而且在其中实现自身。但是，如果这个他者是实在的，那么，世界整体将不再是整体，先前的预设必须被放弃。世界的价值，就像所有可想到的价值一样，只能存在于它各个部分的相互联系中。一个绝对的单一者绝对不可能在自身中包含任何价值，即使它是一个世界总体（world-totality）。世界总体的无限价值在其自身行动的同一性中得以完成。

我们从自我的观点看待超我，就显示出一种反作用。我们所有的经验及其对立面，通过与超越经验的关系如今获得了统一、归宿和最终的意义。那些相互独立并由此而形成的偶然经验，现在又成为超我行动中彼此和谐的各个部分，而这个超我由于内在的必然性而实现自身。经验世界的价值通过那种关系而被最深层的根本实在所确定。现在一种全新的价值意义已经很清楚了。我们将这种经验的各个部分的实现看作有价值的，这种实现必须以普遍必然的方式满足每个可能的主体。但是现在，价值的含义已经超越了所有能进行思考的自我的欲求和满足，而进入一种与超我的超越经验相关的联系中。因此，经验从超越经验中获得其目标，可以肯定，这个目标将不会在超越事物之上的地方，比如说上帝那里找到，而是在我们自身中发现其非个人的有效性和正当性。因此，所谓的有价值就是与超我的意志和谐一致的事物。

通过这一最终的思考，表面看来我们似乎陷入了一种循环论证。我们之所以承认超我，是因为通过超我，世界对于我们而言成为一种价值，而且现在我们发现价值就是与超我和谐一致的东西。评价需要超我，评价以超我为条件。显然，两者之中必定有一个是最初的起点，但是对这个最终根据的批判考察只能在自我的真实经验中被给予我们。因此，关系只是这样，自我通过一种信念的行为设定了超我，它对于每个能思考的自我而言都具有绝对必然的价值。在通过这个设定而产生的形而上学的世界观中，超我是唯一的根本意志，任何符合这种意志的东西都是有价值的。相应的，自我的行动设定了那个能产生所有自我的超我。自我为了在超我中找到归宿、确定性以及与绝对整体的同一性，就必须把自身扩展为超我。

当我们把经验世界归属于超越经验时，超越经验的特征和作用必定得到更明显的减轻。因此，我们必须考察，当经验被看作要融入这种超越经验的努力中时，它是如何变化的。在此，我们也许最后一次区分外在世界、人的世界和内心世界，考察每个领域是如何在超越实在的关系中扩展自身的含义的，直到它们全部都表明自身作为超我的生活是共同的，这一超我不断提升目标，忠于自身，并且把永恒的价值作为自己的唯一目标。

A——世界

（1）世界与意志

有价值的外在知识世界从我们纷繁的印象中产生。这样一个世界不再由这种或者那种偶然印象构成，而是由实存并联系着的事物构成，这些事物的实在性对于每个可能的主体都有效。从同一种纷繁的生活印象的质料中产生了一个有价值的外在世界，我们以纯粹的热忱投入其中。这个世界不再由这个或者那个偶然愉悦所构成，而是由和谐美丽的环境所构成，这个环境的统一性对每个可能的主体都有效。最后，从那些纷繁的印象中产生的是作为我们评价对象的发展和成就的外在价值世界。这个世界也不再由这个或那个偶然目标所构成，而是由展开并提升自身朝向越来越强的能力所构成，这种价值对每个主体都有效。不过，这个世界或许并不了解另一个世界，一个凭借必然性而发展，另一个则凭借自由而发展；或者一个总是完善的，而另一个则总是未完成的。那些真的东西或许并不美或者并不代表进步；那些发展自身的东西也许会破坏和谐；那些美丽的东西或许并不能被联系起来。然而，作为整体的世界如果其作为整体没有价值的话，就必须最终与自身相统一，必须自我肯定并与自身同一。如果它作为整体没有价值的话，那么，各个部分的价值也会降低到虚幻价值的水平之上。

但我们认识到，一旦明白了这些分离的经验世界不过是同一个根本世界的不同表达和实现，那么，我们就可以设想这种最终的统一。这种理解顺理成章，我们一旦发现，那些有价值的纯粹经验世界唯有通过我们理解的特殊态度才得以产生，而这些不同态度又能够融合成一种共同的意志行为；那么，在最终的现实中，我们拥有的并不是分离的世界，而是意志的各种独立行动。然而，我们的这种根本意志必然超越于经验。我们只有通过其成果来了解这种意志，知道它是一种必要条件，没有它就无从理解自身的表现。我们之所以了解是因为我们体验到了它的结果，但是，我们不可能在个体的自我中找到其自身的现实性。如果我们从那个根本自我的立场来思考自身，我们必然会放弃这种自我的个体性。而在放弃这种自我的个体性时，我们当然同时也排除了外在世界，因为外在世界是从严格的个人立场出发来展现自身的。因此，对这个自我经验的超越就是一种根本意志，这种意志在自身中创造了许多个体自我，以及各种逻辑、审美和伦理的理解形式。这个超我、这种根本意志所发现的那个外在世界不再是个体所发现的那个外在世界，而只是将其作为理解的质料。

这种对意志哲学的看法绝非叔本华式的，其意志哲学建立在事物与我们自身之间的外在相似性的基础上。他的哲学认为，事物像我们一样运动，我们不知道它们的内部是什么，但我们知道自己的内部是意志，因此我们有理由得出这样的结论，事物内部也相应地包含意志。我们的结论与这种形而上学毫无共同之处。自然科学所了解的事物没有内在性。它们与在自然主义理解的思维方式中所呈现出来的自身是完全相同的，而且始终如一。作为因果链中的各个部分，它们绝对不可能是意志。在超我的超越经验中，它们对于我们而言是意志，这是因为这样一个外在世界已经完全被取消。这个外在世界与个体自我的内心世界彼此对立并一起产生。如果个体的自我被取消，世界的外在性也会被取消。因此，超我在外部找不到任何事物；正如我们所发现的，关于超我，我们唯一知道的就是，它与我们的个体自我都具有行动意志，所以我们必然得出这样的结论，超我的意志发现的只是作为质料的自身意愿。要想引入任何附加因素都不过是异想天开。真正的哲学必定要考察那些因素，它们要么在经验中，要么在预设中被客观地发现，这种预设是经验得以可能的必要条件。在这一基础上，当我们要求世界的内容就是一种世界意志时，这样一个根本的设定即最终的现实只有一个，才能得以实现。

（2）世界的质料

表面看起来好像还存在着令人困扰的问题：这个世界的质料究竟是什么？即使做出评价的超自我和被评价的世界都是同一个根本意志，并且其目的具有无限性，我们也会像化学家分析他的质料那样迫不及待地检验它的内容。但所有这些问题都来自误解。从一开始我们就强调说意志不是存在物，而是一种活动。只有当超自我理解自身，并且以这种方式使自身成为一个对象时，它才成为被做出评价的我最终附加存在价值的内容。不过，即使一切都成为意志的行动，想象也可能不愿停留在这个界限前。这个世界意志好像必须具备某些我们能够描述或者刻画的性质。可在此所有的疑问都变得毫无意义，并非因为我们没有足够的知识，而是因为这种疑问是对预设的否定。对世界的要素的追问，只有的确存在相区别的不同要素时才有意义。然而，当一切都是相同的意志时，要了解这种意志到底是什么则毫无意义，因为不存在用它可以指称或者可以与它比较的东西。如果不可能存在不同的质料，那么对它的描述在逻辑上亦非自洽的。

关于绝对，我们所知的唯一特征，即它就是意志。开始时有行动，不过"开始"不存在于时间中，因为时间只是基本行动创造出的对象世界的思维形式。行动始终是完全统一和一致的，当它被分解时，它就失去了当下的生活价值。分析心理学家必须把意志行为分成相继的不同部分，因为他把精神状态看作物理存在的伴随物。历史中的生命并不了解这种碎片式的分析，我们如果要理解超自我的根本行为，就必须从历史人格这种现实的当下生活经验出发，而非从心理学抽象的产物开始。因而在超验中，行动也是目的的达成、欲求的满足、胜利的意志。现在这种超意志将成为实在的总体。于是，它就不可能发现、把握或者指向存在于它之外的任何事物。意志通过自身行为要达到的唯一目标必须是它自身的意愿。但是我们知道，要达到一个目标，就意味着意志以新的形式保持它的对象，这是新目标的起点。在所有情况下，经由意志得到的实现都意味着转变为一种新事物，它在内容上和旧事物相同，但通过新的活力或新的形式提供了新的目标和行动。意志通常指向代表新的意志立足点的目标。因此，根本意志除了要达到新意志的起点之外无其他目的。所以意志必须在它的意愿中不断地提升自我，不过也要在每次提升中保持自身的同一性并且实现自身。从而，世界的意义就是指向更丰富的目的，还和自身保持同一。它是意志的自我展现，一定会通向代表实在世界的一个又一个新的意志，除了那种努力外没有其他目的。不可能存在其他世界和其他世界的目的。我们现在必须首先追问，事物是怎样从这个根本意志中产生的。

每种意志行为一经分析都能够找到努力的新起点、努力本身，以及努力最后要实现的目标。它们融为一个完美的整体，而只有在这个统一体中，它们才具有意志行为的意义。在考虑行动体验时，我们不理会对这三部分的解析；对于超自我的根本意志而言亦是如此。绝对实在的世界是这种永恒行动未被分解的统一体。然而对于这种根本行动来说，一旦努力从总体中分解出来，它就站在了努力的起点和目标的对立面。起点是寻求目标时不再有意愿的意志，目标是努力尚未达成的意志。努力是始于意志的运动，它作为意志已被放弃，而且不再被意愿，对于新意志而言它还没有展现自身。行动本身中的"还没"（not yet）和"不再"（no longer）是同一的。它们非时间的相互关系把统一和意义赋予了行动。但从行动分离出的努力因素来看，"还没"和"不再"彼此对立。因此这种努力成为一对相反方向的关联点。我们称之为"现在"。站在"现在"的立场上，"不再"是过去，"还没"代表将来。随着努力从永恒的意志总体中被分解出来，时间就被设定为起点和目标的关系。努力用这种方式把自身分为分散的时间元素，由此不再是永恒的努力。它把自己分解为无限的努力单元。

（3）时间和空间

努力在把自身从它的内容中分离出来后，进一步设定了更深的对立。正因为在从过去到将来的转变中努力的内容保持不变，所以这种内容被看作独立的某物。现在它不再是努力自身的一部分，而是外在于奋斗中的努力，这样就产生了与"在此"对立的"在彼"（not-here）。时间具有两面性；从"现在"看，它有向前和向后两个向度。起初空间只有一组对立，"在此"和"在彼"。不过"在彼"指的是所有同时存在的多样内容。在所有单个内容中，"在彼"的特征都会遮蔽自身，并且成为一种特殊的空间向度。一旦努力把自身从行动的总体中分离出来，就产生了空间向度的无限多样性。出于某种考虑，把三维从无限的"多"中挑选出这一点没有形而上学的意义。另外，对于空间来说，一种行为的"在此"意味着另一行为的"在彼"。于是，努力"在此"的特点就把自己分解成无数分散的努力中心，并伴随着无数的此点（here-point）。一旦努力在超自我的行为中把自身从它的内容中分离出来，内容的时间关系和空间关系就相应地被设定了，与之伴随的是努力分解出的无限独立单元；但是，这通向作为个体的自我。共同"我"的行为被分离，且被无限地分解为超自我的绝对努力的无数决心。当我们讨论人的存在时，已经探究了各种意志行为是怎样把自身和统一的人格结合在一起的。当我们讨论人类时，必须再次讨论，不过首先使我们感兴趣的是过程的另一方面。在基本行动中，努力把自身分解为努力的个体，通过同一种行为，意志的内容把自身转化为空间和时间的关系。在这些关系的总和中，努力最终构造了包括努力所有可思考内容的唯一时间和空间。

因此，处于时空中的世界，只有对于无数个体自我的理解而言才具有实在性，这些自我是作为努力的活动从超自我中被分解出来的。当然，它首先不是一个世界，而只是一个复本。但正如每个单一的"我"是超自我努力的一部分，并相应地表明它的特点一样，这个时空的复本也必须依照超自我的根本倾向性把自己归类。我们认识到它的根本目标，即把握的每种事物必须通过努力转化为新的某物，在新的事物中保存着旧的内容，新事物中的旧内容成为新努力的起点。这种同一性转换有三个方向，我们已经仔细研究过它们。显示超自我努力的个体自我必须要理解它的时空世界，即作为逻辑知识、审美愉悦和道德评价的世界。同一种超越的努力通过个体的自我构建了这三个方面，并且把自我这些不同的行为联结成个体自我的统一体。

我们已了解，我们称为知识的那种努力是如何把握这些内容的，它们在从一个自我向另一个自我的转变中保持不变。这就把事物的存在价值赋予了我们。这种努力进一步的目的是保持从"不再"到"还没有"的转变中的内容，这就把事物的联系价值赋予了我们。在存在领域和联系领域中探求从一种内容到另一种内容的转变，相应地要求自我从一个"我"转变到另一个"我"，或者从一个时间转变到另一个时间，不过内容本身保持不变。超自我的根本行动的一部分内容是意志，但是，如果自我对世界的认知完全是从所有内容的变化中抽象出来的，那么这个意志内容根本没从它的意志特征来考虑。它是不再活跃的意志，它不再意愿其他任何事。它是完成的意志，当进入其他自我和其他时间中时，已经完成的它保持不变。所以作为存在和联系知识对象的自然，只是自身的意志行为，而不能在其意志中展现自身。它是世界，拥有并保持的只有时空中的存在。它们的意志不再活跃，因为寻求知识的自我只是为了在转向其他自我和其他时间时保持相同的内容，由此这仅是复杂化了那些对于在特殊转变中保持内容所必需的东西。这样的自然没有意志。

（4）世界和超自我的行为

同时，在审美愉悦的世界中，这种向其他自我和其他时间的转化并不被考虑。现在必要的因素是各部分内容之间的关系。所以它们的意志依然是活跃的。所有特殊内容现在必须进入具有意志特征的世界中，而且只有它们具有相同的意志，并由此和谐地回应一种内容到另一种内容的转变，才可能在新事物中保持旧的内容。自然美与艺术的和谐立刻变得充满生机。最后，在发展和实现的世界中，事物的意志把自身变为现实。所以，内容的意志在这里占据着重要地位。现在，自我寻求的不是从一个意志到另一意志的转变，就如同在审美中所做的那样，自我寻求的是从意志到实现的转变。这意味着它是一种从超越自身的意志到另一种实现自身意志的转变，因此它也带着存在价值进入新的情形和行为中。

结果，三个世界是自我的努力成果的产物。但是这三个努力方向必然能结合在一起，因为它们一起构成了基本的行动。我们认识到，超自我的根本行动首先要求意志朝着一种提升了的意志而努力，其次是在这种向新事物的转变中意志保持自身，最后意志以这种方式展现自身。如果在这个统一的行动中，作为努力的意志把自身从作为内容的意志中分离出来，那么内容成为时空中的一个复本，而努力又把自身分解为无数的"自我"。因此，原初行动中的统一体，必须把自己分解为每个个体自我中的若干部分。在超自我的原初行动中，作为内容保持自身的是意志自身。在个体自我的行动中，保持的内容成为外在的对象，由此产生了三种可能性。首先，需要进一步探究和自身意志无关却指向其他自我和其他时空部分的内容；其次，在其他意志中探究内容本身的意志；最后，直到内容自我实现时才在它自身的意志中探究它。所有这三种转变都是统一行动的必要组成部分，因为是意志所以能保持自身，因为是同一个意志所以和自身一致，因为是一种行动所以能自我实现。这是每种行动必备的三个特点。在超自我中，它们是一个完整的行动，但是一旦超自我的努力作为个体"我"从整体中分离出来，并因此创造无数的自我和时空世界，这种行动就必须把自己分解为三种要素。因此，自我必须拥有三个分离的逻辑、审美和伦理世界，只有自我再次被取消，个体回复到超自我时，这三个世界才又合为一体。因而，联系的自然、和谐的自然和发展的自然只是超自我的同一原初行动的三个方面。在现实世界中，联系的必然性、和谐的同一性以及发展的进步性是一致的，因为三者都属于根本意志的自由行动。只有个体的自我了解它们之间的对立，一旦信念取消了自我的界限和对伴随自我的内容的时空限制，这种对立就消失了。

B——人类

（1）个体和超自我

在人的世界的逻辑的、审美的和伦理的视野中，自我的多样性似乎也各不相同。我们首先是在历史的连通性中看到它，其次在成员的爱与和谐中看到它，最后则在忠于自我和进步中看到它。这里亦然，一旦人的世界和实在的根本意志相联系，所有的内在矛盾也就必然消失。因此，人类的意义之重要性凸显。

我们的体验伴随着这一事实产生，即我们发现自我的内心世界和其他自我的人的世界是相对立的。他们不被看作外部世界的东西，而被看作我们的意志直观认识到的有意志的存在物。通过我们的信念展现的超验，此刻在超自我的永恒意志中把自我与人的世界结合起来。超自我的自由行动本身产生了多样性的分散自我。众多自我从超自我中取得的意志为相分离的个性体验提供了必要条件。因此，自由、根本的超意志，并不只是自我们的承载者，还是其世界必然形式的承载者，即知识的世界、欣赏的世界和评价的世界。所以，在详细展开这些表现超自我意志的体验时，个体的自我们实现了超个人的目标。自我们体验世界共同具有的这些价值，同样表明了同一个根本意志，而这个意志忠于自我的发展，这也成为人类进步的一部分。

然而，我们必须避免一种误解，即在某种程度上，自我们只是超自我的分泌物或产物，好像没有超自我的永恒行动，它们也具有实在性。超自我自身就是完整的和实在的，和它产生许多自我这一事实无关。不，超自我中的自我们就像溪流中的水滴，整个人类的发展根本上是超意志的一部分。在宗教中，信仰在彼岸找到站在自我对立面的上帝，可以不取消个性而进入其中；在哲学中，信念在超验中寻求自我是其中必要一部分的超自我，若自我不把自身扩展到超自我，则不能进入其中。宗教对于在面对整体时同样保持自我关系的"我"而言是哲学；哲学对于在自身行为中最终把握整体并通过整体放弃自我关系的"我"而言是宗教。

就像溪流中的水滴！不过，如果这种隐喻只是说自我们不存在于超自我的行为之外，就完全是一种误导。一旦它暗示水滴的总和组成了溪流本身，就是在引入歧途。自我们与其体验的总和根本不是超自我的总体。对于超自我而言，努力的内容没有进入自我们的体验的形式中；正如我们看到的那样，后者的形式依赖于"我"的立场。所以，自我们体验的纯粹集合永远不能得到超自我的内容。同样，无限自我的总和只会带来指向自我体验的意志重复，而不会带来指向世界总体的超意志。同时，在自我们和超自我中，意志的种类一定相同。两者都仅仅表明了一种意志，这种意志努力提升内容，以便使它成为意志新的立足点并且保持旧的内容。因而，作为努力的自我们等同于超自我。超自我，组成了总体的根本实在，其目的在于提升自身并且保持自身。达到的每一点相应地成为每个指向新目标的意志的起点，而新的目标又一次成为努力。在这种永恒行动的每个可思考阶段，一切都要成为努力的可能内容，而且也是努力自身。一旦作为内容被考虑，它就采用了经验的时空形式。一旦它作为努力被考虑，它就从自身增殖出无数的自我，而只有努力和内容被体验都相同时，它才是绝对的一种超个人的世界行动。

这就产生了一个问题：为什么绝对会朝着努力和内容相分离的方向运动呢？当意志把自身分为作为努力的意志和作为内容的意志时，意志力求以什么为目标呢？但这种问题歪曲了过程。这里不存在时间上的相继。事实上并非如此，好像最初是统一的行为，在某一发展阶段上才分成两部分：自我们的目标和被体验的内容。与此相反，世界设定的绝对行动的统一，永恒地持存，不过，即使在行动最低的阶段或者行动当中，这种分离也在不断地上演。当行为完成并且实现了自身，整体完美无缺时，这个整体中想要把握自身的意志和它在自身中把握到的意志也是对立的。即行动中的努力和目标是对立的。作为自我们的我们自身就是绝对行为中的努力，因此我们发现世界经验和我们自身是对立的。如果我们能够站在自我们之外，绝对行动就会完成自身，而全体就在我们的视野中呈现为一个整体。但当我们是处于整个行动中的努力时，作为内容的意志与我们保持无关。这一划分引入了一种运动，它使我们成为个体的自我们和非我成为一个外部世界。相应的，超自我的行为并没有被附加新的东西，在它自己明确的行为中，作为主体的意志和作为客体的意志之间的关系将自身分解。于是我们仅从一个方面把握它，即从作为努力的意志这个方面。我们是努力，同时也是整个行动。

（2）个体和团体

但最后，我们也是内容的一部分。如果世界行动是保持自身的意志，那么这个世界意志每一部分都必须属于那些被它保持的东西，即属于经验的内容。同样，我们是有机体，而只有通过它们，进入历史中的人格才会完整。我们看到世界行动是如何把自身缩小到"我"的。一旦以时空形式来塑造努力的内容，努力自身就成为代表"此处"和"现在"时空方向的起点，从"此时此地"的观点来看，所有自我都必须站在世界经验的对立面。这种观点选择了经验的特殊内容，这种内容为了个体自我的努力而存在。同时，时空世界中的变化只有通过其他时空的变化才能产生。因而，只有当一些物理上的因果行为和意志相一致时，意志的努力才能够进入外部世界的进程中。由此，自我的世界依赖于这个先决条件，即具有特殊的"现在"和"此处"的特殊意志，它正是于此时此地发现了一个进行着相应运动的有机体。超自我中的努力，通过决定把自己转变为无数可能的自我们，并且通过它们设定了时空世界，因此能从这一无限序列中实现的只有作为人格的自我们。只有当作为意志与作为内容的特殊意志具有同样的时空价值时，实在的自我的条件才被满足。不过显然这并非一个偶然的巧合。特殊"我"的时空位置源自对意志采取态度的事物的特殊选择。只有在某些事物是过去、将来、前面和后面的意义上，"我"的意志才是"此时"和"此地"。但对这些事物的选择依赖于与一个活动着的有机体的关系。因此，特殊意志的"此时"和"此地"必须与这个有机体一起被给予。相应的，一个活动着的有机体通过活动在哪里设定了与环境的特殊关系，这些无限序列的可能自我中的一个自我也就一定在哪里被实现。这个经验世界的广度相应地由这些有机反应的多样性所决定。存在物可能是一条蚯蚓或者一个文明人。但通过这种取决于有机体的选择，自我永远不可能成为像有机体一样的对象，而依然是一种自由的意志，仅当涉及它的对象时它才被限制。这种自由意志不可能被感知，而必须被认知和评价，所有人通过这种意志之间的关系建立了自由意志本身。

（3）人的形而上学的意义

只有当我们从这种形而上学的联系看待人类时，我们才能认识到其无穷无尽之活动的最终意义。我们理解了这一点，即通过人类这种为确保价值和实现价值所做的努力，永恒的超我意志保持并提升了自身。从个体自我的观点来看，我们拥有分离的逻辑、审美和伦理的理解。人类的这些不同价值现在被看作同一的、统一的、绝对行动的不同方面。每个特殊方面都只是强调了某些特殊的因素。对人的世界的认知要求我们保持并统一那些来自同一主体的意志。

由此，我们获得了存在者的实存价值。在历史联系中，知识保持着这种意志，这种意志在从一个人到另一个人的转变中指向相同的目的。通过这种逻辑思考，我们要探究这种确定的同一意志。同时，当人们寻求审美价值时，各种存在之间的相互关系得以把握；它是通过灵魂的和谐、友谊和爱而产生的同一性。最后，从伦理的角度看，努力朝向实现，也就是朝向提升的这种意志，为了与新的状态、意志力和行动相一致而被保持。这样，每种价值都有效地表达了意志的自我提升和自我肯定，但是没有一种价值代表这种行动的总体。一旦这种努力把自身从其内容中分离出来，并因此被划分为无限的单个存在者，这种行动也就被分裂开来了。只有当单个的存在者取消界限并在绝对自我的超个人的意志中把握它们自身的最终实在时，行动才能再次成为一个总体。

这最深的源头蕴含着对人类目标以及个体在人类中的位置的正确理解。只有在这种与超我的联系的确定性中，我们才从根本上认识到，我们每个人都是独一无二、不可替代的，而且对于世界计划（world-plan）的实现都是必不可少的一分子。如果我们仅从日复一日的日常生活来了解生命，那么一个人看起来与他的邻居几乎没什么不同。只有极少数人具有某些新颖的特征，很多人似乎都是多余的、无足轻重的。从整体看，我们明白，所有这些都是一出独特的人生戏剧，在其中，每个意志都占据不可或缺的位置。只有从这个整体的统一看，我们才知道，没有一个自我能在任何其他世界被复制。世界是一种有生命的意志活动，而非一个无生命的偶然过程。这样一来，我们自身的行动成为一种有责任的、不可替代的参与。当我们的自我通过与整体的关系转变为永恒之时，我们的自我同时也就获得了永恒无限的意义。在我们那些渺小的生活目标中，我们现在开始期盼那个伟大的无限整体。其他任何人都不能满足我们的意志，其他任何人都不能替我们承担这种责任。

这种最深层次的联系同时也拉近了人与人之间的距离。我们作为自我而言当然是独一无二的，但最终我们被包含在同一个超我之中。是的，我们都是相同的超我，只有通过我们与时空世界的关系，我们才被区分开来，而这个时空世界来自根本行动中的努力和内容的分离。这不是伦理学说的方式，尽管有时确实如此。在我们的哲学观中，对他人的同情没有道德意义，我们之所以感受到他人的痛苦是因为他最终与我们是同一的。对于我们来说，快乐和痛苦，以及对快乐的分享和对痛苦的同情都与道德无关。但是，这种根本的统一通过我们共同的责任把我们联合起来了。即使当我们考察经验领域时，我们会发现，真正的价值必定对于所有人来说都是共同的。我们认识到，进行评价的意志是这个共同的经验世界的根本条件和先验基础。如果我们想要建立的世界不只是个人梦幻和偶然混沌的世界，那么，它必定是一个价值世界。而且只有从这种与超我的关系中，这个共同意志才会得到更高的认可。这个要建立价值世界的目标，现在不再仅仅作为每个人的必然意志，他希望自己被承认为一个自我，是先于这些自我产生的一个目标。正是这一任务赋予了无论是自我还是体验内容以意义。

（4）价值的建立

当然从经验的观点看，我们认识到人类的进步、成就、幸福、安宁、科学和艺术都是绝对有价值的。不过，那对于我们而言仅仅意味着对于每个可能的"我"都必须是有价值的。但是，它现在作为一种永恒意志的发展呈现自身，人类历史又增添了多少广度、意义和尊严！每个真理、每件艺术作品、每种公正的行为、每次道德上的胜利、每个经济进步、每种宗教启示现在都是对永恒意志新的提升。创建价值的人们的每次合作、家庭、部落、共同体、国家、更广泛的文明圈，都表现了有生命的世界所设定的力量的持续发展。在争取所有新价值的斗争中，人类的所有领导者，其世界意志都努力追求向上。可当指向价值的社会活动的意义具有了形而上学的深度时，自私的毁灭价值的反意志的尖锐对立也更突出。坚持虚假和丑陋、创造不公正和不道德、干扰发展和破坏和谐，现在不仅仅意味着与他人劳动的对立，也意味着形而上学的唯一限制。把提升愉悦作为自己目的的生命，现在眼光朝下并把它看作无底的深渊。这种生命失去了与一个世界总体的联系。支撑所有存在并赋予实在以价值的世界，从原则上被对价值有意识的否定所取消。突然，一切都变得没有意义，没有目的，只有空虚。仅仅寻求个人愉悦的"我"消失在永恒的孤独中。

假如灵魂在它自身的行为中寻求自我，好像就站在了价值的对立面；上述误解必须消除。只有愉悦成为价值的对立面，在弃绝有效的需要不顾而选择自我偏好时，形而上学的基础才被破坏。同时，受激情驱动的坚强人格，似乎要寻求它自身，寻求价值，努力把价值赋予自身中的特殊行动。由此它在意志的世界中创造出常新的价值，不断增强着最深层的力量。自我的强大意志和这种自我感觉与沉闷的社会模式相抗争，这种和自我意志一致的创造一定不会与世界意志对立。它是一种重新评估；但并非在这种意义上，即表明纯粹价值不过是昙花一现，它也在流变；不，价值保持不变，但为了世界意志可以提升自己的层次，评价的实现和评价关系的内容必须改变。我们知道价值不属于任何孤立的事物，而始终属于一种关系，属于分离事物的同一。意志必须前进到新而更新的世界同一性中，因为世界自身必须不断地进步，而世界之所以要进步只因世界是意志；在每种行为中，它的实在性都为新意志寻找新起点。为了在世界进程中贡献力量而进行破坏，为了总结创建新价值而取消传统，这样的人永远正确，与这种伟大、自我确认的个体性形成对照的是那些只愿贪图享受的众人。因而，我们自我的所有力量和价值最终都源于无限的众意（all-will）。不过，这个超自我意志的实在性和有效性永远源于我们对自我的信念。

C——超我

（1）自我的对立

现在只有一个问题悬而未决：当内心世界指向这个超越实在时，它自身会变成什么。在某种意义上说，我们之前已经回答了这个问题。当我们体验的人的世界通过与那个绝对者的关系把自身扩展为人类整体时，这个世界必然也包括我们自身的自我。我们每个人都是人类的一员，于是，单个自我的意义就在于，我们在构建价值时所扮演的角色。只有我们帮助人类创造价值，我们才能实现这一目标，创造价值是绝对者本身所包含的任务，并通过人类历史得以完成。我们只是总体中的一小部分，这一总体对于逻辑知识而言是必然的历史联系，对于审美评价而言是灵魂的共同体，对于伦理评价而言是自由的、有目的性的进步。

但我们的自我对于我们而言不仅仅是大多数人中偶然的、单个的一员，还始终是一个封闭的内心世界。自我的内心世界同样充斥着各种矛盾。逻辑的自我理解将理性及其与评价的必然联系看作真正的"我"。审美的自我直觉地寻求一个能提供幸福的完全统一体的"我"。伦理的自我确定承认一个能实现自身的"我"。只有当内心世界也被看作深层意志的派生物时，这种表面的对立才会消失。于是，不同的价值只不过代表了这个根本实在的不同方面。只有把这种深层意志作为信念的内容时，"我"才能找到它。在它自身的行动中，它必须将自身设定为与那个无所不包的绝对意志是同一的。因此，它必须取消自己的个性，而将自身设定为与那个产生无限的绝对者是同一的。自我通过自己的行动，把自身扩展为超我。片面化的局限性由此消失。在超我的意志中，必然的联系、和谐的统一体，以及忠于自我的实现都被设定为是同一种行为。超我意志必须保持自身。为此它必须提升自身，实现自身，从一个阶段迈向另一个阶段，并由此和谐地实现它所有的意愿。倘若从狭义上来理解这个"我"，这个意志过程把自己分解为各个独立的价值。在这个超我中，同一个根本行动包括必然、自由、统一和进步。

一旦自我的界限开始消失，我们自身就能在混合的全部价值中找到超我。现在我们必须从自我来看超我，最终我们将最后一次从超我回顾自我。换言之，我们将再次表明我们世界观的最纯粹含义，以便再次追溯人格的生活目的。事实上，因为我们已经开始理解世界、人类以及自我如何被永远地包含在超我的行动之中，所以世界观现在对于我们而言已经完成。

永远！我们已经达到了揭示永恒意义的至高点。由此，我们认识到绝对者最深层的目的。联系、统一和实现这三方面的评价，已经表明自身不过是一种统一行动的分解，而它们在超越实在过程中事实上是合而为一的。同时，世界的三种内容，外在世界、人的世界和内心世界，同样表明它们只是这同一个绝对行为的各个分离方面。如果我们可以这样来比喻，那么可以说，一旦我们横向来考察这个世界行为，就会分解出三种不同的价值；当我们从纵向来考察时，则产生三种世界内容。在这种绝对的超越行动中，所有这些分离都再次消失。"我""他人的我"以及"非我"都在同一个"超我"之中。逻辑、审美和伦理评价在超我中形成单个发展的意志，以及一个单独的行动，即世界行动。

（2）世界的意义

世界就是一种行动，从此一切都变得清晰明了。行动就是达成所愿。要是行动完全是一个过程，那么它就不仅仅是一种最终的行为。只有行为（act）符合意志时，它才是行动（deed）的一部分。在每一种行动中，被意愿的东西和被实现的东西被当作同一的。作为意志的目的，目标就是一种"尚未存在"，一种将来。从实现的角度来看，对目标的纯粹意愿已经成为一种"不再如此"，一种过去。只有当两者完全同一时，我们才有行动。因此，行动中的过去和将来也是同一的，这就是永恒的意义。这种世界行动在时间中是永恒的，正如圆在空间中是永恒的一样。圆没有开始也没有结束。在实现世界行动的这种永恒中，超我并不知道一个同时并非将来的过去，或一个同时并非过去的将来存在。世界之所以永恒，是因为其终极实在的每个结构不是别的，而是行动，而每个行动都将过去和将来设定为一个统一体。

世界是一种行动。行动就是同一。现在我们理解了为什么每个产生于世界意志深处的意志从根本上都是对同一性的努力。价值形式和价值内容的最终基础就在于此。我们认识到，所有关于同一关系的价值、所有为了价值而付出的人格努力都是这种需要的表达，这一需要就是在经验中寻找那些与自身保持同一的东西。这种对同一性的要求同时也是一种对世界的自我肯定的要求。这种要求本身并非经验的对象。它在自己的行动中展示自身，只有从结果、被评价的世界中，我们才能认识到这一绝对行动。人格必须由这个行动所推动，因为我们在经验中的所有意愿和实现必须参与到这一永恒的绝对者的行动和意志中。这一行动具有这种要求，即任何不能在新经验中所掌握的内容，由此不能忠于自身意志的事物都是没有价值的。

世界是一种行动。行动就是一种实现，我们在一种要求新的意志形式中找到这种实现意志的完成。所以，实现就是意志的提升。因此，在任何阶段，超我的行动都不会停顿下来。它永远不可能向后倒退，因为每种实现都必须通向新的意志，而新意志会把之前的所有阶段作为其先决条件。所以每个新阶段都必须实现先前阶段的根本意义。但正是这一点对于我们而言意味着进步。在每个有价值的过程中，世界意志得到提升。然而，这并不意味着这些已经达到的阶段会比后面的阶段更有价值。价值总是存在于那些同一的关系、实现和设定中。因而，意志的每次提升都是绝对有价值的，没有什么东西能比那个绝对有价值的东西更有价值。即使是意志可以达到的最高阶段，只有与先前的阶段相关时才有价值。只有这种联系才是有价值的，因为它是意志的实现。世界的最终目标存在于无尽的远方。不过即使是最远的终点，其自身并不比之前的阶段更有价值。只有朝向目标的运动、保持和提升才具有无限的价值。

世界是一种行动。行动意味着实现和完成。如果世界要成为一种行动，那么它自身必须是完成的，而它的目标总是在无限的远方。这里并不矛盾。这是永恒的意志所必需的内在反作用。世界的最后阶段存在于无限之中，但任何这样的阶段都不可能属于这个世界，这样的阶段即它从一开始就不属于世界意志，因而也不属于世界之运动。无论世界意志所欲求的是什么，它必须是原初意志的自我展现。超我永远都不可能不忠于自我。它的无限发展在其自由行动的法则中被给予，正如几何学的曲线在其最小部分的公式中被给予一样。如果超我要完全了解自身，那么它从一开始就必须意愿世界是无限的。所有的生成都是这个意志的自我展现。因此，世界就是意志的无限提升，也是一个被完成的行动，任何未被意愿的事物都不可能被附加在这个保持自身的意志上。通过这种最初的设定，这个无穷的、无限的和永恒的世界得以完美地完成，要在它之外寻找另一个世界是毫无意义的。

世界是一种行动。这一行动在总体上包含联系、统一和实现。只有通过区分"非我"与"我"而取消这种总体性，世界才能分解出三个方面，每一个都成为一个特殊的评价世界的起点。每一个都成为一个特殊的评价世界的先验条件。但正是出于这一原因，那些分散的评价仅仅对于源自"我"与"非我"之对立的经验世界才是有价值的。相应的，对于超越经验和意志的终极实在而言，逻辑的、审美的、伦理的评价标准必定是不充分的。因此，超我的行动只有通过形而上学的价值才得以衡量，这种价值是三种经验价值的内在统一体。因此，终极实在永远不可能通过纯粹的逻辑知识得以把握，所有仅仅建立于逻辑思维基础之上的哲学从原则来说都是不可能的。同样，这种哲学也不能仅仅通过寻求统一价值的审美感受得以建立，或者通过评价实现的伦理意识而建立。这种片面评价的任何努力都必须将包含所有经验的绝对者带到经验领域本身。于是，超我的行动返回到个体生活。世界的多样性可以被当成一种统一体，唯有这种信念可以把握最终的实在。只有通过这种信念，超越行动取消了自我在形而上学上的孤立性，而把"我"与"非我"在其真、统一和自由中结合起来。世界意志是朝向价值的意志。但是被创造出来的价值在"我"的经验中似乎仅仅只是作为真理、和谐与善。在这种根本的超越个人的实在中，世界通过创造所有经验价值的形而上学的超越价值而被把握。在对这种形而上学之价值的信仰的确认中，"我"把自身扩展为"超我"，这一"超我"本身包括了"我""他人之我"以及"非我"。

世界是一种行动。它不是事物，不是内容，不是一种纯粹的实存，世界随着这种实存而产生，而现在实存的各个部分只是漠然无关地持续存在着。它不是一种行动质料，其偶然部分表面上结合在一起，而它的要素依然在延续。世界是有生命的行动，而这种行动的工作有待完成。由此，我们可以理解我们个体的个性的目标和含义。

（3）生活的意义

任何从动摇的偶然的意志力走向真正信念的人，坚定不移地在其灵魂面前发现这一点：我们的生活具有意义和目的。我们不是被无助地抛入一种盲目的随意的游戏之中，这种游戏摧毁了经验价值，相反，我们连同我们整个生活现实都属于一个积极向上的世界。支配我们的严格必然性已经表明自身也是一种价值，我们的意志在纯粹的意愿中将这种价值指向世界的目标。我们必须消除这样一种顾虑，即这种超越性的实在可能毫无意义，我们的经验世界及真、善、美可能是毫无用处的、毫无目的的构建。在自我之外，有一种指向价值的意志在发挥作用，这种意志包含我们的评价，并且不会在任何无限中消除自身。

价值世界中的这种生活是一种重要的肯定。而持有偏见的悲观主义者认为，要是所有的实存都是意志，那么生活必定不可忍受。他们声称，每种意志都对现状不满，而当意志满足时，所有的兴趣就都消失了。于是，世界就成为一种往返于痛苦和漠然之间的钟摆运动。现在我们知道事实恰恰相反。正因为世界和生命是无尽的意志，真正的生活才可能充满最大可能的纯粹满足。我们认识到，意志根本不是痛苦。只有当那些并非意愿的东西得以实现时人才会失望。而这种持续的意愿也根本不是一种痛苦。相反，它是愉悦的必要条件，这种愉悦因达成而获得。同时，达成本身并没有取消意志，因此也没有剥夺我们获得新满足的可能性。我们认识到，达成和实现仅仅意味着一种向新意志的新起点的过渡。因为世界仅仅是意志，意志始终只意愿新的欲求，每种实现都是一种达成，它们是新意志力的保证。设定价值的人也在自身上种下了愉悦，生命的每次律动都会让愉悦在心底绽放。意志自身成为满足的永不枯竭的源泉。任何痛苦和失望都不能使这一永恒的源头干涸。在原则上说，只有当价值被破坏，超我的统一相应地被否定，自我意志失去了生命的肯定世界的意义时，它才停止。那些不想要价值的人，根本不想要自己的意志，也由此否定了生命本身，留下的只是生命的浮光掠影。费希特曾说过："真正的生命在于永恒。在每个瞬间它都是一个整体，在每个瞬间它都可能达到顶峰。梦幻般的生命变动不居，只是不断走向死亡，死亡即是它的归宿。"

除了自身意志的实现外，还希望从生活中得到更多是没有意义的。只有这种对自身需求的实现能够从根本上给我们带来满足。这种实现并非遥不可及的，它不是对一个可能无法企及的终极目标的追求。每种行为都呈现了一个价值总体，每个意志都可以通过真、和谐以及道德创造出一些完美的东西。所有这一切都可能使得我们的生活最好、最完美。如今这种乐观主义不再被价值的内在对立所阻碍。这些对立在超我中被取消。我们知道，那些对立的评价最终只是这一根本行动的不同方面而已，而根本行动自身是一个统一体，这种矛盾只有在自我的有限经验中才是不可调和的，它不会在终极实在中不可调和。一旦我们在超我中把握了自我，各个部分就和谐地将自身同一为一个总体。同时，一旦超我成为有限的自我，原初的行动被分解为指向不同价值的意志，它们的对立也就成为必然。在这种对立中，同样在根本上存在着这些对立，即指向价值的意志与反对价值的努力、幸福与痛苦、进步与灭亡、道德与罪恶之间的对立。我们的个体生活蒙上了痛苦和失望的阴影，错误、诱惑以及不满充斥着我们的生活。简言之，当意志被设定为一个自我时，人的命运终究不过是人的生活。

倘若要在根本上保持生活的意义和价值，而非仅仅自私地把自身从世界意志中分离出来，那么纯粹的趋乐避苦愿望不可能成为我们的生活目标。我们在哲学研究的每个阶段都充分地认识到了这一点。我们看到，愉悦也在无尽的幸福价值中占据着审美地位，但它是内在经验的统一，这种评价要求内在经验的统一，而非这种愉悦的内容。快乐是有审美价值的，但是为愉悦所做的努力没有伦理价值，选择了愉悦而非意志价值在伦理上毫无意义。生活的道德目标是通过我们自己的行动去实现绝对有效的纯粹价值。在这一生命活动中，我们把自己看作自由的创造者。我们之所以自由，是因为我们在现实生活中的意志没有被当成因果链条中的一环。在那里寻求原因毫无意义。我们的意志完全取决于其内在的联系和意向。我们不会把我们的意志看成一种事物，而是把它作为一种自我确定的努力，作为一种自由的实现，并以一种不可比较的方式来体验它。每种实现对于我们而言都是自由意志的一种提升。同时，我们自由追求的价值并未给予我们，而是我们所要求的。它们不是经验，而是源自经验质料的新创造物。这一生命的自由活动是独一无二的；在超我行动的唯一世界中，我们将其看作不可替代的。而这种从生到死的生命活动，在每一个有价值的行动中都是一个整体，在任何价值的实现中都是永恒的，在无限的非时间的全体中都是永远有价值的一部分。

它之所以有永恒价值，是因为意志在对价值的寻求中保持自身并因此忠于自身。我们将下面这一点看作纯粹价值的一个根本原则，即被把握的东西在新的形式中保持同一。我们外边、周围和内在的价值仅仅属于那些东西，意志将这些东西理解为对意愿的满足。如果我们不忠于自身，那么我们自己就会变得毫无价值，并牺牲自身。因此，保持忠诚是根本要求，忠于我们自己就意味着要实现我们的意志。而实现则意味着在新的意志之中保持旧的意志，并把新的意志作为新意志力的起点。从一种状态到另一种状态纯粹跳跃式的、纯粹突变式的转变永远不会有意义。像一个乞丐的孩子那样无所希冀地入睡，像一个神话式的国王的孩子那样醒来，没有记忆，没有对现在和过去的同一，这既不是进步，也不是联系或幸福。新的意愿必须在旧的意愿之中被意愿，而旧意愿必须在新的意愿之中得以把握，这样才是有价值的。在自我忠诚中，我们通过创造出强烈意愿的事物来提升自我的意志，并且以这种方式建立一个价值世界，在这个价值世界中，我们个人意志的表达变得绝对有效，这些就是我们的人格所要达到的一个无所不包的目标。

构建一个价值世界！单凭我们个人之能力不可能达到这一点。我们只能参与人类的共同任务。我们认识到，由对价值的信念而统一起来的人类以及这种统一，都绝非偶然。我们看到，只有那些最深层的意志将价值形式设定为必然的人，才能被看成人类的一员。因此，在自我忠诚中展开自身的意志，对于个人而言就是要协助建立一个共同的世界。在这项共同的工作中，力量开始增长。由此，人类历史成为自身意志的一种无止境的展开。对于人类而言，愉悦也不可能成为人类行动的目标。为尽可能多的人带来尽可能多的满足，在文明历史中的这种绕圈已经没必要了。在每个历史阶段，愉悦的实现几乎没有被改变，也无关紧要。在意志自我肯定的意义上，提升意志的进步对于人类而言仍然具有义务上的终极意义。在科学与艺术、爱与和平、工业与国家、道德和法律、宗教和哲学中，人类要自由地发展以实现被当作自身意志的必要目标而所愿之物。

其至自然也一直服务于这个价值世界的构建。自然愿意成为评价意志的质料和工具。随着经济的进步，自然通过越来越丰富的服务形式，不断迈步向前。自然在美和发展中显示自身意志；在因果法则中，自然保证了自身的忠诚。总体的外在世界回应着人类的意志。但是，如果外在世界、人的世界和内心世界不是源于这同一个永恒的超我之绝对行动，那么，它们的这种永恒统一在联系、统一和实现的整体中永远都不可能。

知识无法教导我们这些，这个超我是实在的，它的意志真正不可改变地束缚着我们的价值世界，因而我们忠诚的生活永远有价值。因为任何知识都是不充分的。这种确定性建立于信念之基石上，因此所有关于真理、统一、实现和完整的价值也建立于信念之基石上。但这种信念本身最终是我们自身的行动。除非我们要牺牲自己，否则我们就必须完成这一行动，因为，唯有通过这一行动，我们期盼的整个世界才能成为一个统一体。但这仍然是我们自身的行动。在朝向我们自身意愿统一体的意志中，世界行动是封闭的，其中每个要求都得以满足，每个问题都得以解答，每种努力都得以实现。在这个永远忠于自身的行动中，世界上的所有价值都被牢牢把握！

永恒价值的对手

　　近年来有两部致力于价值问题的巨著恰巧于同一周在英语世界问世，即乌尔班教授为人称道的作品《评价：性质及其法则》及我的《永恒的价值》。它们完全能够相互补充，并代表了可以研究价值问题的两个基本方式。乌尔班教授的作品是实证主义的，而另一个是唯心主义的。因此，一个涉及价值的相对属性，另一个则是涉及绝对实在的价值；一个是心理学意义上的，另一个是认识论意义上的；一个分析和解释事实，另一个则致力于一个目的论系统。除非清楚地区分两者，理解它们的含义并明确地比较，否则这个哲学的最核心问题无望得到充分的把握。若只考虑其中之一而漫不经心地忽视另一方面，就不可能解决问题。无论是相对主义者还是绝对主义者，在某种程度上都要考虑其对手的立场。

　　毋庸置疑，对手的态度自然是充满差异。绝对主义者完全无意否认相对主义构建的价值。相反的，他必须在自己的系统中为相对主义知识的自由展开找到充分的空间。另一方面相对主义者必须从他的领地中完全排除绝对主义的论断。于是，绝对仅仅是一个空洞的抽象，一种社会需求的武断实现。即使这种抽象证明其有用性犹如结晶点对于社会协同的作用，在严格意义上它仍是相对的。唯心主义者相应地接受并且欣赏相对主义者心理维度的研究；另一方面，相对主义者从原则上拒斥绝对价值的体系。鉴于这一原因，我从内心深处理解乌尔班教授的大多数诉求。他的心理描述和对价值论的发展，就它们展示为一种终极哲学而言，对我来说是有益而真实的。所以，我希望能够在评论的建议中表达我的兴趣和理解，这将展现我们在所有那些问题——他的问题从其心理学视角只能成为他的问题——上的广泛一致。

但是，乌尔班教授在这一点上显然和我一致，即需要尽可能明确地表达我们在态度上的对立，就像这期价值专栏的编辑邀请我再强调下自己书中的唯心主义倾向从而把它表达为更强烈的信念一样。鉴于此，他提议我对这本哲学著作已有的反对意见做出回应。诚然，英文版的《永恒的价值》本身已是对其德文先行版《价值哲学》所遇到的一些批评性论点的回答。英文版本实际上绝非仅仅是对德文版的翻译。德文版中与文德尔班、李凯尔特、胡塞尔、齐美尔等的深奥讨论都被略去，尽管没有提到任何名字。同时，英文版著作增加了大量的特别是针对德文版著作的美国评论者的观点的回应。

当然，我在此不打算重述价值问题的唯心主义观点。在这方面我可能与我的读者有所不同，但到目前为止，在这本 430 页的书上，这一核心想法显然未得到充分表达，我不能忽然期望在这百分之一的篇幅上做得更好。我也完全无意用认真的论证回应那些偏离我著作主题的评论，他们只是做了一些令人反感的夸张描述。这种不置可否的批评通过伦敦的 G. E. 摩尔先生达到了顶点，他的文章很奇怪地出现在《国际伦理学》期刊上。我乐意屈从于这一命运，即我的哲学对于这样的评论者而言或多或少只是纯粹想象出的假设的集合。更无须说，这种自满的方法在拆除从柏拉图到黑格尔的所有形而上学系统上都毫无困难。我宁愿去看那些更长的特别是用德语或英语写的系列文章，有的文章通常不吝赞美之词地致力于我的哲学努力，有的文章领会了我的精神与工作，当然也不乏最热切的反对。

请允许我从一个论点开始，虽然再次采取了严格意义上的个人形式，但仍具有一般的意义。我反复再三地读到我的哲学与心理分析的结果相悖，在这种论证中个人偏好善意地提醒我，从专业上来讲我是一个心理学家，而我的第一本书《意志的活动》中意志被分解，现在却声称这同一意志具有形而上学的统一性。可能这在斯坦教授卓越的《当代哲学思潮》一书中得到最鲜明的表达，他在第一章关于新唯心主义的主要部分巧妙而有趣地分析了我的著作。我认为，他错误地把我的系统和黑格尔靠得太近，因这一理解低估了我和费希特的紧密关联。现在他说："在二十世纪黑格尔哲学的这一转向中最奇特的因素就是历史的嬗变，黑格尔哲学的复兴始于闵斯特伯格这个年轻激进的心理学家，正是由实验心理学所引入，而实验心理学通常对所有形而上学家只会觉得屈尊降贵般的可笑。"他接着说："闵斯特伯格先生著作的架构显示了一种系统化的力量和建设性的技巧，再加上思想的力量，他从实验心理学家转变为一流的形而上学者"。

斯坦和所有其他徘徊于这一明显对立的人，应该看到在思想中或在我的个人生活里没有一点矛盾。我丝毫也没觉得已经离开了实验心理学家的行列，因为我已经尝试把我的心理学嵌入到哲学系统中，我可能补充说，任何时刻都看到需要这一更广阔的视角。我很乐意说我甚至有已发表的证据。那就是我年轻时候不受尊重的作品《意志的活动》，的确试图展示一条从那时起就为大多数心理学家所熟悉的路径。它把意志力分解为感觉、感情，并且完全否认了特殊心理因素的存在。但正是这本书的末尾这样总结：只是感觉和情感构成了意志'在形而上学的实在中存在着最深层的存在问题'。我不希望给人以这样的印象，在我的学生时代，当写下那句话时我的头脑中有一个形而上学系统，不过它写于二十年前必然受到了费希特哲学的影响。它显然表明我的分析致力于连续性，但并不希望转变为哲学心理主义。此外，十年之后当我写《心理学的基础》一书时，现实的目的论方面已经充分表达了其一致性，不过对于意志的心理学描述与我同一本书中表达的是相同的术语。

我没理由从先前的心理学分析中收回任何结论。不仅如此，从我的对手的评论中，我看到这种激进的心理学分析是通向意志实在的目的论特质的最安全的道路。通常有阻碍只是因为它缺乏一贯性。意志通常从因果分析的视角被对待，且没有把这一科学原则贯彻到底，开始犹豫并把一种不相容的目的论混入到心理描述当中去。心理学家必须探究到底，直到他真正触及了心理原子。那么他就不难发现，这种心理元素的组合根本不是他实在的生命活动所表达的意志。于是，他会看到其意志目的论特点的纯粹性，并将看到这种真正的意志，它独自成为我们当下生活的探究对象，根本不可能成为描述或解释的可能对象，只有在它的统一及与目的关涉时才具有意义。关于意志一贯的心理原子论与激进的意志论哲学非常密切地联系在一起，从今天可以回溯到伟大的唯心主义者康德和黑格尔，我们直觉地感受到他们论证中的缺陷，因为那个时代的心理学还远不是对作为纯粹心理因果现象的精神生活的融贯分析。

在这种意义上，如果有人用双重记账这一老生常谈的反对意见对我提出了异议，那它绝对是误导。当真正的意志——作为一种意义、对他人赞同或反对、尊从或违背理想的行为——被考虑时，它绝非描述心理学家的分析对象，因为它根本不是现象，因而也不会为它创立两个不同的条目。心理学家找到的材料完全存在于实存对象的世界；它是物理过程的精神伴随物，被动意识的意识质料，简言之，是一个对象。真正的意志和心理学家的意志之间的关系之一是一种明确的依附性。主体的意志以其当下的实在性，指向构建整体实在的逻辑目的，因而以实存的独立对象的思想形式存在于有机体的心理行为中。因此，这种科学质料的实在性完全依赖于意志的目的性活动。所以，我们要主张一种精神经验的存在，就意味着已经赋予它某种评价，并因而预设了一个其决定被真正价值所掌控的主体。如果我忽视了这一真正生活的基本事实，而简单地把对象的存在和被给予作为实在的终极事实而看待，那么我当然会陷入对象和主体的冲突中，而这一冲突很方便地被实证主义用表面的方式所解决。于是，对象再次被简单地当作是唯一的实在，而主体的目的性行为本身成为对象的功能或者产物。在那种情况下，关于一种绝对目的的设定的观念确实成为幻想。

对于我而言，对象的被给予性及对它们的存在的认可，正是迈向价值理论的第一步。至少，单凭此就能为新费希特哲学开放这些可能性，即协调逻辑、审美及道德经验之间的关系，并扫清这种偏见，比如说，存在比美更为基础。任何把存在当作终极事实并作为开端的系统都不可能给予非逻辑实在的自主性以公允对待。如果对我的批评之一是说，我要求赋予美的造物以充分的实在性并否认它真正存在，那么这是真正的反对意见吗？它的审美实在性就如同物理对象的实存一样有效。它们是理想意志协调自主的实现，但彼此存在差异。在这种意义上，审美经验不同于物理存在。如果摩尔先生对我最大的指责是"声称颜色、色调和音符都具有意志"，"然而在观察中没有支持这一点的论据"，那么它根本没有触动我。他非常正确。从心理观察的角度来看，人们完全没有可能在旋律、曲线和颜色中发现心理物理的意志，那些声称发现它们的人忽略了"观察者"。而唯一真正致力于美学的学术期刊《美学杂志》，在其开篇的论文中，对我的著作评述道："几乎鲜有人像闵斯特伯格在他的《价值哲学》审美部分一样，如此接近审美经验及审美意义的真谛。这是因为他大胆地在理论和审美的评价之间做出鲜明的区分，他做得如此彻底，以至于当从这种真正鲜活的评价立场看时，心理美学及其理论构建像幽灵世界那样消失无踪。"

然而绝对价值的反对者当然不仅限于始于客体而非主体的圈子。那些乐于用唯意志论的精神解释实在，并且承认目的性活动的根本特点的人，也可能依然坚持认为，我们绝不可能超越个人兴趣的相对性。在反驳中最值得一提的观点是，用新唯心主义来标识状况，似乎又很容易就落入典型的存在论争论的陷阱当中。上帝存在的实在性通过我们必然会想到上帝这一事实而被证明。同样，现在绝对价值的实在性是通过我们感到必然需要它们而得到证明的。因此，存在论证明就简单地从理性转到意志，而论证的缺陷也必定是一样的。不过，这依然完全是一种误解。任何从其认识论核心理解绝对唯心主义的人，一定要看到以存在论论据做类比根本站不住。任何一个初学批判的哲学人都了解，我们的思想在任何时候都不可能证明任何超越经验的实在，但在另一方面，经验世界的形式和联系绝对是通过我们经验的主体性（experiencing subjectivity）条件而被给予的。同样，批判一劳永逸地反驳了本体论证明，并向我们证明了自然中那些关系的绝对特征是通过理解的分类被设定的。如果现在能表明，经验通过主体功能构建起的客观存在的世界从根本来说是意志活动，而这相同的意志活动在这个知识世界之外还构建了审美世界和道德世界；如果我们坚持认为这类意志决定了关于真善美的终极世界，那么我们当然不是要复兴本体论证明。

绝对唯心主义并不声称，在我们的伦理、审美和逻辑经验的世界之外存在着一个拥有永恒善的绝对实在性的世界。它同样不会对超出已存的经验世界范围的任何东西感兴趣，就如同只有我们回到关于存在的前批判观念，所谓的神秘知识才有意义。如果一个唯心主义者幻想那些绝对的善是穿越时间而永恒存在的东西，其荒谬性几乎不值得为之辩护。永恒价值并不存在而是有效的，它们并非在超越经验世界的意义上有效，而是对于只有通过我们意志的有组织的活动构成的经验世界才有意义。如果某些价值能表明意志可以把我们混乱的实在组织成有序的世界，那么它们必定绝对属于我们唯一可能的世界。我的唯心主义的所有努力就在于证明我们目的性活动的最深本质包含着一个根本的需要，这个需要必须被满足才可能找到一个世界。唯有经验满足了这一需要，才能谈论一个世界，因此我们有权预设先验，那些能够满足它的对于唯一可能的经验世界而言就是永恒且绝对的。

因此，通过构建实在世界的永恒有效性的绝对力量，我们所有的努力、探索和实践都预先地被决定，因为它属于这个构建世界的意志（world-building will）本身。因此，寻求真、美、道德和宗教的个体意志和社会意志，绝对地被共同意志（general will）即拥有一个世界的超个体需要所控制。任何不愿意拥有一个世界而满足生活在一个混乱的梦境的人，不可能与我们讨论世界上哪些是绝对价值，哪些是相对价值。同时，任何寻求一个世界的人，都会在世界中发现各种各样的实现，而其中根本的意志都向一个世界而努力。我著作的真正工作就是表明我们称之为真理、和谐、美、进步、法律、道德和宗教等实际上只是同一个根本需要的不同面向。如果这个世界被正确地理解，我或许会把这个证据称为经验事实，它也是我这本著作主要的新贡献。

若如此理解这项任务，那么很显然严格的体系化是唯一合适的形式。我非常清楚，在这个时代严格构建的哲学系统似乎给人以笨拙和迂腐的印象。我也很清楚针对我的批评，即生活就是不断的变化，而不知道明确的分界线，并且每个概念系统好像都忽略了我们真正生活的悲欢离合；但我也更明白，哲学家的工作不只是过生活，毋宁说是理解生活，并呈现其秩序的多个面向。那些系统间的界限当然是人为的，就像几何体的维度也是人为选择的一样；逻辑思维不可能摒弃它们。

固然，所有这些都包含对经验的组织，我们或称之为美、进步、道德或真理，被唯心主义者看作通向明确目标的路径，这一目标能从超个体意志的特征中推演出来。有些实用主义者说我没有展现如此明确的标准。詹姆斯教授在他最新的论文《对抽象的滥用》（《大众科学》月刊）中写道，他最好的斗争精神把矛头指向李凯尔特和我，坚持说我除了一般性的假设"存在着绝对真理"之外，什么都没有展示。他声称实用主义者清晰地界定了真理的意义。他们甚至是出于个人目的而界定他们的所谓绝对真理。对于实用主义者而言，绝对真理是一种理想的表述，在长期的经验中，人们的意见可能会趋于一致。简言之，在个人关于真理的陈述中，他至少达成了某种社会标准。这个标准显然类似于市场价格的经济标准。另外，我们误导了唯心主义者，他们对真理一无所知，却只是简单地生活在天真的自信中，认为存在着绝对真理，甚至不能说明它究竟由何构成。正是在此，我"拙劣的抽象主义变得非常明显"。

恐怕唯一一件明显的事情是在本书的德文版中，我没有成功地在这150页清楚地说明逻辑价值的含义。我唯一希望，在英文版中更充分地说明实用主义者的谬误，能够让此书的每一页都清晰地立足于这一立场的对立面。我已经在那里讨论过自然科学、历史、逻辑和数学的真理，简言之，对于每组真正的判断，我都小心谨慎地表明特殊真理特征的构成，并且表明所有这些特殊的形式都有一个共同的特征，即发源于我们设定世界（world-positing）意义这一根本的结构，因而永恒地约束着每个寻求真理的个体。我关于知识的全部讨论构成了本书的必要组成部分，是超越仅仅论述存在着真理的一种尝试。这个一般真理若然存在就一定是绝对的，这对于系统中的特殊目的而言甚至是无价值的，因为它正需要对这个问题做出解答，真理究竟是由哪些特质构成的。而一般的断言，"存在着绝对真理"，在我看来，对于寻求真理的人来说不过是最低要求的表达。我们唯心主义者认为，那些不接受的人是在自我否定，这从最初的事实即排除所有的实用主义者和相对主义者就可以看出。

因此，我再次重申，我们唯心主义者同样对这样的心理学研究和社会学研究有兴趣，即对科学分析的对象寻求真理的过程有兴趣，我本人完全接受实用主义者和实证主义者的所有意见，只要他们愿意通过他们的描述说明人类文明历史的一部分，而非致力于给我们一种哲学。当然，对于所有永恒价值的反对者而言，若他们把兴趣放在伦理问题上面，也是如此。他们向我们表明，所有人类行为是如何源于满足个体的兴趣；社会协同如何产生；当经济越能满足需要时，道德的兴趣是怎样越来越呈现出关于道德生活的样态。但所有这些实证伦理，在作为社会心理学的一部分时是真实的，而对于唯心主义者来说，它却把唯一真正的问题排除在外，即义务的含义。如果我们的道德行为只是一种更复杂的审慎，之所以发展是为了满足最大多数个体的最大利益，那么这里确实没有丝毫绝对价值的踪迹。但这种陈述只是忽略了伦理学的基本问题。我为什么感觉会受到他人而非自我利益需要的约束？如果只是简单地用伦理实用主义的心理回应，那么我对义务的所有信念都会遭遇危机。我能接受这种心理逻辑和伦理的每个词句，不过我依然会站在这本书（《永恒价值的对手》）第1页的立场上，所有真正的哲学问题都呈现在我面前。在我们这个时代，关于真、美、道德和宗教的哲学不可能只是通过分析社会现象并通过价值联系起来而得到的。

不要有这种错觉。我们只是必须再次把最根本的那类批判哲学强加到当前的相对主义上面：我们必须回到康德，再到费希特，除非我们希望哲学在18世纪的水准上止步不前。这并不意味着我们应该重复那些经典体系的术语和外部条件。每个时代必须充分利用科学和生活已经获得的进步。我们不可能无视自康德和费希特以来心理学和自然科学已经取得的进步，而直接回到他们。但真正的哲学的核心问题始终未曾改变。

这也不是德国人呼唤德国哲学的派别需要。如果一个英国植物学家要求我们不要忽视达尔文的作品，这不会成为英国植物学的偏见。植物学家可能也必须超越达尔文，但他们不可能只是再次通过前达尔文的视角观察，而不回答任何新问题。批判哲学不是德国哲学，毋宁说是真正的哲学，康德为哲学所做的贡献正如哥白尼于天文学或者达尔文于植物学一样。我们不能仅仅通过洛克或者沃尔夫的眼睛来看哲学世界；而这恰恰是这里和国外很多地方的潮流。

回到康德！的确，我们在大学里有康德的课程，但通常是反对康德的，或者更确切地说是反对曲解的康德。学生带走的完全是关于康德术语和分类的肤浅知识，以及对他错误的屈尊般的反对，或者因其荒谬而厌恶它。他们对康德真正的问题一无所知，他们从未经历，也没看到过它们，他们像斯宾塞、海克尔或其他绝大多数好人一样停留在前康德阶段。

从18世纪的立场看，关于美和道德的这些精彩讨论无甚害处，反而有益且迷人。对于普通人的现实生活而言，它们非常有帮助且鼓舞人心；对于学者而言，它们对社会心理学也做出了相当有价值的贡献。此外，相较于需要严格训练的批判哲学的持续研究而言，它们可以扩展并协助构建更广泛的圈子，就如同高等数学仅仅能吸引很小一部分人一样。这些讨论对于社会有机体而言更为推荐。它们类似于现时代的化学创新，如同市场上没有咖啡因的咖啡，如同没有尼古丁的香烟。那些饮用和消费这些新型产品的人应该很乐意去拥有。它们能带给人愉悦的感觉，就好像他在喝咖啡和吸烟一样，而又不会对他的神经带来任何不适。但他一定不会认为当这些决定性的芳香物质被消除的时候，他还拥有这些古怪植物真正的精华。无真理的逻辑，无义务的伦理学，以及无信念和绝对价值的形而上学也拥有很多优点。只不过，那些拥有它们的人不能幻想他还拥有从古怪植物的叶子中提出的真正精华，即我们称为哲学的东西。

美学研究

艺术教育原理①

第一部分　哲学讨论

艺术教育哲学在很多人听来可能是太大严肃的字眼，以至于不能与公共学校的绘画指南这种问题联系在一起。哲学一词让我们想起的是关于道德、真、灵魂及宇宙之类的最高深最广泛的问题，而非画笔、笔刷、线条、阴影、色调、标准及形状。不过，当涉及更小的范围和琐碎的事物时，哲学并未与其原则相悖；并且从另一方面来说，哲学探究的每个问题，立刻与最一般和最重要的问题产生千丝万缕的联系；当下在某种程度上若不涉及整个宇宙的问题，就无法谈论哪怕单个原子。的确，人们在观察一切和做任何事时，并非都出于某种永恒而绝对的目的，但即便是面临最狭小的领域，一旦遇到困惑和感到不安时，我们都能转向更广泛的视野与更根本的问题。当怀疑是否值得，当犹豫是该继续还是该放弃时，我们就应该从那些只涉及细节的肤浅讨论的局限

①　副标题为"艺术教育的哲学、审美和心理讨论"。

性中解放出来，而去寻求更一般的原则。简言之，我们必须采取哲学的方式，因为哲学对世界的价值、意义及其中的任何工作都有最终的发言权。

的确，哲学并未声称其对象超出经验科学涉及的材料范围，哲学和科学研究的实在之间没有泾渭分明的界线，可以划分出一边是科学家的研究，另一边是哲学家的研究；并且，哲学家也无权打扰专家冷静的工作。哲学家不敢站在物理学家、化学家、天文学家、地理学家、历史学家或心理学家面前，干涉他们的特定工作；哲学家没有说你必须改结论，专家自己必须不受干扰地探究专业的知识和真理。哲学家只涉及探求知识而非涉及所有的探究、尝试和活动。专家自己就能告诉我们怎样做才会起作用，教导我们为了目的调整手段，选择工具，准备计划，调整材料并训练我们。他们的目的可能是教育、传道、践行法律、作曲、治病、造桥、改变现实生活、绘画、设计海报、装饰或者建筑。诸如此类，哲学家无法告诉我们应该做什么。专家能告诉我们相关的专业知识和行动，不过，任何一个领域，最终都和哲学相关，否则便不能被思考。

没有任何一门科学，不是始于某种预设的；没有任何行动不是把某种目的的价值和意义视作理所当然的。专家不能检查这些预设和目的，他们不加批判地接受，而这正是哲学家的工作；哲学家不会不加批判地接受任何东西，而是消除或批判这些预设和理念。科学家必须研究时空发生的所有物理因果过程而不受哲学家干扰，但知识哲学能告诉他空间、时间和因果性的含义。对于物理工作本身，这些都是隐含的预设，唯有哲学方法能处理这些终极问题。同样，历史学家或者心理学家也许研究人的内心生活，但是他未加批判地预设遇见的另一个人有听力有意识，这是一个他并未试图进行检验的盲目信念；他感知到一个人，看到他的表达行为，听到他的话，就理所应当地认为在那些物理现象背后有意识；哲学就是要检验这一根本观念。或者，如果共同体的改革能更充分地履行义务，增进幸福，那么他们就预设了最大多数人的最大幸福是值得追求的，或者履行义务是有价值的；他们相信这些目的，而哲学家批判地探究所有这些可能的理念。

哲学，是关于根本的预设、一切所知所行的终极价值和目的的研究，是唯一本身不始于预设的一种探究；哲学不预先接受任何信念和理论，它本身必须是任何可能的知识和义务的基础。因此，它不始于任何科学结论，因为它的作用之一就是要找到何种应当和价值属于科学。它始于直接的生活经验，在此它要解决，或者至少理解生活的各种可能作用的意义和价值。所以，它是所有工作最后诉诸的法庭，这个法庭从不确认工作是否合算地达成目标——这完全是专家的职责——而是要决定目标和预设是否合适，与其他相比较而言，其价值如何。

在这一最高法庭上，艺术教学和审美教育应该被审视。在此，和其他任何地方一样，专家、教育者、艺术家、美术家决定如何达成目的，但目的是真正的还是错误的理想，其价值是能与知识相媲美，还是只是浪费青年人学校时光的消遣，只能通过哲学家来裁断。任何参加过艺术教育讨论的人，都了解不管是艺术教育的支持者还是反对者，其论证都会诉诸更低的法庭，正像他们通常都始于一个完备的预设一样。在所有这些讨论中，其中一点被尊为确定无疑的而被不加反思地接受，即"事物的"（things）世界如其所是的那样，只能通过科学传授的知识被学习。这一流行预设的结果便是，学校涉及这些"事物"时或者服务于传授科学知识，或者训练如何对待这些科学对象；或者它并不涉及真实的世界，而只是以想象的事物自娱，因而毫无用处甚至可能是危险的，会对理解现实起反作用；至多也只是成为发展想象力的奢侈品，而不能与真实宇宙的研究相匹敌。这些观点的实际结果非常明显。学校董事、主管、理论教育者和实践指导老师，或多或少都在这一方向上有意识地争论，当然他们不会反对熟练地运用铅笔和画笔。但是，他们会强调用笔要服从两个目的。首先，必须发展精确再现模型的技能；这似乎是有用的，因为精确绘画的能力不仅对真实客观的表象交流是必要的，而且对于处理真实事物的实践工作的技能也是必需的。其次，必须发展观察细致的能力，任何复制自然的人都会注意到自然的细节，并且发展出细致入微的观察力，这样才能获得充分的信息。或许被几何绘图所取代的模型绘画很好地服务于第一个目的；正如自然科学课程中所要求的那样，花朵、解剖物、石头和显微镜下的组织，是达成第二个目的的理想手段。关于表象的这种自然主义定位，让主修动物学和植物学的学生，除了要细致的观察外，还要训练绘画的技巧，甚至能否同时满足这两种目的也成为问题；乃至模型和几何绘图因此也成为多余的，自然科学中的教学因而能轻易并有用地取代所有必要的艺术教学。这确实是很多严肃学者的意见，并乐于将其实现。毋庸置疑，这意味着热爱艺术的人的抱负、希望、理想和灵感，以及与之关联的年青一代的绘画课程的消亡。

但我们已经讨论过，所有这些流行观点都始于某种确信，即科学、知识、学者自身就能够向我们解释事物真正的本质，当脱离自然知识领域时，人们就不再尊重生活的真实世界。这一确信成为制作植物学和动物学标本的有力支撑，同时，也是艺术家绘画目的的降格，艺术家的目的本是要引导学生离开现实世界，且训练艺术家并非学校的任务。但这一确信本身在任何地方都未被批判地审视，而是作为信念被接受，只要论证置于科学的裁决下，对信念的任何怀疑就不能起作用。在科学领域内，上述确信是必要的预设，没有它任何科学都不可能存在。从科学的观点来看，关于自然的艺术解释确实是不含客观判断的随意讨论。但我们已了解，专门的科学无法决定终结价值和预设，只有哲学能够回答对科学真理优越性的确信和信念是否很好地被奠基。

因此，我们现在追问，是否唯有科学能揭示事物的本来面目，而艺术家展示的世界与我们生活的现实相比不那么真实。这立刻从一个偶然的起点进入最深层次的真和美的问题。关于它的讨论不能用流行语和情绪化的热情——我们从美的作品获得的愉悦——来解答。显然，这不是一项轻而易举的任务，它意味着让我们暂时从所有的学校知识和钟爱的理论中解放出来，因为这些知识和理论深刻地影响了我们的世界观，以至于我们很难回归到关于实在的本真看法。然而，这是唯一向我们开放的道路，因为一旦涉及我们周遭的表面上非科学的解释，所有始于科学结果的道路都必然导致不公平。

据说，物理学、化学、生物学、心理学和历史能说明关于我们周遭和自身的所有物理心理事物；宇宙中无物不能被这样的科学报告所囊括。科学家，不管他研究的是石头、星星、植物、人类、个体，还是民族，都声称已揭示了它们究竟是什么；他们假定已经说明了真理，因为我们无法证明他们所谓的真理是谬误，似乎天上地下的一切，只能是学者和他的教科书中所描述的样子。任何一种关于实在的描述，其价值都不可能与"真实"相提并论。

我们都知道科学家如何得出其结论，并声称整个现代生活都奠基于此，科技由此成为可能，并让我们能够理解历史。他仔细地分析所观察的物质和精神对象并发现其元素；物理世界分解为生物细胞、化学元素和物理分子，并且，最终一切都转化为机械原子，物理世界显示自身由元素构成，而心理学家称之为感觉。整个宇宙、人，就成为原子和感觉的庞大组合。但描绘元素并非科学家的唯一任务。众所周知，他们的第二个大目标是解释，即把所有过程理解为前因之果以及相应的后果之因。因而，描述和解释被认为可覆盖物理和心理研究的所有领域，如果一切都可以根据其元素被描述，通过其原因被解释，那么我们就可以了解实在的世界，而其他一切可能的解释一定是低于真理水平的武断想象。

但描述和解释是两个完全不同的过程吗？一旦我们稍加深究，就会发现科学思考的机制并非如此。描述者说：这一对象有这些元素，那一片海洋含盐，而它的水中有氢和氧，每一滴都包含着万亿原子。这是什么意思？如果我们问他，他会回答，我的意思是这是关于实在的描述，我能证明这一点。那么他如何证明呢？也许，他找来一桶海水，把它蒸发并向我们展示结果；他通过化学作用产生电流来电击水，说明水可以分解为氢和氧。若让他证明每一滴水最终都是由原子构成的，他开始说明水在强压以及高温低温下的变化，诸如此类，并给我们数学证明——若不通过原子理论就无法理解这些变化。他认为这些证据一定能说服我们，我们能品尝晶体盐，可以看到气球如何被气体充满，蒸汽如何形成。但这些证据真的给我们想要的答案了吗？当盐结晶、氢气充满气球、水蒸气被蒸发时，我们不再拥有追问其元素的海水，水已经转化为其他形式，尽管科学家期望向我们说明水究竟①是什么，通过证据，他实际显示的是水可以转化成什么。他说水"包含"盐和气体，这意味着某种过程，比如说，蒸发有把既定物质转化为盐和气体的效果，然而没人能从糖中得到盐。所以，对一个对象元素的科学描述根本不能给予关于它的任何知识，而只能告诉我们通过这一对象的分析，能够产生怎样的变化，我们能期望什么结果，获得什么新对象。因而，描述元素并不是让我们更接近事物本身，毋宁说是远离事物，并教给我们与之联系的结果，换言之，"元素"仅仅是关于事物行为的合理预期的表达。除此之外，没有证据和推演能够支持或者超越这一点；我们或许可以撕碎、碾压、研磨或者煮沸事物来表明其成分，但通常会产生新对象取代原来的，即粉末并非石头，我们只能表明石头可成为粉末；就是说，我们已证明可以给石头带来某种变化和结果。

一旦把握了所有"分析"的深层意义，我们就可以看到它与因果的研究密不可分。描述和解释不是两个分离的逻辑任务，而是同一个，即描述的工作是为了解释，没有任何分析不关乎事物究竟会发生什么，其真正意义也在于此，即其因会产生何果。关于世界描述

艺术教育原理

---

① 斜体为作者所加，以下同。——译者注

的每一个进步，都对因果关系的理解更深一步，除此之外无其他；而关于因果规律的新洞见也会带来新的描述模型。当机械律能描述世界上的每个原子和每种行为时，一切问题都会迎刃而解；而最理想的描述同时也是最理想的解释。关于物体 O，科学能够教给我们的是，它由 L、M 和 N 产生，并且它怎样带来结果 P、Q 和 R；关于 P、Q、R 的典型预期及与之相关的 L、M、N，我们将其浓缩在关于 O 的元素的表达和说明中。但 O 本身还是 O，我们不能悄悄混进 O 中，除了知道它是 O 之外，我们无法了解更多。若把它分解并展示其部分，那么它就成为 P 和 R 的集合，而不再是 O。无法逃避的是，科学根本不在乎 O 本身，即使科学列举了 O 的所有这些元素，它实际上说的不是 O，而只是它的原因和与 L、M、N、P、Q、R 的逻辑关系，及事物的所有关联。科学让我们相信它在谈论事物，只不过是说明了这个事物与宇宙中其他事物的关系。无论何时，当我们想了解世界的一部分时，科学将其拿开，而用一千种与它相关的其他事物作替代，推动我们去发现新的因果关系，并通过称这种对未来联系的探索为一种"分析"，决定那些联系的特征为"元素"而隐藏上述情况。也许有人会说，所有知识的唯一意义就在于描述和解释，就是为了探究事物的联系，对于人们的理性而言，当世界成为一个联系的整体时，目标就达成了。

当然，对联系的这种洞悉非常重要，因为我们所有现实的行动都通过它被规定。如果我想行动，世界上的事物就是我的手段和工具，我并不在乎它们究竟"是"什么，我在意的只是它们会产生什么，它们在何种程度上能服务于我的目的。当要和人打交道时，我并不追问他们究竟是"什么"，而思考我要怎样影响他们，能对他们有怎样的期望，我如何能把他们与我的希望和恐惧联系起来。若我想理解文明的产物、一种制度、法律、宗教、政府，同样，那么我必须把他们与人类过去的努力联系起来，即它们的原因和结果、它们与所有制度的关系；如果想把握一种思想，我必须理解它与其他相关思想的关系。所有的文献学家、历史学家、心理学家、自然学家提供的知识在每一步生活历程中的确无足轻重，但是从指导孩子在托儿所的行为和森林里野蛮人的生活的原始知识，到机械或物理时代行为的复杂知识，对每种联系的新理解，都成为我们生活在其中的这个世界的人与事、自然与文明的助力。

因此可以无可指摘地说，我们强调科学家给予的知识不仅关乎事物本身，还有其联系；但事实是他的真理——其描述和解释——

并不能让我们更接近事物自身的实在，事实上，它带我们远离感兴趣的对象，把我们带到可能与之联系的其他对象上。

现在依然声称科学的真理是唯一可能的真理，而任何不建立在科学知识基础上的对象描述都使我们远离客观的事实，这是多么的徒劳！不，正是科学遮蔽了我们想要了解的实在事物，并把我们的注意力转移到其他事物上。那么有无可能去接近对象本身，去把握它真正的实在，感受其生命，沉浸其中并充分洞察它？不是把它弄碎，因为它的碎片不再是它，没有可能全神贯注地只洞悉一种事物吗？看它给予我们的，向我们显现的和暗示的，而世界上关于它和我们周遭的一切都被遗忘。关于事物的最高真理一定是事物本身的知识，而非其因果；事物向人的头脑呈现自身的丰富性和意义，而非科学家为了解释未来事件而设想出的替代物。事物本身既非其过去，也不是其未来，它希望以其在我们头脑的当下经验所呈现出的样子被理解，除非我们接受它此刻的样子，而非以科学的眼光看其未来的期许，否则永无宁日。所以，最高的真理不涉及未来的转变，而只在于对当下呈现的领会；不在于对元素的研究，而在于对整个人类关系的整体性接受。因而，若你真正想获得事物本身，途径只有一个，你必须把它与其他事物分开，你必须切断其因果关系，你必须直面它而只让其表象充满头脑，以至于没有他物的容身之地。如果能做到这一点，那么结果显而易见，对于对象而言，它意味着绝对的孤立，对于主体而言，它意味着全然的静观，并能带来充分的满足；最终就是美的愉悦的代名词。将事物孤立开来，就意味着使其成为美，因为它完全占据了头脑：我们感兴趣的是它自身的表象，而与时空中它之外的其他事物无关，这种完全的静观、客观的表象自身就成为我们的终极目的，也是关于美的真正经验的唯一可能内容。

的确，科学的工作是联系的，而艺术的工作是孤立的；不仅如此，不管是由自然呈现还是由艺术家的想象呈现，孤立就是美。在此，我们的讨论上升到了哲学的高度，从此可以俯瞰两个世界，即知识的世界和美的世界。不管是科学家还是艺术家，给予我们的都不是关于世界的当下经验，因为在现实生活中，我们经验的既非一个联系的事物系统，也不是一系列孤立的对象。为了产生一个联系的系统或者一个孤立的对象，并由此切断与世界上其他一切事物的联系，这要求把实在人为地转化为服务于我们意志的目的。就像每种描述和解释性的知识、每种分析，都确实服务于联系的目的一样，关于世界的每种审美表现都服务于以下目的，即孤立经验的因素，这使得它们独立于任何可能的联系，并让它们如其所是地呈现自身。无论在任何地方，只要自然给予我们这种自身闭合并不指涉他物的经验，那么自然本身就是艺术家。但更常见的是，天才的人一定要转化偶然的经验，一定要描绘风景，一定要在歌中表达情感，一定要在戏剧中表现人的行动。

　　远处的海洋是我的体验，我想了解关于水的一切真理和现实。科学家来了并向我展示了它结晶而成的盐，电流分解出它所产生的气体，还有水滴运动时的数学曲线，这些对于我所有实际的目的而言，都是非常有用的知识，但是在每一句陈述里，海洋本身的波涛、海浪和光芒四射的蓝都消失不见。但我们问的不是水能用来做什么，它如何被使用，它的经济价值是什么，它如何能够运送我的船只，什么构成了它的运动。让我们只问一次，我看到的它究竟是什么，水本身必须给我一个答案。让水自我表达，并且给它一个和我们交流的机会，它能够向我们展示其所有，展现它最好的一面、全部的优势，向我们诉说它自己的故事，最充分地揭示实在所有隐藏的意义。让我们仅此一次地把注意力放在勇气可嘉、活泼好动的海浪上，它撞击岩石所发出的轰鸣，让我们忘记那儿的历史和未来，让我们仅仅活在当下的体验中，仅仅聆听海浪的声音，仅仅观看它激起的泡沫，仅仅品尝它的微风，单单一种体验，我们就能把握它作为自身最充分的真理。画家能够成功地在他的画布上把握海浪最美的波动，而金色的画框可以永远地把画中的海浪和其余的宇宙分离开。于是，他创造了美，因为它如其所是地满足了我们，他的画笔告诉我们的，并不比计算海浪运动的数学家和分离元素的化学家的公式更少。不过，画家当然必须非常成功，因为画框本身并不足以孤立那部分经验。若他的画作只是一张彩色照片，并引起我们追问那个海岸是什么，是否有好的海滩和渔场，岩石上的道路通向哪里，那么我们仍处于联系中，美于是成为信息；我们或许拥有关于海岸的优质广告，但那不是好的画作；同时，真正的艺术作品只让我们关注对象本身，它的道路是封闭的，画框就是其世界的边界。因而我们可以说，将事物孤立，如其所是地表现对象本身，静观对象，让对象成为美，只不过是同一事实的四种不同表达方式。

　　我们需要立刻强调一点。科学是联系的，但并非任何联系都是科学；艺术是孤立的，但并非任何孤立都是艺术。在幻想或迷信中，我们也许能在精神上关联世界上的任何对象，但那并非知识；并且，我们也许获得了感官愉悦，头脑完全被捕获我们感官的东西所占据，但那一点也不足以构成美的基础。无论是科学还是艺术，无论是知识还是美，都独立于个体、个人的欲望、本能和幻想，都提出了一般性的主张，它们不意味着个人的决定，它们需要超个体的价值；一个人的知识也应该适用于所有人；一个人认为美的东西对于其他人而言也显现为美。因此，知识和美都是假设：若想获得知识，那么你应该联系事物；若你想获得美，那么你要孤立事物。就如同道德的规定一样，任何一个人都可能创立个人的规则，但只有当其他人希望逃避他的惩罚时，他所要求的规则才能起作用，所以这种个人任意的规则没有道德义务。另外，道德是超个体的，即便不符合你的利益也要求你遵循它。道德将"应当"与人的行为相连，将逻辑与事物的科学联系相连，将审美与艺术孤立相连。如果我们以孤立的理解全神贯注于一个对象，并不声称它同样应该吸引其他头脑，对象也许令人愉悦，但可能不是美，正如主人施加仆从身上的个人规则也许是有用的和实用的，但并不具有道德价值。珍馐佳酿尽管美味，其本身可能不美，因为我们在享受的同时也在毁灭它，所以我们的享受排除了其他人应该与我们共同享受的需要；对象越持久，能够与我们共同参与其中的个体的圈子就越大，那么美的可能性就越大。所以，雪雕比大理石雕塑的地位要低。

并且，从一开始要考虑另一种结果，如果科学意味着超个体的联系，而艺术意味着超个体的孤立，那么科学工作和艺术工作的一个重要差别就会立刻显现。科学家寻求的联系，其理想是包含整个宇宙的完整系统，因此没有给系统之外的东西留有任何余地；所以只有一种科学，世界上所有的科学家都合作致力于这一知识系统；取得的每种进步放之四海而皆准。对于艺术世界而言，情况则恰恰相反，如果美意味着孤立，一个对象的完美呈现本身与其他对象的呈现毫无关系，每个人都可以再次尝试孤立的过程。尽管科学问题的解决意味着一劳永逸，但美学课题可以历久弥新。毕达哥拉斯定理在毕达哥拉斯之后不可能被第二次创立，而圣母玛利亚在拉斐尔之后能被一而再再而三地描画，春天和爱情也可以在抒情诗中不断地被歌颂。所以，科学是直线前进的，江山代有才人出，长江后浪推前浪，但艺术并不了解这种连续性。艺术史上的连续性由艺术作品对后代艺术家的想象力的影响而形成；因而累积性影响显然是存在的，当今的艺术家会受到 2000 年来美学作品的影响；但当今的艺术家并不继续昨天艺术家的工作；任何作品本身都是闭合的，并不客观地指涉其他艺术作品。

但我们必须回到核心论点上。前已说明，科学是联系而艺术是孤立的；我们在知识中发现的是转变的对象，这样它才能与所有其他对象相联系，但在美中对象转变只是为了突出自身，向我们彰显自身，而与世界的其余相分离。两者间的差异同样可以表述为，科学家分析而艺术家解释，科学家寻求元素而艺术家探求意义，科学家为了规律而艺术家寻找价值，科学家解释而艺术家鉴赏；但有一点应该弄清楚，两者都能帮我们理解这个客观世界，都能赋予我们以真理。同时，两者都不是对世界的被动反映，而具有主观能动性，为了有联系地科学说明，和为了特别对象而进行孤立的艺术呈现一样，都包含着很多主体性活动。

一种真理是否比另一种真理更有价值，取决于我们的目的。在科学知识里寻求的是对世界的实际掌控，以便能获得成就，我们必须了解何种原因与何种结果相联系。没有其他真理能帮助我们达成这一目的，为了处理世界生活中的事务，通过其与原因、结果的孤立，我们的头脑完全沉浸于一个孤立的对象又有什么用？那的确是生存中的唯一目的吗，世界对于我们而言只是可利用的材料，而非欣赏的对象吗？对象只是产生某种结果的原因，而自身绝非目的吗？如果任何对象对于我们来说都是作为他物的手段而非本身即有价值而被探究，那么我们的生活本身完满吗？我们的精神难道在日常生活的奔波劳苦外不渴望满足的静谧吗？如果以世界为工具的阶段只是暂时的，烦恼会不时地被从世界获取的安宁所替换，若非如此，我们的生活当然不值得过。宗教和哲学寻求的就是这种心灵的安宁，在对永恒总体的沉思中寻求对自身存在的静观。热爱美的人在单个对象的沉思中寻求它，他通过把它从世界中孤立，他无须再追问诸如原因结果、目的手段、起因后果、垫脚石之类的问题，而仅仅追问其自身的存在；因此，它并不联想自身外的其他任何事物，而带来主体心灵的安宁。此刻，树不再是木材，动物不再是食物，瀑布不再是机器的动力，而仅仅因为它们的美而被欣赏。

正如为了服务于实际生活，知识的力量必须通过训练和教育一样，审美鉴赏力也必须在年轻时候被发展，因为在世界获得安宁这一目的跟生活的其他目的同样重要、有价值。这一需要可能在美国年轻人身上比在其他地方更为迫切。不管是成年人生活的印象，还是他们所观察到的公共生活的熙攘忙碌，都暗示了这种单向度，不平衡地高估了实用性，只把事物看作实际目的的手段，即便是他们的玩耍和孩子气的嬉戏都不过是模仿，完全被这种单向的理想所塑造。欧洲的儿童首先习惯于能够激发想象力的游戏装置，而伴随美国儿童成长的游戏都是训练技能和实践精神的活动，而对想象力的发展无所裨益。一个年轻人若不能在早期学会因事物本身的意义而欣赏它，而只能看到它的因果关系，那么他今后的生活也只能拥有功利的兴趣，缺乏能带来全然满足的静观，而这种安宁是功利目的无休止的奔劳努力永远也无法给予的。对于年轻人，首先要系统训练的是因事物自身而把握其最高意义的能力，以了解世界真实的一面，而非在因果系统中去看待事物。

为了训练获得这一最高真理的理解力，孩子们没必要去死记硬背或做实验，不过认真和严格的训练依然是必需的。前已论及，要想如其所是地理解任何事物，都必须把它从所有联系中抽离出来，因而我们应该训练的是大脑的抽象、孤立能力，它会抑制所有对象之外的思想，并会压抑不能由对象的当下显现所满足的愿望。从这一观点看，不管美是表现在自然、生活还是艺术家和诗人的作品中都是无关紧要的。画家在画布上所描绘的风景通过画框与世界隔绝开来，风景中的道路不会通向画框外的任何地方，而在那些群山之后也没有人，若开始把它与其他事物联系起来，那么它就成了一种地理展示，并成为科学的一部分。不过，自然中真正的海上日出的美景同样是孤立的，若把它和前因后果联系起来，那就成了天文知识，心灵全神贯注的安宁就会消失不见。为了知识必须联想道路通往何方，而抑制这一想法，比前者更需要持续的训练。观看大理石雕像不管其色彩，凝视半身像不找寻它的四肢，听到一首诗不询问是哪个诗人的杰作，阅读戏剧不问它最后的结局，所有这些以科学态度寻求联系的需要被压制，而在孤立对象中获得的满足得到发展时才得以可能。科学里的艺术教育，是非常好的社会规划，这是共同体为训练这方面的能力而做的安排；这种能力即扩大眼界，因为那种真理自身的圆满性超过了科学知识的真理，因为这种真理理解了对象当下的实在性。

当清楚地意识到对实在的艺术呈现在人类兴趣世界扮演的角色后，艺术哲学就发展成为专门的美学学科了。简言之，所有的科学知识都会让我们远离实在对象，仅向我们提供联系；如果想获得实在的对象，我们必须使之脱离所有联系，必须在完全的孤立中把握它；这就是艺术的作用；造成这种孤立，并在直观的真理中将对象呈现。现在，美学就是来说明不同的艺术通过何种步骤和方式能实现这个目的，即造成这个世界的对象的孤立，因而我们能在它们的呈现中获得心灵安宁。

第二部分　美学讨论

哲学已经先给我们解释了艺术的一般原理，美学在美的不同领域中发展了那一原则。哲学认为，艺术的功能就是让我们理解生活于其中的世界，通过如其所是地呈现世界的现实来揭示它的真正实在，通过把它与世界的其他一切隔离开来让我们全神贯注于一种经验。美学必须揭示这一孤立的需要怎样才能被满足，需要遵循怎样的规则，为了成功地完成孤立，何种转换是必需的，头脑能够专注于一部分经验而不会神游。的确，转换是必要的，自然所呈现的对象本身不能满足上述需要，至少只有当自然美的愉悦如此激动人心以至于我们一心一意时才能满足。但即便是在这些案例中，服务于生活的生命需求和知识需求始终向我们诉说，美丽的风景让我们愉悦，但若想生活在其中，风景便不再仅仅是风景，其他问题会接踵而至；漂亮的人让我们着迷，但若想和他们打交道，对于我们而言他们就不再是一部分孤立的实在，而与上千种其他经验联系在一起。当听到动听的话时，我们也不可能将它们孤立；我们不可能只关注它们，它们需要答案，也指向行动。因此，生活中人和物的美，是转瞬即逝的经验，我们不可能只关注于一个对象，因为生活推着我们前进，求知的欲望也一刻不停歇地让我们不得安宁。为了把单个经验与其他一切真正隔开，转换是必需的，这正是艺术的任务。

我们在这里不讨论音乐、诗歌和诗人的审美活动，经验在这些艺术形式中被转换，被封闭在小说、诗歌和戏剧中，人物和行为也与我们生活于其中的世界隔离开。我们在这里探讨的只是设计艺术，特别是绘画设计。所有的绘画艺术都始于把对象置于二维空间中，并与我们的实际活动相分离，因为我们和实际的对象都处于三维空间里。水果的静物写生也许呈现了葡萄和苹果的所有特点，但通过二维空间，我们不用担心会对它们产生类似于真实水果的联想，即不会把它们当作满足口腹之欲的手段，不会渴望吃掉它们，我们只会静观。画中的房间被精致地描绘，但也不会希望坐到其中任何一张椅子上；肖像或许栩栩如生，但我们不会想与画中人交谈或邀请其散步。平面上的投影切断了对象的任何因果联系，所以，画家的理想显然不是为了欺骗，他不应让我们产生对象如实际生活里的那般真实之类的错觉。以假乱真是伪艺术，真正的艺术有更高的目的。

当然，平面投影并不是将对象与现实事物分离的唯一方法。例如，雕像，对人体或者动物的塑造是三维的，但将颜色改变作为补偿，人像是白色大理石或棕色青铜，因此不会错认为雕塑是真实的生命。彩色的蜡像给予我们可期待的错觉，这在粗俗之列而低于真正的艺术。如果真正的艺术希望赋予人造物以色彩，那么这些物体的体积或大或小以至于都不会产生错觉。

同时，一旦在大理石雕塑上舍弃色彩或采用平面加以转换，这使得现实成为不可能的，不仅仅是美的事物，任何实在的对象都可能成为艺术家欢迎的素材。在生活中，只有美的事物令人着迷，因其特质能让我们暂时地排除它与其他对象和效果的联系，而那些我们不会注意或认为丑的对象则缺乏吸引力，于我们而言，它们只是使用、改变或发展的对象，因此它们只是思考联系的垫脚石。一旦艺术家有技巧地找到了分离不美对象的方式，比如说，他把关于此对象的理念呈现在大理石或者画布上，并引起了我们对它的兴趣，那么他就不再需要任何自然美作为模型，并能把一个最丑的人的画像变成一件最美的艺术品。因此，既不是写实主义，即寻求对自然的精确复制以至于能以假乱真；也不是理想主义，认为艺术只能用美的对象当作素材，也能够在严格意义上的美学上找到其合理性。艺术作品一定要与现实生活的真实对象区分开，唯有如此它才能把主题和实际需要、结果孤立开来，因此，一旦孤立完成，任何对象，即便是丑的，也能成为最高艺术的主题。

接下来，我们将专心关注一种专门的设计，即用绘画的方式来呈现世界。任何一幅完成的画作都必然包括两个要素：首先，它表现了一种内容；其次，它填充了空间。两者必须形成一个整体。如果不依赖其中一种要素而去考虑另一个，那么这完全是艺术抽象；不过这两个方面首先一定是分离的，我们能在艺术作品中发现一个要素可以独立于另一要素。如前所述，绘画包含着对空间的填充，这种填充是光影的填充，在尺寸、形状、颜色、价值和密度方面都有所不同，因为这些光影是平行的，它们的不同一定会构成形式，而这些形式的外观又构成了线条，并把整个图画分解为不同的小空间。直线、曲线或光影对空间填充，其本身并非完整的图画；然而，它可能被如此设计以至于它自身能够引起关注而与其他一切分离，并成为美的艺术作品。于是，它满足了一幅好画的第一个要求——好的设计，是真正的装饰品，或者，如果它与实用对象相联系，那么它就成了建筑、工艺品、手工艺品的目的。同时，光影和线条不仅仅是以美的方式填充了空间，还表达了某种内容，或者是一朵花、一幅风景、一张面孔，或者是历史场景。

的确，设计形式也有其内容，某种空间、某种色彩的表达就是内容，我们要公正地对待这一事实，不过，当图画中空间的填充意味着风景或肖像画时，空间的划分和色彩从属于主题，而仅仅成为内容的形式，尽管它们自身在设计中扮演内容的角色。所以，如果绘画能满足美的要求，那么其形式是对填充空间的光影和线条的布局，其内容是这种填充所表达的主题。在两种情况下，画作都要满足完全的孤立：填充的空间必须要与世界上的其他空间相分离，而表达自身的内容也是孤立的存在，切断了和经验中其他一切的关系。如果这两个要素相互支持，以至于填充的特点能协助空间的孤立，那么这幅画就是完美的，简言之，形式和内容要求彼此协作来实现完全的孤立。我们的目的首先是分别考虑这两个要素，之后再将它们联系起来。因此，我们必须首先追问绘画设计为什么能够成功地孤立经验；其次追问，绘画设计怎样孤立填充的空间；最后追问，两个要素怎样合作。

首先，我们抽象出形式，只探究什么是经验，什么是艺术家向我们展示的内容。如果我们在艺术画廊里漫步，会很快意识到世界上的一切无一不能成为他的猎物，事无巨细，不管是有趣的还是可悲的，不管是简单的还是复杂的。陋室里的一丝烛光，壮阔风景中灿烂的日落，一个简单劳作的农民，战场上的盖世英雄，不起眼的一朵花，一望无际的海洋，都在画家的画布上向我们诉说。那么，绘画呈现的内容究竟是什么？自然而常见的，但必须说通常又是最肤浅的答案一定是，艺术家展示的是一种事物或者一组事物。但在此，哲学洞见也一定能够帮助我们避免严重的错误。我们坚持认为艺术家的角色绝非赋予我们以事物，而向我们展示对象，这一观点初听起来似乎很莽撞。那么我们所说的事物或者对象是什么呢？感觉、情感、意志、怀疑绝不是事物，同样，在外部世界，我们也绝不会称那些在行为中彰显自身存在的东西为事物，如听到的音调、尝到的滋味、看到的运动。运动、滋味和音调都由事物产生，都属于事物，但就它们自身而言，它们作为实在的呈现并非事物，因为它们不持存，它们无法在新的经验中再次被发现。一只鸟鸣唱了两次，它还是同一只鸟，但第二次所唱的歌与第一次不同，也许两者很相似，但它是新实在的一部分。因此，这只鸟是一个对象，它的歌在每次重复时都不过是新的行为。我们所谈论的对象、事物，意指的是即便我们觉察不到但仍可以持存并能够再次被找到的事物。它的形式或许改变，它的表象也许不同，但这些变化仍然是它组成部分的运动，对象自身及其构成在当下和未来的经验中都保持不变。不过，一旦我们理解事物的概念，即每个对象的观念包含着这种连续性思维，那么我们就能清晰地看到这完全与艺术的意义相矛盾。连续性要求当下经验与过去和未来的经验之间有种可能性的联系；也就是说，它要求与当下经验中并未呈现的东西存在某种联系，但我们也意识到，正是我们抑制了一切联系，这才成为艺术存在的首要条件。我们已经看到，任何联系都属于实践知识，因此，某一事物的概念仅仅对于实践活动的世界才有意义，它表达了我们的行动对它的预期所产生的结果的信心。因而从原则来说，即便是关于事物最初级的观念，也会趋向于科学知识。

如果艺术家确实想寻求孤立，那么他必须理解它呈现的实在，这绝非从它与未来经验的可能联系来考虑，也不是从它可能超越当下经验的持存来思考，简言之，他不是必须与一组事物打交道。所以，艺术家展现的绝非自然科学描述的对象。绘画中的身体可能只到胸腔，没有解剖学上的任何问题；风景画上的树枝并没有附着的树干，也不存在植物学上的困难；自然中会立刻消失的大海波浪想在画里存在多久都可以，也毫无物理学意义上的难题。所有这些自然主义事实都指涉对象，不过艺术家的呈现并不是关于自然的信息，而是作为理解和欣赏当下实在的一种挑战。绘画内容提供的更像是一种活动，不过关于活动的观念对于我们来说是如此强势，以至于我们不会认为是事物构成了活动的观念。我们毋宁说，它是一种需求、生命和暗示。绘画的内容不是说，我是这样那样的某物，它诉说的是理解我。

但如果绘画的内容不是单个事物或一组事物，似乎我们会遇到更大的困难。现在艺术家所希求而我们所需要的那种孤立怎样能达成？某一事物对自身的呈现，是通过其部分之间的持续关联实现的，在自然中意味着某个整体，因此它与其他所有事物隔离开，如果艺术家放弃了这个最自然的机会去实现其呈现内容的孤立，那么他如何成功地让我们头脑中关于它的主题与宇宙中的其他分离开？对于他而言只有一种方式，他给予我们的必须是其意义的整体，而非作为对象的整体，也就是说，作为对象的整体会导致对象与其过去和未来的科学有联系，他必须用意义的整体让我们印象深刻，而这种意义可以把我们自己意识中的多样性都结合起来。只要一种表象对于我们而言没有意义，我们就不能决定它的各部分是统一的还是分属于不同的事物的；我们需要自然科学的知识，需要参考这些部分之间在过去和未来的相互关系，以探究它们是否属于同一事物，比如，树上的一只鸟，是否为树上的果实，或者就是鸟本身。因此，当下印象的多样性是统一的，如果我们不参照过去和未来的联系而接受它，好像它就有了整体的意义；而这就是绘画的内容要被理解的意义。一定不能把一个语词的意义理解为抽象的观念、逻辑的思维或者是道德学说。绘画不必教给我们任何东西，它无须说教或向我们传递信息，它只需向我们呈现世界的一部分；毋宁说，它必须向我们呈现意义，它必须向我们诉说客观实在的某种东西，唯有如此，它才不再是抽象的设计，不再是颜色和形象结合起来的装饰。

但也存在另一种误解。你或许会说，意义并不在印象本身，而在于观看的主体，它是我们头脑中的联系，而不是被观察物本身所有的属性。我看到了一把剑，如果它对于我而言意味着战斗，那么这是我自己的联系所暗示出的那种意义，此外，这种联系是我过去经验的产物。我曾经看到过剑在战斗中被使用，我了解它残忍的效果，关于绘画中剑的解释重现和浓缩了我所有的知识和经验；它不过是当下经验与先前经验的联系，因此才有了关于意义的心理解释，所以审美过程包含着意义，似乎终究也需要联系，但在这并不矛盾。一旦我们从心理方面解释了艺术作品的意义，我们的确需要把它看作联系的观念，也必须把它与过去相联系，但关于审美行为的心理解释本身并不是审美行为。心理解释和所有其他解释一样，都是科学活动，因此，它正像所有科学一样建立在联系的基础上。不过，这种心理解释对于我们来说根本不是问题，当我们不得不与主体的心理打交道时，它会引起我们的兴趣，但在这涉及的是它的审美。在此，我们不想做出一种因果过程的解释，我们要寻求的是在艺术作品中所体验的愉悦的因素。在我们对美丽绘画的直观沉思中，意义显然是属于绘画本身的某种东西；从画布上我们感觉自己获得的不只是视觉印象，这种印象随后会在我们头脑中唤起一种再现的观念，但印象和意义是统一体。正如我们联想的印象没有任何指涉，所以也不涉及过去。如果我们从一幅肖像中的面孔感受到的是平静祥和，在另一幅中感受到的是精明伪善，心理学家也许会把它解释为我们已有观察和经验的后果（after-effect），但我们的审美鉴赏，并不存在对其他具有相似特征的人的有意识记忆，不，我们在这儿看到的面孔单独存于画框中，并拥有自身的含义。

我们说这种意义提供了内容的统一性，正如我们所见，作为自然科学对象的事物的统一性并不能被取代。这种统一体的意义完全与内容相隔离，对于意义表达必要的一切都属于内容，任何多余或外在于意义的东西都是干扰因素，因此内容完全明确地与世界的其他部分相分离。对于一场完美的悲剧而言，它充分地表达了一个人生命的挣扎，而不需要第六幕；完美的风景画上也无须再多添笔墨。现在我们理解为什么不可能拥有这样一幅画，其中的一部分没有自身的意义，椅子腿儿、树的叶子、狗的尾巴，以及一个人的鼻子都不可能是一幅画的内容。解剖学家也许能够精准和富有技巧地勾画出鼻子，它仍代表了一种信息，对于联系的目的才是有价值的；在艺术家必须呈现的孤立情况下，没有面部的其他组成部分，它是毫无意义的，然而没有四肢单单只有头颅就是具有完整意义的完整画面。植物学家或许能够描绘花的最细微的部分，但对于艺术家而言这毫无意义。

　　同时，如果整体和孤立存在于意义中，而不在科学所提供的自然联系的各部分的统一体中，那么很显然，一棵树就像整个风景，一个人物如完整历史场景一样，都是同样的整体。场景并不包含大量的单独内容，面孔也不是很具特色，但是，通过它的表达，这成为生活的一种再现，所以场景不是人的集合，整体人群是具有意义的充满生趣的现实，而整体的意义也不在任何一个部分中呈现，如果这是作为各部分意义的加总，就永远无法被了解。现在，我们已经很好地理解，绘画孤立的内容所包含的要素，从自然历史的角度完全无法在这种孤立下被考量。在风景画中，我们在前景中看到的树枝，其树干并不存在；在中间看到的溪流没有源头；在背景中看到的教堂塔没有地基；然而它们在这幅画的框架里并不需要教堂、溪流和树的其他部分作为合理的逻辑补充，它们根本不是部分；它们作为一个不可分的统一体在我面前呈现了秋天的宁静，而其他或属于植物学家或属于地理学家或属于建筑师的负责的部分，并不属于无意探求自然历史知识的画家负责的部分。正因为他不必寻求，他不仅可以从中抽象并去除多余的特点，并且可以增添任何适合表达其内容的意义的东西。画家会给人的肩膀添上翅膀，在头上添加光环，在马身上添上人的躯干，给游泳健将添上鱼的尾巴，若这样做能更充分地表达意义。不管自然科学怎么说，只要对于意义的表达不是多余的或者对立的元素，他都可以添加。

　　那么，艺术教育的首要和主要任务就是以此为导向训练孩子。

孩子要学会用铅笔或笔刷以这种充分表达意义的方式呈现经验，因此他必须学会在精确的复制和艺术的呈现之间进行区分，前者向我们提供关于单个、多个或部分事物的信息，而后者是意义的表达。孩子必须认识到，在艺术创作中，省略对象的很多特点是必需的，因为这些特点对于整体而言不是独特的；其他特点则要被调整或强化，因为整体的意义以它们为中心。从知识的立场看，任何能被区分的东西对于精确的复制而言都同样重要；孩子必须学会观察个性化的特征，在选择中省略那些并不具有个性的东西，使得复制没那么精确却更有内在的真实性；画作少了指导性却更富暗示性；无益于自然科学，却更有利于通识教育，有益于快乐人格的形成。在植物学、动物学和物理学的课程中，孩子应该学习关于自然中的生物和无机物尽可能详细的素描；在艺术教学课中，孩子应该学会在这些素描的基础上工作，直到只具有特征的线条、阴影和色调呈现，而椅子、果实、花朵、小鸟、房屋或者森林都只成为意义的表达，因而构成一个完整的统一体，其中任何东西对于整体而言都是必要的，那些不必要的则不在场。所以，仅如此孩子就能在其中获得满足感；精神在其中会获得安宁，孤立成为一种现实。因此，我说先给孩子们一些审美上中立的图画，比如花、动物、日用品这些自然对象，是关于它们的精确描摹，而不带美的目的，只是为了适应信息的需要；现在让孩子通过表达的手段把它们转变为美的东西，展示如何从现实生活的再现到服务于真正的表现实在以表达意义。一个新世界向年轻多愁善感的心敞开，这个世界常常向那些成年人关闭，他们未经早期引导和环境的训练，无法察觉这一区别，因此对于他们来说，每幅画都仅仅是实际生活发生事件或自然存在物的形象描述，森林始终是木材，而尼加拉瓜是有用的水力资源。

但我们从一开始就强调，在图形设计中表达的意义只是其中的一方面，还有另一方面，其中光、色、线条、形状和空间都是意义自我表达的方式。我们仍沿用通常的术语：内容和形式。如果我们理解的形式在此不仅指空间形式，还指所有表达的外在手段，那么明暗、线条、颜色都不是内容而是形式，只有意义才是内容，那么内容和形式这两个词完全合乎我们的目的。图画设计的形式方面需要单独考虑，而孩子也要了解它对于美的作品的重要性。当然，当孩子在训练自己通过画花、鸟、房子、树的轮廓表达意义时，明暗、线条和空间都囊括在内；但它们的关系并不是因其自身被考虑，仅仅作为意义的手段才纳入问题中。这些手段具有自己的美吗？绘画艺术的形式手段仅限于平面上的光线和形状表达；雕塑需要的第三维度的空间表达，音乐和诗歌需要的时间形式，绘画对此都一无所知。绘画的呈现没有时间形式，它本身并不在时间中。那么，从光线和空间形式中我们能获得美吗？当然，先前已经说过，装饰设计呈现的就是那种美。我们事先知道，它们呈现的条件也具有审美价值，一旦它们自身完整地存在，一旦它们不带预期地被孤立时，美就出现了。不过问题随之而来，为什么线条或光线自身能被孤立？一个线条能无限地被延长，一个空间可以放在另一个空间上，一束光线能在另一束光线旁闪耀，它们本身并没有统一性。

物理射线的色彩斑斓的光，作为几何物体的曲线，其本身没有限制因此也没有统一性，没有孤立或者艺术的可能性。但形式和光线具有客观的意义，它们的表达需要限制和选择，而其完整性也确实能给予我们统一性。它们对于我们意味着什么呢？答案是运动和刺激。运动！作为空间一部分的空间形式不意味着运动；这样的空间对于我们来说只意味着一种可能性，一种用视觉印象填满它的可能性。因此，这样的空间是无关审美的；但有限的空间、特殊的空间形式展现出它的有限线条的特点。它是被某些处于关系中的线条环绕所决定的空间，它们的关系意味着运动和张力。保持开放的心态，关注每个装饰线条的演变，你能感觉到这些运动、冲动和倾向是如何向你诉说的。这个线条是如何尽力伸展的，那个线条是如何用它宏大的摆动展现它的自由的；这将使另外两个线条把它们连在一起，一个线条把两个推向它们的远方，这条曲线在优雅的运动中回到它自身，另一条则带你远离；这条笔直地运动，那条则以曲线的形式轻松地演变；这个封闭的曲线把空间压缩在一起，而其他的给你无限的空间自由。没人比建筑师更能理解这种线条的语言，他们的工作通过各个部分的运动推力和暗示获得生命力。圆柱体耸立并承载着大部分重量，尖塔指向上空，地平线上的大部分压在更低的部分上面。哥特式窗户的尖弧与浪漫主义建筑的半圆之间的不同多么意味深长，文艺复兴时期的高贵线条和洛可可时代轻浮演绎的差异是如此的动人！

现在，孩童要学会观察和理解线条和空间的意义，要学会在孤立的完整中表达它们的实在。即便是最简单的形式也可能展示这种统一性，简单的圆或日食，只是简单地把长方形分成相等的两部分，这可能都是完整的表达，增一分嫌多，减一分则嫌少，现在的孩子要学会怎样让自我中心的空间和曲线表象持续地具有复杂性，由此意义变得越来越丰富。现在，线条不再仅仅是几何线条，它们不可能再被无限制地延续，它们有自己的尺度，一旦充分表达了其含义，它们就变得完整。优雅的洛可可曲线不可能与沉重的经典线条交汇，因为那两种运动的意义是矛盾的，而它们的表达也无法获得统一；它们不能被联合，正如我们无法想象洛可可绘画中漂亮的小牧羊女摆了一个经典女神的造型。让孩子先把简单的空间划分为不等的部分，这些部分并非不和谐，或者让他们用各种各样的运动倾向平衡的线条填充这个空间，以至于这边不会被拉下来，或者那边不会跳起来；但那样我们会感到这些平衡力量间的和谐。让孩子发现这种平衡怎样通过最不同的影响要素改变最长和最短的线条，凹线和凸线，浓重和浅淡的线条，一条向中心靠近，另一条则从中心远离，对于这种平衡而言都有着非常不同的影响，让他们发现这些线条沿着水平或者垂直、轴心的运动是如何的不同。孩子们一定要确实感受到这些变量的意义。

我不应该用抽象的公式烦扰他们，例如，位于右边浓重的长线条如果远离中心，位于左边浅淡的短线条也应远离中心才能产生两种运动间的平衡，由此整个空间布局便产生一种统一。我不该依赖当今艺术教育文章中司空见惯的隐喻。我们听说，远离中心的短线条与接近中心的长线条保持着平衡，根据杠杆的机械律，很小的重量需要的杠杆臂更长。如果事实恰巧与其相符，那么这种隐喻似乎很便捷，但它们绝不应成为关于事实的结论。小质量通常需要的杠杆臂更长，更短的线条通常需要杠杆的短臂去平衡更长的线条，而关于重量的隐喻只会成为正确理解事实的障碍。比如，在后一种情形里，短线条距离中心要比平衡的垂直线条距离中心更近，当中心由整个区域的框架决定时，框架会强调中心点，能量从中心点照射，并给那些接近中心的线条持续的力量运动。结果是杠杆原理只对那些无框的设计适用，而从不适用于有框的绘画。因此，在流行的杠杆理论下构建的可能适用于墙纸，它可以无限地重复单一样式，但它永远不适用于一幅油画。然而我们要更进一步，孩子不仅应该学会呈现空间和线条的意义，也要学会让物体的表象附属于这些空间关系。让孩子画一朵花或者一只动物，将它们转化为占据空间的材料。起初，孩子学会怎样呈现花或鸟的意义，现在他们必须学会从意义中抽象，并把花或鸟的画仅仅当作填充空间的工具，以至于线条和空间的划分充分地表达它们自己，并自成一体，因而是美的。现在，花或动物变得图式化，可能与自然的形式完全不同，但却恰如其分地适应着整体被给予的空间。

但是线条和空间仅仅是外在呈现的一种形式。我们看到光线本身、阴影和多样色彩的价值也包含在每幅图画中，它同样在向我们诉说着自身的含义。如果用黑灰色的玻璃看一片雪地的风景，接着用红色，然后用蓝色，最后比较在自然太阳光下的景色，明暗、红蓝之间的差异向我们诉说着不同的情绪或不同色调。明红色绚烂温暖，淡蓝色又是多么的清爽柔和，甚至有些忧郁！在此我们不要思考颜色的象征性含义，如同事物并非通过象征性指称而仅仅通过它们当下的呈现向我们表达意义，正如线条不是运动的象征，而是直接意味着运动，色彩也是如此；我们不说绿色意味着希望，黄色意味着嫉妒，在此所论述的仅仅是色彩本身当下的力量，即色彩的意义，它必须有机会去表达自身的完整性和美。只要一种色彩被给予，它就很自然地表达自身，并且正如我们所见，在一个绝对黑暗的地方，每种纯粹的色彩都可以带来审美的满足。但是，大多数光线是混在一起的，不只一束光线进入我们的视线内，其意义也可能相互矛盾，一个会干扰到另一个意义的充分表达，它们结合之后并没有整体的表达，换言之，它们的联合是丑的。让孩子自己发现，在理解不同颜色的色泽、明暗及它们不同的饱和度方面接受训练。可能最好的方法是，让孩子自己用笔刷从一些简单的色彩中制作他自己的颜色；用红、黄、蓝三原色可以产生出各种各样的颜色，越是要求孩子自己努力混合与稀释，他们越能被训练得充分关注不同色彩的特征差异、它们的色调和意义。那么，让他在相邻的空间结合不同的颜色，让他发现，当它们不在同一个基本的光线和色彩基调上被衡量时，这些光线的意义是怎样变得分散、矛盾并丧失了整体的表达的。并且，我应该说，一个孩子必须通过训练学会让画上的对象服从色彩光线的纯粹装饰游戏；花朵的颜色必须和背景的颜色以及线条与明暗相和谐，孩子必须学会通过一个充满活力的自由和谐体来表达不同形式的运动和光线。

如果孩子已经学会表达内容、光和线条的意义，只需再向前一步；当他们最终能呈现最高的统一时，其中的内容和形式彼此依赖，统一体现在形式强化着内容的表达，线条和光线的表达又被内容所强化，此时他们就进入了真正的艺术王国。每幅真正的画都必须表达这种和谐，而绘画通过这种完满才能和世界的其他部分孤立开来，在其所有意义的完美和谐中感受到最高的宁静和满足。此外第一步，当然是兼顾到表达和形式都能表现美。一个画得很好的头像可能空间布局很差，如此整个肖像画就变得难以忍受。一幅富有表现力的风景画也许被天空的颜色所破坏，在前景的色彩中显得不合时宜。主题的空洞表达也会让线条和色彩的美丽组合变得毫无价值。不过，仅仅避免这些呈现内容、空间和光线时的明显错误当然还不够。真正的艺术需要的是更高的阶段，内容的特有表达、线条和色彩的特意选择需要彼此来成就一个完美的统一体。宁静的田园诗风景需要柔和的曲线与色彩。很有可能是它内容的每一部分都有不同的形式；树木的枝丫、牧场上的岩石、小屋的轮廓、羊群的活动，会以尖锐的角度、支离破碎的线条异常明艳地呈现在我们面前，而这些新的角度、线条和色彩本身的空间形式与组合或许并非不美，但画面的整体性仍然会被破坏。这些新的线条和光线本可以适用于巍峨的高山景色中，其中有暴风雨中的树林、行动活跃的人，而非带着宁静气息的轻松乡村景色。对于历史场景的戏剧性行为而言，庄严的圣母玛利亚的对称形式是无法忍受的。如果一幅画描绘了房间里的一个女人，她裙子的每个褶皱、椅子的每个线条、桌子上每朵花的形式、地毯和窗帘上的每种色彩，都必须根据她的面目表情而变化，依据她是一个温和、甜美、天真的女人还是一个热情洋溢的女英雄来变化，若她的眼睛告诉我们她是一个卖弄风情之人，那么她衣裙上的每条缎带、花瓶中的每个花茎、墙上的每种装饰，都必须在线条和色彩的巧妙布局中显示她的轻佻。

平常的画家若非经过长期而细致的训练，要达成这种表达内容和形式的完美统一的最高审美事实是不可能的，也很显然，单凭自身的努力也很难做到这一点。他必须接触真正艺术的最好作品，这就是认真学习艺术品及激发灵感在艺术院校教学中必须发挥作用的意义。即便是小型的黑白复制品，也能具备达到教育目的的所有要素，如果它们是从艺术天才最杰出的作品中精心挑选出来的，就要表现出大量的主题和足够多样的艺术风格，并且最重要的是，教师能够给孩子引入一种审美的态度，如果他鼓励孩子呈现对事物或风景的逻辑态度方面的好奇心，那么他们的努力就会付之东流。他们的理解仅仅变成毫无审美价值的说明。孩子必须学会，世界如何通过如下方式被描绘，即自然主义的细节、印象派富有特色的简略，古典主义或浪漫主义，意大利、丹麦或者日本风格；真正艺术作品的主题和手法丰富多样，这些依然能够达成形式和内容的完全统一，以至于彼此加强，最终内容和形式一起构成一个关于既定经验的终极孤立。

因此，学生自己在努力创作艺术作品的同时，还必须补充对杰作的学习和欣赏，但不能忘记还有一项补充是必要的。孩子要达成任务需要特定的技能，如掌握铅笔和画刷，区分形式、色彩和光线价值的眼力。用铅笔、炭和画刷细致地描摹副本和模特，这也是教学的附加特点，特别是在室内和风景画的细节绘画中。自然科学课程常常能够提供发展这些能力的机会，比如观察力、绘画能力，复制得越精确，孩子越能强烈地感受到植物或动物的精确再现，并画一幅漂亮的画才是他唯一的努力目标。如果精确绘画的训练被引入专门的艺术教学中，那么精确性很容易受损，因为美化的冲动往往使美成为漫不经心的借口。在科学课程中，这种想象力倒很少介入，但让科学老师着手发展孩子自己不擅长的那些能力存在着危险，因此，实际上，在艺术课程中描绘"细节"是获得精确性、技能和观察力的最好方法。

但我们无论是在艺术教学还是在科学课程的名目下考虑它，关键问题是关于眼手的训练确实仅仅是通向艺术教学的一步，而非艺术教学本身，它是通向艺术教学的准备，仅此而已；就像学会阅读并非学会科学知识，只是通向它的步骤一样。孩子应该得到很好的动手训练，但若把它当成是美育且认为这项训练就是主要的或唯一的目的，就很荒谬。当一个孩子试图用笨拙的线条以非常令人愉悦的方式划分空间时，比另一个能够在所有细节上精确复制一个繁复装饰的孩子，更接近于美的理念。对于我们的社会而言，尽管不乏眼力和手法都卓著的人，但我们需要的是内心深处能够感受到美的意义的年青一代。

结　语

的确，关于空间划分、轮廓、线条价值、色彩、内容、意义和表达的每个审美需要，都能被理解为心理条件的结果，所有都能与神经节细胞、神经纤维、肌肉和肌腱的因果作用联系起来，神经刺激和反射、神经兴奋和抑制的规律可以解释所有事实。但这对现实课堂上的艺术教学有什么意义吗？乍看之下，我们都倾向于做出肯定回答，即通过心理学的学习，我们在科学的基础上具体地积极地理解这一过程，对情况了解得越多，对我们就越好。

当然，无人质疑，在艺术创造和艺术欣赏的过程中认真学习解释原则，不仅是每个心理学方向的学生不可或缺的一部分，而且对于很多艺术系学生而言也是有趣的和充满吸引力的。但它是否为一个艺术系老师的本职工作则另当别论。在此，细想之后或许就不是肯定回答了。任何不仅想满足理论兴趣还要提供现实帮助的人，必定期望因果心理解释能够给予其线索——关于如何正确地影响孩子或者怎样正确地决定关于绘画的需求。无论是哪个方向，最终的结果注定会失败。即便我们这样预设了，其实已经超出了一个合理的预设的正当范围，就是说教师掌握了科学上关于心理学的相关事实，老师已充分了解每个学生的心理物理学知识，即使如此我们也无能为力。然而，科学赋予我们必要的真实性，赋予我们表明解释方向的真正分类，但要想把它们细节化，以至于把在复杂情境下的所有心理物理影响构建起来仍很渺茫。即便能做到，我们依然像宇航员那样无能为力，他如果想用航空知识让星球按其意志运转，但星球遥不可及，而神经节细胞太小又被保护得太好。即便我们知道，孩子在具备正确的审美态度时，大脑冲动的何种运动会被激发，何种会被抑制，我们也不能投身于微观的运动中，我们不能拉推这些细胞启动或者停止那些神经流，除非我们用很老套的方式向孩子展示美丽的对象，否则我们关于那些纤维和神经节细胞的充分知识都变得多余。

只是，这样演绎还有其他危害。那些把兴趣放在理解艺术心理过程中的教师，位于错失真正审美因素的危险中。对于他们而言，艺术作品成为心理物理功能的装置，艺术任务成为科学问题，因此，他所训练出的孩子对绘画的态度，当然与他期望在孩子身上培养出的态度是相悖的。他没有思考绘画的审美目标，而试图思考孩子身上所发生的心理和物理原因，这势必会影响他对孩子的态度。因此，孩子本身被当作心理物理组织，其中某些结果是由某些影响机械造成的，而非被引导要热爱美和坚持理想的人格。通过这些方法，某些外部的技巧或许得以保证，但却以同情和灵感的缺失为代价；而这些缺失的东西却是最重要的，艺术老师占据课堂艺术灵感中心的位置。

所以，我情不自禁地要对艺术教师说，对艺术的心理学解释高估其理论的实际价值，危害巨大。他们真正的领域不是心理学而是绘画的审美，他们无须跟神经、肌肉打交道，而应该去处理优秀的空间区分和曲线、光线的重要性，以及色彩、内容和意义的表达。他们无须和眼睛、大脑的过程打交道，而是要关注空间、光线和存在的外部世界，而其真理不用美的语言是无法用其他方式表达的。他们不能通过心理物理预设的方式去影响孩子，而要用真正的审美态度去训练他，教他用空间、光线、内容的美去表达，最终在真正的绘画中，这三个因素协调一致；并且整个过程应该逐步配合着眼力和手法的技术训练，以及鉴赏一流杰作的复制品的审美训练。而在这背后，要有激励那些信仰美的教师的环境，哪怕是在最小的课堂上其人格也散发着美的光芒，而他的气场在每个人心中都排斥着丑和粗俗。

在大西洋和太平洋的上万教师中，类似的神圣工作正在稳步进行，而它对整个国家的卓越发展怎么评价都不为过。它将为这片土地带来伟大的艺术。历史已经表明，当具备下述三个条件时，就会产生伟大的艺术。首先，国家必须富裕。其次，社会必须发展具有特色的民族理想。最后，大众应该表现出对美的热爱。前两个条件更容易被实现，而要达成最后一个理想需要艺术教学。艺术的浪潮在高涨，从费城博览会的时代到芝加哥、圣路易斯、华盛顿和波士顿的图书馆，伟大的艺术与日俱增。随着美国小说在全国范围内的广泛流传，上百万孩子也将热情地学习美国的美术。

不过，与更伟大的目标相比，所有这些都是微不足道的。伟大的艺术或近或远，在这上百万孩子中间或许有或许没有未来的艺术家，如果学校艺术教育的使命受到质疑的话，这些都不作数。我们希望开启孩子的眼界和心智，为这些年轻的心灵以及整个美国民族的家庭带来幸福和理想。他们整体的学校知识和环境是为了现实需要、技术和成就而训练他们，现实必须如此也完全应当。让他们摸爬滚打，但绝不让他们忘记不是为了奋斗而奋斗。我们必须心怀目标，在其中能获得满足、宁静和幸福。我们的年青一代不会在他们的环境中学到或看到它：追逐本身成为习惯，休息意味着懒惰。这个民族在先驱时代为新国家的建立开发了丰富的资源，学会的只有工作，并且不会从中休息，这种方式声称工作本身就意味着同等的尊严，的确，这也赋予了工作本身以新的价值。唯一理想的休息是宗教所许诺的；在尘世中，美本身就能带来不含斗争的安宁。这是艺术教学的真正使命，确实跟教会的使命并无不同，为千家万户，为每个生命带来真正的安宁和理想，给我们带来的休息并非脱离工作的疲倦或从未满足心灵的欲望，或者娱乐的冲动，不是的，这种安宁是全然的满足，超脱日常的纷争，完全协调了我们所有的精力，完全实现了我们真正的人格。

电影——一次心理学研究①

　　闵斯特伯格因为《电影——一次心理学研究》一书被誉为电影心理学的奠基人。闵斯特伯格完成此书时主流电影还是无声、黑白的，很遗憾他也没能看到电影后来的发展；所以仅将电影归于图像艺术，这使得他的观点在今天看来似乎很有局限性。但他对电影艺术的未来预期及目的的把握都有着洞见。如"'电影'已经成为全国乃至全世界最流行的娱乐活动，其影响力是我们这个时代最强大的社会力量之一。有迹象表明这种流行度和影响力在与日俱增"，"电影对社会最重要的任务是审美教育"，"让电影艺术成为我们时代的原创表达，并通过它塑造大众的审美本能"，以及他对"闪回""特写""渐隐"等电影手法的心理学解释放在今天同样适用。"当电影艺术得到审美认同时，作曲家将会以同样的热情写电影伴奏曲，如同创作其他形式的音乐一样"，这也可谓成功的预言。因此，回顾闵斯特伯格的电影心理学，能够了解其发展的源头，并可在电影这一艺术形式中进一步体会他的审美孤立学说。

---

　　① 本文是节选。

该书由导论、电影心理学(第一部分)、电影美学(第二部分)构成。这里选译的是第二部分电影美学的内容，围绕着艺术的目的、不同艺术的手法、电影的手法、电影的要求、电影的功用这些问题展开。

第二部分　电影美学

1. 艺术的目的

我们已经分析了电影观众身上最强大的心理功能。我们研究了对银幕画面、明显的可塑性、其深度及明显的运动的感知。然后我们研究了心理行为对感知印象的回应；前景是注意力行为，然后是联想、记忆、暗示，最重要的是我们追踪了兴趣的分布。最后我们探讨了观影时伴随的感情和情绪。当然，所有这些并未穷尽观影时观众头脑中所有的心理活动。比如说，我们没有谈论影片故事情节或社会背景对精神造成的触动。穷人的颠沛流离、弱者由于不公可能被迫走上犯罪的道路，以及其他上百个由影片印象所触发的社会动机，关于人类社会、法律、变革、人类差异与命运的想法可能充斥着我们的头脑。不过，这并非电影最具特色的功能。这些不过是附带影响，就像我们看报纸或听到生活中的真实事件时的反应一样。但所有讨论都排除了其他心理过程，即审美情感，我们确实谈到剧情会激发的情感。我们讨论了对剧中人物的同情，与其共悲欢，也讨论了会对人物采取的心理态度。显然还有第三类感受和情绪没有讨论，即我们从电影中获得的愉悦，审美满足或不满。之前的排除是有意的，因为这类情感的研究包含着对审美过程本身的探讨，我们把所有审美问题留到第二部分来研究。

如果漠视电影美感的愉悦或不快，而只关注我们分析的知觉、注意力、兴趣、记忆、想象、暗示和情绪，那么我们在任何地方得到的结论都一样。一个普遍的原则似乎掌控着观者的整个心理机制，或者更确切地说，控制着心理机制与银幕图像的关系。在任何情况下，外部事件的客观世界都会被塑形和重造，直到它们适合观众心理的主观运动。心理发展出记忆和想象的观念，在动作影像中成为现实。头脑把注意力集中在特殊的细节上，这种内在状态在电影的特写镜头中成为客观对象。心灵中充满着情绪，通过摄像机，整个情景都是它们的回响。即便是心理中最客观的因素知觉，我们也能找到这种特殊的振动。我们觉知到运动，不过它并非作为外部世界的过程而拥有独立的特征，因为我们的头脑已经把单个画面迅速地连接起来。我们在人为的第三维度感知事物，不过这个第三维不是外部世界的深度。我们意识到它的非现实性和图画表象的平面性。

所有这些特点与真实舞台的心理表象间的差别显而易见。在剧院里，我们每时每刻都知道所看到的是真实塑造的人，他们在行走，在交谈时确实处于运动中；同时，当注意力转向这个或那个细节时，这是我们自身的行为而非戏剧本身；当记忆开始回顾过去的事件时，我们的想象力用幻想和情绪来包裹这些人。正是在这里，我们具备了审美比较的明确起点。如果提出这个无法回避的问题：电影和戏剧相比怎样？我们手上似乎有足够的材料形成审美判断。两者结论似乎毋庸置疑。我们必然说艺术是对自然的模仿吗？舞台上的戏剧向我们展示对现实生活真正的模仿。舞台上的场景似乎在外部世界的任何地方都可能发生。有血有肉的人和道具就站在我们面前。他们就像我们周遭的运动体一样运动。此外，这些舞台上的活动，就像生活中的其他事件一样，独立于我们主体的注意力、记忆和想象。他们按客观的进程发展。所以，戏剧如此接近地模仿人类世界的目的，以至于与电影相比，暗示出电影艺术的几乎灾难性的失败。世界的色彩消失，人变得不能说话，我们什么声音都听不到。场景的纵深显得不真实，运动失去了它自然的特征。最糟糕的是，事件的客观进程也被篡改，我们的注意力、记忆和想象对事件进行改变和重塑，直到它们面目全非，失去自然特征。我们真正看到的很难再说是对世界的模仿，就像戏剧给予我们的那样。

当留声机重现贝多芬的交响乐，管弦乐队的恢宏被还原为一种单薄脆弱的表面声音时，没人愿意接受用磁碟和膜片完全替代真正交响乐的表演。不过，毕竟每种乐器都被真正地呈现，我们仍然能区分出小提琴、大提琴、长笛，以原版中同样的顺序、同样的音调和节律进行演奏。所以，与电影代替戏剧相比，留声机音乐似乎更适合替代交响乐。留声机好像保留了所有必要的元素，而电影却丢失了，戏剧尽可能接近现实的模仿生活，这似乎远远超越了电影平面、无色的影像。巴黎电视广播台前的石膏像是大理石雕塑很好的替代品。它和漂亮的大理石作品一样，具有相同的形式，并能模仿现实人的身体。此外，这个机械过程的产物和雕塑原品一样是白色的。所以，我们一定把它当作造型艺术的好方法。同样，彩印画呈现了油画的必要特征。所有其他地方的技术进程，保证了艺术品的复制品听起来或看起来很像伟大艺术家的作品，只有电影技术，明显试图复制戏剧表演，但却被表演的艺术远远抛在后面。按照良好的品位和清醒的批判，难道不该从审美上排斥电影艺术吗？我们之所以容忍它，可能是因为低廉的技术手段能够让表演重复无限次，至少对于那些无法负担观看真正表演的大众而言，他们看到了戏剧的影子。但有教养的头脑可能更享受石膏作品、彩印画和留声机音乐，而非电影，因为它在呈现真正舞台精髓方面完全是失败的。

我们一定听到过这样的信息，即便没有清晰地表达出来，它也一定盘旋在那些严肃地对待艺术的人脑海中很长一段时间。它可能在今天仍是大多数人的流行观点，尽管他们也欣赏近些年来电影剧作家雄心勃勃的努力。提供廉价娱乐所带来的慈善快乐，认可最近取得的某种进步，都似乎缓解了审美状况，但公众舆论的核心仍然不变，电影不是真正的艺术。

不过，关于这个相当复杂的问题，所有争论和仓促的解决从根本上都是错误的。它是对艺术目标和目的完全错误的理解。如果放弃那些错误，大众对电影有正确的理解，没人会怀疑彩印画、留声机、石膏像是艺术廉价的替代品，艺术很多精华的要素都被排除，所以对于真正的艺术品位而言，这些完全不能令人满意。不过，每个人都意识到电影与戏剧的关系完全不同，而这种不同又完全更支持电影。**它们不是也不应该成为戏剧的模仿对象。它们也绝不可能给予戏剧审美价值，而同理，戏剧也不能给予电影审美价值。**随着电影的兴起，一种全新的独立艺术必须发展自己的条件。如果所谓的流行艺术理论是正确的，那么电影确实完全是失败者。但理论从头到尾都是错的，我们一定要认识到，舞台和银幕的根本差异，就像雕塑和油画、歌词和音乐一样。**戏剧和电影是两种相互协调的艺术，每一个本身都完全有价值。**一个不能代替另一个，用一个的缺点去反对另一个，只能表明如下事实，一个拥有 15 年的历史，而另一个拥有 5000 年的历史。这是我们想要证明的论题，而第一步必须追问：如果艺术不是对现实的模仿，那么它的目的是什么呢？

我们仔细审视艺术创造领域，得出艺术模仿自然或者模仿是艺术的本质的论断，这一论断真能成立吗？这难道不意味着越接近模仿的目标，就越能期望获得更高的艺术价值吗？以假乱真的完美模仿能给我们最高的艺术。不过艺术的每一细节都在诉说着相反的故事。我们欣赏大理石雕像，而鄙视缺乏艺术性的五颜六色的蜡像。制造出栩栩如生的彩色蜡像毫无困难，展览的参观者因此可能很容易受骗，以至于会向栏杆旁的蜡像人去问询。同时，大理石雕像因统一的白色，而和现实有着多么遥远的距离！它永远不可能骗到我们，作为模仿它当然是失败的。那么它和绘画有何不同吗？这里的颜色可能和原版非常接近，但不像大理石，它失去了深度，而把自然呈现在平面上。我们也绝不会受骗，画家的目标也绝不是让我们在某刻相信现实就在眼前。当雕塑家或画家创作的仅是半身像而非整个人像时，也不意味着它们是更无价值的作品，不过在现实中，我们从没看到过只有胸部以上的人体。我们欣赏和油画一样有价值的蚀刻画。它既没有雕塑的造型，也没有绘画的颜色。真实模型的必要特征都被排除。作为模仿，它是灾难性的失败。抒情诗中有什么被模仿了？2000多年来，我们所欣赏的伟大戏剧家的作品，其中的人物用有节奏的格律来讲话。每句抑扬格律都背离了现实。如果它们试图模仿自然，安提戈涅和哈姆雷特就会说日常生活中的白话文。漂亮建筑的拱门、穹顶或塔顶模仿了现实生活的任何部分吗？它的建筑价值是独立于自然的相似性吗？音乐中的旋律或和声提供了对周围世界的模仿吗？

当不带偏见地审视任何真正的艺术作品时，无论是绘画、雕塑、装饰艺术，还是建筑的心理影响，我们就会发现，最重要的审美价值完全与模仿精神相悖。艺术作品可能必须始于能唤醒我们对现实的兴趣，其中包含着现实的特征，在这种意义上它不能避免某些模仿。**但只有它战胜现实，不再模仿现实而把模仿的现实远远抛在后面时，它才成为艺术**。它不模仿现实而改造世界，并在新目标下选择特质重塑世界，唯有这样才是真正的创造。模仿世界只是机械过程，改造世界使之成为美的东西才是艺术的目的。最高的艺术可能离现实最远。

我们甚至无权说，这个从现实中进行选择的过程，意味着保留其中美的元素，并忽略和移除丑陋的元素的过程。不管这个肤浅的观念和艺术由模仿构成这两个想法多么流行，但仍与艺术的特质无丝毫关系。伦勃朗画中的男女并不美丽。最丑陋的女人可能成为最漂亮油画的主题。所谓漂亮的风景当然可以成为美丽风景画的素材，但也很有可能，这样的美景只能吸引浅尝辄止者，而非真正的艺术家。艺术家了解他画作的真正价值与模特的美丽无关。真正的艺术家知道，一条泥泞的乡间小路，一条肮脏的城市街道，或者一个小小的池塘，都可能成为不朽画作的素材。写文学作品的人不只选择自身美的生活场景；美的场景洋溢着幸福与快乐，让我们乐意去体验。作家没有从生活画卷中移除那些干扰灵魂平静的东西，如反感、丑陋和不道德。相反，所有伟大的文学作品在反映生活光明面的同时也表现着黑暗面。他们等量齐观地谈论不幸、痛苦与快乐。我们与诗人感同身受，只要作曲家表达了生活的情感，伟大的交响乐就充满了疾苦与悲剧。真正的艺术一直在选择，但绝非仅仅选择外部现实中美的元素。

若审美价值独立于对现实的模仿，也不消除悲伤或只收集快乐，那么艺术家在他的创作中选择与结合的究竟是什么？他怎么构造世界？当艺术气质与想象重构自然时，作品看起来是怎样的？雕刻师的刻刀在速写真正的风景时，还剩下什么呢？当抒情诗把现实生活中的悲剧重塑为押韵诗时，悲剧又剩下什么呢？若把它们与其他重塑的过程相比较，我们可能就很容易辨识出这个过程最具特征的东西。艺术家描绘同样的风景，抒情诗人在诗篇中所阐释的历史事件，可能以完全不同的方式被人类心灵所把握。我们只须考虑学者的科学工作。他可能也对雕刻师所展现的风景抱有极大的兴趣：岩石旁的树木被暴风雨拔掉，悬崖边的海洋有白色的海浪起伏。他也沉浸在林肯死亡的悲痛中。但学者的态度是什么？他的目的是复制风景或历史事件吗？当然不。若认为科学、学者和知识的目的只是重复现实中的特殊事实，那么它们的一般意义就完全被误解。科学家试图解释事实，他的描述也服务于解释的目的。对于悬崖上的树，科学家感兴趣的是它的解剖结构。他用显微镜依次观察树枝和树叶的组织细胞，可能解释树木的生长及它从胚芽的生长过程。抽打树枝的暴风雨对于他来说是物理过程，完全被移除。海水对于他来说也是物质，在实验室被分解成化学元素，并通过追踪地球表面的地理变化来解释。

简言之，科学家感兴趣的不只是特殊的对象，还有与宇宙总体的联系。他通过普遍有效的一般规律解释事件。每种成长和变化都由他和无尽的因果链条连在一起。他无疑要在所有单个表象与事件总体的联系中、在特殊中发现一般，在把既定事实转换为原子宇宙的科学框架中重塑了经验。它不同于历史事件。对于学术研究的历史学家而言，如果不看林肯的死亡与整个内战史，乃至与美国总体发展结果的联系，他的死是无意义的。除非整个现代史被看作背景，除非将美国民主的国家哲学与整个欧洲若干世纪的政治思想史联系起来，否则谁又能理解美国的发展史呢？学者可能关注自然、历史事件、海浪、树木或人：世界上所有过程与行为只有与其他事件和活动联系起来时，他们才会感兴趣。他们标注的每个点是无数关系的关键点。在学术知识意义上把握事实，意味着他们看到它所有的关系；学者的工作不仅仅是觉知并把握事实，还要追踪联系并用思想进行补充，直到科学或历史中一个完备且相互联系的事实系统被建立起来。

现在我们最好准备认识艺术家的特殊作用。他的所为与学者的目标恰恰相反。两者都是为了他们理想的目标而改变事物或事件。但美与艺术的理想目标与学术知识的理想目标完全对立。学者建立的联系让所有特殊事物都失去了独立的特征。他们把它与物理和社会宇宙的所有其他部分联系起来。艺术家则不然，他们切断一切可能的联系，把风景置入画框中，与周遭世界的一切可能联系都被切断；把雕塑放到底座上，因此它不可能到所在的房间漫步；让人物用诗说话，所以它们不可能与生活中的日常交谈联系起来；诉说故事，在最终章后无事再发生。**艺术作品向我们展示的事物和事件自身是完满的，从超越它们自身局限的所有联系中解放出来，而处于完美的孤立中。**

现在已经一目了然，学者发现的真理和艺术家创造的美都有价值，但两种价值都不在于仅仅重复现实的产物。无论如何，没理由只欣赏对世界已存物的模仿或重复。没有学者或艺术家会比自然、历史做得更好。两者的价值恰恰为了人类的欲望和理想而实现对现实的背离。学者的愿望和理想是给予我们一个联系的世界，其中的每一物都可以通过他物的联系而被理解。艺术家的愿望和理想是在每件可能的艺术作品中，呈现给我们从与世界的联系中解放出来因此自足的东西。事物的外部世界与自然历史有千丝万缕的联系。一个对象从这些联系中解脱出来才成为美的；要呈现这一结果，我们必须把它从现实的背景中抽离出来，并在新的形式中复制它，以至于它不会与处在因果链条中的实在对象相混淆。

为什么这会让我们感到满足？为什么拥有从世界上所有联系中解放出来的部分自然或生活是有价值的？为什么看到完全孤立的某物我们会觉得愉悦？现实生活几乎无法提供这种孤立，唯有艺术能完美地实现。我们看重学术成果的价值的动机很容易被认可。学者的目标是联系。他们重塑世界，把世界联系起来，因为那会帮助我们预测事件的结果，教会我们掌控自然，以至于让它能为我们的实践所用。无论我们在生活或自然中遭遇什么，都会唤起我们的行动、联想并提问——且一定要寻到答案——的欲望和冲动。生活就是连续不断的斗争。无物本身是目的，因此也没什么能通向全然的停息。一切都会激发新希望、新焦虑，人们渴望在新而又新的事物中得到满足。生活不断地把我们向前推。不过，有时我们会因自然而感动，也会因生命的热情而鼓舞，作品会激发足够多的冲动但又能对所有这些冲动进行自我满足。它不通向自身之外，但包含着问题的所有答案，且会平息欲望。

无论在哪里看到这样呈现的自然，我们都会称之为美。我们谈论美的风景、美的面庞。在生活中遭遇到的美我们称为爱、友谊、平静与和谐。和谐一词可能既涵盖自然，也包括生活。风景画中的每个线条、每条曲线、每种颜色和每种运动都是如此和谐，由一个因素产生的联想会被所有其他满足，它是完美的，而我们能在其中感受到全然的愉悦。在生活中，爱、友谊与和平的关系，同样存在着思想、感情和意志的和谐，其中的每种欲望都被满足。若心灵处在如此无瑕的和谐中，我们就会感到生命中充斥着真正的快乐。这样的和谐，每个部分都是其他需要的实现，所有联想都在同样的经验中被实现，无物指向外界，呈现本身的一切都是完成的，这就是无尽幸福的源泉。重塑自然和生活，让它们完全和谐而不超出自身的限度，通过部分的和谐达成一个终极的统一体；这就是艺术家唯一想达成的孤立的目的。当画家、雕塑家、戏剧家、诗人、作曲家或电影编剧者，通过重塑自然和生活，向我们表现不超出自身而达成完美和谐的统一时，美丽的风景、和谐的生活关系就能点亮我们奋斗的人生，赋予我们安宁的幸福、永恒的快乐。

2. 不同艺术的手法

探究所有艺术创作的目的，似乎与电影艺术这一特殊问题南辕北辙，然而实际上这是离它更近的路。之所以绕路，是因为没有其他方法能通向电影的审美价值与意义。若要比较电影艺术和戏剧艺术，就必须弄清艺术的一般目的。如果肤浅地接受流行观念，用与真正戏剧标准的接近度来衡量电影的价值，那么对电影审美的贬低就是必然的，因为戏剧的任务是尽最大可能地贴近生活。银幕上的影像在各个方面都落后于舞台上实际的表演。但如果我们发现包括戏剧在内的艺术，其目的不是模仿自然，而是以一种完全不同于现实的方式进行重塑自然，一个全新的视野就被打开。那么戏剧的方式只是艺术的一种可能性。电影的方式可能是另一种，也许拥有完全不同的方式，但和戏剧艺术一样具有价值和审美纯粹性。戏剧和电影可能会同样认真而完美地服务于艺术的目的，不过是用截然对立的手段达成相同的目的。我们下一步直接审视电影，研究不同艺术为了共同目标所采取的不同方法。什么是特殊艺术本身的特征？当认识到传统艺术专有的特征后，我们也许能更好地回答，电影的方法是否能说明：电影创造的特征是完全合格的艺术，与美的旧有形式是一致的。

各种艺术的目的都是孤立于自然或生活中的某种经验对象的，以实现自身的完成，并满足艺术所唤起的所有需要。若它激发的所有欲望都完全由它自身的部分完成，即它达成了完美的和谐，作为观众、听者和读者的我们就能完全被满足，这种全然的满足就是审美愉悦的典型特征。第一个被包含在这个艺术特征中的需要是，艺术家的呈现会真正地激发兴趣，只有不断涌现的需要能得到持续的满足，才能让审美愉悦存在。若无物激发我们，无物让我们感兴趣，那么我们就站在艺术领域外的中立状态。我们把审美愉悦与生活中普通自私的快乐区分开。它们同样建立在欲望的基础上，但这种满足是欲望本身的消失。饮食之乐自然有其审美的维度，色香味俱全的盛宴可能也达到了艺术般完美的高度。但纯粹的饮食快乐没有审美价值，因为通过参与，对象被破坏，不仅蛋糕本身消失，当欲望被实现，我们被满足时，对蛋糕的欲望也消失。艺术作品旨在保持需要及其实现永远处于被唤醒的状态。

但是，兴趣的激发最需要精心选择现实中的特点，以决定哪些应该被吸收到艺术作品中。风景中的成千上万的特点都是细枝末节，周遭社会生活中的大部分事件也微不足道，即便是正在发生的伟大行为，其本身也可能平淡无奇，不会激发我们的兴趣。所以，艺术创作的第一个要求就是去除那些无关的，选择自然或社会生活中复杂地呈现的，最有特色的，来诉说真正的故事，表达真正的情感价值，这会激发我们对这个世界特殊环境里一切事物的兴趣。但这只会导致自然结果，艺术家不仅要选择重要的特征，还必须人为地强化其力度增强其力量。岩石上的树和咆哮的海浪是我们眼中的风景，而科学家研究它最小的元素——树的细胞及海水和岩石的分子。艺术家的方向是何等不同！他们甚至一点也不关心摄影师复制出来的任何一片树叶。如果一个画家用他熟练的画笔描绘风景，他只会向我们呈现狂风暴雨中树枝的摇摆和海面上的惊涛骇浪。但波浪摆动中有充满力度的线条，岩石的尖锐轮廓中包含着一切表达它们精神的东西。

这与撰写历史小说或戏剧的作家并无不同。每个人的生活都充满日常琐碎之事。历史学家的探究可能必须审视它们，艺术家要在英雄的生活事件中挑选那些真正能表达他人格且保持情节意义的片段。从众多中挑选出的少数东西越鲜明，越能激发我们的兴趣，并让我们真正地感受到小说或戏剧中的人物。雕塑家甚至仅仅选择某一个姿态。他不能像画家一样给我们任何背景，也不能让英雄在戏剧舞台上活动。大理石雕像呈现英雄所保持的一种姿态，但它是如此精挑细选，与这个最具表达特色的姿态相比，真正人的所有偶然方面和变动姿态显得无足轻重。

无论这种对重要特征的筛选，把艺术创造和对世界的纯粹模仿相隔多远，但若作品要实现艺术的目的，还需要第二个元素，而它会把现实推得更远。我们已经认识到，只有当作品被孤立，即它在自身中实现每种需要且不指向自身之外时，我们才拥有艺术。唯有它远离我们现实兴趣的范围时，艺术才能实现。一旦进入我们的现实范围，作品就和现实行为的冲动联系起来，这种行为可能包含来自外界的变化、说明和影响。只要我们有改变的欲望，作品自身就是未完成的。我们必须根本不去意识作品与作为人格的我们的关系。一旦意识到，审美愉悦的全然平静就消失不见。于是对象只能成为我们实际环境的一部分。所以艺术的根本条件，是应该明确意识到艺术作品的非现实性，这意味着我们必须把它与真实的事与人完全分离开，它必须被孤立并保持在自身范围内。一旦艺术作品引诱我们把它当作现实的一部分，它就被拉入实践行动的范围，即意味着我们把它和欲望联系起来。它无法实现自身的完成，而它引起我们审美愉悦的价值也消失了。

现在我们理解了为什么每种艺术都有必要拥有自己从根本上改变现实的特殊方法。大理石雕塑不具备生命的色彩，那些不似任何真人的白色绝非它的缺陷。油画或素描只能呈现二维，无法展示真正自然的深度，也并非不足。我们明白了为什么诗人要用完全不自然的节奏和韵律的语言表达情感和思想，每件艺术品为何具有框架、基座或舞台，一切都服务于一个中心目的，即把呈现的经验与我们真正生活的背景区分开。当看到油画中的一个花园时，我们不想从中采摘花朵和果实，尽管油画的大小看起来和我们从窗户中看到的真正花园并无差别，但图画的平面性告诉我们这不是现实。我们也不会想向大理石女孩的塑像提供椅子或一件温暖的外套。雕塑家创造的作品所站立的空间，我们无法进入，因为它完全与我们的行动可以指向的现实相脱离，我们只能是审美的旁观者。大理石女孩的微笑栩栩如生，征服了我们，但我们并不会回应她的欢迎。因为大理石形式的呈现让她自身得以完成，而不与我们或其他任何人发生关联。正是这种与实在的差异赋予她自治的完美的生命。

当看到一篇关于盗窃的警方报告时，我们可能更安全地锁上房子；当读到关于洪水的新闻时，我们或许会寄出善意；当看到关于潜逃的消息时，我们可能试图追踪之后的事情。但若在一篇短篇小说中看到盗窃、洪水、潜逃，这些作者的描述不属于我们真实的环境，而仅存在于想象世界中，那么他清晰生动的描述只会给我们带来审美愉悦。极端的例子是戏剧表演。我们看到，真实的人离我们只有几米，情节剧的恶人怎样从后面拿着匕首接近他的受害者，此时我们感到愤慨生气，不过我们一点儿也不想跳到舞台上拉住他的手臂。舞台的人为布置，黑色房子前点亮的场景，已经把全部行为和我们行动相连的世界分离开。剧院带给我们的非现实感，是我们对呈现事件产生戏剧兴趣的条件。若我们受骗而暂时地把舞台争吵和罪恶看作真的，那么我们就立刻从审美愉悦的高度降到日常经验的水平。

我们必须再向前一步。我们不仅需要通过经验形式的改变达到完全的孤立，还需要这个非实在的东西或事件自身是完成的。所以，艺术家一定要采取一切必需手段，以满足任何部分的激发人心的需要。如果油画中的一个线条暗示某种情绪或运动，那么其他线条一定要回应它，颜色要与之协调，它们都要与所画内容保持一致。戏剧的一幕场景中的紧张必须要由另一幕来化解。未解释和未完成的情感是不存在的。风景油画中山峰的背后是什么，喜剧中订婚的一对接下来会做什么，我们都不想知道。如果艺术家添加的元素与其他部分的需要保持一致，那么它们在审美上就是有价值的，而不管它们与外部世界中真实发生的是多么不同。油画中的美人鱼有尾巴，雕像中的小孩有天使的翅膀，童话可能在舞台上表演出来。简言之，由艺术目的决定的每种需要都会把我们从现实中移开，而与肤浅的断言——艺术应该立足于有技艺的模仿——截然对立。艺术的真正胜利在于克服真实的显现，只要它以其自身的方式实现对历史或自然的审美需要，那么它就是真正的艺术。

方式的种类不可能事先确定。仅通过对油画、蚀刻画和素描的研究，我们不可能预见还有像雕刻一样的艺术，通过对史诗和抒情诗的研究，我们也不能提前构想戏剧的形式。人类的天才必须发现新而又新的形式，其中对实在的兴趣能保留下来，而事物和事件又能如此彻底地改变以至于它们与所有可能的实在相脱离，从一切联系中孤立并自我完成。我们还没有谈论这种艺术，它以孤立的素材带给我们完美的满足，满足它激发的我们的所有需要，它比其他任何艺术创作离现实更远，这种艺术即音乐。作曲家在曲调与和声中构建的音调根本不是我们所在世界的一部分。我们实际生活中的行为也与乐器发出的音调无关，不过交响乐的音调可能激发我们最深层的情感、最庄严和最愉悦的感受。音调是世界的符号象征，带来悲伤和喜悦。我们感受到音调的节奏，轻松愉悦、安静、沉重和持久，音调作为能量唤起我们的冲动、紧张和放松。

我们聆听这些音调的表演，其间隔和音色就像一幅由和谐与不和谐构成的色彩斑斓的镶嵌画。不过每种不和谐又把自己变成新的和谐。这些音调彼此寻觅。它们拥有自己的生命，自身是完成的。我们不想改变它。我们的心灵只想回应它们的欲望和满足。我们感同身受并因终极和谐而快乐，没有这种和谐，任何音乐都是不美的。由第一批音符定下内在律，接下来的音符都受其约束并做好准备。整个音调的运动都指向下一个。这个内在自我一致的世界就像油画的颜色、雕塑的曲线、诗歌的节奏和韵律。除了音调和节奏本身的纯粹自我一致外，这首音乐作为整体向我们揭示了一个情感世界。音乐并不描述美术带给我们的物理自然，或者文学拥抱的社会世界，它描述的是充满丰富情感和兴奋的内在世界。它孤立了我们的内在经验，在其限度内带来每种艺术都具有的特征——完美的自我一致。

我们也许很容易进一步追踪，每种特殊艺术通过各种各样的手段，克服世界的混乱，以完美孤立的形式提供其中一部分，其中的所有元素都相互一致。我们可以从这个艺术的根本要求中发展出每个特殊领域里最具特征的形式。我们也许能转向实用艺术，如建筑、手工艺品等，看看纯粹的艺术需要和实际功用相结合怎样发展出新规则。但这只会让我们远离审美理论，而我们的目标是进一步研究电影问题。我们不得不谈及油画、戏剧和音乐，因为电影和它们共有某种重要的条件，相应的也共有某些呈现世界的必要形式。电影的每个元素都是图画，像画家创造出来的一样是平面，而对于电影艺术而言，图像化是其根本特征。但显然电影和舞台戏剧也共享很多条件。戏剧性场景中人的冲突性行为的呈现是内容，舞台上和银幕上都是如此。不过，如果简单地认为电影服从戏剧的审美要求，那就错失了电影的意义了。不管与两者有多少联系，电影不同于纯粹的图像，也不同于戏剧。但是，如果同时思考了触及的其他艺术，如音乐音调，我们就更进一步地理解了它在审美世界中的真正地位。这些艺术完全克服了外部世界和社会世界，展开了我们的内在生活、精神活动，如感受、情绪、记忆和想象，电影的素材似乎摆脱了物质世界的规律，因为音调的涌现和消失就像我们自身的精神状态一样。当然，电影不是音乐作品。它的质料不是声音而是光线。但电影不同于音乐，在同样的意义上，它不像戏剧和图画。电影与它们共享某些东西。电影既在其中又在其外，正因为如此，电影作为特殊类型的艺术，必须通过自身的条件来理解，必须探究自身的审美规则，而非仅仅从戏剧规则中进行总结。

3. 电影的手法

现在我们可以把所有心理方面和审美方面的线索编织起来。若这么做，我们才触及这本书真正的主题。先前的审美讨论表明，艺术的目的是孤立经验中有意义的部分，以至于它能与现实生活中的其他部分分开，并在自身中达到完全的一致。我们的审美满足就来自这种内在的一致与和谐，但为了感受到这个部分的一致，我们必须带着自身的冲动进入每个元素的意志中，进入每个线条、颜色、形式、语词、音调和音符的意义里。只有一切都充满这种内在运动时，我们才能真正享受部分的协调合作。各种艺术手段是达成这种目的的形式和方法。它们必定不同于所有素材。此外，相同的素材可能允许截然不同的孤立和排除方法，排除那些无关紧要的而增强对和谐有贡献的。如果我们现在问电影运用什么特色手法得以战胜现实、孤立有意义的戏剧性故事，并成功呈现给我们，让我们进入其中，远离现实生活并享受部分的和谐，我们必须记得第一部分心理学探讨的结论。

我们认识到，电影在这方面无法与戏剧相提并论，电影中的戏剧性事件完全由心理的内在活动形成。固然，电影中的事件发生在真实的空间中有其深度。但观众感觉到它们不是在外部的三维世界发生的，它们只是心理所塑造的人为物的平面图像。同样，事件以连续的运动被观看，不过图像把运动拆分成一系列快速连续的即时印象。我们看不到客观的实在，这只是我们自己的心灵把图像连在一起的产物。当转向注意力、记忆、想象、联想、兴趣和情感分支的过程时，更多的不同显现出来。注意力转向外部世界的细节而忽略其他一切，电影所做的就是如此，在特写镜头中，细节被放大而其他一切消失。记忆通过带来过去的图像闯到现在，电影通过不断的闪回来达成，把很久以前的图像放到现在适合的间隔里。想象通过幻想和梦想预见未来或战胜现实，电影比任何碰巧成功的想象都更丰富地完成了这一切。但最主要的是，通过兴趣的分支，我们的心理活动能四处遨游。我们能想到发生在不同地点的并行事件。电影能把我们头脑中涌现的一切展现在交织的情景中。世界上三五个不同地区的事件能编织成一场复杂的行动。最后，我们看到充斥观众心理的每种感受与情绪都在塑造着电影的场景，直到它们成为情感的化身。在这些方面，电影成功做到了而戏剧未曾尝试。

如果这是审美分析一方面的结果，那么我们只需把另一方面的心理研究结合为统一的原则：**电影通过克服外部世界的形式，即空间、时间、偶然性，通过把事件调整为内在世界的形式，即注意力、记忆、想象和情感，来讲述人类的故事。**

若再次从这种观点出发，我们把电影和戏剧舞台表演进行比较，会更直接地找到我们的方向。我们不会进入剧院和戏剧特征的常规讨论中。这在我们眼中是理所应当的。每个人都知道希腊所创造的最高艺术形式，它从希腊传播到亚洲、欧洲和美国。从古代到易卜生、罗斯丹、豪普特曼、萧伯纳的悲剧和喜剧，我们认识到一个共同的目标和形式，且无须多做评论。电影与剧院表演有何不同？我们坚持认为任何艺术作品在某种程度上一定要与实际兴趣的领域分开。戏剧也不例外。剧院本身的结构、舞台的框架形式和服装，这一切都在阻止观众把舞台上的行为误以为是真正的生活。有时舞台负责人会尝试减少差异，比如说，让观众待在灯火通明的大厅，他们不得不承认有一些戏剧效果被减弱，因为这与现实的距离感被削弱。在这方面电影和戏剧是极其相似的。银幕从一开始也在暗示事件的非现实性。

但继续深究每一步都在向我们表明舞台表演和电影表演的迥异。在任何方面，电影艺术都要比戏剧离物理现实更远，这种与物理世界的遥远距离却让它离心理世界更近。舞台向我们展示的是活生生的人。它不是真正的罗密欧和朱丽叶，不过男女演员都拥有真实悦耳的声音，像他们一样呼吸，拥有相似的肤色，并占据物理空间。电影中还剩下什么？电影是哑剧，声音是安静的。不过我们一定不能忘记单凭此电影就与戏剧世界所引入的现实拉开了距离。任何了解戏剧发展史的人，都会意识到哑剧在人类发展史上扮演的精彩角色。真正的戏剧发端于古老的半宗教哑剧的、暗示性舞蹈，发展到中世纪的宗教哑剧，乃至现代表演中的许多无声的滑稽元素，我们看到传统的延续性，使得哑剧成为所有戏剧发展的真正背景。我们知道哑剧在古希腊多么流行，在罗马帝国时代多么瞩目。古罗马钟爱滑稽小丑，但更喜欢悲剧性的哑剧。"他们的点头是在交谈，他们的手会说话，他们的手指有声音。"随着罗马帝国的衰落，宗教用哑剧来描述神圣的历史，随后几个世纪欣赏的是芭蕾哑剧非神圣的历史。复杂的艺术悲剧即便没有语言也能征服我们今天的舞台。《浪子回头》《苏姆伦王妃》和《彼得鲁什卡》征服了美国舞台，当然语言的缺失拉大了与现实的距离，但绝不会损害对演员身体存在的持续觉知。

此外，现代哑剧的学生不能忽视舞台表演与电影演员两种无声表演的显著差异。其内心状态、整个姿势系统的表达都有着决定性的不同，在此我们也许会说电影与生活的距离比哑剧更近。当然，电影演员在某种程度上一定会夸大自然的表达。他整个姿势的节奏和强度，一定比那些通过所说的内容表达思想和感情意义、语言伴随着动作的演员更明显。然而电影演员以正常的方式来释放心理状态。他仅仅以一个情绪化的人也许会做的方式去表演。但哑剧中的演员不满足于此。他要添加某种完全不自然的东西，即对他的情绪进行人为的展示。他的行为不仅仅像一个生气的人，还刻意地表现出对生气的兴趣，并希望展现给他人。他向观众展示情绪。出于对旁观者的考虑，他的表演非常戏剧化。如果不试图这么做，他表达丰富故事和人类激情的真正冲突的手段就太乏味了。电影演员及迅速转换的场景，有传达意图的其他可能性。他一定不能屈从于在银幕上表演哑剧的诱惑，否则会真正伤害到影片的艺术性。

然而，与具体实在真正起决定性作用的距离，是通过用演员的图像代替演员本身而创造的。光线和阴影替代了色彩效果的多样性，仅有的视角一定要暗示纵深感。我们讨论运动心理学时已经提及了它，但我们不要错放了重点。自然倾向可能很容易聚焦到电影中的人物，他不是活生生地站在我们面前。毋宁说重点是我们意识到图像的平面性。如果是在镜子中看舞台演员，他们是我们看到的反射图像。在直接的视野中并不是真正看到演员本人，尽管它似乎等同于演员，因为它包含着真正舞台的全部纵深。电影图像就是演员的反射呈现。从真人到银幕的过程比单纯的镜子反射要复杂，尽管转换是复杂的，但我们终究能在图像中看到真正的演员。电影显然不同于聪明的画家所描绘的图像。在电影中，我们看到了演员本身，这个表象与看到真人不同，其决定因素不是我们通过影像重现的中介看到他们，而是这种重现以平面的形式呈现他们。身体的空间被消除了。我们以前说过，立体的安排可能会重现某种程度上的身体形式。但这将会严重干扰电影的特征。我们需要这种对纵深的克服，我们只想拥有图像，而电影作为图像依然能够让我们联想到现实世界的真正纵深。我们希望保持对可塑世界的兴趣，希望意识到人物活动于其纵深的空间中，但觉知的对象一定是没有纵深的。空间观念带给我们的沉重、坚固、实在性一定要被轻快掠过的无形物所取代。

但电影牺牲的不只是真正戏剧的空间价值，还有时间顺序。剧场以现实的时间顺序呈现情节。它可能打断时间的持续流动，也不忽视戏剧艺术的条件。第三幕和第四幕行为可能间隔了 20 年，同样的剧作家要选择那些散布在时间和空间中的元素，挑选那些对故事发展最有意义的情节。但他受到真实时间这个根本原则的约束，他只能向前而不能向后活动。戏剧现在向我们呈现的故事一定要发生在那些已演出的场景后面，它有严格的古典要求，即时间的完全统一，但这并不适用于所有戏剧。若一场戏剧第三幕上演的行为是在第二幕之前发生，那么它就放弃了自己的任务。当然，可能存在着戏中戏，舞台上的演员被安排在舞台上，在扮演法国国王前，可能参与了罗马历史。但这是把过去放到现在，这正对应于历史事件的实际顺序。电影无须也不必尊重物理宇宙的时间结构。电影可以在任何时候打破序列，把我们带到过去。我们在讨论心理学的记忆和想象时，已经研究过电影艺术这个独有的特色。我们运用自由的想象，运用整个联想，使过去的画面在当前闪现，时间被抛在后面，男人变成男孩，今天和前天交织在一起。这里，心灵的自由战胜了外部世界不可改变的规律。

现今的剧作家试图抢占电影的风采，在舞台合理的限度内试验时间的转换，这是一种有趣的现象。当爷爷跟孙子讲述他年轻时候的故事作为前奏时，他年轻时代的事件而非讲述的话出现在我们眼前。不过这仍接近于剧中剧。《卧底》中尝试的实验非常不同。第三幕在房屋的第二层上演，以一场爆炸结尾。第四幕发生在楼下，开始于爆炸前的十五分钟。这才是对电影根本条件的真正颠覆。若要紧随美国舞台的最新力作，我们可能会想到《审讯》，这可能是最接近戏剧性地侵占电影权利的戏剧。我们先看到法庭的场景，一个接一个的证人给出证词；之后法庭被证人讲述的行为场景所取代。另一部戏剧《字里行间》的设置也很巧妙，第一幕的结尾是邮递员带给屋中三个孩子三封信，第二、第三、第四幕把我们带到三封信所来自的三个不同家庭，三个地方发生的行为不仅发生在写信前，而且都在同时发生。最后一幕，开始讲述信件送到后三个家庭事件的结局。这些实验非常有启发性，但它们不再是纯粹的戏剧艺术。混合艺术总是可能的。一位意大利画家通过把玻璃、石头、绳子碎片放到油画中，达到了非常震撼的效果，但它们不再是纯粹的油画。戏剧中后来事件先于之前事件出场，是审美的未开化状态，就像优美却又肤浅演出的聪明小把戏一样带给人娱乐，但有雄心的戏剧艺术是无法容忍的。反映世界的图像并不受到严格时间机械律的限制，我们的思想可以游走四方，在过去、未来之间穿梭，电影在这方面可与之比肩，能从质料世界的束缚中解放出来。

但戏剧不仅受到空间时间的约束，其表演同样受到掌控自然的同一种因果律的制约。这里包含着物理事件全部的连续性：没有无果之因，也没有无因之果。整个自然过程被银幕上的表演抛在一边。对现实的偏离始于连续运动的解决，这在心理讨论部分已经涉及。我们看到，心理活动产生的运动结果，是把两个分开的图像结合在一起。我们真正看到的是一个合成物，就像喷泉的运动一样，每一股喷射流都分解为无数的水滴。我们感觉到这些闪耀跳动的水滴是一股连续的水流，但仍会意识到，它们是彼此分离的无数水滴。图像的这种类似喷泉的效果已经完全战胜了因果世界。

这种对因果律的胜利以完全不同的形式表现在被其他序列的图像中断的事件上。任何时候的场景突然转换就说明了这一点。过程并不是按照自然序列发生的。一个活动开始，但在原因带来结果之前就被其他场景所取代。这个新场景带来的也许是我们没看到原因的结果，但该场景不仅仅是过程被打断。若追踪这些交织情景的细节，其本身就违背了因果律，这就好像不同的对象能够同时填充相同的空间一样；就好像质料世界的抵抗性消失，物质能够彼此渗透一样。在交织的观念中，我们感受到对所有物理规律的超越。戏剧甚至没有呈现这种表象的技术手段，但即便它有，它也无权使用，因为那会破坏戏剧立足的根基。我们还有唯一一个类似的例子，一系列的图像旨在让我们产生联想。我们先前也有谈及，一系列原因已经产生了某种影响，就在原因产生的结果即将出现时，电影戛然而止。我们拥有了无果之因，坏人把匕首刺了出去，但奇迹带走了他的受害者。

当运动影像超越了空间、时间和偶然性的世界并从其束缚中解放出来时，它们当然不是没有规律的。先前已经说过，图像相继取代的自由在很大程度上类似于音符的闪现和流动。在影片图像中我们感受到对内心力量、注意力、情绪的服从，比在音乐旋律与和声中的更完善；音符本身只是心理观念、情感和意志冲动的表达。它们和谐与否，它们的混合相融，不受任何外在必然性的制约，而是由我们自由冲动的内在一致或冲突来决定。不过在这个音乐自由的世界，一切都完全被审美必然性控制。实际生活的任何领域都不像作曲王国那样受到如此严格规则的约束。不管音乐天才多么大胆自信，他都不能摆脱这个铁律，其作品自身必须表现出完全的统一性。学生必须学习音乐的所有单独的规定，终究只是这个核心要求的结果，这是音乐这个最自由的艺术与其他艺术所共享的。电影也是如此，独立于空间、时间物理形式和因果性的自由，并不意味着能脱离这个审美规定。相反，正如音乐比文学受到更多的技术规定的限制，电影也必须比戏剧更坚定地由审美需要维系。电影这个服从于空间、时间和偶然性的艺术，在这些包含外部元素的质料形式中找到结构的某种坚定性。但如果电影放弃这些形式，用心灵演绎的自由取代它们外在的必然性，若不重视审美同一性，那么一切都会分崩离析。

首先，这种统一性是行为的统一性。对它的要求和我们在戏剧中所了解的相同。忽视它的诱惑没有什么地方比在电影中更大，因为电影很容易引入外部事件或发展个人兴趣。电影与其他艺术作品一样，其中存在的一切都要与统一行为的展开相关，否则就无权存在。尽管电影呈现的是两个情节，但我们接受的反而比一个情节更少。当一个统一的行为被破坏，即它与演说宣传混合，而不是与行为本身有机地交织在一起时，我们就完全脱离了有价值的艺术领域。我们也许还对《和平的呐喊》记忆犹新，它呈现给观众的是审美上无法忍受的仓促表演。没有什么比这种表演更损害人们的审美教养，尽管导演费尽心机地用细节抓住观众的注意力，但因为他不考虑艺术的根本原则，即统一性的要求，仍然破坏了观众的审美鉴赏力。但我们也认识到，这种统一性包含着完全的孤立。我们把艺术创造和实践兴趣联系起来，把观众转变成一个有自私兴趣的旁观者时，就取消了美。戏剧作为背景呈现出的风景，不是为了让我们考虑下次度假地是否选在那里。房间的内在装饰也不是百货商店的展览。情节中展开行动的男女也不是你我明天会在街上遇见的人。戏剧的所有线索都要紧密结合在戏剧本身上，任何一条线索都不应该与我们的外部兴趣联系起来。好的电影一定是孤立的和自我完成的，就像一首优美的歌曲一样，不是最新时尚的广告。

行为的这种统一包含着角色的统一。有人太喜欢总结说，角色的发展是戏剧的专门任务，而缺乏语言的电影，满足于类型即可。可能这只是当今大多数电影还未摆脱的初始状态的反映。我们在内心没有理由说，为什么电影手段不应该允许对复杂角色进行细微的刻画。但主要要求是角色保持一致，行为根据内在必然性来发展，角色本身与情节的核心理念一致。不过，一旦我们坚持了统一性，就无权只考虑给予表演内容的行为。我们也不能忽视形式。音乐中的旋律与节奏结合在一起，在油画中不是每种颜色混合都适合任何主题，诗歌中不是每一节都与所有观念一致，所以电影必须把行为和图像表达完美地结合。而每个图像都有这种需要。我们理所当然地认为画家能够完美地平衡他画中的形式，组织它们使观者能感受到内在的和谐，线条、曲线和颜色结合成一体。一部电影里 16000 张图像中的任何一个，都应该像图片艺术家一样追求形式的统一性。

电影用运动影像向我们展示了人类行为中有意义的冲突，其独立于空间、时间和偶然性的物理形式，适应于我们内在经验的自由发挥，通过情节和图像呈现的完美统一达到与实践世界的完全孤立。

4. 电影的要求

我们已经发现了新电影艺术的一般公式。我们可以把注意力转移到这个普遍原则所包含的某些结果上，以及从中推导出的审美需要上。所有电影中最伟大的作品自然是无定法的，依靠的是剧作家和制作人对情节的天才想象力。新艺术在这方面与所有的旧艺术没有不同。贝多芬写出了不朽的交响乐，1000 个作曲家在相同的技术规定下用相同的样式写交响乐，却没有一首留存下来。伟大的画家、雕塑家、作曲家、诗人、小说家或剧作家从其艺术家的人格深度创作出的东西既有趣又有意义，其形式和内容的统一自然又完美。没有天分的业余者的创造平淡又乏味，其形式和内容的关系是强制性的，其整体的统一性是未完成状态。在人类艺术史上，处于两种极端间任何不同程度的靠近目标的作品都有。电影艺术概莫能外。即便我们对电影的特殊要求有最清晰的认知，也不足以代替天分或才能。对审美需要进行最盲目的照搬也无法让一个乏味的情节变得有趣，无法让无足轻重的行为变得有意义。

与其他艺术相比，电影创造中若说有什么独具特色的元素，无可否认的就是电影始终要求两种创造性人格的合作，即剧作家和制片人。其他艺术中也存在某种合作。歌剧需要诗人和作曲家合作，不过歌剧的文本是独立的文学作品，其自身是完成的，歌曲音乐拥有自身的生命。此外，每个艺术作品都需要表演者。管弦乐队要演奏交响乐，钢琴家或歌手要生动地演奏音乐，戏剧需要演员表演。

但音乐在演唱或在乐器演奏之前，已经是完美的艺术作品，就像戏剧是完成的文学作品一样，即便它永远不出现在舞台上。而且，电影显然也需要演员去完成，但这些我们可能不考虑。我们想到的是剧作家的创作本身还是不完美的，只有通过制作人的制作加工才能成为完整的艺术作品。他所扮演的角色完全不同于戏剧的舞台策划。出于对角色需要的考量，不管舞台策划自身的技能、视觉想象力和洞察力有多少被加入戏剧行为中，他都要执行剧作家的规定。但制片人必须表明，自己确实是有创造力的艺术家，因为他是真正把戏剧转化为影像的人。戏剧的重点放在台词上，而舞台策划并不增添什么，所有都包含在台词里。电影的所有重点都放在影像上，而它完全由制作人这个艺术家来完成。

但剧作家必须不仅仅有戏剧创作和构思的天赋，还一定要充分意识到其任务的独特性，即必须时刻感到他在为银幕而写，不是为了舞台，也不是为了书。这又把我们带到核心讨论里。他必须理解电影不是影视化的戏剧，而受到自身心理条件的控制。制片人一旦把握到电影不是其他艺术的机械复制，而是一种专门的艺术，自然需要投入专门的技术，任何人都不应觉得进行剧本创作服务于这门新艺术是低其他艺术一等的。毋庸置疑，当今的影像表演仍停留在较低的艺术水平上。戏剧中十之八九为情节剧或庸俗的闹剧。问题不在于我们在剧院中能看到多少真正有价值的表演，许多表演只是诉诸最低的本能，但至少剧院不是被迫满足于这种降低身份的戏剧和伪悲剧。世界文学的舞台有丰富的作品包含着永恒的价值。它纯粹是社会问题而非审美问题，为什么百老汇剧院总是屈服于庸俗的趣味，而不上演真正优美的戏剧以提升大众的精神？影剧院面临着完全不同的情况。他们的经理可能对上映更好的片子再感兴趣不过，但却无能为力，因为电影文学目前为止无法与戏剧的大师级作品相提并论。只有当电影剧本创作被认为值得付出最大的努力时，期待或希望更好的作品才有可能。

无人否认电影和戏剧有很多共同点。两者都依赖于行为和兴趣冲突。这些悲剧或喜剧的冲突，在舞台和银幕上需要有相似的发展和解决。纯粹展示不含意志冲突的人类活动，可能带来完美无瑕、浪漫角色、实践兴趣等令人愉悦的影像，结果可能是银幕上出现抒情诗、叙事诗、旅行游记，诸如此类，只要电影和戏剧同样要求的人类利益的冲突不存在，那么戏剧绝不可能成为一部电影。不过，因为意志冲突在戏剧中是通过真人的语言来表达，在电影中则是通过运动影像来表现，两者艺术观念的差异就像它们间的相似性一样显著。所以，最高的一个要求是，追求具有真正影响力和意义的原创文学，其中每种思想都可由银幕上的观念产生。只要电影被舞台文学滋养，那么新艺术永远不可能显示自己的特点并达到真正的目标。显然，《哈姆雷特》《李尔王》是非常糟糕的电影，并非莎士比亚的缺憾。若一个莎士比亚因屏幕而生，如果他的作品被搬上舞台，那么他的作品同样无法令人满意。如果演员不能说话，那么《培尔·金特》也不再是易卜生的杰作。

小说在某些方面表现得更糟糕，但其他方面在某种程度上更好。在潦草完成的肤浅文学里，戏剧性文学和叙事性文学的分界线经常被忽略。非畅销小说通常被改编为成功的戏剧，而百老汇长期上演的剧目难逃改编为报纸连载小说的命运。不过一旦文学达到了它的高度，深刻的差别就肯定会被明确地感受到。包括小说在内的叙事艺术，记述经验和角色的发展；而戏剧主要依赖于角色的冲突。不管是对于好戏剧还是对于电影情节来说，人物的纯粹冒险都绝不够。小说中的对立角色只是社会背景的一部分，这一背景对于表现男女英雄的生活故事而言是必要的。他们不具备独立的意义，而这又是戏剧冲突不可或缺的。把小说搬到银幕上，如果它是真正的小说，不是真正戏剧情节的小说式呈现，那么它一定枯燥，不吸引人。但是，电影比戏剧更强调人类行为的背景，在这点上电影和小说相同。社会和自然背景都是故事中主要角色发展的真正设定。这些特点很容易被改编为电影，因此一些影像化的小说比从戏剧中截取的电影更占优势。不过，真正的结论还是，不管是戏剧还是小说，对于电影情节来说都是不够的。图像诗人必须转向它本身的生命，必须以表现其特殊艺术的形式重塑生命。如果他真正把握了电影世界的根本意义，那么跟随他自己的想象力，比依靠他看过戏剧或读过小说的回忆更安全。

如果讨论这个新艺术的方法所普遍设定的一些专门要求，我们很自然地想到角色的台词。戏剧和小说靠台词而生，这个最宝贵的思想载体在电影中能保存多少呢？我们都知道，当今的电影在很大程度上是通过单词和短句这个中介而告诉我们的。如果预先没有"导语"提供信息，我们只看演员的行为，那么我们对他们在谈论什么所知何其少。不同公司的电影技术不同，有些尝试把台词投射到图像本身上，用醒目的白字把短句放到正在说话的人的脑袋旁边，就像报纸上的卡通采取的方法一样；但大多数是插入系列图像中，要么是英雄决定性的言辞，要么是赋予整体以意义的解释性评论出现在银幕上。有时这也许是对未受过心理训练的观众的让步，但通常这些打出来的评论对于理解情节而言是不可或缺的；如果没有这些频繁的导语，即便是最聪明的观众也会觉得无助。但今天电影公司的这个习惯当然不是审美论证。它们屈从于这个安排，只是因为剧作家仍未受到训练，他们在运用新艺术的技术方面还很笨拙。

中世纪的一些画家在画中加了人物即将说出的话，好像语词从他们口中发出一样。但我们无法想象拉斐尔和米开朗琪罗运用一种与绘画的真正精神完全不同的交流方式。艺术家找到自己作品所依赖的表达特点和真正表达形式，每种艺术都走了很长的路。不属于它的元素开始与之混在一起，一定要慢慢消除。明天过后的电影一定从所有不是真正图像的东西中解放出来。电影初期只是戏剧的模仿，这在对话片段或解释性短语的无机组合中表现得最为明显。因此，语言的艺术和图像的艺术被勉强地结合在一起。任何进行电影创作的人，若不依赖这些语言，他的图像就无法被理解，这是新艺术的审美失败。电影解放的下一步无疑必须是创作只使用图像语言的表演。

两种明显的例外似乎事出有因。若一个完整的情景有标题，这并不背离电影艺术的内在要求。"明天的早晨""三年后""在南非""第一步""被唤起""朋友之间"和艺术画廊里的油画标题具有同样的特点。如果我们看到油画目录里的画叫"风景画""肖像画"，那么会感到词语很多余。如果读到的标题是"雾中的伦敦桥"或"教皇肖像画"，我们接收到有价值的建议，而又不会影响对油画的理解，不过它并非油画本身的有机组成部分。在这种意义上，作为场景标题的导语对于整部影片来说或许更好，可以被运用而不遭受任何审美上的反对意见。其他不但可能而且完全合理的例子，如信件、电报、海报、报纸剪辑，或者类似的打印、手写信件用放大的图片做特写，这使得每个词都有可读性。这个策略被越来越多地引入今天的剧作中，这是正确的方向。电报或者广告牌上的词，甚至是报纸剪辑都是图像在向我们展示的实在的一部分，它们的意义在图像故事中而非其外。真正的艺术家将会出色地运用这种方式，以便观众不改变态度。他必须在适合图像形式的框架内调整，而非转向调整语句。但若它的功用不被夸大，这个方法就是合理的，与同一语句的非艺术性运用即作为图像间的导语形成强烈对立。

追求纯粹的影像播放而贬低引导词，同样导致了对留声机伴奏的极端排斥。那些像爱迪生一样拥有技术、科技和社会兴趣，但对电影的发展没有真正审美观的人，在电影的发展中很自然地追问自己，这种对戏剧的视觉模仿是否不被听觉模仿所支持。于是想法是将电影与留声机联系起来并使两者完全同步，嘴唇每次可见的运动都与语词的可听声音相匹配，从而打破了两种设备间的隔阂。所有致力于这一问题的人都遭遇了很多困难，当在戏剧的观众那里的实践失败后，他们倾向于说，是完美解决技术问题的能力不足。他们没有意识到真正的困难是内在审美的。即使声音完美地与屏幕活动时间相匹配，具有审美意识的观众也可能非常失望。如果破坏了电影的视觉纯粹性，那么电影只输不赢。若想要同时得到视听享受，我们的确应该更靠近戏剧，但只有模仿舞台是我们的目标时它才令人向往。不过即便它是目标，最好的模仿也远远不及真正的戏剧表演。一旦我们清晰地理解电影本身是艺术，有声语言的保留就像大理石雕像上衣服的色彩一样令人厌烦。

这跟音乐伴奏极其不同。即使在压倒多数的例子中，即便绝大多数的音乐不像今天电影里的音乐那样令人遗憾，也没有人会认为它是电影本身的有机组成部分，就像歌剧中的演唱一样。不过我们通常会觉得这或多或少需要音乐或和声伴奏，即便是优雅音乐的最可悲的替代品也被忍受，因为在黑暗的放映厅里看一部没有任何伴奏音的长影片令人疲劳，并且最终会让普通观众厌烦。音乐缓解了紧张，让观众保持注意力。它必须完全是次要的，事实上大多数人几乎意识不到演奏的是哪些乐章，但若没有它们又让人不适。然而，完全没必要只限定为和谐、有节奏、能舒缓心理的音乐。音乐能够且应该与银幕上的电影相匹配。更有抱负的公司清楚地意识到这一需要，在放映新电影时对伴奏音乐的挑选有明确的建议。音乐并不讲述情节的一部分，也不能像语言一样代替图像，但只是强化了情绪背景。很有可能，当电影艺术得到审美认同时，作曲家会以同样的热情写电影伴奏曲，如同创作其他形式的音乐一样。

一边是无法忍受的打印体或旁白，另一边是恰如其分、完全受欢迎的音乐，我们会发现电影制作人所乐意表现的伴奏声。当马飞奔时观众一定要听到马蹄声，当有雨水冰雹闪电时观众会听到撞击声或雷鸣声。我们听到开枪走火、火车鸣笛、轮船铃声、急救车声、狗叫或者卓别林跌落楼梯的声音。当时人们甚至拥有一个复杂的机器，能够产生超过50种的不同声音，适合救场任何电影。可能电影要摆脱诉诸想象的配音要比导语花更长时间，但它们终究会消失。它们无权存在于一种由图像构成的艺术中。只要它们仅仅强化紧张情绪，就可能会进入音乐本身；但只要在讲述一部分故事时，它们就应该像其他范围的说明一样被排除在外。我们可能会用玫瑰香水来改进一幅玫瑰油画，以便观众在视觉享受的同时也能闻到气味。一种艺术的局限在现实中恰恰是其力量，超越它的界限意味着削弱它。

对电影中的色彩是否要采取同样的负面态度，更有待讨论。众所周知，那些想在电影中捕捉自然色彩和色调的人已经取得了长足的技术进步。自然，今天很多色彩的效果是通过人工模板印制方法获得的。照片像其他普通彩印一样只用三种颜色制作。要为一卷影带上的上千张图像切割这么多模板，任务艰巨，不过这些困难已经被克服。任何想要的颜色效果都可以通过这种方法获得，最美样本的颜色无与伦比，但困难巨大，以至于它几乎不可能成为流行方法。一旦方法被改善，对色彩本身直接拍照将极大简化。今天也不能说这一目标已达成。通过红、绿、紫三种颜色的屏幕相继拍照，并用这些颜色的屏幕来投射图像，似乎是最科学的方法。不过这需要每秒的图像都有增加，这不仅大大增加了困难，还提高了成本。实践上的进步是，所谓的"天然色影片"（kinemacolor）似乎更有保障，它的效果通过只使用两种屏幕来获得，却不那么令人满意，因为真正的蓝色不得不弱化，而红色和绿色的表象被强调。此外，眼睛有时会被巨大的红色或绿色闪光干扰。不过，开端很精彩，技术问题的完美解决可以期待在不久的未来得到解决。那会同时解决审美问题吗？

彩色摄影之友声称，在目前阶段，自然色彩的照相对外部事件的呈现不令人满意，因为任何科学或历史事件的复制需要准确还原现实色彩。但是，这一过程似乎对于电影来说已完全足够，因为没有人期待客观的颜色，是否女人的长袍、地毯的红色或绿色太鲜明而蓝色太暗淡，从审美的观点看，我们应该得出恰恰相反的结论。对于历史事件而言，即便是当前的技术手段在整体上也令人满意。著名的英国加冕照质量极高，丰富的色彩效应让它获益。它们比简单的黑白照片呈现更多，这些耀眼色彩的夺目与灿烂并不因为蓝色调的压抑而减弱。它们不是为了与丝带商店的颜色相匹配而展示。对于当今的新闻图像而言，"天然色影片"和类似的方案非常出色。但当涉及电影时，问题不再仅仅是技术方面，首先我们面临的问题是，色彩本身在多大程度上服务于电影的目标。毫无疑问，单个图像的效果会被颜色的美强化，但它会增强电影的美吗？颜色难道不会成为超越这一特殊艺术的必要限制的多余物？我们不想为米罗的维纳斯的脸颊涂色，也不想为玛丽·毕克馥和安妮塔·斯图尔特着色。我们开始意识到，电影艺术的独特任务只能通过远离现实而完成。正如我们所见，真正的人和风景必须被抛在一边，一定要转换为纯粹的图像联想。我们必须强烈地意识到它们作为图像的非现实性，这样我们内在经验的精彩演绎才能呈现在银幕上。若添加了颜色，必定会严重损害这种对非现实性的意识。我们再次靠近世界，被其丰富的色彩所环绕，我们接触得越多，离内在的自由就越远，心灵战胜自然，是电影的理想。因此，颜色和声音一样有决定性作用。

同时，制片人要更多地与现实接触，否则整部影片所依赖的情感兴趣就会被破坏。制片人一定不能把影片里的人当真，但必须像对真人那样怀有同样的感情和联想。只有他们在平面、无色的图像背景中与真人享有同样的特征，艺术才有可能。鉴于此，电影带给观众自然尺寸的表象很重要。对人或物的自然大小的强烈需要，通常很容易超过放大或缩减的要求。我们首先看到一个正常大小的人，然后才看到对他头部的放大特写。但我们并不觉得人本身被放大了。通过独特的心理替代，毋宁说我们觉得离他更近，视觉影像的大小通过距离的缩短而放大。如果整个图像被放大到人物持续超过正常水平，由于心理抑制，距离上的自欺会让我们相信比实际更接近银幕。所以，我们本能地维持在正常表象的水平。但这个魔咒很容易被打破，审美效果由此大打折扣。在大图中，录影的摄像机通常离银幕非常远，图像中的人可能是正常人的三到四倍。幻象从不完美，因为观众只要没有看到银幕旁边的东西，就会误判距离。但若他们的视线落在图像下面正在弹奏钢琴的女人身上，幻觉就会被打破。他在银幕上看到的巨人，其手有钢琴演奏者一半那么大，观众此时正常的反应是从电影中获得的愉悦被抑制。

我们越深入细节，就越可能增加这种由新艺术的根本原则所产生的特殊心理要求。但若其要求是关于合适话题的选择，这在讨论中常常占主要角色，这就是误导。在头脑中拥有无限图像和电影想象的作者，声称拥有神奇魔力的童话故事应该是它的主要领域，因为没有戏剧可与之竞争。在《内普顿的女儿》中，冲浪的美人鱼们突然出现在海岸上，还有愉快玩耍的水精灵！当尼科蒂娜公主在桌旁拿着香烟吞云吐雾时，有多少人被她迷住！没有戏剧胆敢模仿这种想象力的狂欢！我们看到谢尔曼上千人的军队冲到海里，在舞台上尝试模仿是多么无望！歌剧卡门上演，斗牛士与公牛对战，西班牙竞技场上的人群陷入狂欢，谁又能与那些油画中的人物相媲美呢？还有一些人强调这是历史剧的机会，特别是那些拥有罕见风景——

热带、山川、海洋或雨林的美景——的剧目，应该让观众有身临其境之感。圣经故事以真实的巴勒斯坦为背景，经典的情节以希腊或罗马为背景，这已经让全球上百万人触动。不过大多数作者声称，电影的真正领域是我们周遭的现实生活，因为任何文学或戏剧的手段都不能提供如此多的生活细节，及令人信服的真挚和栩栩如生的力量。这些贫民窟，不是通过文学的视野或局外人的想象，而是通过赤裸裸地呈现在我们眼前而令人厌恶。这是大都市的黑暗角落，潜藏着黑暗，滋生着罪恶。

他们都是对的，但以其中一个为代价赞扬另一个就都错了。现实的与理想的、实践的和浪漫的、历史的和现代的题材都是适合电影艺术的素材。它的世界像文学那样无限，同样，其处理风格也是如此。真正的幽默、悲剧、快乐、庄严、热闹、可悲、短剧和长篇的电影，都可以满足新艺术的要求。

5. 电影的功用

支持者声称，在美国有 1000 万人经常去看电影。怀疑者相信"只有"200 万或 300 万人会经常看。但在任何情况下，"电影"已经成为全国乃至全世界最流行的娱乐活动，其影响力是我们这个时代最强大的社会力量之一。有迹象表明，电影的流行度和影响力在与日俱增。这个在不久以前还意想不到的活动，其起因和影响是哪些呢？

经济学家看到，电影院涌现大批观众的主要原因是低廉的票价，他们当然正确。观众用五到十美分就能在电影院最好的位置享受数小时激动人心的娱乐，这比任何戏剧院或音乐厅都更有吸引力。不过虽然电影票价在上升，但看电影的人数还是稳步增加。十美分变成十五美分，耗资巨大的电影在上演期间放映给那些付全票价的观众看。观众的特点也表明了廉价并不是唯一的决定性因素。六年前热衷于社会观察的人总结说，电影院的常客是"较低层的中等阶级和大众，除了少量的孩子外，还有年轻人和介于青少年和成年人间的女店员、零售商、流动小贩、工人和女清洁工"。这在今天几乎无法适用。所谓"较低层的中等阶级"早已有上等阶级加入。自然，我们的观察者遗忘了过去，很自然地补充说，"出现一两个像你这样出身优越的人，纯粹被好奇心吸引，并因兴趣而坚持看完电影；这类人大声地嗤之以鼻，以保持优越感和自尊，但绝不离开剧院直到不得不如此"。这种情况司空见惯，我们发现朋友也在此列，而今他们已经放弃了嘲讽的姿态，并理所当然地讨论新电影。

最重要的是，即便那些被便宜票价吸引的人，如果无法得到真正的享受，没有长时间地被乐趣吸引注意力，也几乎不可能出此开销，毕竟，是表演的内容决定了这种无与伦比的胜利。我们无权就此总结说，只有优点和益处是成功的真正原因。有人可能批评讽刺说正是相反的特质促成的。他会说，普通的美国人是商业、即兴、感伤的综合体。他在赚钱中满足他的商业本能，在滑稽幽默剧中享受他的随性，在霸屏的离奇情节剧中满足他的多愁善感。这是真的，但并非全部的真相。成功与舞台上的任何努力都是分不开的，演出越精彩，观众越支持。最有野心的公司也是发展最好的。电影如此吸引人，甚至如此令人着迷，一定有其内在价值。

在某种程度上，甚至今天的电影纯粹在技术上也精妙得扣人心弦，就像早期只有技术也能吸引观众的注意力一样。即使今天的活动影像失去了它的生动性，我们依然会惊异于其原初效果。此外，我们还会沉迷于许多布景不可否认的美丽。情节剧可能很糟糕，但不至于像真正舞台上类似的粗俗悲剧那样让人厌恶，因为它可能拥有阿拉斯加的雪地、佛罗里达的棕榈树作为背景夺人眼球，而吸引有教养的头脑。理智兴趣也能获得满足。我们能看到那些从未涉足的地方。当人类兴趣的边缘地带展现在戏剧舞台上时，我们通常一定会满足于某种标准化的联想。电影里的这出戏可能真的把我们带到面粉厂、工厂、农场、矿场、法庭、医院、城堡、宫殿及地球上的任何地方。

不过电影更具影响的力量在于它自身的戏剧化。电影标志性的节奏是非自然的速度。在戏剧中也像在生活中一样，没有台词的地方即行为之间的空隙，演员的手势和行动能快速地连续发生。舞台上的一个小时可能还不能填满屏幕上的 20 分钟。这就加强了观众的生动感。人们感觉到，在这样高度的强调下自己的个人能量被激发，并以这种状态体验生活。电影通常的结构一定会强化这种效果，因为图像剧的无台词化有利于对社会冲突的某种简化。隐含的动机自然需要言语。易卜生的晚期作品几乎不可能被改编为电影。台词缺失的地方，角色倾向于变得模式化，动机也失去了其复杂性。电影的情节通常建立在基本的情绪基础上，而这对于所有人都是共通的，可以被每个人理解。爱与恨、感恩与羡慕、希望与恐惧、怜悯与嫉妒、懊悔与罪恶，所有相似的自然情感对于大多数情节的设计而言已经足够。电影更成熟的发展必定会克服这种原始的特征，因为，虽然把人类的生活还原为简单本能的尝试非常适合电影，但绝非必要。无论如何，只要这种倾向盛行，必定有助于激发和强化个人对生命的感受，并提升人类精神的深度。

但电影独特满足的来源可能是新艺术富有意义的审美情感，它来自心理条件。**巨大的外部世界已经失重，并从空间、时间、因果性的束缚中解放出来。精神战胜了物质，图像伴随着轻松的音乐而展开。它提供的愉悦是其他任何艺术都无法企及的。**难怪在小村庄也有为新神而建的庙宇。

电影若没有强烈的社会效应，对观众产生的影响力必定不能持久。据报道，感官幻象和错觉已经蔓延，神经衰弱者特别容易从屏幕上产生触感、温度、味觉或声音的印象。这种联想就像现实一样生动，因为心灵完全沉浸于运动影像中。观众尤其是乡村社区的观众，在情节剧的愉悦反转处爆发出掌声，这是电影奇特吸引力的另一种表征。但显然这种深刻的影响一定充满了危险。人的心灵接受的表象越生动，人们更容易模仿或者产生其他回应。人看到罪恶可能会对意识产生灾难性的后果。人的正常的抵触消失，而在狭隘的日常生活习惯性刺激下保持的道德平衡，也可能在现实主义联想的压力下丢失。与此同时，多愁善感的年轻心灵感受到滑稽剧和激情洋溢的浪漫剧之间的强烈对比，它们在黑暗的电影院里以令人乏味的速度上演。这里心理传染和破坏的可能性不容忽视。

当电影里令人讨厌的严重罪行被直接追踪到动机时，情况或许有例外；但没有心理学家能准确地决定在何种程度上，正直、诚实、性洁癖、谦虚这些基本精神可能会被低于道德标准的电影的影响削弱。所有国家似乎都意识到了这一社会危害。臭名昭著的法国喜剧毒害年轻人的时代已经被我们抛在后面。强烈的反击已经开始，领先的电影制作公司在任何地方都站在抵制不洁的前列。如果审查制度高尚自由，且不把艺术自由与道德放纵相混淆，那么有些公司甚至欢迎它。的确，大多数人似乎怀疑，这项支持联邦审查的新运动是否与美国人公共表达自由的观念一致。

但是，尽管危险的来源不能忽视，但社会改革者仍把兴趣放在电影可能带来的巨大影响力上。事实上，上百万人已经臣服于屏幕表演的魅力下。他们在电影院度过的几小时里所受到的高度暗示性，也许被视为理所当然。因此，电影所显示的任何有益影响，对于重塑和建立民族精神而言，有着无与伦比的力量。从这个观点看，电影和纯粹播报新闻或杂志文章的说明性影像之间的界限已经消失。共同体的知识、道德、社会、审美文化都可能为之服务。一流的教育学家已经加入支持建立全球文化联盟的行列里。其计划是制作和发行教育国家年轻人的电影，即关于科学、历史、宗教、文学、地理、生物、艺术、建筑、社会科学、经济和商业研究的影片。从这个联盟中，"学校、教会、大学能够用电影提供所有可拍摄领域的最新成果与活动"。

但是，不管这种指向教育的目的性努力在多大程度上被完成，更多的贡献必定是由普通的电影院做出的，公众不是有意识地寻求教育意义。电影的教育意义一定不能被强加在或多或少不感兴趣的观众身上，而应该被那些愿意付出少许的经济代价，而从电影中寻找娱乐享受的人潜移默化地吸收。

纯粹知识部分的提升是最简单的。不管是新闻图片、科学展示还是电影，老少皆宜，他们都能从中得到新领域的知识。观众因此也会欣然获得好奇心和想象力。不过即便在知识领域也一定不能忽视这些危险。它们没有积极意义。这不像在道德领域，人们在看到激发反社会欲望的罪恶后，其良性的道德冲动会由此得到审视。危险不在于人们看到那些不该看的图像。不是要力求避免危险知识，而是不要与不值得了解的东西日积月累、潜移默化地接触。当今大部分的电影文学在这种意义上当然是有害的。大多数电影的知识背景也枯燥乏味，只讲述情节而不说明潜在的动机——戏剧可以通过台词说明，这不仅让角色黯然失色，所有的场景和情节也都被简化到某种程度，这适应于缺乏思考的大众，但对于理智上训练有素的观众而言迟早无法忍受。

这种电影给有教养的心灵施加的感受，就像懂音乐的人在看今天音乐喜剧时的经历一样。我们听到一段音乐，通常会觉得如此似曾相识。原创性和激励性的缺乏不是必然的，它并不存在于艺术形式中。奥芬巴赫、施特劳斯与其他人也创作出了经典的音乐剧。它同样不存在于电影形式中，即电影不一定要以枯燥、平淡、无创意的方式展开。它也没必要引起百万人的注意。诉诸知性并不意味着大学教育。此外，分化已经开始。就像萧伯纳或者易卜生的戏剧的观众，就与《老家园》或《宾虚》的受众不同。我们已将电影分为不同的类型，毫无理由把电影艺术与才智不足联系起来。若所有的推论都仅限于这种所谓的说明性图像，上映的电影全无知识可言，那么对于知识文化来说这种电影徒劳无获。相反，这种严格教育意义的课程也许没有制造商期望的深刻，因为未受训练的头脑，特别是未受教育的年轻人，会发现当活动发生在陌生的环境时，无法跟上其飞速的节奏。孩子在观看工厂发生的事情时，能理解的很少。心理学和经济学课程在某种程度上是浪费，因为这里的观察力不足以发展出来，观众吸收的过程太过缓慢。但当背后有人们的兴趣做支撑，将电影中的事件联系起来时，这又是另一番情形。

　　正确的道德影响所遭遇的困难仍然比在知识领域更大。当然，电影的尾声对坏人进行惩罚是不够的。当展示的邪恶或犯罪的场景带着吸引与诱惑时，这种带有暗示性的表演所带来的道德破坏并未通过附加的社会反响得到根本解决。受误导的男孩或女孩确定他们自己会成功地不被捕获。随着近几年心理学的发展，人们越来越清楚地意识到心理的作用机制，即越是压抑与隐秘相悖的想法，这些想法就越会被那些"潜意识"冲动激发得更加迫切。最近著名的犯罪学家声称，"据调查，85％的青少年犯罪可以直接或间接地追踪到屏幕上演的犯罪如何发生的情节"，这或许太过夸张。不过当然，只要这些电影的结果是灾难性的，它们的影响不可能通过这样的结局取消，即盗贼没能误导陪审团。真正的道德影响一定是来自电影积极的精神本身。即便是关于节制与虔诚的影视教程，也不会重建一个或可笑或腐败或任性的社会。真正有积极作用的电影也不会对道德和宗教进行戏剧性的说教。整个道德背景一定是良性的，理所当然的道德氛围就像新鲜的空气和阳光一样。对高贵与超越的热情，对心灵的义务和自制的信念，对理念和永恒价值的信仰，一定要贯穿在电影始终。若这样做，电影完全可以毫无掩饰地展示犯罪与道德败坏的行为。为了强化永恒正义的意识，电影完全没必要否认邪恶与犯罪。

　　不过，电影对社会最重要的任务是审美教育。没有什么艺术能像电影一样有更多的日常受众，有更易接受的心理框架。同时，审美训练要求对心灵进行有计划且持之以恒的影响，教师要调整自己赢得学生的欢迎，这方面的进步也是最困难的。若国家只是一味地接受观众当前所信所爱的东西，那么今天我们也不会有任何交响乐和戏剧。除非系统性的努力致力于强化真正美的作品，否则审美上的平淡无奇总会战胜有价值的东西。社会总是会首先选择苏萨而非贝多芬的音乐。观众也是缓慢逐步接受电影，从早期粗俗无味的怪异影片，到现在最好的电影，而今天最好的电影也只是我们所希望的伟大上升运动的开端。对于社会而言，任何教育都不如审美触及的大众更多。毕竟，对知识的更多冲动与渴望，深深植根于美国大众，而对美的追求是根本的；这还意味着生活的和谐、统一、真正的满足与幸福。人们仍然需要学会区分真正的愉悦和短暂的享乐、真正的美和感官的满足之间的巨大差异。

当然，有这样一些人，他们今天可能为数众多，他们会嘲笑每一个让电影成为审美教育载体的计划。通过一种本身就是艺术对立面的媒介，我们如何能够传授真正的艺术精神？如果电影自身就是对艺术的滑稽模仿，我们又如何通过它来灌输和谐的观念？我们听到"罐装喜剧"和机器制造的剧院，但没人停下来思考是否其他艺术鄙视技术的帮助。抒情诗的印刷品也是机器制造，大理石雕像"保存"真人女性的美持续了 2000 年，她曾是希腊雕刻家的模特。对于我们来说，舞台上的演员呈现的就是现实中的人，而电影呈现的是不真实的人，所以它的价值较低。他们没想到，我们在散文诗中享受到的夏日玫瑰，并不真正存在，而存在于抑扬顿挫的诗和节奏中；玫瑰娇艳且芬芳，但是它们的颜色和香味终会消退，但诗中的玫瑰永远存在。他们幻想艺术的价值依赖于它与物理自然的现实的接近程度。

整个讨论的主要任务就是证明这种论证和反驳的浅薄。我们认识到，艺术是战胜自然的一种方式，是从混乱的世界质料中创造出某种全新、不现实，并且拥有完全的统一与和谐的东西。不同的艺术只是对现实所进行的不同的抽象方式。一旦开始分析电影心理学，我们就会意识到电影能够以一种完全的原创性达成任务，它独立于戏剧艺术，就像诗歌独立于音乐，雕塑独立于绘画一样。它自身就是艺术。只有未来可以告诉我们它是否会成为一门伟大的艺术，是否会有像列奥纳多、莎士比亚、莫扎特那样的人是为它而生的。没有人能预见新艺术未来会走向何方。纯粹审视审美原则绝对无法预示文明的发展方向。谁能在 400 年前足够大胆地预言现代交响乐的音乐方式与效果？正如音乐历史表明善于创新的天才始终必须为艺术的常规工作开辟道路。音调组合，对于一代人而言是无法忍受的不和谐，经历一次又一次地被吸收和欢迎，终于被后来的时代理所当然地接受。没人能预见电影这门新艺术即将开辟的道路，但每个人都应该认识到，即便是今天也值得助力这项运动，让电影艺术成为我们时代的原创表达，并通过它塑造大众的审美本能。是的，它是一门新艺术，这也是为什么心理学家为它着迷的原因，对于他们来说，世界充满了具有上百年历史的现成艺术，突然找到了一种尚未发展且未被理解的新形式。心理学家第一次能够观察一种全新的审美发展的起点，研究在纷乱的技术时代真正美的新形式；正是通过它的技术创造，通过心灵自由而愉悦的游戏，电影，比其他任何艺术都更能战胜外部自然。

美的问题

　　学会前任主席精彩的就职演讲致力于"真理的问题"。他权威性的论断在争论中有一个统一的词能够标识当今时代的美国哲学。他关注的是我们学会近年来的讨论一直围绕的核心，作为主席演讲，除了用这种方式表达我们思想的前沿外，该演讲没有其他更高的任务。不过，仅仅是心理对比的法则使我相信，与兴趣的中心相比，我们忽略的中心不也同样重要吗？如果主席演讲必须关注某个问题，那么强调我们遗忘甚至忽视的问题而非日常思考的问题，才能克服哲学的片面性，这么想难道完全错了吗？任何地方的片面性都不如哲学里的更危险，因为每个真正的哲学问题和答案都与整个宇宙相关。仅仅关注一个片段一定会导致实在观的扭曲。在哲学里，忽视生活的任何基本方面而没有付出沉痛的代价，从未发生也绝不可能存在。真、善、美和宗教都赋予我们的生活以意义，如果用单一的尺度代替道德，如果仅仅讨论真理问题，那么哲学家尝试解释和理解的经验就是错的。

　　当然，我无权说这完全发生了。道德和宗教的哲学问题虽被真理问题的兴趣过分地压抑，但它们从未真正归于沉默。即便在貌似不受欢迎的地方，其内在生命活力也会让它们的声音被听见。尽管追求真理的人不会全然忘记世界上还有道德，但美国哲学家除了两三个显著的例外，却不愿记住，美也与我们试图理解的生活交织在一起。我的论断，并未遗忘在实验心理学意义上对美感的研究，实验分析和心理解释在心理审美学方面做出了巨大的贡献。若非我们一直漫不经心地忽视了美的哲学，心理学家就不会不得不在这个领域给出他的定论，也没人认为这是定论。

当然，今天无论谁在探讨美学问题，都倾向于从审美愉悦的心理过程开始研究，这无疑是非常坚实的基础。当美学开始从形而上学的思辨中解放出来时，当费希纳耐心地把美学的根基"自下而上"（from below）地打起时，这种美学只是收集经验事实，并用科学的精确性描述它们，它始于最基本的审美元素，并从最基础的审美经验通向对最高艺术品的赏析；这确实是美学获得解放的伟大日子。这是实验美学诞生的时刻，在过去20年间所有国家都创立了越来越多的心理实验室。它的精神与同时期的民族学的发现完美地保持一致，也与关于人类艺术原始起源的民间传说的研究完全吻合。

就原则而言，生物学、民族学和艺术史的已有研究成果显然不难理解。这就是过去50年人类努力的每个领域都在讲述着同一个简单的故事，即缓慢而自然的发展故事。艺术创作和艺术欣赏的发展就像语言、宗教、习俗和法律的历程一样，更多的困难因而更多的争议属于实验心理学家的贡献。当然，心理学家的起点也非常简单而自然。他们必须从这个问题开始，即我们更偏爱哪些表象？哪种颜色、颜色的组合、音调序列、和弦、线条、角度、曲线、节奏和运动基本上更让人愉悦？如果一个人要精确性，单靠实验就能获得答案。因为这种实验美学从未超出对最简单的愉悦刺激的分析，而认为它不令人满意是目光短浅的。在实验心理学的萌芽阶段就预言心理实验室不可能超越感觉和反应的研究，正是出于同样的狭隘。与此同时，心理实验室已经席卷了心理生活的全部领域，同样，我们或许有模糊的希望，可能会满心相信美学上的心理实验也会从最简单的刺激通向最复杂的审美对象。的确，我们无法否认心理学已经进步了很多，最近严格的实验方法已经被应用到绘画、诗歌、旋律这些审美素材里，这已远远超越了基本的起点。

但更重要的是，人们越来越清楚地认识到，外部刺激的特征不足以解释他们的知觉所提供的愉悦。每年的实验工作越来越多地转向到对主观因素的细致研究上。我们在此可能会认为研究涉及的是心理条件，比如说，在多大程度上不同的姿态、疲劳、药物或重复会影响到我们的愉悦。或者认为研究涉及的是心理效果，比如说，审美状态里的运动反射或者脉搏与呼吸的变化。或者最终可能会认为，那些研究会审视审美情感中的联想、抑制、记忆过程和有机感受。无可否认，沿着这些路线进行的实验，其结果到目前为止微不足道。只要实验涉及的是审美状态的主观因素，我们就仅仅处于实验工作的初期。

不过，实验工作的不足无害，因为通过对日常艺术欣赏的愉悦心情进行细心地自我观察，我们能填补知识上的空白。每次艺术体验在这里都成为某种意义上的实验。因此，心理学家不必等到实验室提供给我们精确的数据，因为大多心理学理论都争相提供。

我们了解这种理论，它说物理刺激唤起了运动反射系统，人们在心理紧张、兴奋和运动与有机体的结构条件相一致时，就会感到愉悦。当然，也有理论仅仅涉及心理因素，它在心理状态的相似性和喜爱中寻求愉悦的来源。当心理反应唤起的一种元素在某些方面和产生的其他元素相同时，我们就会喜欢。还有一些理论从完全不同的起点出发，它们认为，真正的愉悦来自艺术地感知对象，不需要我们进行实践活动，即抑制了我们真正行动的冲动。赋予了我们从实践存在的必然性中解放出来的自由感，这令人愉悦。当唤起一种和谐感时，我们会获得愉悦。与这一立场相近的理论强调，艺术作品会抑制任何其中不包含的东西。因而，所有让我们的心理活动远离审美感知的联想都被抑制和压抑，艺术作品这令人着迷的力量用一种令人平静的愉悦感征服了我们，我们从真实的事件链中解放出来。但这种理论强调的是非现实感，其他人指出了这种心理状态如何与其反面交替：确实，艺术效果的全部愉悦都在于这种现实感和非现实感的持续波动中，这种类似钟摆的运动给予我们一种特殊的愉悦。

其他理论家还声称，我们把自己的心理状态投射到审美对象上，之所以愉悦是因为我们从自身人格的感受中解放出来，感受到的不是自己而是自然的行为。或者相反，或许会说我们从自我中感受到愉悦，因为它变得更丰富，它吸取了外部的冲动和能量。还有必要搜集更多种心理学理论，如强调实践优势、道德满足的联想观念，或者纯粹模仿的愉悦，或者战胜技术困难的愉悦等吗？或许我们更应该注意，它们每个都指向经验的重要组成部分，它们彼此不矛盾，的确，它们或许都应该作为因素归为一种研究美的对象愉悦性的终极心理学理论。但对于我而言，更重要的是它们在其他方面的共性：所有无一例外都是心理学理论。

它们的共同预设是，艺术作品或自然的美是物理对象，光线和声音等在物理世界中，会对人类有机体构成某种因果影响，它们刺激了人的感官和大脑，并唤起了人的一系列生理和心理现象，最终成为一种愉悦感。不同理论争论的是，这种因果链条中最重要的关系，即大脑的感觉刺激和愉悦感的关系，但理论的原则和目的毕竟都完全相同。从根本上说它们与享受水果、咖啡、糖果的心理学解释并无不同。吃苹果的感觉和从水果中获得的愉悦，两者的心理过程可能很简单，勃朗特画作的印象和绘画的愉悦可能很复杂。但是，所有这些联想、抑制、融合和冲动的提出，并未改变心理任务特征，即通过因果方式解释个人愉悦感。每个案例中的审美愉悦都意味着在个人有机体上激发某种愉悦感，对象的美仅仅是这种愉悦心理想象的虚幻的物化。美的事物本身没有价值，它们本身最终只是物理分子、机械原子、空气波和电磁波。它们唯一的审美意义在于，它们是导致心理物理个体愉悦的原因。

但我们真正有权止步于此，并接受这种心理分析就是美学研究的定论吗？对于我们而言，除了给予我们愉悦感外，美就没有进一步的意义吗？与巧克力和香水所唤起的愉悦感相比，我们欣赏达·芬奇的蒙娜丽莎、贝多芬的第九交响乐、哈姆雷特、安提戈涅时的愉悦只是更复杂吗？的确，如果美的意义就只是个人愉悦、个体状态和瞬间的享受，那么我何曾靠近过美的神坛呢？我享受生活的快乐，寻找自我舒适、感官的愉悦，简言之，我寻求自我的状态。若尊重美的圣地，我就会了解无物取决于我这个偶然的个体，我所探求的实在要对每个能感受到它的人都有价值，它是我们应该服从的应当（ought），它是应当属于世界真正意义的完美，别无其他。我也许无法把握它，也许不值得进入它的永恒里，但如果它曾向我诉说，并揭示它的美，那么它问的不是我的意识中是否有愉悦，而是我是否把握了它的和谐，并通过它了解世界的完美。

训练有素的心理学家对这种形而上学的空话会露出屈尊般的微笑。一想到他们可能被抛回到前心理学时代对美学的推测，抛回到始于模糊的推想而非真正经验的事实的"自上而下"（from above），我就忍不住震颤。不过，他并不惧怕任何危险，因为他的心理学能迅速给出关于这种神秘情绪的充分解释。当然，他说，在易激动的性格中，令人愉悦的对象产生的心理情绪可能会溢出到次生渠道，而产生半宗教的联想和情感。心理学家对问题的这种解决方式完全满意，只是要求我们抑制那些模糊的联想而坚持真正的事实。

我完全赞同他们，但会问什么是真正的事实？什么是我真正、直接、未经重建的生活经验？在我面前有一个简单而美丽的阿拉伯花饰。它的两部分彼此平衡，相互之间充满了有节奏感的运动，它们从中心远离又回归，我追随它们的能量越久，就越能理解它们完美的和谐。什么是事实？你说绘画是黑白点的物理分布，它们通过感官和大脑让我产生视觉观念，这种观念又通过联想和反应唤醒了关于运动和能量的物理观念，它们是我投射到物理装饰品上的，最终在我的意识内容中产生了愉悦感。我对此全盘否定，所有这些都未进入我的经验。在看到这个装饰时，我的意识胶囊中没有所谓的双重经验，即外在于我的物理事物的观念和内在于我的心理视觉的观念；我根本不知道这个装饰存在于我，不知道我的头脑，也并未感觉我的情感成为仅仅觉知的经验，所有这些所谓物理事实和心理事实都没有作为真正的经验向我呈现。我不是说它们不是真的，并不否认用物理范畴和心理范畴理解这种情况有其逻辑价值，出于某种目的，我会用物理学和心理学惯用的方式来重塑生活事实。我坚持的只是，它们的真理如此地被遮蔽和掩盖，并非赤裸裸的生活事实，若真正想要"自下而上"的美学，即美学的始点不是用复杂的思考重述过的事实，那样我们就不可能从生理心理学的结果开始。对于某些目的而言，它们或许必要却是人为的，远离它们，最终回到我们真正的经验当然不是忽略事实，而是真正地重拾经验，因果科学像形而上学的思辨一样让我们远离经验。什么是事实？我想再次追问。

纸上的装饰对我而言不是双重的而是单一的，它既不是由原子构成的物理对象，也不是由感觉构成的视觉印象。它仍是无关的前物理和前心理对象。同时，我自己对它采取态度，不是作为一个被动的意识主体，而意识到感觉和情感、观念和意志这些意识现象；我自己通过这些态度而活着，我直接触及那些真正对象的意志。意志的主体与对象的对立是主要的；这与物理和心理间的对立还相去甚远。是的，我可以更进一步。我的兴趣对象甚至不是物理存在意义上的"事物"。若把对象作为事物谈论，那所说的只不过是我的当下印象；我所指的是它可能成为随后经验的可能对象，也是先前经验的对象。简言之，我引入的是存在于物理维度的思想关系，但它超越了真正审美经验的事实。无论是面前的装饰、如画般的教堂塔楼、还是我听到的旋律都不仅仅是一种印象，它们在我看来是一种意义，是一种能量、暗示和要求的多样性。我问的不是它是否会超越当下的经验，它是否是事物；表象自我代表，它的每个部分都希望我参与其中。在塔楼宏伟的上升中我感觉到自我的提升，即我人格的意志意愿着塔楼自己的意志，随着旋律的音符，我的意志兴奋起来并渴望着其他音符。让我们暂时地把类似的物理知识都驱逐出去，让我们暂时面对所经验的原初而纯粹的现实，那么把这个对象世界的自我表达作为具体事实来理解不再有任何困难。从其他角度关注现实，联系经验以便赋予我们事物和因果联系，这可能非常有价值；不过当然也完全有理由去抵抗这种冲动，而要在超越当下经验前试图理解当下经验本身。

在这种当下经验里，每个部分都作为建议向我的意志呈现。通过和它一起意愿，我把握了它。然而，我们体验一种意志本身当然没有满足、快乐和价值，距离美仅有一步之遥。这是决定性的一步，正是这一步赋予我们的生活以意义，我们才有谈论世界的可能。正是这个行动构建了世界的意义，对抗了纯粹梦境和混乱。表象呈现给我们，但这样分散的表象绝非世界，是决定满足于一团分散混乱的表象，还是要拥有一个确认其内在独立性的世界，这是我们的责任，且是永恒的责任。

如果你决定，对于你而言，经验不过是一场梦，任何印象、建议都仅仅是印象建议而已，没有联系，没有一致，没有相互关系，那么你就没必要追问世界上是否有价值，因为你没拥有世界。没必要思考，没必要讨论，因为无物长存，无物被共有，拥有的只是彼此无法触及的混乱碎片。但若你决定在这个混乱中寻求真正的世界，那么这个世界的组成部分就由你自身寻求意志的需要所决定，只有你尝试理解属于这个世界的东西才能构成它。反之亦然，任何你的意志认为是世界必要的一部分，它就会预先成为你所探究世界的一个特征。它属于这个世界，而无法从中移除，不管你距离它有多远。只要意志决意拥有这样一个世界，超越梦境般印象的混乱，那么它就永恒地与世界紧密地联系在一起。

那么，世界的绝对性质对于我们来说不再是纯粹的经验，而是我们的意志的实现，意志的任何实现都意味着一种满足。因为拥有世界的意志是世界无法消除的条件，因此构成世界的任何东西本身能给每个可能的主体带来绝对的满足。这种满足确实不依赖于这个或那个人的个体欲求，所以这不只是纯粹个人欲求的满足，简言之，它是一种超个人的愉悦，也是一种绝对价值。渴望愉悦对象的意志因人格和经验而不同。拥有世界而非梦境的意志，是我们从根本上把每个人看作主体的预设。任何反对建立世界这一决定的人，与我们构建世界的探究不再相关；任何做出决定的人，都迈出了从混乱经验到永恒价值的决定性一步。

在此我们仅仅追问世界的一种价值，即美。先前已谈及，每部分经验都是作为意志的暗示而呈现的。每种颜色、每个音符、每个角度、每条曲线、每个节奏、每句话都是我们能理解的表达。若现在超越这些单一的暗示而去寻求世界，那么首个要求必须是，这些表达不再是没有支持和一致的偶然经验。一旦在我们诉说的意志中发现了与其他意志同样的东西，需要的一致获得满足，线条间彼此的目的协调，音调间彼此的欲求和谐，词语间和谐统一，我们的意志就瞥见了世界。从简单旋律的少许音符、装饰的少量线条到生命与世界的完全和谐统一，还有很长一段路，但确实是一条没有转弯的直路。任何地方只要能体验到意志的多样性，各个部分的一致能够满足我们对一个不混乱、自我一致的世界的要求，这就会给每个意愿世界的可能主体带来满足，就有永恒的价值。

这种自我一致的经验是否同时也能满足纯粹个体性人格的其他需要，与这种价值无关，所以我们就从愉悦或痛苦中解放出来。美或许愉悦而讨人喜欢，但绝非因人喜欢而美。它因完善而美，因为其多样性提出的任何需要都通过其他部分的意志得到完全的满足。客观的满足源于拥有这样一个完全自我一致世界的意志，这是唯一的审美态度；源于人格偶然欲望的主观满足是实践态度，会因人因时而异，是低于审美水平的。美的绝对价值，是唯一可能世界永恒结构的一部分，因而与特殊的个体是否有这种审美态度并理解世界的美无关。可能对象的意志不触及他们的意志，他们仅把对象看作实现现实欲望的质料。他们个人的不足不可能干扰其无法理解的客观价值，因为这是完全不同的问题。一个没音乐细胞的人，音乐对于他来说是令人喜欢的乐谱还是让人讨厌的噪声，对音乐的美毫无影响。他对音乐一窍不通，音乐对于他而言只是声音，这些声音通过有机体的感觉或联想，让他激发的是快乐还是痛苦不过是副产品，与伟大作曲家的努力根本无关。我们的生活包含着对世界的各种各样的态度。若我们决意拥有一个世界，对于每个人而言最终都是同一个世界，但经验的世界特征可以通过不同的方式实现。审美的方式是其中一种。你也能通过伦理或审美的态度接触这个世界；对经验完全不采取审美态度，生活也可能得到统一，这完全不会干扰到审美完善性的绝对价值。

虽说审美态度的缺失可能不会损害我们正寻求的生活统一性，但生活统一性本身作为和谐完善的理想，最终不也是审美价值吗？若追寻原则，我们确实无权忽视这些事实，即审美态度根本不限于艺术作品，艺术家历史性的文明上的努力不过是聚焦了能量和态度，这些我们在世界的自然生产中也同样遭遇到。若我们不愿谈论未被艺术家的天赋重塑的经验美，这不过是言语之争。难道我们不是习以为常地谈论日落的美，并对大海进行审美吗？当其他经验领域满足同样的条件时，我们无权回避同样的字眼。我可以毫不犹豫地说，人类的友谊、爱、和平是审美价值，每种幸福在审美的完善性上展现了它真正的意义。

我们暂时先不考虑用艺术手段系统提升过的世界的完善性，而去评价当下生活的美。对于每个人来说世界有三个领域的经验，即外部对象世界、他人的世界及内心世界。科学家喜欢用物理事物代替外部表象，用心理现象代替内在目的，我们知道这两种方式都会让我们远离当下现实。当科学让我们相信接触的其他人格不过是物理对象、有机体，是我们通过内省的类比投射的心理现象时，它距离现实生活更远。在生活经验初始，其他人是意志主体，作为我们赞同或反对的人格向我们呈现，我们根本不是从客体来考虑，而是要理解他们的态度。因此，我们回归到原初经验，从重塑的物理学和心理学的回忆中解放出来，世界对于我们而言就成为外部表象的联想世界、人的需要的世界、内在生活的目的世界。三者的每一部分都可能展现出内在的一致和统一。

如果外部表象的目的和谐一致，我们就拥有自然美的价值；如果各种人格的意志和谐一致，我们就拥有爱的审美价值，如果内在需要的总体和谐一致，我们就拥有幸福的审美价值。为什么自然的美对于我们而言是一种宝贵的经验，现在就一目了然了。只有当自然向我们展示自身的意志，由此让我们感到它的欲望、目的、兴奋和节奏时，这才有可能；当外部表象不再作为行为起点及满足个人需要的质料被考虑时，这才能实现。如果与大海的波浪抗争，它们对于我们而言不过是危险的；因为出于个人利益考虑，我们用因果联系对待那些表象，并未把它们看作鲜活的物理对象，所以它们毫无意义。但若站在安全的岩石上，每个海浪与浪花都向我们展现着能量与活力，我们感受到波动的海洋像在奏响一部完美的交响乐，彼此和谐。自然向我们诉说的既非抽象的观念也不是寓意；它没有神秘地站在自然背后，它诉说的是能量、力量、脉动；诉说的是颜色、线条、节奏和声音的兴奋。自然的这种元素让我们舒适还是痛苦、令人愉悦还是令人讨厌，不会影响自然的美。美仅仅需要我们自己感受自然的意志，在自然其他部分的一致中满足所有欲求。当然，这种一致的多样性越丰富，风景就越美。

我们理解人类多样性的彼此一致时也是如此。若两种人格在友谊中和谐，或者上百万意志在和平中一致，那这种意志是否会满足我们个人的欲望根本不是问题；不，真理的价值完全在于如下事实：两种意志一致，因而混乱的经验状态被组织为意志的统一体，而这又意味着世界。任何两种意志合二为一的地方，就有绝对价值向我们诉说，它的和谐也就成为了世界永恒意义的一部分。爱、灵魂的和谐、奉献与和平，如果像通常那样被归为伦理美德一类，那么它们在价值体系中的位置就被错放。两个灵魂在爱中统一，它们的意志合二为一，没有抗拒，遵循的不过是意志最深处的冲动，不可能有任何道德价值。它无权要求道德上的表扬，但它充满了无尽的美，通过人格的完美和谐，世界也变得更丰富。

但幸福的审美价值更多地被习惯性地错放位置。功利主义伦理学模糊地用幸福指代纯粹的快乐，一直想把幸福混入道德体系里。唯心主义伦理学把道德与幸福区分开，并相信要完全把幸福从绝对价值世界中分离出去。幸福当然不在伦理范围内，但它是绝对价值。它是我们自身努力的完善与和谐。正因为如此，幸福比纯粹愉悦的内涵丰富得多，或者说是与愉悦完全不同的东西。满足我特殊欲求的愉悦消灭了意志。当欲求被满足时，我就不再有任何意志。真正的幸福希望的是持续努力的丰富性，及所有内在能量的充分和谐。这些特殊欲望中可能没有任何价值，但它们之间完全的和谐就构成了我们内在生命的绝对审美价值。

这种幸福包含的外部世界的意志越多，就越成为新而又新的需要和努力的起点。自然和人类的内在生命通过它们的外在和谐、爱、幸福不断地给我们美的礼物；完美世界的阳光照耀不到的地方，就没有人类生命。

文明的历史就是伟大的人类努力实现并相信世界有绝对价值的历史。科学、宗教、法律、经济都致力于永恒价值的不同努力。艺术的作用就是努力系统地实现审美价值。美术涉及外部世界，文学涉及人的世界，音乐涉及内心世界，这与我们在当下生活经验中发现的三个领域相同。视觉艺术的目的确实是以这种方式呈现外部世界的一部分，以至于我们能在这种既定的多样性中理解所有目的的相互一致，并由此在这一部分中感受到宇宙永恒的完善。从对艺术家终极目的的清晰理解中，我们可以推论出艺术每个可能的规则和原理。一个要求凸显出来，即为了在外部世界中寻求内在和谐，它必须作为意志向我们呈现，因为只有目的能够一致。因此，它不再只是我们实践工作的素材，不再只是兴趣对象。它必须从实践活动的链条中隔绝，它不再是先前事件的结果或之后事件的原因，它必须完全从世界的其他部分中脱离，简言之，它必须被完全孤立。这种孤立就能完全消除所有联系及所有实践态度，这种孤立通过艺术来达成。风景画里的山后无人，道路也不会通向画框外，大理石狮子不会突然跳到我们面前；舞台上垂死的女英雄不会期望我们会跳到舞台上救她；小说中的角色永远不会干涉我们的日常生活。艺术提供孤立，正因为如此，我们对经验完全一致的需要才能被满足。要求能否被满足，完全取决于我们是否拥有一个完美的艺术作品，是否一个天才塑造了经验。

这种孤立本身构成了艺术的非现实性。当然，青铜雕像就像鲜活的人一样填满了真正的空间，舞台上的哈姆雷特本身甚至是真人。因为油画本身不是真正的风景，只是现实的再现，因而说油画不是真的；因为小说本身不是真正的恋爱事件，不过是它的记录，这完全是种误导。不，自然历史书或生物史的描述同样只是再现，而它们的非现实性完全不成问题。其真正的含义是这样的：审美意义上的非现实性意味着经验中的对象不会超越自身，不会唤起对改变未来或者对先前舞台类似经验的联想。我们从不期望油画中大海的波浪会起伏，也不会期望纪念碑上的英雄会说话。任何艺术经验都不会指向自身之外。它既不会在随后的舞台上被把握，也不会在先前的舞台上被了解，因此它缺乏构成物理存在的所有特征，在这个意义上，也缺乏构成现实的所有特征。

有很多手段能抑制对各种现实联系的期望。画家呈现了自然中丰富的色彩但取消了第三维。二维风景画上的线条、形式、内容在向我们诉说着每个冲动，树木、草坪和人们都可能在表达，但草地上的漫步者永远不会前进。他可能前进的期许之所以被打破，不是因为画家无法用立体形式再现风景，他特意用平面来呈现，因为他希望去除漫步者可能会前进的期望。雕刻家保留了第三维，但他消除了颜色，涂色的蜡像会欺骗我们并激发我们对其运动的期许，这远在真正的艺术水平之下。同样，诗人运用节奏和韵律，以便他的诗歌不会被当作事件和情绪的报告，这会进入行动的链条。舞台上的人物也是这样，那些任务的雄心和阴谋可能出现在舞台之外的期许也被舞台切断了。

艺术对象的非现实性丝毫无损经验的丰富性。真正的对象所添加的不过是它会指向自身之外。因此，艺术的非现实性呈现从不用现实的幻象欺骗我们，因为这种幻象会消除审美态度。但这种现实性的缺失绝没有把非现实性对象放到比真正对象更低的水平上，好像它缺少了什么。非现实性完全不同，但与现实同样有价值。现实生活中通常的流行观念可能会误导我们，让我们觉得现实是肯定的，而非现实是否定的；仿佛添加了现实性，非现实就会变得更有价值。但按照同样的逻辑，我们可能转换这一关系。非现实能完全呈现自身，因为它是完善的，所以它无须指向自身之外。同时，现实只有唤醒期望，只有在超越自身局限的联系中才有意义。所以，现实的经验自身是不完善的、不完美的、不令人满意的。于是，现实变成否定，而艺术中的非现实是肯定的。非完善的现实试图通过它的发展、改变、联系努力达到自我完善，而这是艺术家的创作即时具备的东西。若通常预设世界的现实性是根本的，完善性只是偶然的附加，那么这只能表明我们世界观的片面性。我们可能会认为统一、和谐、完善并且美的只是真而有价值的世界，但这同样是片面的高估；世界存在着某些不完善的经验，能够激发联系成为科学经验，并通过它们客观的现实性获得某种价值，这也不过是偶然的侧面事实。

视觉艺术会带来自然的多样性的内在和谐，而文学涉及的是人的意志，因为人的生命有与外部世界、与其他人和与他自身这三重关系，我们就有三种基本形式的文学。史诗讲述外部世界英雄的奋斗，戏剧呈现他与同伴的关系，抒情诗表达了他的内在生活经验。但在这三种情况中，诗人给我们呈现的是兴奋、意图和目的多样性的完全一致。每个元音、辅音、节奏、线条、音节、单词、隐喻、思想都具有它们的内在目的，它们在我们心中回响，我们感受它们自身的意志，若它们都和谐，那么诗就是完美的。当然，这不意味着文学涉及的只是处于和谐友爱关系中的人。相反，对立意志间的鲜明冲突是戏剧最深层的意义，不过真正的悲剧没有不和谐，这也完全没错。这就是艺术和生活的必然差别，在人生战场上的人格冲突是不和谐的，因为所有的现实牵绊都在起作用，在这种敌意中没有统一。但戏剧切断了所有这些关系，通过舞台的框架，它展现的多样性被孤立，在这种有限的多样性中，每个意志都完美地服务于整体目的。一个意志如果有另一个意志与其对立，就没有意义。如果想要一个就需要另一个，它们由此得到完美的一致，并在统一体中联系起来。美术也是这样，画家可能创作出一幅完美无缺的画作，其中的内容却是最丑陋的乞丐。自然、生活中的丑陋与不和谐可能成为最美艺术作品的内容。一旦肮脏乞丐的表达是作品的主旨，若每个线条、颜色，人物的每个运动、背景的暗示都促成这个目的，该作品就达到了完美的和谐。现实或许不和谐，令人厌恶，但只要感受到同样的多样性，非现实就能达到经验的完全统一。

现实生命在完美幸福中感受到的内在运动的和谐，在艺术中可以通过音乐的经验得到。音调不描述也不描绘任何东西。它们只会解放我们的自我，让我们的自我活在乐章和节奏中，活在音调的渴望和实现中。为了丰富的内在情绪，我们需要音调素材仅因为它们不是事物，它们在世界中没有实用价值，尽管它们来自乐器，但我们的态度并不指涉这些外部对象。图像和语言向我们诉说自然和他人，音调什么都不表达。我们只是在它们的相互关系中感受其意义，它会用努力和达成的无尽内在运动填满我们的头脑，而其中目的的内在和谐就是完美的幸福。在最简单旋律的完善中，在最简单和弦的统一中，音乐自身就能带给我们全然的宁静，宁静不是缺乏意志，而是无比丰富的内在兴奋的完全平衡。所以，音乐表达了我们自身的和谐，就像诗歌揭示了人类的和谐，美术表现了自然的和谐一样。不过，这个内在自我再次被孤立，从可能会涌入到我们头脑的实际情绪中分离出来，因为音乐用音调的非现实世界代替了事物的现实世界。

所以艺术需要很多因素。多样性的内容必须是非现实的，它必须表达意志；这个意志一定很重要，并被我们感受到；它必须消除我们自身的意志，任何内容之外的联系都必须被切断；其整体是完全孤立的；它必须拥有自己的形式，这个形式必须与内容和谐；各部分形式与内容的建议都必须与整体的目的一致。但所有这些因素不是偶然汇聚到一起的，它们都统一于同一个根本的艺术目的，即要表达经验多样性的内在一致。因为它们寻求一致，所以我们必须理解意志；为了理解经验的意志，我们必须消除自己的个人意志；为了消除个人意志，经验必须切断与世界的联系由此孤立变得不现实；如果这个孤立的意志多样性是完美的统一，那么我们就拥有了美。同时，就像我们一开始就认识到的，意志的统一代表了绝对价值。如果作为建议的意志不是昙花一现，而是独立和自存某物的表达，简言之，是世界的表达，那么它必须自我一致，只有当它与自身一致时，它才不只是混乱的梦境，还具有意义。我们希望在经验中得到这个自我肯定世界，否则关于世界的所有讨论从原则来说都是无意义的。所以，单个经验需要在既予多样性的其他部分找到一致的目的，当找到同一性时我们就获得满足。但这种满足完全是意愿世界的非个人需要，这个需要必然地属于每个作为意志的主体，这种满足是超个人的；构成艺术作品的意志统一性，其价值具有超个人的意义，它是绝对价值。严格说来，整个艺术作品或它的部分是否同时能够满足愉悦感和喜欢，完全无关紧要。艺术作品也许让人愉悦，但它**应该**是美的。通过意志表达的内在和谐，世界展示了它的自我肯定，这构成了每个寻求世界的可能主体所需要的意义。因此，这个需要的满足一定有普遍而必然的价值，不承认这种价值的人不可能成为主体；没有这种价值也不可能有世界。我们的个人愉悦不断变化，也许转瞬即逝，而美的价值是永恒的。

从这个最高点，我们可以很容易看出审美价值与逻辑价值的根本差异。它们的方向完全相反，但最终原则相同。逻辑需要的满足是相同假设的另一种实现方式。主体希望超越飞逝的混乱经验。他要从这片混乱中找到一个肯定自身的世界。通过多样的各部分的一致，我们在美中能找到这个世界。但这个世界的相同的自我肯定，也能以相反的方式达成：如果不考虑各部分目的的多样性以及同一性，而思考单个经验并在新而又新的生命情境中寻求它的同一，那么通过这种逻辑行为，我们就能立刻获得实践、存在和客观实在的价值。我们现在拥有了外部世界的单个经验，并在其他主体的经验或我们自己的新经验中寻求它的同一性。因而表象成为物理事物的组成部分。我们听取建议，理解了表达自身的意志，并与其他经验中的意志一致，我们通过它构建了人格的存在。或者我们在意志经验中遭遇自己，不过它不是转瞬即逝，而是在每个经验中发现它的统一性，于是我们把它构建成一个真正存在的规范。我们把客观存在的价值赋予事物、人、规范的这些经验。但它也是绝对价值，因为它是超个人需要的满足，是单个短暂的经验和自身的同一，因此我们与世界同在。

正如审美态度会把自然美、爱与幸福引向艺术中的文明创造，同样，逻辑态度会把纯粹的、当下的实存价值引向文明的系统努力，我们称之为科学。不过逻辑态度还是一样的。知识是系统性的重建，其中每个事物、人、规范都通过每个可能的经验理解为与它自身保持同一。出于这样的目的，事物进入构成物理宇宙的因果活动链条中，人格嵌于历史中，而规范纳入逻辑系统里。不管我们涉及的是物理、历史还是数学，它们都是经验的不断重塑，直到一切都被转换为同一的系统，直到宇宙都由不可分的原子构成，它们与自身保持同一，或能量不会消失。因而，科学必须联系这些经验，直到一切都成为这个系统性整体的部分，这样它就能断言自身的同一性，而艺术孤立经验，并且切断既与多样性与世界其余部分的所有联系。

因而，美的统一的审美价值、联系存在的逻辑价值同样是超个人需要的实现，它们能够在这片混乱的经验中达到自我实现。当然，对这些联系的探究可以让我们计算，哪些既予是尚未经历的，哪些是被期盼的，因而这对于实际行动而言很重要。我们对美的欣赏从未超出既予的多样性，除非是出于实践目的，但它教我们理解世界的内在意义。因为知识是实践成功的手段，所以我们遵从科学，通过遵从科学，我们掌握了世界。我们全心全意为美服务，但当我们向美臣服时，我们就征服了世界，把自己从世间的斗争与烦忧中解放出来。对美的臣服要求我们感受自然的意志，而抑制我们自己的偶然意志。遵从知识，所以我们通过对单个元素的持存把握了世界的自我肯定。臣服于美，所以在既与多样性的目的同一中，我们把握了世界的自我肯定。在两种情况下，真正的价值在于这种同一性的确认，在超越消逝的经验的需要得到实现后，我们在混乱中把握到世界。

在真正的美中，世界的自我一致不违背如下事实，它的整体或部分可能同时满足了个体的欲望，或许满足了我的感官，或许让我产生愉悦的游戏感，或许给我带来美好的记忆；因此美同时令人愉悦。同样的关系对于逻辑价值也成立，它们真正的意义也存在于，实现了自我一致的世界这一绝对预设，所以它们的价值是超个人而绝对的。但事实是，从现在经验到新的经验所发现的联系必然有助于我们筹划未来，获得成果，得到知识，也会产生愉悦的个人效果。个体对个人利益的需要能够被满足。所以，绝对的逻辑价值也可能伴随着有益于实践的相对价值，就像绝对审美价值也会伴随着相对的愉悦价值一样。但正如感官的愉悦从不构成美的真正意义，利益的愉悦经验也绝不会构成真理的绝对价值。

如果我们要问，关于一个肯定自身因而与自身统一的世界的设定，还可能用什么别的方式来实现，就离题太远。我们应该首先转向目的和行为间的同一性。我们可以轻易地看到，宇宙中的每个进步，每个道德实现，包含的正是这种根本的和谐。是的，我们在法律和技术文明的终极意义中可能只看到这一点，别无其他。最后，我们应该认识到，如果同一性的需要会通向不同的世界——内在一致的美的世界、系统联系的真的世界、自我实现的道德世界，那么世界毕竟不是一个自我肯定的实在。它们都需要绝对价值，但彼此没有统一起来。因此，对世界的预设包含最后一种价值，通过它，所有这些价值世界本身被看作一致的而最终同一。超个人需要通过对超验意志的信念来实现，即审美幸福的世界、逻辑存在的世界、道德努力的世界最终是同一个，因此我们就有了宗教。若这最终的自我一致不是通过超越经验，而是通过设定超个人意志而从根本上把握美、真、善的绝对性，我们就有了哲学。

　　的确，若采取最后一步，我们就是在思考哲学。把美、真、善及宗教的永恒意义看作我们超个人意志的行为，这是真正的哲学努力。探寻美所唤起的愉悦感只不过是心理学研究，远不是哲学。探究美的愉悦性、真理所带来的益处、道德行为的有用性、宗教给个人心灵的安慰，这在心理学中都能找到位置。它们都是未触及哲学问题的心理学。

　　这些努力都是心理学的，在这个领域内前进，哲学将一无所获，这种表达当然并不暗示说它们根本不重要。审视美的作品、真的命题、道德的自我否定、宗教启发的个人、社会、物理、心理效果，当然是科学知识的重要组成部分，只要这些问题不与真、善、美、宗教的含义及其价值由什么构成这个完全不同的问题相混淆，那么每个人都必须接受研究的结果。当然，这些心理问题要通过经验科学的手段来解答；生物学、心理学、社会学都会做出贡献。我们的协会很高兴地参与了《物种起源》五十周年纪念日，秉承着其精神，我要指出的是，天才达尔文开辟了广阔的前景。这种意义属于审美愉悦兴奋的进化，怎么强调也不为过。在道德领域，那些社会团体通过强烈的利他情感而凝聚，并在生存斗争中通过强烈的宗教信仰得以强化。尤其是逻辑领域，我们清楚地看到，那些大脑产生对有益行为有用观念的个体才能生存。有用观念的存在是达尔文主义在生理心理学上最直接的影响。从那里到社会心理学上称为实用主义的有趣且令人鼓舞的研究只有一步之遥。

但所有这些有价值的研究都是知识的一部分，因此它们只有真理观的意义，在把混乱重塑为自我肯定的系统的目标上，它们才有价值。那种根本的、超个人的、设定世界的行为，赋予真理以价值，因此它先于每种特殊的真理。在我们寻求绝对真理时，我们构建了科学，在科学中出于某种逻辑目的，我们必须选择一种立场，其中每个人的作用，甚至寻求真理都不过是一种个体而相对的心理学现象。从这一立场出发，任何绝对的东西必定给我们留下不现实的、不一致的和荒谬的印象。于是绝对就成了一个笼罩在云层后面的巨大世界。实用主义反对这种绝对观念的努力当然有其正当性，但在康德哲学之后就显得多余。逻辑上的实用主义就像美学上的实用主义一样，如果将其看作哲学而非心理学，就是最新的前康德主义者对前康德问题的回答。经验背后的既成世界是约束我们意志的规则、规律、规范，如果我们从根本上决意让一个世界成为世界，这就属于我们经验的永恒结构。

让我们向达尔文致敬，这个 19 世纪科学事实研究的领路人，让我们秉承他的精神，承认世界上的物理和心理事物、生物物种和心理学真理都有其起源、发展和目的；因此它们仅意味着相对价值。但我们哲学家也不要忘记，同一个世纪还有费希特的唯心主义。这两种观点之间不存在冲突，它们都是自洽的。固然，如果我们把关于身体或心理的自然科学提升到哲学的高度，那么我们永远不能得到绝对价值，且一定会产生冲突。但如果我们认识到科学自身依赖于绝对行为和绝对价值，那么所有的冲突都会消失。唯心主义可以全盘接受科学真理而不干扰它；的确，唯心主义自己就能保证它的自由与安全。实用主义的真、美的相对性学说的价值依赖于真、美的绝对价值。达尔文主义、实用主义和所有的相对主义能够且必须进入绝对唯心主义中去：物种的起源和永恒的价值不可分离。

心理学研究

心理学与生活[①]

　　《心理学与生活》包含他不同时期完成的多篇
论文，分别探讨了心理学与历史、生理学、神秘
主义、艺术、教育的关系。本文选取了部分内容
作为其思想参照，通过把握他的心理学，我们可
以进一步理解他的价值论思想。比如，闵斯特伯
格对心理学和历史的区分，有观点认为两者的区
别是，心理学处理一般事实，而历史涉及个别事
实。但在闵斯特伯格看来，这种区分是本体论而
非方法论意义上的，两者涉及的材料不同，主体
也不同。我们经验的整个实在能够划分为两类，
一种是意志行为（acts of will），另一种是意志对象
（objects of will），这两者又可被再次划分为个体
的与超个体的，研究个体意志行为的是历史，研
究超个体意志行为（义务、规则）的是规范科学，
比如伦理学、美学和逻辑学；研究个体意志对象
的是心理学，研究超个体意志对象的是物理学。
只要心理学和历史坚持各自的目的，那么它们就
互不相助也互不干涉。这种区分显然受到文德尔
班以及李凯尔特的影响，同时，为他作传的黑尔

---

① 本文是节选。

（Hale）认为，闵斯特伯格是为了反对当时在美国盛行的心理主义，即把生活中的现象都当作机械心理学规则的推演，试图用心理学解释生活中的一切问题的错误倾向。

心理学与教育

1. 心理学对于教师的价值

对于我们来说，儿童心理学、实验心理学和生理心理学这三个通常模糊和被曲解的概念现已有了清晰而鲜明的形式，我们也理解了其目标的相对重要性。现在我们要问的是它们对于个别教师的用处。我的回答很简单，而且适用于所有三个分支：它们一点用也没有。特殊的心理事实是否处在一个或另一个大脑的脑回里，孩子的大脑发展是否支持这个或那个理论，即一个特殊心理现象的构成是否与心理物理元素相关，最后，实验心理学是否遵循这个或那个轨道，对于教师来说都绝对是无关紧要的问题。当然我无权表明个人态度，因为我只是客观地表达反对立场；但不得不承认，在这种情况下我根本看不到有对立的两面。一旦它们被正确界定而不与其他相混淆，我不认为任何人会期望教师在教学方法方面能从这三个领域受益。一旦对它们进行认真的诉求，通常情况要么是心理领域被误读，要么是教师替代了教育学。

生理心理学的情形最简单。如果心理生活的生理基础不是大脑而是肝或肾脏，教师绝不会换教学方式，或者改变他的教学努力。我们在这里看到，心理学完全不用从生理学中学习任何东西；若你告诉老师，如果用心了解伴随的大脑过程，就能够学习任何关于心理生活的新知识，这就夸大了事实。如果教师为了对孩子的内心生活有更好的了解，而在显微镜下研究神经节细胞，那么他完全可以用阅读埃及象形文字来代替。从教师的立场来看，所有关于大脑的言论不过是空话，我这么坦率地说，是冒险取悦并不值得的那些人，即太懒而不学习解剖学的人。

我坚持认为，这种情况对儿童心理学和实验心理学再有利不过。正如我们所见，两种科学的目标都是成为分析和解释正常心理事实的方法。儿童心理学通过追随这种发展而达到目标，实验心理学通过引入外部条件的人为变量来达成目标。因此，两者有一个共同目的，有助于我们把心理生活看作元素的组合、心理原子的构成。我认识到这种对内心生活的转换对于很多科学目标而言都很重要，但我也坚信，这种原子式的态度与真正的现实生活是直接对立的，因此与教师面对学生的自然本能也是相反的。在现实生活中，我们的朋友只是作为单个人被我们讨论；我们对他们的心理生活感兴趣，只是因为它具有意义，并表达了真实意愿的人格。因逻辑目的而把心理生活分解成原子感觉的元素，它们的总和就不再是我们朋友的内心生活。就其目的来说，自然主义分解为元素是很有价值的，但生活、友谊、爱和教育的目的是其他。这些不同目的之间没有必然的竞争，每一个都像其他那样真实，因为真理从不意味着对一种现实进行重复，而是用逻辑目的的方向来转换现实。历史学眼中的自由人，和心理学眼中不自由的存在都是真的；把孩子看作不可分解的个体和具有意志的人格，与心理学家眼中复杂的心理物理机体都真实且有价值。若把现实生活的范畴强加到心理学身上，那么你就破坏了心理学的一致性；若把心理学的范畴强加到现实生活中，你也破坏了现实生活的价值。无论是实验心理学还是儿童心理学，情绪可能表明自身由血液循环和肌肉的元素构成，意志由肌肉、关节和皮肤感觉组成；但如果你把这种转换的产物提供给教师，就像你向口渴的人提供一个装着氢气另一个装着氧气的气球而非能喝的水一样，情况只会更糟。化学家说那是水完全正确，近乎昏迷的人坚持说它不是，而生活运用的通常是口渴之人的语言。

这么说是否意味着，老师完全不应该对孩子的心理生活感兴趣，成为一个迟钝而冷漠的人，而对学生的个性、欲求和特征毫无同情心？恰恰相反。我之所以反对教师与心理学掺杂在一起，是因为不希望破坏他的合适而自然的兴趣的力量。我从一开始就表明了观点，不是所有对心理生活的兴趣都是心理学，只有从特定观点开始的研究才是。因此，我明确区分了儿童心理学与其他对儿童心理的兴趣、心理科学与历史及规范科学。当然，教师要研究一般意义上的孩子与成人，但这应该是反心理学的立场；他应该把他们当作不可分的个体，看作自由意志的核心，其功用不取决于心理物理的因果规律，而是由兴趣和理想目的联系在一起。从这个角度研究人的心理生活，并非专门的科学，它部分属于历史和文学，部分属于逻辑、伦理和哲学，部分属于诗歌和宗教。教师在此可能会自由地漫游，并学会开始理解人本身，而心理学教给他的只是如何分解人。难道你从未观察到心理学家在现实生活中对人的判断力有多么差，而历史缔造者和历史学家对人的判断力又是多么的出色？在所谓"理性心理学"中，我们完全找不到关于真正的内在的人和其意向统一性的令人向往的知识。无可否认，在其推演中，它太过依赖于形而上学，尤其是我们不要忘记，严格说来它根本不是心理学，因为它的目标是综合而非分析；但它又全是教师所需要的：通过深入理解孩子心理的意志力，通过批判地理解孩子内在生活的心理价值，而强化兴趣。从解释和理解的角度来说，教师需要对心理生活感兴趣，心理学家及其儿童心理学、实验心理学、生理心理学能给且只能给予他描述和解释。裴斯泰洛齐和福禄贝尔①绝非心理学家。

这个观点并不完全排除如下事实的存在，即需要教师改变态度，并从自然主义原子主义的心理学角度去考虑儿童；而这种情况也是教师应该准备的。我考虑的事实与物理学和心理健康有关。诚然，卫生、正常的感官肌肉、正常的心理功能、病态的本能与情绪、反常的意志和心理疾病，与教师有着千丝万缕的联系，毋庸置疑，我们要从心理学角度去对待它们。其中并不自相矛盾，这些事实的确属于一个完全不同的关系系统，同样需要我们去关注，但这不是教育关心的系统。我现在写的词汇属于我的意识流，同时也有自来水笔的墨水流，两者我都需要关注。正如我作为学者的功能不是去填满墨水笔一样，当教师照料儿童的近视或者癔症时，他不是教师而是儿童的心理生理顾问。没人会否认，为了实现这一自然主义功能，教师应该充分做好准备；这对社会是至关重要的。如果教师一开始受过专门训练，在孩子的心理疾病初期就能认识到，为此他的确需要某些真正的心理学；这样可以避免很多不幸。只是不要说作为教师，他需要心理学，就算不学心理学而研究卫生学，他可能仍然是一位好老师。

2. 心理学对于教育学的价值

上个讨论只是说心理学对于个别教师的帮助会让他在多大程度上对心理学感兴趣，不过那只是更一般问题的一方面，即心理学在何种程度上对教育有用。问题还有另一方面，通过科学教育理论这一中间渠道，心理学怎样影响教育？我们很清楚，这两个问题是彼此独立的，将它们混在一起一定会导致困惑。我们能确信教师的视角不应该是心理学维度的，我们也绝不可能要求最为科学的教育尽可能地充分利用心理学的每个分支。这其实始终是我现在的期望。

不可否认，教育理论今天给我们的印象绝非势不可当。教育智

---

① 裴斯泰洛齐(Johan Heinrich Pestalozzi)是19世纪瑞士著名的民主主义教育家。福禄贝尔(Friedrich Wilhelm August Fröbel)，德国教育家，被公认为19世纪欧洲最重要的几个教育家之一。现代学前教育的鼻祖。——译者注

慧显然是供不应求，这标志我们当今教育学既没有伟大的体系，也没有令人印象深刻的思想。当今所有的教育潮流都是小打小闹。我们的时代需要像赫尔巴特这样的人。但目前至少具备一个非常有利于教育强劲发展的条件：即人们普遍相信我们需要教育。没有哪个时代如此认真的呼唤来自科学教育的协助，若想获得革命性的伟大思想，需要仔细地运用我们时代的全部经验知识，并把它转换为对教师的建议。一个负责的管理部门可能会进一步把这些建议转换为强制性的规定。教育把经验知识组成一个新的综合的实践心理学，在决定实现教育目的应采取何种手段时，当然扮演着非常重要的角色。没理由把这个局限于心理学的特殊分支，所有心理分析研究通过实验或心理学的方法，通过自我观察或统计，通过儿童心理学或教育学，通过"新"或"旧"的方式提供，简言之，这个时代最好和最充分的心理学必须成为教育工作的工具。教育学者明显在两个基本方面与个别教师不同。首先，正如我们所见，尽管教师的实践态度，一定会受到同一个意识中反心理学态度的影响，本身不是老师的理论学者能容易地把两种态度结合起来，并轮流采取不同的态度。教师必须完全采取一种态度，每个相反的冲动都会抑制他；教育的学生与两者都有理论的关系，因此也能轻易地联结两者。他能吸取所有心理学生理学的智慧，并把它们重塑为实践中教师态度的建议。因此，只有当因果事实通过其他人预先转换为目的性联系，适应于教师的非心理学工作时，教师才最终应该接受心理学的影响。教师为班级所烘烤的面包的确部分来自于心理领域的麦子，但谷物一定事先在教育工厂研磨。第二点也很重要，从心理学研究到如何教学的思想的这种转变，可能通过众多毕生致力于此的专家的稳定合作才能实现，绝非教师的一己之力。他可能练习实验，消化统计数据，记住数不清的期刊文章，并钻研显微镜下的神经节细胞，但他不可能在任何地方找到真正能说明他有一个完整的计划或直接的冲动的东西。他可能掌握了上千零碎而毫无体系的东西，如果他真的相信自己具备了一些对策的材料，那可能是没有看到它直接与其他迹象相矛盾。让他去调查整个领域是不可能的，也没人能对他做出私人的要求，顺便说一句，这项工作可能要占用整整一代的时间。这个领域哪怕是很微小的进步，可能都意味着充分了解这个专题的全部文献。我们不能对实践负担沉重的教师作这种要求，甚至是任何一个问题，希望他获得实践所需的一切是多么荒谬啊：记忆和注意力、想象力和智力、情绪和意志、疲劳和游戏，以及一百多个其他重要的功能。我们不是到处都有专门的科学联系理论和实践工作吗？在物理学和工厂的实践工人之间有工程学；在自然科学与医生之间有科学的医学。如果一个人具有了这个世纪关于解剖学、生理学、教育学、化学最完备的知识，那他不用接受真正医学的训练，就能够进行医学实践和写处方；他要么成为最狂的庸医，以十二分的代价治愈一个器官，或者抛弃所有理论智慧而追随他的实践本能。若一整代的医务人士通力合作，却没有出于实践用途而去做实验室里上万个小实验，那只会造成干扰。不过，这种教育理论中有两点不应被忽视。

一方面，教育很容易遗忘，这些心理学素材只是一部分原料，在形成明确的教育原则前还要被混合、过滤及处理。对心理变量和可能性的因果分析，一定要在每个方面都与由伦理学、美学、历史和宗教所暗示的目的的目的论解释相结合。这不足以代替严肃的研究，对后半部分的审视只是出于个人趣味和任性的本能，而理所应当地成为科学批评的对象。对待目的论部分的漫不经心，就像对因果材料的无知一样，让综合变得业余和无用。那里的一切都不应视为理所当然的。让我们做一个而非上千个简单演示。统计表明，学校里最小的孩子关于国家自然对象的知识相当贫乏。研究者由此得出教育结论说，那个方面的准备要加以改进。但谁给我们科学权利，理所当然地认为早期对自然对象的认知完全是值得拥有的？苏格拉底并不这么认为，只有人而非石头能教导我们。最好的教育当然不是对一切浅尝辄止。心理学本身并不能决定我们必须发展一些却抑制另一些心理上的可能性。只有当教育成功地混合了这两方面，成为精心挑选的心理学时，我们才能告诉教师，不仅仅是在哲学、历史、文学中，还在教育学手册和研讨会中，我们将会发现对人的研究。

但教育也要理解另一方面。我们不能期望发现，所有必要的心理学和生理学信息总是现成的。因为没有科学只是碎片的集合，心理学本身不可能考察宇宙中每个可能的心理学事实，而一定要选择对于理解心理元素和规律来说是必要的事实。这种对心理学感兴趣的选择当然不同于因教育目的而挑选的心理学事实。在此，教育科学一定要自己处理和准备现代心理学所有精妙的手段和方法，对于特殊问题的重要心理现象，在此与心理实验室当然有最密切的联系。教育的何种形式能满足这种要求，最初可能就是一个教育实验的问题。有些人相信专门的心理学教育实验室，有人相信专门的实验学校，最近又提出了在大城市任命专门的学校心理学家附属于监管办公室的建议。在任何情况下我们都要做这项工作，心理学家本身不可能做，教师也是。对于心理学家来说，它是负担；对于教师而言，它有非常严重的危险；只有教育学的学生可以这么做。当然，即便是监管的副手和实验学校的校长，也一定不要忘记，他们的工作只涉及其中一半，没有另一半就是误导，即因果系统必须与目的论系统相统一。

我个人认为，心理教育实验室会很自然地向前发展。这种实验室是心理物理实验室，其中的问题是从教育兴趣的角度选择和调整过的。目前为止，所有问题可能我们的心理学实验室都涉及过，比如关于注意力、记忆、理解、想象等，尽管主题很吸引人，但对于课堂心理活动必要的功能而言，两者几乎无关。但正如我们所见，作为个体的教师应该远离心理实验室，因为我们的态度和他的不同，教育学学生也应该远离我们，因为尽管有相同的态度，我们几乎没有问题属于他的领域。追踪我们的计时表和测速仪上的记录以获得零星的教育学信息，完全是浪费精力，这不过是心理学家偶然的发展，科学不能依赖那些因其他目的而做的偶然工作。当心理教育学者安静地坐在实验工作室时，通过与专家的稳步合作就能确保一个真正的已知事实系统；那么所咨询学校的心理学家及实验教室的领导者，他们的实践尝试就有了一个更稳定的根基，而他们的工作反过来会帮助理论学者，直到所有这些主体的合作促成一种实践教育，教师无须自己实验就可以接受它。因此，教师也许会学习心理学，在后来从理论上理解他接受训练的教育学理论，但是他自己不用创造教育学理论，或者忙于心理学实验。

我们无须担心这种心理教育实验室处理的问题过少，这种担心可能由这场运动的盟友所通常涉及的主题即关于疲劳、记忆和联想的实验乏善可陈所暗示。这种情况的发展就像25年前的实验心理学一样，它一开始只能依靠其他科学物理学和生理学的残羹冷炙而生存。它也是从很少的偶然问题开始的，从感觉和反应时间起步；自从它因其自身观点和兴趣创造了自己的工作室，它就征服了整个心理学王国。同样，教育心理学实验把工作延伸到教育中起作用的功能。新研究将表明这样一篇论文是多么不充分，孩子和心理生活之间还存在多少其他关联。但即便是这种不完全列举，也足以表明心理学和教育之间是否存在关联，我们无法简单地用是或否来回答，而必须用第一、第二、第三、第四来回答——我不讨论我们是否能够说"最后"。

心理学与艺术

1. 作为心理学家的艺术家

当今的常识一如既往的只是往日科学结论的低配版本，现在才走上心理学的轨道上。早在几年前，科学家就意识到文明成果的心理学方面太过被忽略，理论问题在心理学即当今的生物、生理、实验、病理心理学的范畴下，或许能找到一些新颖而有趣的答案。因此我们对社会的心理学及其功用的研究取得了可喜的进步。当然，科学仅把此当作问题的特殊阶段，它并不把语言历史、法律宗教、经济技术当作心理学事实来描述和解释。所以，科学并未忘记更重要的事实，即文明属于一个充满目的、义务和理想的世界。目前，科学确实强调后一种观点，并改变了前进的方向。常识和以前一样，并未觉察到这种改变。也许要过 10 年它才会发现。尤其是，常识如以往般偏颇，误解了命令一词，好像心理学方向是唯一可能的维度，好像心理学能够达到现实。因此，常识继续高举心理学的旗帜前进，还常有庸碌之辈以鼓乐助威。

这种伪哲学运动，错误地把心理学立场当作整个内心世界的哲学视角，它可能在艺术王国遭到最少的系统性抵抗，因为真正的艺术家根本不在意理论的对错。同理，歪曲理论在此的影响似乎一定无关也无害。片面的犯罪理论可能误导法官，因为他必须与抽象的理论观念打交道；但片面的艺术心理学可能危害不大，因为艺术家在任何情况下都依靠他想象的翅膀，而不信赖理论。若不存在其他三种渠道，艺术的情况显然如此；而正是通过这三种渠道，明智和愚蠢能够影响、增强，甚至抑制艺术的创造力。

市场影响是一方面，虽有些可悲，但却不是最重要的因素，市场的悲剧更多地取决于实践的庸俗，而非理论错误。审美批评是另一方面，但依然不是最危险的，因为它所诉说的人应该自己做判断，尽管没人怀疑他们不这么做。然而，其中最重要的是教室里的艺术教育。百万儿童接受的影响足以决定他们的审美态度；百万孩子在那里最直接地接触视觉艺术世界，并塑造精致、优美与和谐感。自然，绘画老师在国家的审美精神方面有着无与伦比的影响力，远比艺术批评和百万的购买力要大得多，甚至比专门的艺术院校的影响力还大。未来与这个国家最大的敌人，即庸俗的战斗在很大程度上是由绘画老师提供给大众武器来完成的。任何参加过他们的会议或者考察过他们课堂工作展示的人，都知道他们不乏热情和效率，以及他们在教育系统中的重要性。他们主要是教师，而这些教师主要是那些崇拜近来诉诸常识的流行理论的人，当今他们显然依赖心理学。心理学的影响越大，在技术路线上的每一步错误就越危险，我们就越有必要探究这个关于心理学和艺术话题的覆盖面究竟有多大。

因此，我们首先提出这个问题，即在最一般的意义上心理学与艺术之间的关系究竟是什么，先不涉及实践相关的问题。如果对追问不加限制，那么我们在讨论中难以回避一个问题，艺术作品本身是否可以成为心理学手册，特别是诗人是否应该教我们心理学。我们经常听到莎士比亚、拜伦、吉卜林是学术圈里更好的心理学家，或者约翰·詹姆斯比他的哥哥威廉写过更多的心理学著作。那是误解。诗人，只要用诗意的工具来工作，就绝非心理学家；现代一类特殊的小说家有时引入心理分析，他们运用了不属于纯粹艺术的手段，这是一种以颓废为特征的混搭风格。

若我们愿意把任何与精神生活相关的表达都称为心理学，那么讨论就是无意义的。心理学不要求抽象的科学形式，它或许会披着文学的外衣，不过它总是意味着一种特殊对待精神生活的方式。它试图把精神生活描述和解释成各种元素的组合。把意识统一体分解成元素的过程是心理学的特征，正如同自然科学也需要分解物理对象一样，对作为整体的物理对象的理解绝非自然科学，对作为整体的精神状态的解释和建议也绝非心理学。诗人与历史学家及实践生活中的人一样，把这种整体性阐释作为他们的目标，而心理学家走完全相反的道路。诗人追问意义，心理学家则探寻构成；诗人的心理因素就像风景画家眼中树的微观细胞一样无足轻重。图画中的树木的确应符合植物学，而不该违背植物学家的观察结果，但这些结果本身不需要显现在绘画中。同样，我们要求诗人创造的人物符合心理学，至少在那些情况下，诗的更高的审美规律不需要心理学意义上不可能的限制，其中不符合植物学的非常规花或者不符合解剖学的带着翅膀的人类都被允许存在。我们厌恶心理学意义上荒谬的造物——三流戏剧里的恶棍和英雄，报纸小说中的牵线木偶，以及劣质小说中反复出现的精神病案例，学院派心理学家会立刻诊断说他们一定是在模仿，因为精神病绝不会这样行动。我们要求这种心理学正确地分析人，伟大的诗人本能地充分满足要求，以至于心理学家可能会把创造的诗歌当作替代材料，来对生活中的人进行心理研究。心理学家相信诗人，向奥赛罗学习嫉妒，向罗密欧学习爱，向哈姆雷特学习神经质，向恺撒学习政治热情，但这种栩栩如生的人的创造本身绝非心理学。

诗人通过向读者的灵魂暗示来创造精神生活；只有后来分解它的人才是心理学家。诗人的活动就像生活本身，欢笑和哭泣的孩子同样会让我们想到快乐和痛苦，但并不会给我们关于快乐和痛苦的心理学解释。正如诗人也欢笑哭泣一样，如果他是一个伟大的艺术家，能带来强大的暗示力，他会迫使我们同他一起感受；若他只是分析情绪，并给我们由抽象的心理观念所决定的零星元素，那么我们只会有知性的乐趣。如果诗人创造出的人物能成为心理学家分析的多样性材料，流行用语会把一个诗人称为心理学家；当诗人开始自己的分析，用生理心理范畴解释为什么英雄变成梦想家，梦想家变成英雄，圣人沦为罪犯时，他希望成为诗人的欲望就阻碍了他的科学努力，并因其引导性的附带说明削弱了他的诗歌。梅雷迪斯、布尔热①会这么做，但易卜生绝不会这么做。诗歌和心理学是不同的，并非因为它们用不同的语言来表达，而是因为它们对精神生活采取截然不同的态度。诗人关于人类灵魂的智慧不属于心理学手册。对于艺术和视觉艺术来说，整个问题都不存在，或者至少不应该存在。然而，它的旁支在旧有的讨论中生长，即音乐是否应该"描述"人类情感。关于描述的逻辑意义所产生的误解更多地流于表面，理论上说诗歌也是类似的情形。作曲家描述的情感像诗人一样少，音调和韵文暗示情感，但将它们心理化既不是音乐，也没有诗性；但我们认为序言已经结束，并再次追问艺术和心理学的关系，这正是我们的目的。

2. 艺术作品的心理动机

目前为止，我们已经看到艺术本身不是心理学；剩下的中心问题就是，艺术在何种程度上能够成为心理学的对象。情况很简单。心理学在描述和解释精神过程的时候就是科学。因此，一个物理事物或过程，甚至是大脑的行为，绝非心理学直接的对象。每件艺术作品——铅笔画、书写的诗歌、演奏的旋律和雕刻的塑像——都作为物理事物而存在；因此艺术作品本身绝非心理学的对象，关于它

---

① 乔治·梅雷迪思(George Meredith)，英国作家和诗人，作品有小说《理查德·费维莱尔的苦难历程》和诗作《现代爱情》，又译为乔治·梅瑞狄斯。布尔热(Paul Bourget)，法国小说家、文学评论家。1883年文学评论《现代心理学论集》问世，在评论界赢得很高的声誉。接着又发表《现代心理学论集续编》(1885)、《研究和画像》(1888)和《现代爱情心理学》(1890)等论著，奠定了他在文学界的地位。1885年开始创作小说，所作大多是心理哲学小说。——译者注

的描述不在心理学家的范围内。物理学家可以描述旋律的音调波动，几何学家能描述一幅画的线条、曲线和角度。物理对象在两点即起点和目标上与人类精神发生联系。每件艺术作品都源自艺术家的精神，并通向公众的头脑；它的起源和影响都是心理过程，都是心理学家描述和解释的对象。因此，这就提供了两类心理问题，关于艺术的心理学研究有两种视角，不存在第三种。有人问，精神通过何种心理过程创造艺术？还有人问，精神通过何种心理过程享受艺术？

现代心理学通过其方法的飞速发展近年来取得了长足的进步，它不再相信通向我们目标的只有一条道路，我们要改变解决问题的方法。它很清楚两个审美心理问题需要不同的方法。艺术家如何创造作品的问题超出了心理学家的自我观察范围，他必须回溯到过去。艺术作品怎样影响乐在其中的观赏者，心理学家可以通过分析他自己的审美情绪来研究。为了这种自我观察的分析，他可以引入实验方法，但他不能对艺术作品进行实验。同时，艺术家的创造力也许很容易追溯到孩童、原始的种族，甚至动物的艺术，所以第一类的调查主要利用心理学的社会、生物和历史方法，第二类支持实验方法。第一类有大量的材料可以利用，第二类则需要更精确的处理。在此我们用最粗略的轮廓也不可能描述结果；我们只能回顾这些研究采取的一般方向。

首先是艺术创作过程中的心理学。在我们这个达尔文主义时代，审美心理学家会追溯到动物的游戏。这在生物学意义上很容易理解，频繁的游戏性竞争对于行为来说是有价值的训练，因此游戏已在生存竞争中像神经系统的其他功能一样有必要；并且它包含着审美创造中最重要的因素，对于有机体的当前状态而言它是无用的行为，只是出于享乐才进行。社会心理学在野蛮生命中发现同类冲动有更复杂的形式。我们看到，原始部落人们如何边劳作边踏着节拍唱歌，他们的舞蹈怎样激发了抒情诗，他们的工具、容器、武器、棚舍何时开始被装饰，艺术如何源于宗教、社会和技术生活。心理学家把这些最初的艺术踪迹和文明人的生产联系起来。他感兴趣的不是其中的哲学历史，也不在意单个艺术作品是否独一无二，他寻找隐含的心理学规律，即人们在变动的环境下创造出包含诗歌、雕塑、音乐、建筑和绘画的规律。我们学会理解，气候、政治条件、技术、材料、社会制度、样本和自然环境如何影响埃及、中国、印度、希腊、意大利或德国，从而发展出自己的艺术作品。因此，艺术成为社会意识、法律、宗教及科学、政治的要素，但从心理学角度而言，艺术比民族精神的其他任何功用都更有趣，因为跟人的其他产物相比较，它对于生物存在来说不那么必要。因此，艺术更自由，更容易追随每种压力和紧张、内在倾向和外在机会；它可以完全消失在最强大的社会有机体里，也能在最弱小的社会体中迸发出最耀眼的光芒。因其无与伦比的多样性和超强的适应性，艺术能最好地表明人的精神产物如何依赖于总体的变动条件。

尽管这种社会观因不同的时期和不同国家而不同，心理学也没有忽略个体间的不同。整体社会精神的一般艺术水平只是问题的一方面，个体的不同高于或低于这一水平，从反审美的市侩者到最伟大的天才是另一方面，这里对最多样化条件的依赖也引起了兴趣。心理学家参考了生物学，特别是诗人、画家的自传，小心翼翼地探究培育想象力和引导人格朝向反常方向的细微影响。

因此，研究不同时代、不同地域个体的艺术作品，心理学最终抽象出关于创作过程和条件的一般理解。其中似乎没有任何神秘之处，很多线索表明，创作似乎与单纯的注意力这一大脑功能相连，还有与抑制和暗示相关；在其他方向，与梦、幻想以及非正常的催眠与妄想相联系。它的确是一个非常复杂的过程，其中整个人格都参与其中，但通过简短的步骤创作又与这么多简单的精神活动相连，这很容易回溯到孩童身上的艺术家因素，所以心理学家没理由失去信心，因为大脑的艺术功能未超出因果理解的范围。无论是孩童在吸墨纸上的画像轮廓，还是米开朗琪罗对圣彼得大教堂穹顶不朽的宗教壁画装饰，抑或是现代心理学观念的机制，原子般的感觉、它们联系和抑制的规律，在理论上都完全可以得到解释。

3. 艺术作品的心理效应

我们探究第二类审美问题的方法确实非常不同，即美的对象的心理效应。实验心理学在此有发言权。多年前，心理学的学生，运用自然科学的方法制作实验方案，以便对心理过程进行最细致的分析；乍看起来这当然只是知性过程，特别是知觉的作用，也可能有基本活动在这类探究中提供帮助。但新方法逐渐出现并征服了一个又一个战场，如记忆、想象、联想、感知、感受、情绪，未发展和反常的精神状态。而现在，实验工作在不同的地方，处理的是最微妙的心理事实，即审美情感及其条件。

费希纳在很久以前就有对这种审美因素进行实验研究的强烈冲动。他会系统地问很多人，比如，在一系列长方形即十种不同的形状，从正方形到长为 5 宽为 2 的长方形中，每个人会偏爱哪个。他在这些形式中发现了标志性的审美偏好，由黄金分割率决定；也就是说，长宽的比例等于长宽的总和与长的比例。今天的工作当然方方面面都超越了这种基本的开端。首先，它不仅限于专门艺术，音乐、诗歌与视觉艺术一样享有同等待遇。审美意义上音调的和谐与不和谐，它们与节拍、泛音、音调的融合与区分，与音色、音长的关系，节奏的音乐特征与注意力、时间感、呼吸和肌肉紧张的生理过程及许多其他心理物理功能的关系，所有这些都已成为实验心理学家研究的问题。这些对音乐节奏的研究很自然地转到对诗歌元素的关注上；对韵文节奏的实验研究，与节奏位置、诗节长度、统觉的变动、生理功能等的关系的研究，尽管刚刚起步，前途却非常光明。

通过实验得到视觉艺术特征的尝试发展得更快。质料和形式，特别是颜色和形状，会呈现出成千上万的问题。色谱总是实验室的常客，但心理学家把颜色作为知觉元素或者眼睛的功能，而非审美情感的对象来研究。现在他的研究采取了新的方向，他追问两种颜色中哪种会得到偏爱。这种偏爱怎样取决于饱和、明亮和广延？什么样的颜色组合让人愉悦？这个效果怎样取决于色彩表面的相对广延？颜色素材与它们的强度及留白之间有什么关系？什么形状、角度和部分会被选择？这种选择怎样取决于联想、身体姿势或者眼部运动？这种立体效果，比如，在三维视觉中如何影响审美情感的强度？运动或者形状和颜色的组合如何影响它？在一系列的长方形、椭圆或者等分的线条中，是否只有一个令人愉悦？或者我们的愉悦曲线有几个最高点？

实验观察可能更接近于美术问题。我要说明的是构成哈佛实验室最近论题的一系列实验。问题是一个审美对象两方面的愉悦要保持平衡。就像许多建筑作品表明的那样，这可以通过最简单的方式即几何对称来实现。当看到两半截然不同但构图绝佳的建筑时，我们会有平衡的愉悦感；每幅画都表明这个理想的对称，而没有千篇一律的几何一致性，在最无规律的日本构图中也是如此。如果对象的两个部分不同，问题就变成，在何种条件下能够实现平衡感。转变成实验心理学的方法，该问题就会变成，比如，第一条长垂直线应该距离画面中心多远，若另一边有第一条边 1/2 长度的线条离中心有一段既定的距离？如果是一个点、一种特殊的曲线或者两条线在那里，距离又会是多少？变动是无穷的。在一个全黑的房间里有一块有框的黑色幕布，它如此被照亮以至于房间中的其他对象都不可见。通过一些小装置，明亮的线条、点、曲线、字母、图画、对象可以在这个区域内运动，我们看不到运动装置，然而每一个都表明了它们在刻度上的精确位置。左边可能有一条线，实验者需要在另一边找到两道线上的最令人愉悦的位置，以模仿绘画中的情形：有两个人物在图画的一边，另一边只有一个人去维持平衡，这一个人的位置必须在哪里？从这些简单的线条开始，研究转到更复杂的问题：关于纵深的印象的影响是什么？比如，一边是平面图，另一边是代表纵深的图画。兴趣的影响是什么？比如，一边是无意义的纸，另一边是同等大小带着有趣人物的纸。表面运动的影响是什么？比如，一幅画是静止的对象，另一幅是大小相同的对象却暗示向某个方向运动的画。所以问题就变成更复杂条件下的考量，何种条件能处理好在绘画、雕塑、装饰、内观、建筑和风景组合中的多样性原则？若最后所有这些实验都在不同的主观条件下进行，即不同的身体姿势、眼部运动、距离、注意力、疲劳状态及不同的亮度、色彩和联想，通过不同的主体及其与真正历史艺术的稳定关系，我们逐渐学会在组合的平衡中理解我们的审美愉悦，及其与我们身体功能的关系。

有人或许会说，所有这些实验太简单了；它们或许非常有趣，但它们绝未触及真正艺术的复杂性。圣母玛利亚旁边的那些简笔人物是什么？交响乐之外的原始和声又是什么？一个物理学家不是通过同等大的电流量，而是通过他的小型实验机器的微弱火花来研究巨型雷电，这是一种指责吗？如果物理学家对大海的波浪感兴趣，那么他就可以在工作室研究一个小容器中水的活动，并引入简单的人为运动。这就是实验方法的基本特征，以保证其解释力。只有当我们用尽可能简略的方式去研究元素时，审美结果才能够在心理上被理解。当然，必要的预设是，我们在实验室也能坚持审美态度本身，没有理由对此抱有怀疑。类似怀疑主义的实践情绪也许正确：我们在实验室中不可能有爱憎、欣赏和鄙视，甚至可能会说，实验室中的快乐不令人愉悦，痛苦也不令人难过。但审美情绪因为缺失了与任何实践的关联而恰好完整。我们工作室中美丽或丑陋的事物原本就无处不在。

因此，关于艺术心理效用的实验研究甚至比对艺术心理作品的生物和历史研究似乎更稳妥，两者共同形成了一个仍然存在空白的心理系统，但又出人意料，近乎将要完成。心理学会继续沿着这条路前进，直到每件艺术作品最微小的原因和最微妙的效果都可以通过因果律被理解，就像自然界中的其他因果关系一样。

4. 学校的绘画教学

对于教师而言一个很重要的问题摆在我们面前，这项研究的结果在多大程度上能够有益于艺术绘画教学，或者至少具有启发性。为了解决这个问题，我们必须再次区分两个方面，美的对象的原因和结果。创作出绘画的原因是学生的活动，结果是观察者的印象。关于原因的研究能够帮助我们理解如何训练学生的审美活动。关于结果的研究能够有助于我们提供建议，即素描或者油画如何组织才能愉悦他人。有关原因的研究向我们建议教学方法，有关结果的研究建议我们要传授何种规则和事实。对原因的研究只会引起接触学生的老师的兴趣，对结果的研究所提供的灵感，老师可以与学生一起分享。

我们先思考下结果。心理学已经分析了美感的表象，每个事实都必定表达了一种可以被学习的规则。蓝色和红色是令人愉悦的，蓝色和绿色则不然，因此我们把红色和蓝色搭配在一起，而非绿色和蓝色。一条线的黄金分割点是所有分段中最受人欢迎的，因此，如果可能，根据这条规则划分所有线条。当然，这种心理学规范对于所有艺术都成立。我们逐渐地总结出悲剧、交响乐、文艺复兴风格的宫殿的规定；简单的绘画会有更多的细节要求。如此这般地填充空间，把握好平衡，如果在一边有一条长线，那么我们要在另一边靠近中心的位置画一条短线，就像建筑制图方法的规律一样，这些审美规定也能被学习和练习。任何时候学生遵守规则，他的绘画就不至于使观者不快或震惊。我是自由的，所以我相信从怀疑的角度看，自己高估了实验心理学对教师的价值，所以我经常攻击其滥用。不过这里的情况截然不同。这些规定并没有制定教学方法，而只是指导性素材。没有其他哪门科目，心理学可以为之提供如此多的材料。数学、自然科学、语言和历史，在学校不是因其心理效用而被学习的。然而，艺术绝对例外。所以，我的信念，即当今的教学方法不可能从心理实验室中学到，与我承认值得传授的艺术规定能够从心理学中推论出来，这两者之间并不矛盾。我欣喜地看到，这个方向在稳步发展；孩童很容易学到避免丑陋线条和布局的方法，并且乐在其中。

我理论上反对传授基础的心理学知识，因为它更多地会干扰到教育结果，这种干扰也许能通过对艺术心理动机的研究得到说明。如果我们在此从根本上提供理论洞见，结果不可能采用如下形式，教你的学生如此这般地画画。我们会以这种形式呈现，即这样教你的学生画画。如果理解一幅美丽图画的成因，通过教学，我们能影响孩子思想的核心系统，以至于能促成这种原因，那么好像这样就完成了目标。但事实是，我们非但没能充分地理解图画，更无尽地背离了预期的影响。为了了解蛋的化学构造，我们并不意味着要有能力造出一个可以被孵化的蛋。我们无法创造一个天才，因为我们无法创造天赋；心理分析本身仅仅能稍微表明，人们如何从一个不擅长的绘画者进化成好的画家。我们可以一般地说，持续训练是好事，不过要得到这种细枝末节，其实不怎么需要心理学；就像无需科学生理学，我们就了解饮食有益于营养一样。无论心理推论走得多远，它最终都要依赖于次要因素，而这些因素取决于非心理特征的预设，因此其结果可能完全自相矛盾：一个推荐对自然进行探究，另一个只需要想象；一个建议把花当模型，另一个则提倡几何图形；一个是线条，另一个是颜色。心理学家谨慎地听取一切建议，但又不对任何一种预设负责。绘画督导和美术老师经常在会议上宣读的论文，实际上可以表明它们大多属于教育文集里闻名的那种。每篇论文的前半部分来自生理心理学优秀教材上熟悉的词句——视觉中心的神经节细胞在绘画联想中扮演主要角色。论文的后半部分提供了一系列正确的教育建议，而最主要的，即这些建议实际上是教科书抽象的结果，这一证据却被遗忘。两个部分常常一点关系也没。后半部分本身平淡无奇，而前半部分则显得格格不入。它们一起构成这样的学术印象，好像两者之间毫无关联。

当今这些实践活动的另一种危险也值得一提。事实上，素描、油画、照片让我们愉悦，鼓励人们从中总结出艺术教学的技术性规定；但愉悦一定是纯粹而自然的，几乎不可能取决于易逝的潮流和任性的品位；如果我们的愉悦是出奇的反常甚至是乖僻，显然我们无权让它传染年青一代的品位。这种危险从来没像我们这个时代一样迫近，以前拉斐尔派和日本式的偏好，以其海报样式和风格上的多变来影响我们。有益于孩童品位的健康氛围是和谐的古典美。一个接受过纯粹美的训练的人，也许会在某一刻反对古典主义，这是合理而成熟的审美诉求，但在不成熟的年纪就接触古怪的现实主义或神秘的象征主义是一种错误。若在教室中教师允许这种风格——过分沉溺于我们的时代——则是更严重的教育错误，这非常不利于孩子的心智发展：我指的是复古风格的海报和封面。简约形式的复古艺术并不是真正回到艺术的开端，后者会非常适宜于儿童。这个风格意味着在最巧妙的艺术基础上对复古形式进行反讽。它是披着简约外衣的伪装，并非对极简自然的真正渴求；单凭反讽的精神，它就成为可能，且对我们的品位有致命的吸引力。如果学校黄页风格的绘画展让我们觉得赏心悦目、耳目一新，我们就有道德义务去追问，孩子应该学会喜欢什么，而不是我们喜欢什么。对成熟的文明产物的反讽不宜在孩子的头脑中生根发芽；若比尔兹利风格的讽刺曲线成为孩子的训练方法，谁最终会相信他们真正在惯例化的海报风格中看到本质，并不假思索地模式化地使用这些线条，结果显然是不如人意的。然而，未来或许更明朗，心理学可能会帮助教育学找到发展学生创作优秀绘画作品能力的方法。若对事实报以希望，我们或许会说，心理学能给教师训练学生画得越来越好的规则，并且最重要的是，这些规定使学生能够学习，绘画构图和布局的规定也会取悦他人。因此，艺术完全可以通过心理学来描述，并能用条件和影响两个方面来解释，而这两组事实都可以成为传授绘画规则的说明性建议。于是，心理学和艺术的关系是重要且富有建议性的；不过，这就是我们的定论了吗？哲学没有其他要说明的？

5. 心理学视域下的艺术与实在

我非常清楚，很多人会说这的确就是故事的全部。不过，半个真理是真的，只要它只是一半；若它要装作是全部，那另外半个真理就是谎言；我认为意识到这一点的人数在增加。我确实认为心理学方案是片面的，如果大获全胜的心理学把所有理想主义的反对派都踩在脚下，那么我们时代的理想生活面临着危险。这里有艺术，也有科学和道德。心理学声称，从原子自然主义的角度，我们能描述和解释科学的每个思想、道德的每个决定；我们能把它理解成先前心理条件的必然结果。所以，科学中没有绝对真理，道德中没有绝对美德；义务是经过训练的联想，我们行为的价值和思想一样，存在于它们令人愉悦的结果中。艺术很容易加入其中，如果没有真理，没有美德，一切不过是环境的产物，那么没有美能拥有绝对价值，美除了心理学所描述的意义外别无其他。美是某些心理过程的结果，也是某些令人愉悦的心理结果的原因；如果仔细准备那些条件并保证其产生，那么为了社会所期望的审美享受，我们已经倾尽全力。

我没有否认心理学从这个角度思考美的创造物的世界的权利，作为心理学家，我尽我所能来给这种研究助力；但也不可能忘记，这种观点是生活中的人为观点；真正的艺术，对于创造艺术的主体来说是人为的，对于欣赏艺术的主体来说也是人为的；在任何情况下，当艺术因其全部意义被感受时，它就是人为的。

我认为，心理学在自身限度内完全有权利，然而，它有局限性，并且比表面印象可能让我们相信的要狭隘得多。心理学必须描述和解释精神生活，但描述和解释仅适用于对象。解释通常预设了描述，而正是描述的观念预设了对象的存在。因此，心理学所思考的精神生活，只能通过一系列存在的对象被考量，存在于意识中的对象就像存在于空间中的物理对象一样。

在此，我们无须追问它——把精神生活当作对象的世界来考虑——为什么对生活的目的重要。可以肯定的是，在最初的现实中，我们的内心生活并不意味着纯粹的对象世界。知觉和观念可能作为对象而存在，然而我们的感受、情绪、判断、意志力，最初并非作为被动感知的对象而被讨论，而是我们的实践活动，作为活动其实在性不能被描述，也不能从因果上解释，它只能被感受、理解和解释。简言之，我们不仅仅是被动地接受意识对象的主体，还是有意志的主体，意志行为尽管根本不是对象，却完全有其实在性。从心理学角度思考包含感受和意志在内的精神世界，意味着一种人为的转换和替代，从其专门的目的来说这是有价值的，但却让我们远离了实在。意志、感受和判断的实在不属于可描述的世界，只能被理解；因此它们不是通过因果范畴而是通过意义和价值被联结。在这个意志世界中，它们的联系开花，结果，并孕育了艺术。

我们研究下这个庞大的意志态度网的特征，其中人格感受到自身是意志的主体，并承认其他主体也是有意志的。一个区分至关重要：我们的意志可能被当作个体态度，或许它会产生超个体决定——需要每个主体认可——的意义，因此其意志独立于我们纯粹的个人欲望。它对于每个主体而言都是必然的意志行为，且每个人都应该践行，所以我们称之为义务。从纯粹的心理学角度来说，不管是道德的还是罪恶的行为，不管是荒谬的还是明智的判断，作为对象的意志观念在任何情况下都是被决定的。从实在的批判立场看，如果特殊的意志决定属于意志的本质，通过义务而非自然律约束每个意志，那么它就是必然的；如果仅仅是个人的独断，那么它就不是必然的。

在每个可能的意志活动分支中，这种意志义务和独断的双重性都在不断重复上演。意志存在着与世界的四种关系，也即四种可能的回应。首先，主体可能通过他的行为改变世界的对象。其次，主体决定给既定对象以额外的补充。再次，主体可能在思想中转换对象，以便构成联系。最后，主体可能转变对象，使它们能代表自己。如果这四种可能的主体行为出自个体任性的意志，那么它们仅代表了个体价值。于是，改造世界的行为就是为了我们的舒适而让对象变得实际而有用，联系是我们对希望或恐惧的表达，最后孤立是我们个人愉悦的手段。这四种作用也许出于更深层的、超个人的、必然意志，即义务的作用。改造和改变客观世界的行为是道德行为，补充世界的观念构成宗教；这些转换带来构成科学真理的对象世界之间的关联，最后，这些孤立对象的转换，能够让它们自己代表自己，从而构成美的王国。

6. 哲学视域下的艺术和艺术指导

因此，真、美代表义务，即逻辑和审美的义务，就像道德代表伦理义务一样。我们在科学中这样选择并形成了物理公理，而不得不这么做，因为我们的意志受到这样做的义务的约束，即只有特殊的肯定意志能够要求被每个主体承认，因此艺术选择西斯廷圣母像的形式、线条、色彩和曲线，而非其他；因为创造意志只应该这样做决定，就像义务要求的那样，并能要求每个有意志的主体都应该承认它。这个世界上的万物皆美，皆是永远的欢乐；因为若万物这样被转换就无须联想任何他物；美包含着实现整体本身的所有要素。艺术家呈现大理石半身像，我们不会去要求他有四肢及肤色。我们不会追问，风景画中的田野和森林在画框外是什么样的景色，戏剧中的人物在故事前和故事后的所作所为。艺术作品不在我们的时空中；它们的框架就是其世界，而无法超越。真正的艺术会让我们忘记油画只是一块帆布，哈姆雷特只是一个演员而非王子。我们忘记了联系，我们从所有的关系中抽象，思考对象本身；无论何地这么做，我们就是在进行审美。如果欣赏伟大的艺术作品，核心作用不是感官的个体愉悦，就像口腹之欲那样；那么艺术作品就是对艺术家的意志在意志力上的认可。我们与他一起意愿着，如果认为他的作品美，我们承认它应当如其所是，我们思考那部分世界的意志就提升到义务的高度，即我们已经超越了纯粹的个人独断及其欲望和愉悦实现的范围，而达到了超个体的价值。任何把艺术理解成意志作用的人，都相信艺术并把它理解为义务的世界。心理学家无须这样理解艺术，而是把它转换成其他形式，转换成一系列有原因和结果的对象。如果心理学试图把它关于我们内心活动的观点作为最终定论，它就必须摧毁艺术最深层次的意义，正如它忽视真理和道德最深层的意义一样。

因此，如果艺术是义务的实现，而义务正是在对意志的承认中获得真正的意义，那么在什么角度我们会看到所有这些技术规则及规定，以协助孩子在创作艺术品时避免令人不快的作品？那些规则和规定仍然非常好用且有效。它们对于真正美和艺术的作用，就如一方面的警察和监狱，另一方面的习惯和礼仪对真正道德的作用。通过对习惯上千次的训练，孩子当然会保持这些习惯而不与法律相冲突；警察和监狱也会反复提醒他们不要脱离正轨；任何人都不会低估上述事实的价值。然而对于任何过高尚生活的人来说，道德和义务意味着其他更高层次的东西。习惯和监狱不能保证在生活的强烈冲突中，当个人兴趣与义务相抵触时，坏行为不会取得胜利。只有被道德渗透的良心能够经历所有暴风雨的考验，这种良心不是由技术规定的，也不是由惩罚和监狱产生的；只有通过意志对意志的约束力，通过我们认识的主体激奋人心的生活，通过履行义务的英雄的榜样，良心直接由意志向意志诉说，而不可能用心理学训练和警官来取代它。艺术的义务也是如此。我们要相信，更容易创作出的令人愉快的绘画对于真正的艺术和美意味着积极的收获，它提出了标准，它提升了审美创作的水平，就像一个警惕的警察的存在提高了道德行为的标准一样，这是非常重要的。不过不要忘了，审美生活不仅需要警察的作用，还尤其需要牧师和助手的作用，换言之，这不是技术规定而是义务，不是简单的创作而是信念，不是心理效应的知识而是对绝对价值的信念。

这种态度变得更重要，因为整体观点表明艺术世界绝不从属于科学世界，或者不比科学世界更真实。实在既不像科学家的描述，也不像艺术家的素描，两者都是出于特殊目的。我们已经看到，科学家出于联系的目的而在他的思想中构建出其他地方并不存在的原子。艺术家出于孤立的兴趣而形成了他的绘画。当然，绘画的机械过程本身不是艺术，它是既能表达科学也能传达艺术的中立手段。正如语词既能服务于莎士比亚也能服务于达尔文，线条和曲线能同时服务于数学家、物理学家和艺术家；唯有目的区分了诗人和生物学家，科学家与艺术家。因此，艺术意味着一个像科学世界一样真实和有价值的世界，它让我们不要忘记，学校的美术课意味着与艺术世界的联系，即与审美义务这一特殊精神的联系。每个美术老师不仅应成为一个审美的监管者，还要成为对这些神圣审美义务坚定不移的信仰者。

心理学与历史

历史与规范科学

一旦我们意识到两种立场的不同，两种科学的所有特征就一目了然了。现在我们理解，为什么历史比心理学更贴近现实的生活。并非像它所认为的那样历史涉及的是单个事实，而心理学处理的是一般事实，而因为心理学涉及的对象是思想因此独立于主体，而实在和历史所承认的只与有意志的主体相关。在现实生活中，我们是需要被理解而非被描述的主体，因此，与历史相较，心理学家一开始的素材因其单一性已经远离了现实。现在我们也理解了为什么历史的东西具有价值，而心理学对象和所有的自然主义科学在情感上都是中立的。对于我们来说，并非像有人认为的那样，因为单个事实重要，而一般事实无关紧要，而是因为心理对象、意识内容是思想，它们切断了与意志的联系，因此不再是可能理解的对象，而历史对象因其与意志态度的关系而被思考。现在我们也理解了历史学家挑选素材的原则。如果我们接受这一观点，即所有单个事实都属于历史本身，那么在撰写编年史时是记录拿破仑的战争和国家行为还是他的风流韵事和早餐，这种选择就是独断的。然而，我们现在理解这样的选择正是历史学家最核心的工作，通过这种方式把现实转换为一个目的论联系的系统，因此会把越来越多与其他主体意志态度的无目的论意义的意志行为排除在外。现在我们也理解了为什么历史学家的语言如此像诗人。如我们所见，历史学家的目的和诗人的目的恰恰对立，诗人孤立，而历史学家和所有的科学家一样，其目的是将他的素材联系起来。心理学家鼓励读者对客观感知的观察者采取态度，诗人和历史学家表达的事实只能通过解释和内在模仿来被理解，而无法通过列举元素被描述；它们要表明成为某种程度上的有意志的主体，能接触其他主体性态度。所以，两者的手段可能彼此很接近。诗人和历史学家可能运用相同的暗示手段，以强化读者的主体性态度，这是理解诗歌中孤立的意志行为和历史作品中相连的意志行为的前提条件，而心理学家为了他的客观化目标，必须改变他的风格，乃至呈现方式。

不过我们现在可以理解，并能以新的眼光去看待心理学、历史学与其他规范科学，如伦理学、逻辑学和美学的关系。只要历史学仅仅是心理学的一部分，或者一个让位于单个事实，另一个服从规律；所有规范科学就与经验科学无关，因为一个在谈论义务，另一个在讨论事实。因此，我们看到，所有的历史科学都只是个体意志关系的系统，而非其他。同时，我们发现，义务仅仅意味着我们自身超个体的意志行为。所以，所有规范科学都是超个体意志态度的系统联系，意志态度的目标是道德、真理、美和宗教。当然超个体意志独立于单个主体，寻求的联系不像在历史中一样能从主体到主体；因为它已经预设所有的主体在超个体意志方面会达成一致，在此科学目的只是说明超个体目的的系统联系及其解释。为了联系，这里也有必要进行转换；每个意志态度都必须和这个目的论系统联系起来，直到它代表了所有伦理、审美、宗教和逻辑冲动及需要的交汇点。所以，规范科学与历史彼此间有着最密切的联系，两者都是为了目的论的联系而对意志行为进行了转换，只不过一个是个体意志行为的重现和系统化，另一个是超个体意志行为。

所以这两组科学，即历史学和规范科学的关系，完美地类似于心理学和物理学之间的关系，一个是个体对象的系统化，另一个是超个体对象的系统化。历史之于规范科学正如心理学之于物理学，确实在所有方面和结果上都一一对应。我们可能认为这里的结论只给一个就可以。自然科学的历史发展表明了一种持续的倾向，即把越来越多的物理对象的性质引入心理对象，就表明事物表面的超个人特质依赖于个体。颜色、声音、气味，从物理事物变成了观念，因此我们全部经验的多样性转到观念领域。以完全相同的方式并受相同的方法论动机引导，历史把越来越多的规范义务带到自己的领域，表明特殊的义务，逻辑信念、伦理信条、审美需要、宗教假设是个人态度受到所在团体意志影响的暗示的结果。所以，绝对的责任、信念、义务和真理似乎在生活中迷失，就像色彩、声音和味道迷失在物理对象中一样。但平行论也适用于这一发展的终点。我们可以剥夺物理对象的颜色和声音，但绝不能放弃存在着的物理对象，因为我们在把感觉和观念投射在量化的实在上时获得的是客观真理，如果放弃对物理学的这种现实主义信念，所有的自然主义科学都会被摧毁。同样，我们可能在个体中引入所有特殊的义务，引入特殊的民族、年龄和社会团体，但我们无法放弃投射背景的实在性。无论历史传授的是什么，关于实在的义务的设定，关于绝对价值的设定，都是坚不可摧的。绝对义务可能很抽象，像物理世界一样被剥夺色彩和声音，但它像物理宇宙一样存在，也一定如它那般持存。任何努力寻求真理的人，如果否定了绝对价值的实在性，放弃了对道德和逻辑的信念，那么他也摧毁了作为逻辑思考者寻求真理的努力，以及作为伦理学者代表真理的努力。

心理学与神秘主义

心灵感应、唯灵论与不朽

科学家和神秘主义者都认同的另一种事实是双重人格的案例。不过，不同的仍是两者的解释。心理学家会把这类事实当作心理元素不同程度的解离，而神秘主义者会引入伦理学范畴，即不同的责任和尊严。此外还有心灵感应或唯灵论之类的断言，这里没有对事实的一致看法，但原则和其他情况是一样的。神秘主义者在这种情况中也会把个人情绪与转换阶段的心理事实而非现实联系在一起，而这是心理学家不能接受的，因为他们不允许因果联系。心理学家称所谓事实是虚假的，因为对现实的转换能在心理学或物理学意义上为真，只有当它适合因果系统并已经具备那种形式时才成立。科学的目的就是发现为真的事实，即把实在转换为符合因果秩序的系统；若目标不能达成，那么对象也就不能成为已存的心理或物理世界的一部分。无数的事实以零散的形式呈现给我们，我们却视而不见。它们只是待处理的问题，它们不存在是因为不满足心理存在或物理存在所依赖的条件，正是在这种条件下，意志决定才产生出科学。物理世界中的事实能为真，意味着它因符合特殊的逻辑目的而被选择。比如，心灵感应的事实不符合那个目的，根据唯一自洽的真理标准，它们是虚假的。它们必须成为其他什么东西，也就是说，它们一定要被转换才能被认为是存在的。科学的历史不断地在表明这种必然性。神秘主义声称，历史表明那些当今承认为真的东西在以前并不被认可；这种断言很荒谬。恰恰相反，历史学说几近残忍地击败了神秘主义的每个断言，历史在任何情况下都重塑了事实直到它们符合因果律，而远非支持神秘主义的智慧。如果早先的科学家不相信现象是巫术的产物，而在今天相信同样的现象是催眠暗示和癔症的结果，那么神秘主义不是取得胜利，而是被打败。只要把魔鬼的影响这一伦理范畴应用到表象上，那么这就不是真的；只要它被归为因果范畴就为真，但它不再是神秘主义，因为它不再是巫术。

这个转换的过程稳步进行；生活提出的上百万个问题唯有调整后才能变成真的。这才是心灵感应问题真正的归宿；如果一种错误的情绪态度并未唤醒错觉——这里存在着可以满足解释需求的联系，那它们会始终在经验事实世界之外。个人意义就应该与非个人的因果性联系起来。对于我们来说，心理物理有机体的抑郁情绪和千里之外朋友的逝去没有因果联系，而是情感上的联结。在对象领域内，两个事件间是无联系的；它们仅仅在意志行为的范围内相关。不过，纽带不是健康，就像通过祈祷治愈的情况，而是逝者对于朋友感情态度的情绪意义。通过这个意志联系，两种现象被选择并联系在一起，并作为一个事实呈现出来，没有情绪上的统一它们就不可能联系在一起，所以在这种联结中，它们不能在经验事实的范围内被接受。

科学家之所以反对心灵感应，是因为在现实中，主体的心理联系只有通过物理媒介才能实现吗？显然不是。如果我和希望说服的人交谈，并没有物理过程被提及；心灵通达心灵，思想接触思想，不过这样的思想不是时空中的心理物理学现象，而是意志领域中的态度和建议。如果我们以感受到的现实来对待心理生活，这种情感上的信念是唯一正确的，即心灵与心灵之间没有物理墙的干扰，寻找物理联系甚至是无意义的。但我们如果把现实转换为时间和机体中的心理对象，那么就受到转换目的的约束，只有它们的联系是机械的，我们才能认定是真的。

最终，对不朽伦理上的渴求，当应用于心理学的人为构建而非现实生活时，产生了最令人排斥的神秘主义宣言——超自然主义。不朽的伦理信念意味着作为意志主体的我们是不朽的，即死亡无法触及我们。对于看到实在和心理转换物的不同的哲学头脑来说，不朽是确定无疑的，对于他来说，对不朽的否定甚至不值一提。死亡是处于时间中的对象世界的一种生物现象，那么在一个不是对象而是态度、因而既无时间也无空间的实在中，死亡又如何被触及？我们真正主观的内在生活有其感受的有效性，不在时间中，而是超越了时间，它是永恒的。我们已经认识到，为什么心理学目的要求这种无空间无时间的主体转换成物理对象，成为填充空间时间的有机体。通过上述要求，心理生活本身成为时间中的进程，若这种对不朽的伦理需要现在移植到构建现象的范围内，那么它在心理学和人类情绪之间一定会发生冲突。把心理生活看作时间中的进程，只是为了把它当作物理现象的伴随物，现在要求它在物理根基毁灭后还要继续在时间中存在，就很荒谬。只要我们认为心理生活是时间中人为的心理过程，只要我们把它当作心理物理想象的一部分，它就绝不可能脱离身体而存在。一旦身体停止工作，它也会消失。对于伦理唯心主义者而言，这种心理不朽的不可能性是种启示，因为这种伪不朽只能满足人低级而庸俗的本能要求，而非伦理感受。只有对廉价的好奇心，它才是值得追求的，即把内心生活看作连续不断上演的心理事实，我们也许能看到千年或万年后将会发生什么。心理学视野下的生活只是心理现象的链条因而毫无意义。70年尚无法忍受，谁又渴望再存在700万年？零的乘法终归还是零。即便我们能觉知宇宙未来的一切事实，那又有什么价值呢？一旦知道一年之内出版的所有东西，或者知道一个城镇所有人脑海闪过的念头，我们难道不会不寒而栗吗？仅仅对此的想象就让人难以忍受。就像思考空间中的无尽一样，如果能够无限地长高，我们能像宇宙那般大，手可摘星辰，物理上的全能会让生活更值得过吗，生活会变得更好、更可贵、更美丽吗？不，空间和时间上的延伸没有一丁点儿伦理价值，因为它必然只涉及存在于时空中的对象，而我们所有真正的价值都是超越于它的。心理现象的有限性和真正内心生活的无限性是必然连在一起的，因此断言死去的灵魂继续着心理存在，不仅仅是对构建的心理存在观念的否定，也是对不朽伦理信念的破坏。

这里和其他地方都一样，神秘主义只意味着把情感范畴强加到不实在的构建上，而后者唯一的预设却是它必须被构建为一个非情感的客观机制。结局是悲惨的调包，双方中的哪一个都不满意。如果神秘主义不满足于在科学前进的道路上设置障碍这一幼稚或歇斯底里的快乐，那么它从它自身残缺的产物中也确实获得不了多少满足。成千上万的精神出现，伟人的灵魂如是说，不过神秘主义的实质依然是最荒谬可笑的愚蠢之物。通过这种神秘的方式，世界不可能产生任何振奋人心的思想，而只有最庸俗的琐事。它从来无助于发现真理，除了产生精神的恐惧与盲信外，它不会产生任何其他东西。

我们拥有生活的真理。它的现实是主体的行为，通过人格这一范畴联系起来，赋予我们价值观、理想、和谐、统一与不朽。我们也有寻求科学真理的生活义务，为了构建一个非个人系统而改变现实，它赋予我们因果解释和秩序。如果我们把科学系统地强加到现实生活上面，声称我们的生活只是心理物理现象，那么我们就处在心理主义的错觉下。如果我们把现实生活的观念、人格的范畴强加到科学的心理物理现象上，那么我们就处在神秘主义的错觉下。两种情况的结果都是相同的。我们既错失了生活的真理，也错失了科学的真理。真正的世界丧失了它的价值，科学的世界失去了它的秩序，它们进入一个由空洞和欺骗控制的新世界中，这个世界既不值得我们的科学兴趣，也不符合我们的伦理理想。

永恒的生命

来，亲爱的朋友，坐在炉火旁。出席葬礼寒冷刺骨，来，温暖下双手，让我们来谈谈逝去的朋友。多少次，他伴我度过了漫长的冬日夜晚，其幽默和活力照亮了我昏暗的书房。我们再也无法听到他的声音。对于失去他的伤痛我无以言表，我只知道，只要我坐在这儿，我就会因为朋友生命的逝去而悲痛，其生命的灿烂和美丽是如此的短暂。你还记得与他初次相遇的那个夏日清晨吗？谁会想到十一月最终日子的别离来得这么快？你不想坐下和我谈谈吗？为什么你会犹疑？

是的，我非常理解——从你布满愁云的眉眼就能够看到。你的眼睛告诉我，尽管在每个实际问题上我们都完全达成共识，但分歧依然存在。你确实希望在将来的某天能与我们的朋友重逢。当牧师在敞开的坟墓旁许诺着未来的快乐重聚时，我看到你点头就好像牧师说出了你的心声一样。我本以为误解了你的意思，但现在发现我原来是对的，而且我说的有些话必定伤害到了你。我知道你一定会有所退缩，就好像一个没有自己信仰的无神论者，试图要破坏你对不朽的信仰一样。你打量我，就如同对待一个从事科学的人，会轻视那些他无法看见、触摸、称重、测量的东西——对于他而言，永恒的生命就像一个空洞的神话。亲密的朋友却在思想深处如此迥异，这难道不奇怪吗？

但请过来，除非你听过我的辩护，否则我不会让你离开。我既非怀疑论者也不是无神论，并且我相信永恒的生命。在这堆柴火燃尽之前，你会更好地了解我。我们也许不会说服彼此，但我们会更好地理解彼此，并以此来纪念我们的朋友。你误以为我是以现代科学为傲的其中一员，这并不意外，那些人认为关于彼岸的所有想法都是荒谬的或者顶多是无关紧要的。的确，在我们周围，我们看到持科学世界观和持宗教世界观的人分成两个截然不同的阵营。科学家或许去教会，但他的宗教不起作用，并未深入其生活。而具有宗教信仰的人可能拥有所有的知识，但其科学观并未构建他的宇宙。看起来好像科学与宗教无法再和谐共处。不过我的朋友，我感到它们其实是相容的。

毫无疑问，我是相信科学的人，在这个图书室里无须做此声明。桌子上的显微镜宣示着这一点，而书架上的每本书也都在确认这一事实。我把有限的精力投入追寻控制宇宙事物和精神生活的规律中，我充满热情和快乐。物理和心理世界的规律，日复一日地让我惊奇于它们绝妙的清晰和伟大的力量。科学对于我来说并非满足好奇问题的答案，不是一大堆无关的信息，而是毋庸置疑的确定性，意味着这个宇宙中的任何变化，任何原子的运动，任何意识的感觉，其来去都绝对遵循自然规律；这种确定性意味着无物能逃脱这无处不在的因果机械律。必然性决定着天上星星的运转，必然性也决定着我头脑中的情绪。当身体不再工作，当大脑也不再运转时，没有奇迹能够打破这些规律，没有奇迹让单个分子脱离它的路径或者在头脑中创造一种感觉。

当我在确认你所怀疑的东西时，我看到你紧闭的双唇和手指不安的动作。我从你面部表情所读出的问题，难道不是很好地说明了没有上帝和永恒吗？物理世界就是现实的全部，哪怕是未来的百万年，一旦身体成为虫食，不可能有精神的重生？但我没说这就是我最后的定论，你只是听了我最初的说明。太多人止步不前，因为他们面临着斗争的挑战，但你我必须继续前行。

科学！它的伟大使命是多么容易被误解！多少次被他的对手因其未做的论断而受到指责！多少次又被他的盟友推到注定惨败的境地！尊重科学意味着尊重它的局限性：科学不是也不能是，更永不应该试图成为关于终极实在的表达。当科学试图成为哲学时，这就不仅超出了它的限度，也弱化了它本来的地位。任何在这一大堆死气沉沉的物质中感到缺乏灵感的人，开始寻求自然王国的小例外，对于科学仍旧不能解释的物理或者精神事实心存喜悦，他希望能够在因果世界的空隙中找到一个更好的超自然实在的痕迹。于是，他对自由、责任和上帝全能的信仰好像都依赖于科学的缺陷，而一定因此惧怕所有科学的新发现。但在这场冲突中，科学必定首当其冲，因为心灵的需要其实比所有学派的学说都更为强大，当生命需要自身时，所有骄傲的理论也会分崩离析。不过相信我，在科学的意义和目的被确切地解释后，这种冲突绝不会产生。

科学是服务于人类的目的，因人的意志而构建的工具。它是有价值的、可靠的和不可或缺的工具，是人为的构造物，只有在其目的下才有意义。在做日常工作、完成任务时，我们必须行动，而我们的行为涉及周遭的事物。它是一片混沌的事物世界，如果无法给它带来秩序的话，我们将寸步难行。如果我要处理手中的东西，就必须知道它到底是什么，会发生什么样的变化。如果我把它和其他东西相接触，它会运动、燃烧或者融化吗？它会改变颜色或者发出噪声吗？它会伤害到我，还是会滋养科学家所研究的唯一宇宙吗？

这个宇宙也不再是原初的经验，世界上的事物不断地发生变化，直到人类的智慧能够从一团混沌中发现一个联系的系统。在这里我看到的是燃烧的木头，化学家看到的是化学分子。我现在手所触摸的椅子，物理学家设想的是万亿的原子。关于壁炉中火花的运动，他计算了无数的成分；对于红色的火光，他用黑色的以太波来解释，而我此刻说话的声音，是因为安静的空气波。在任何地方，科学家都能用其他东西来取代真实的经验，不过他发现，只有在这种替代下，他才能预测会发生什么。只有通过这种对现实的转换，他才能构建一个因果系统，从而能够预见事物的变化。任何能满足这个因果联系的目的的规律或理论，我们都称为科学真理，而科学史上的每个进步都成功地把事物的世界变到因果链条中，而它只有在科学家的抽象中才是实在的。

我的朋友，我知道今天你没有心情听这些枯燥的争论，不过如果你可以和我一起跨过这艰难的几步，你立刻就能俯瞰全局。如此一来，有两个结果将不可避免。首先，科学的真理无法表达我们生活于其中的现实。当然，它服务于我们真实的生活，否则它就是空洞的幻想。但它依然是人为的构造，其权利和价值不能超出其所构造的目的。我们把它夸大为哲学和宗教，并希望从中寻求实在的终极意义，这是多么无望的扭曲！

但不仅限于此。其次，你要理解，关于宇宙的任何科学都无法说明构造出科学的我们自身。当然，如果科学家开始把事物的世界转换为纳入因果链条的系统，他必须是自洽的，并最终把同样的思想工具运用到自己身上。于是，他要把自己考虑为一个像机器一样运作的身体，而他所有的内心生活都不过是大脑这一机器中所发生的特殊一部分。所有在头脑中产生的观念和想象、感受和情绪就像外界的雨雪一样，而我们自身的意志也不过是先前原因的必然产物。这种自洽在其领域值得欣赏，但不要因此而忘记，它的领域由我们自身决定，是的，是我们的自由意志因特定的目的而决定把我们自身设定为有限的，把我们的意志看作因果过程。因此，这两者之间，即我们是受限于自然律的心理构造这一科学断言，与我们是自由的个体这一自我意识的宣言没有冲突。在现实中我们是自由的，而我们在自由中对把自身想象为机器感兴趣。在现实中，我们就是在实际生活中所知的那个角色，是具有自由态度的主体，而非简单的客体。

我的朋友，我在你明亮的眼眸中看到了回应，我是不是可以认为，你的机敏一定可以让你能够从这个关键点推论出接下来的一切？你是否已经了然这一重要真理，只要我们把自身看作因果的对象，我们的生命就存在于时间中，但实际上它存在于超越我们当下生活现实的彼岸？在思想中塑造对象的人格，不仅创造了因果的概念，也创造了包容所有世界上因果过程的时间形式。过去、现在和未来仅仅意味着人格对对象的态度。那些正在处理的对象称为现在，那些作为当下的结果而被我们心怀期待的对象称为未来，那些作为当下原因的对象我们则称为过去。但是，通过人格态度创造出的时间观念作为其对象形式，人格本身不应因此而成为时间的因徒。如果要追问真正的人格自身填满了什么时间，就像在问意志是方还是圆，它有多重，以及是什么颜色一样荒谬。真正的人格——意志和思想的主体，并非时间中的对象，因为它自身就是时间的条件。它的整个实在就在于其态度和行为，它不能被看作事物，而应从其意义和目的来理解；它也不能用因果性来解释，而应该被理解和领会；它无法被测量，而应该被评价；它不在我们发现的事物世界中，而处在我们进行行动和判断的世界中。所以，我们真正人格的意义不是我们自己或他人的现象，而是意志，其行为对于我们自己是有效的，并寻求着他人的认同。我们的人格彼此间能直接相连。

但请不要这样——我害怕你持这样赞同的态度，这意味着你认为我希望为心灵感应或者招魂说这一神秘信仰做辩护。这样你就完全误解了我。亲爱的朋友，你难道看不出，渴望心灵感应和相似奇迹的神秘主义者仍然在时空的事物世界中寻求生活的真谛吗？他希望通过打破因果链条来克服事物世界的局限性，通过时不时地制造例外，通过以神秘的方式把时空中两个遥远的对象连接在一起。他没有看到，我们之所以把经验投射到时空中，正是因为我们试图为混乱带来秩序、规律和因果性，如果我们破坏了自己创造的秩序，并在严格因果律的地盘允许神秘，那就是自毁秩序。在时空世界里，无物可以成为因果规律的例外，而一个神秘事件也许只是尚未找到适合它的解释。

当我说作为人格的我们能够直接联系到一起时，我并非说思想作为大脑的功能——作为现象世界的一种过程——是神秘地跳到你大脑里去的。毋宁说，如果我们现在的讨论全神贯注于严肃的思考，就不会对彼此产生这样的疑问，即我们都是科学构造的身体，其中心理状态接续产生，而仅仅把对方当作试图相互理解的真正人格。我们共同的兴趣构成了一个直接的意志联结，而这种联结和因果关系无关，不过，若我们愿意把自身看作时空范围的对象，因果联系当然存在。当然，在那种情况下，我们的思想和感情都不过是转瞬即逝的现象，在时间中来来去去，但在现实中，它们是判断、态度、意志，并由它们的意义相互约束，跟时间和顺序无关。不管我是否想到自己和自己的目的是唤醒你对哲学信条的兴趣，不管我是否想到你和你的目的是追随宗教情感的轨迹，不管我是否想到我们共同的悲伤和我们对于朋友共同的记忆，在每个情况下，我的经验都是由行为组成的，而这些行为则是由意志统一体连接起来的。一种行为涉及另一种行为，一种行为意味着另一种，一种行为包含着另一种。如若我们在这里认真讨论，我们不扮演解释心理学家的角色，询问在因果律作用下一个思想完成后会产生另一种什么思想，情绪会持续多少秒钟，观念的发展会需要多少分钟；你和我扪心自问，你对生活的态度是什么，我的观点意味着什么，我们如何达成一致或者出现分歧，这些意图的目的之间如何相互支撑，在何种程度上一种行为会约束我们接受另一种行为。它们互相追随，如同数学家互相追随一样，而无须问它们在时间序列上有何联系。如果在时间序列中我们寻求谈话、我们整个生命的实在，那么它们的意义又在哪里呢？

我们所说的时间，是意味着一种序列里一个部分的实在性会排除所有其他部分的实在性吗？只有一个时间瞬间是实在的，当下的实在排除了所有先行时间的实在性，而当此刻是实在时，过去就变得不实在，而未来实在时，现在的存在则变得不实在。当然，科学家需要这种自我消逝的时间，因为正如我所说，时间对于他们而言是因果关系的一种形式，而因果关系确实需要通过原因的消失让结果成为实在的。因为科学家一定会把世界的对象设想为处于因果链条中，必须将其看作处于时间中的世界，其中新而又新的存在对象相继出现，而后又在过去的下一秒里消失；这就是，成为不可撤销的非实在。如果我们把自己和朋友看作因果对象，那么确实只有当下的经验具有实在性，而至今为止，我们所有的生活和努力都已然成为过去，在这种意义上也意味着被毁灭。于是，在死亡之际，我们的整个生命变得不实在，当然，我们所有的欲望都倾注在对未来的希望上，这个未来或近或远，总会有某些有价值的东西成为实在。时间会带走一切，把一切曾经赋予我们生命价值的东西变成虚无；难怪我们会想要看看时间在死后或者百万年后能否为我们带来现实的复归。

不过，我的朋友，如果我们只是把生命看作时间中的一系列现象，那么这种生命，无论长短或是否有尽头，真的有价值吗？如果我们初次所经历的一切都不复存在，由此化为虚无，那么生命值得过两次吗？如果生命的内容不过是被动地出现的事件，一个会被接下来的那个所破坏，每个时间都不过存在于短暂的一瞬，那么生命还能称为生命吗？我们又能从这个影子般无意义的过程中获得什么呢，哪怕这一过程持续一千次乃至上千世纪？时间上的延长无法增添任何新的价值或者尊严。它与空间上的扩展并无区别。如果你变得越来越高，高到可与最高的山峰比肩，手可触月摘星辰，能用手臂环抱整个物理宇宙，它能给你任何新的价值吗？难道你不渴望再次在一个狭小的房间坐下来，人与人一起，完成日常使命，因为它们本身就能赋予你的生命以意义吗？纯粹的扩张，时空中越来越多的现象，都不过是无关和无目的的物质的无价值的积聚而已。

否则，我们又为什么要把自己从这种世界观中解放出来呢，把我们的生命看作行为而非对象，看作时间的创造者，而非时间中的偶然存在！对于这一点，我真正的人格，去追问我自己它之前和之后的东西是什么，是毫无意义的。我人格的对象具有因果关系和时间长度，但是我真正的人格自身没有原因，在时间中也无位置。它不是填补了或多或少的时间，也不是有或多或少的重量，并且它之后也不会有东西出现，正如无物在它左边或者右边一样。作为物理和心理过程的因果系统的生命，延展在我出生和死亡的日期之间的时间中，将会随着我最后一次呼吸而结束；延续它，使之持续到天荒地老，或者延续数百万年，也不会有任何价值；因为这种生命只不过是物理和心理现象的机械事件，它对于你我在任何时候都是没有终极价值的。但作为与兴趣相关的意志态度系统的真实生命，前后就不存在任何东西，因为它超越于时间之外，也独立于生死，因为它不能与生物事件联系起来，它无所谓出生或者死亡，是永恒的，所有可能思考的时间都被包含在内，它是永恒的。

不过，我祈求你在此不要想到任何神秘的启示。我所谈论的不是一个幻想的存在，可能是于假日某刻的灵感中从自身提升出的存在，它与我们日常简单生活中的酸甜苦辣相去甚远。当我们寻求信念时，形而上学的梦想和怀疑论的推测不能帮助我们，而信念是我们生活中一切有价值之物的基础。我们越是想要把理想信念中的生活与晨昏的现实生活区分开，我们越是剥夺了日常生活的内在尊严，并从此迫使它成为一个多余的希望。我当然不这么想，当说到我们无时间的意志生活时，并非与我们在安静的家、嘈杂的市场、朋友圈和世界的颠沛流离中所做的任何事情都不同。它就是你和我生活于其中的日常，也是历史学家告诉我们的唯一生活。因此，问题可并不在于，你是否天赋了一种奇妙的直觉，能在自己身上把握一种更高实在的隐藏萌芽。不，如果不认为你自己是一个自由和永恒的主体，你就无法完成任何的生命行为。我们所有的社会和政治生活，我们所有的科学和艺术努力，包括了这种自由；而一旦这些行为的自由度被质疑，那么它们就不再是从自然主义的因果性方面被探究。正是在这类唯一的因果性下，它们被迫加入到时间的行列中。

这正是我们的好朋友在内心深处所感受到的，而他对真正历史的精神有着最充分和最精细的理解。我依然记得，在去年六月一个美丽的海滨夏夜，他和我之间谈论的每句话。他刚刚读了巴特勒、斯宾塞、孔德以及更现代的实证主义和社会学家的很多著作。他为一场关于历史学家的使命的演讲寻找资料，他来找我并对该演讲做了充分的讨论。哦，他说他感到很疲惫，好像他穿越了一片沙漠后，历史的绿洲也已经被改造。他声称，毫无疑问，我们能够把整个世界的历史、民族的斗争、伟人个体的发展只看作庞大的因果机制，这样被解释时一切都能被理解，其中种族气质、气候、市场和食物等自然因素决定着命运。当然，出于某些特定的目的，我们一定要这样做，必须要求枯燥、顽固的法律表达 5000 年历史的丰富性。于是，必然性驱动着历史机器的车轮产生更多的重复。但是，所有这些毕竟只是自然科学，历史的火花被湮灭。

在历史的眼中，人不是会移动的物体，而是自由的创造者，整个世界历史就是意志相互影响的故事。如果我学习历史，就是在通过它理解现世人的意志需要。我所面对的是无尽的多向度的政治、法律、社会、理智的意志需要，它们来自我所接触的人。每个人都不得不承认，每个人都需要认同或反对、服从或战斗，而我的整个历史生命不过是把我的态度与那些意志需要联结起来。我必须尊重自己国家的法律、其他民族的政治存在、我所处时代的习俗和信念。我不得不在政党、科学理论和审美学说，以及宗教派别中进行选择。我不得不同情变革，与罪恶做斗争。不过，当我感知到这些需要时，那些代表国家宣言的个体、其他人的权利或者其他学派的理论，并没有创造这些需要。他们的所有需要再次涉及他们的后代与祖先。因此，我们的政治、法律、科学、艺术和宗教的整个历史结构都是意志需要的系统，需要我们自由地决定，但是它本身在每一点上都指向其他意志主体，依此类推。这整个强大的意志指涉系统就是我们所说的人类历史。

因此，我们谈论了数小时，我聆听他热情地讲解卡莱尔、爱默生，尤其是伟大的费希特等人的思想是种享受，并且把它与在社会学书中看到的实证主义的浅薄理论相比较。我很清楚地记得那天晚些时候，他笑着离开我的走廊，"相信我，旧天堂和新天地之间相隔十万八千里，历史世界意味着自由人格的意志联系"。

我知道他生动的高谈阔论能带给我很多思考，也看到他的历史观与我对自然科学的观念是充分一致的。我们都试图在两者中理解现实，对现实我们必须服从并采取态度。此时现实是双重的，我们拥有客体，我们还有其他主体。这些客体我们必须了解，因为它们对我们有益或有害；而主体我们也要认知，因为他们会带着认同或反对的需要靠近我们。但是，如果我们真的希望了解，对于我们客体意味着什么，我们必须发现我们从中期望得到什么，因此必须把它们考虑为原因和结果。同时，关于主体，如果我们想真正理解，我们必须发现他们的需要所涉及的。这并不意味着我们追问那些必须期待的事实，如果这么做，我们就是用人格理解事物。我们希望找到的是什么包含在一个给定的预设——政治、法律、科学、艺术、经济或宗教中。正如我们的朋友所坚持的那样，这种追问意味着去问其他人的意志需要在这一需求中是支持还是反对。正如自然主义者把既定的事物传递到新而又新的期待后果中，所以人格的研究者把既定的需要传给一个又一个主体；他们的意志需要涉及其中并在当下的态度中被认同或被反对。这会把他引到常新的主体中，而整个意志关系网就成为历史。但很显然，只有我们是态度的主体，才会进入历史问题的视野中；这意味着我们在经济或社会、政治或法律、审美或科学生活中的行为能呈现为一种存在形式，而这种存在形式只有通过意志来表达。

如果你说你是美国人或基督徒，是自由贸易者或审美实在主义者，是莎士比亚的崇拜者或市政改革的领导人，是柏拉图的学生或星期四俱乐部的成员，这就是你的日常，你生活的常态，你认为有价值的生命，不过，它们的作用也只是一系列意志态度，与其他人的意志倾向一致或相反，其他人的意志是通过他们模仿或支持的需要而靠近你。因此，你的整个实践性存在继续分解在新的态度中，这一新态度是朝向其他意志中心的，于是你就和莎士比亚、柏拉图关联起来，这种关联和你与俱乐部朋友的关联并无不同。因而，你存在的整个意义仅存在于需要理解和解释的意志关系中，而它们一旦被当作原因和结果，并由此被当作相继的现象被看待，就失去了其意义。如果你同意或反对俄国沙皇最近的行为，你和他之间唯一有意义的关系与他们之间隔着海洋这一自然事实毫无关联；而你如果真是柏拉图的学生，你和这一希腊哲学家的唯一重要关联与你们之间隔着 2000 年这一自然事实毫无关系。当然，如果你想解释与沙皇或与柏拉图的联系，你必须将这个时空的差距考虑在内。但对于你这个生命阶段的历史意义而言，那方面的描述没有意义。于是，自然主义者所认为的时空距离成为意志影响的特征分布和顺序。柏拉图的生命在时间上远在你之前，这意味着柏拉图可以要求你，但是你不能对柏拉图有所要求，而你觉得自己受到不同人格的多重影响，只要它们自身显示被柏拉图所影响。

因而，这不足以说明从最高的角度看，上千年也许在一种行为中被把握，由此对于我们来说，灵感的一瞬似乎是当下的经验，其中整个相继的时间行为链立刻被领会，这就如同当在听音乐时，我们在一段意识状态里能感受到整个乐句（musical phrase）持续的音调。在一瞥中，我们能看到古典时期和中世纪，正如在鸟瞰时我们能看到闲逛时道路上的不同地方。但并未这样，在这种情况下，每个地方依然保持它的空间向度，一个坐落在另一个后面，正因为此，每个历史时间能够在相继的链条中保持它的时间关系和位置，即便我们能够在一个意识片段中观照到全部的它们。正如我所说，真相是它们在事实上没有任何时间向度，它们并不彼此相继出现，因此，不管我们一瞥之下看到的有多少，如果把它们看作拥有时间序列的存在，这就是对它们特征的误读。它们整个实在只存在于与其他意志态度的自由的一致或反对中，而由此填补的既非一秒也不是一个世纪。我们的意志会持续多长时间或什么时候会进行，现实生活不这样问，会问的只是赞同的和反对的分别是什么。它没有持续时间，没有前身也没有后继者，正如它没有角落和轮廓，没有滋味和气味，除了目的外，它没有其他东西，因此在每个阶段都是无时间性的，无始无终。

　　如果你继续用隐喻，我会把我们的意志比作一个圆圈。圆既没有开始也没有结束，它是无尽头的，无限的。如果你在一个圆中前进，着陆的地方也是你的起点，前后都是一样的。因此，在意志行为中，我们试图到达的终点，我们所期待面向的未来，一定预先被给予我们，否则它就不成为意志，而当我们实现了它，我们认为它是我们自身的目的，正因为它始于这个目的。它是一种行为，意志行为，其中目的成为同实，不过我们目的指向的与我们的起点是一致的。在每个意志中，我们所期待面向的未来和位于身后的目的一定始终保持同一。未来和过去在当下重合，就像圆圈的起点和终点一样。不过所有这些不过是一种隐喻。它所表明的不过是我们关于时间的观念被毁灭，一旦我们冒险用时间的形式妄图表达意志的真正意义，未来和过去就变得一样，那么我们的明智之举就是把领地留给心理学。心理学家确实能给我们关于意志的时间图画，因为他不在意与真正的历史人物打交道，他用有机体和其功用做替代，并用有机体的行为及精神现象中它的伴随物来代替意志。于是，意志成为一个可描述可解释的系列连续活动的过程，而其中每个活动都占据短暂的时间。但是，我亲爱的朋友，这样意义就消失了，意志的价值蒸发了，它不再是我们所意愿的那个意志，它只是我们观察的意志，就像窗玻璃外面的雪花一样。

　　于是，你会问这样的现实生活究竟有什么价值？即使它独立于时间，为什么它永恒的无时间性存在比对象的物理世界流逝的活动更有价值？价值又意味着什么呢？我会毫不犹豫地回答，问题本身就给了你答案。你追问是为了获得真理，而寻找真理又意味着什么呢？真理只是头脑中一瞬间闪现的观念，就像我们面前壁炉里的火花一样吗？不，你在追问中寻求真理，因为真理这一观念意味着你尊重它，你感到真理是以自身为目的的，它是绝对的，我们需要对它保持谦恭。它不需要进一步追问是否对于他物有用，而它本身就是所有追问的目的。只有这样的终极目的对于我们来说才是真正的价值。不过，真理当然不是我们服从意志的唯一价值。美的圆满完成、道德行为、理性成就、文明成果、宗教信仰、哲学信念的安宁，每个自身都是目的，而我们也尊重其为最终目的。但事实上，真和美，道德和文化，宗教和哲学都需要我们的遵从，无须更进一步的目的而为我们所尊重，这意味着它们不只是我们作为个体的个人经验。它们满足我们自身的意志，但我们也知道意志同时不只意味着个体意志力，还是绝对意志的表达。

不过，我的朋友，我祈求你不要把我误解为在谈论一个世界——谴责我们所享受的一切，而只把价值赋予清教徒式的苦修，这要求的不过是对我们整个人格的自我否定，以及对我们本能的压抑。无物远离我的心灵，正如我所说，绝对价值当然不限于我们自身的行为。至简的美丽装饰拥有它的完美，最简单的数学等式具有它的有效性，文明的一丁点儿进步就是成就，而所有的爱和友情也具有其自身完满的价值。因此，我们的整个世界都充满价值，它们自身和我们的行为无关，而只需要我们诚挚的认同。真理比谬误更有价值，美比粗俗更有价值，灵魂的和谐比无序更有价值，文明的生命优于野蛮，所有这些都成立，而与正直的行为比不正直的行为更有价值无关。当然，我们行为的价值与世界上的其他那些价值是相关联的，道德的要求就是不论何时行动，我们都应该创造价值。无论何时思考，我们都应该思考真理。无论何时选择，我们都应该选择完善和美丽，我们应该寻求和谐、幸福和进步。但首先，在把所有那些价值看作我们道德行为的目标前，我们应对它们有信念。

看起来价值是一片混乱，不过我不认为这不值得讨论，即给这些丰富的绝对目的归序。你知道我并不是一个哲学家，也不敢班门弄斧地扮演系统形而上学家的角色，不过在此我不禁会有自己的想法。我认为有四大价值体系对应着我们意志指向世界的四种基本态度。我们自身服从世界，我们支持世界，我们需要改变世界，或者我们需要世界有彼岸存在。当然，仅仅从作为个体的立场出发，我们无法做到，你或我可能因为既定事物的滋味可口而喜欢它，但这仅是感官愉悦而已。我们可能赞同某种改变，因为它对于我们的个人利益是有用的。或者我们可能在个人迷信中超越自身的经验。当然，沿着这些道路前行，绝不存在任何绝对价值。同时，你和我也许服从、支持或相信这种改变，这意味着我们的这一行为并不是从作为坐在壁炉前椅子里的个体出发的，它属于我们可以与之分享整个思想、感情和意志世界的每个人格，而每个人都应该服从、欣赏、支持和接受我们的意志目的。于是，我们的意志目的确实具备绝对价值的特征，我们应该服从，对于我们而言，这意味着知识的绝对有效，我们支持它，因为它被给予意味着和谐与美的完善，我们支持的改变意味着道德、法律和文明的成就，我们所相信的东西能在宗教和哲学中达到完满。

好吧，所有这些听起来陈旧而抽象，而这一小时不足以向你展示，在我思想的最深处所有那些分散的价值是如何结合在一起的。因为我确实认为它们都是相同原则的表达。超个体的价值在所有东西中被给予我们的意志，并被看作与其自身是同一的。我们的因果知识寻求原因和结果的同一，我们的历史知识寻求目的的同一，我们的逻辑知识寻求命题的同一，在同情中我们寻求欲望的同一，在艺术中我们寻求整体和部分的同一，在进步中我们寻求目的和实现的同一，在道德中我们寻求意志和行为的同一，在宗教中我们寻求世界和其上层建筑的同一，在哲学中我们寻求世界和其根基的同一；简言之，在哪里设想某物的同一，我们就能在哪里找到绝对的目的，意志由此获得安宁，某物也因此具有绝对的价值。那么为什么我们的意志能在同一性中获得安宁，除非找到同一性，否则我们就不能停息？当然因为这正是意志自身的意义。目的的同一性和实现表达了意志的全部意义。因为我们就是意志，世界上唯有同一性能赋予我们以绝对价值。

请你原谅，我的朋友，我的想法太过发散。我试图在这个严肃讨论的几小时里抓住深层次的问题。你的想法把我留在独自的思想漫游中，并再次回到对我们朋友的亲切记忆里，但请记住，毕竟对我来说唯一重要的是，没有什么对我们有价值，在那个世界中，没有真理，没有完美，没有进步，没有永恒。这个世界被给予我们的意志，在其中我们自身就是意志，当我们的现实性被取消时，所有的价值都永远消失，当我们成为世界被动的观察者时，世界本身由此成为一系列的客观现象。

在时间性的因果世界中，并不存在也不可能存在真正的价值，因为所有事物都是作为某个他物的原因而进入视野中的，没有东西是目的本身。黏土有价值也许是因为你能用它制作砖块，而那些砖块之所以有价值是因为你能用它们建造房子，房子之所以有价值是因为它能保护人类身体，人类身体之所以有价值是因为它能延续民族，民族之所以有价值是因为它能保存人类族群，人类族群有价值的原因我并不知道。在事物的时间序列中，人类也许会在太阳爆炸中陨落，或者因彗星撞翻整个地球而陨落。如果没有地球表面云集的人群，宇宙照样运转，那么宇宙原子是否一样的好呢？在地球表面的原生质进化为人形之前，地球为什么不是一样的好呢？谁有权利说原子的一种组合要优于另一种？它也许会产生一种特殊的努力，但为什么一种努力比另一种努力要好呢？在时间世界中，无所谓好与坏，没有价值和目标，而只有复杂的变化。如果人们粗略地谈论发展，他们真正的意思是朝向越来越好的变化，但目的之所以称为发展，不是因为它比起点更好，而是因为在那个世界中无物是有价值的。只有在主体的世界中，我们才能找到价值。但价值在那里之所以实存，是因为我们的意志预设了，态度指涉的终极目的是被认可和尊重的，它们自身就是好的，它们是绝对的价值，它们赋予生命值得过的意义，而这些主体及其行为在因果性和时间之外才是实在的，只有在永恒的世界中才有效。

现在，我们的朋友，谈谈你的看法，你和我所能为自己及孩子期待达成的最温暖的希望是什么？那些真、善、美的价值是超个人的理想，但作为个体人格的我们能够欲求的是什么呢？如果我们是真正的意志并由此在时间之外，那么对长久的渴望不再有任何意义，公开和隐蔽的唯物主义者发现他们有共同的希望。能够成为真正主体的个人欲望的唯一渴求必须再次通过意志的语言而非现象来表达。意志绝不可能去争取更多的空间和时间，它需要的是更多的意义、影响、价值和满足。如果我们的意志尽可能多地包含和吸收了他人的意志态度，那么它是有意义的；如果我们的意志要求决定他人的自由意志抉择，那么它是有影响力的；如果通过自身，我们的意志实现了超个体的绝对价值，或者，如果它创造了真、美、幸福、进步、法律、道德和宗教，那么它是有价值的。我们意志的意义、影响和价值最终通过我们对完全满足的渴望而联系在一起，而这种完全满足终究不过是所有意志行为的完美和谐。无尽的延续不是我们的目标，但当意志达成作为其目标指向的意义、影响和价值时，在全然满足中得到完全的安宁才是我们的目的。

这个目的本身对于我们每个人而言都是不同的，而正是这种不同赋予我们个体实践以独特性。每个目的都通过对特殊影响的回应而指向意义。我们或许通过朋友、书籍、国家的习俗、我们周遭的环境、教堂、国家、学校和家庭发现它们。而每个人本身又都以特定的影响成为目的。没人愿意用意志控制国家、艺术、科学、法律、音乐、技术、他的国家及对立、他那一代及千年后的后代。你之所以是你，是因为你限定自己愿意做这份工作，而不是在这个世界上到处扮演上帝的角色。每个人都朝向特殊的实际价值，并践行他自己选择的理想。但如果意志不指向某种意义、影响、价值，不指向从他目的和经验的和谐中获得完全满足的幸福感，那么对于我们而言，没有生命可以意味着具有人格。你也不会对自己有任何期待，对我们的朋友有任何期待。

我们每个人都不仅仅是一个个体。真、善、美及宗教的规范是我们自身深层次的目的和态度，但我们不是作为个体在意愿它们。只有我们作为绝对主体，只有我们的意识是超个体的意识——超灵（over-soul），它们才是我们的意志行为。在我们身上起作用的意志态度决定了世界的构成、意义和价值，而这个世界在我们作为个体时是被给予我们的，而对于它的规范和义务，我们作为个体只能服从。只要我们是这样的超灵，我们的目的就绝不会在任何有限的经验中获得完全的满足。它全然的满足存在于世界绝对的总体中，对于这一总体而言，每一个体都通过它的特殊目的而归属于它，但它的实现永恒地超越每一个体的目的。因此，我们超灵的自我实现绝不可能是我们作为实践个体的欲望，如果个体不能达成超个体意志的目的，个体也不会失望和伤心。如果这是人格的目的，那么它就会流入绝对之列，从而失却个体性的所有意义。对于我们而言，你和我并不相同，因为我们并非一个绝对的超灵，而是独一无二的，因此我们所有的欲望只有当指涉我们那些意志态度，即拥有特殊有限的历史关系时才具有意义。

我们个体的意志，就像超灵的意志一样存在于时间外，并由此而永恒，但我们绝对的人格只有在世界总体中才能找到其目的的和谐统一，作为个体的人格除了寻找和渴望属于特定历史情境的意义、影响和价值来获得完满的事实外，别无他求。已经获得其目的的全然满足的人格不会再有其他意愿，外在地把个体经验作为补充也是无意义的。生活在永恒世界中的生命，除了它的意义、影响和价值外，不再可能有其他标准。如果那些方向的目的被满足，我们的生命作品就会如此圆满；而若以那些不属于我们的影响和无权涉及的意义为目标，那么我们就是不忠于自我，也是在否认我们特殊人格的意义。简言之，若我们的所求超出这些，那就是在否定我们特殊的生命。

在这种意义上，我们甚至无权把追求个人永恒的希望从现象界转换为意志关系的世界。在现象界，它剥夺了我们生命的所有意义和价值。如果我们更深层地思考无穷的个人意志的影响力，不是在时间上无穷而是在个人关系上无尽，那么我们才是在真正地表达最终目的。诸如此类的想法把生命看作旧有观念中灵魂的转世，但即便是那种怪异的想法大部分都采取这样的形式，即古老灵魂的每个新生命都被看作新的开始，对过去一无所知，因此也就无所谓内在同一性或者人格意识的连续性。正是这种对回忆说的突破清晰地表达了，如果我们个性不受限制，那么我们不再具有人格。如果它真正希望它的意志影响和意志意义能够得到无限扩展，那么个体就要完全把自身转换为超个人的绝对；我们的超灵会抛弃我们历史既定的人格，如果我们相信朋友及你我仅仅是同一个绝对的超灵，那么你我就不会在这里为朋友而哀悼。我们的有限性让我们成为个体，并且为特殊的努力赋予意义。指引我们从摇篮到坟墓的所有希望，仅仅指涉我们目的的完全统一，这些目的包括有限的意义、有限的影响和有限的价值实现。不管这一工作是完成了还是未完成，我们已经身处永恒之中。

不过谁敢说出"未完成"一词呢？我们的意志影响仅限于那些直接起作用的推动力或者跟我们最贴近的朋友圈子吗？我们的朋友不是这样吗，在他人生最好的阶段离开了我们，影响了你我和我们生活中的其他许多人，从他可贵的思想中我们收获了多少，它难道不是在久而更久的未来继续在我们身上起作用，因此它可能是在完成那些虽然看起来被中断因此未完成的事情？不过谁又敢说出"完成"一词呢？我们的目的不也是在生长变化吗，在某种意义上我们的意志达到目的的新意义都会指向新影响，每个新创造出的价值都会赋予我们达成新成就的欲望，我们特殊的意志真正能够完全地被统一吗？我们的生命作品何尝真正地被完成，以至于没有欲求具有意义？难道不是上述想法以及所有对于不和谐的个体失望，增加了我们永恒存在的意义和价值吗？

我们朋友的实在存于永恒中，虽然他永远不会再与我们一起坐在壁炉旁。如果我希望穿越时空他能够在某处与我们重逢，那我不认为我会更爱他。我感到，我应该把他在时空世界中的存在看作是他生命真正的意义，由此也剥夺了他期求价值和真正意义的个体人格。我们所爱的那个人并不存在于时空中；他为自己的奋斗和成就而努力一生，作为一个主体，需要的不是我们感知它的因果性及时空标准，而是要我们解释它的一致、价值和理想的标准。我们知道他是一个意志的主体，因此他是实在世界的完美组成部分，具有永恒有效的价值。他这样生活着，通过投身于真、美、道德和宗教而致力于实现绝对的价值。如果他不是永恒中可贵的一部分，那么这样的实在是你我所不了解的；时间的流逝也不可能让其人格变得不实在，如果某个像他的对象再次进入到时间范畴中，也没有什么可以增加他不朽的价值。这个世界没有过去没有未来，只有永恒的现在，我们所爱的人就生活在这个世界中。通过你我的意志，以及所有其他受他意志影响的意志，及他对绝对价值的尊重，他与那个世界相连。在一幅绘画中，每种颜色都与相邻的颜色联系，而它同时也属于整幅画作；在一首交响乐中，每个音符都与它最近的音符相联，不过也归属于整个交响乐。但当交响乐或者绘画完美时，那么我们大多不希望一道美丽的颜色横扫整个画面，或者一个无以伦比的音符贯穿整个音乐。我们不希望这个音符的个体生命持续超过它在音乐中的永恒角色，它的不朽在于它完美地属于那整个无时间性的实在，通过它与人类的关系、通过它与终极价值的理想关系而归属于那里。

看吧，在壁炉里燃烧的木头的灰烬都是由原子构成，即使是它们也将在在未来所有的时间里持存；我并不渴望那令人厌烦且无法忍受的永远——我们要与那些灰烬一起共享。它们在时间中，永远不能逃离时间的轨道，不管它们可能持续多久，在它们前面仍然有无尽的时间。我们在时间之外；在这个永恒的意志系统里，我们的希望和努力能够永恒地被完成；如果为我们的朋友哀悼，我哀悼不是因为他的人格变得不实在，就如同时间中的活动一样，而是因为他的人格永恒地存在于我们致力于实现其目的的世界，致力于对他的朋友有更丰富影响的世界。我们态度所指向的和我们的影响力所达到的这种反差，确实令人叹惋，但其永恒价值是无穷无尽的。我们应该像服从真、美、义务和神圣的价值一样，服从它的伦理意义。它属于我们每个人的终极意义，通过我们的目标、影响、通过我们和他人目的以及绝对的关系，最终通过目标和影响之间的可怜对比，我们作为部分进入到绝对的实在中，不是以历法计，不是以不可数的日子计算，而是真正的无时间的永恒！

图书在版编目(CIP)数据

闵斯特伯格卷/刘冰主编. —北京：北京师范大学出版社，2024.5
（现代西方价值哲学经典）
ISBN 978-7-303-28665-2

Ⅰ. ①闵… Ⅱ. ①刘… Ⅲ. ①价值（哲学）
Ⅳ. ①B018

中国版本图书馆 CIP 数据核字（2023）第 018577 号

营　销　中　心　电　话　010-58805385
北 京 师 范 大 学 出 版 社
主题出版与重大项目策划部

出版发行：北京师范大学出版社　www.bnupg.com
　　　　　北京市西城区新街口外大街 12-3 号
　　　　　邮政编码：100088
印　　刷：北京盛通印刷股份有限公司
经　　销：全国新华书店
开　　本：710 mm×980 mm　1/16
印　　张：21.25
字　　数：382 千字
版　　次：2024 年 5 月第 1 版
印　　次：2024 年 5 月第 1 次印刷
定　　价：128.00 元

策划编辑：祁传华　　　　　　责任编辑：张　爽
美术编辑：王齐云　　　　　　装帧设计：王齐云
责任校对：陈　民　　　　　　责任印制：马　洁　赵　龙